DO PENHOR

HUGO RAMOS ALVES
*Assistente Convidado da Faculdade de Direito
da Univesidade de Lisboa
Advogado*

DO PENHOR

*Dissertação de Mestrado em Ciências
Jurídicas orientada pelo Professor Doutor
Manuel Januário da Costa Gomes*

DO PENHOR

AUTOR
HUGO RAMOS ALVES

DISTRIBUIDORA
EDIÇÕES ALMEDINA. SA
Av. Fernão Magalhães, n.º 584, 5.º Andar
3000-174 Coimbra
Tel.: 239 851 904
Fax: 239 851 901
www.almedina.net
editora@almedina.net

PRÉ-IMPRESSÃO | IMPRESSÃO | ACABAMENTO
G.C. GRÁFICA DE COIMBRA, LDA.
Palheira – Assafarge
3001-453 Coimbra
producao@graficadecoimbra.pt

Junho, 2010

DEPÓSITO LEGAL
312647/10

Os dados e as opiniões inseridos na presente publicação são da exclusiva responsabilidade do(s) seu(s) autor(es).

Toda a reprodução desta obra, por fotocópia ou outro qualquer processo, sem prévia autorização escrita do Editor, é ilícita e passível de procedimento judicial contra o infractor.

Biblioteca Nacional de Portugal – Catalogação na Publicação

ALVES, Hugo Ramos, 1981-

Do penhor
ISBN 978-972-40-4243-5

CDU 347

Para os meus pais

NOTA PRÉVIA

*"1.
Cresceste lentamente
sob as dúbias imagens incoerentes
dum céu que te retinha"*

Biografia in Campânula, de Gastão Cruz, & etc, 1978

O texto que ora se apresenta corresponde, no essencial, à dissertação de Mestrado em Direito, na área de Ciência Jurídicas, discutida em 19 de Março de 2009 perante um júri composto pelos Senhores Professores Doutores Luís Menezes Leitão (Presidente e Arguente), Luís Miguel Pestana de Vasconcelos (Arguente), Fernando Araújo, Manuel Januário da Costa Gomes (Orientador) e Eduardo Santos Júnior.

Antes do mais, cabe-me agradecer aos Senhores Professores Doutores Luís Menezes Leitão e Luís Miguel Pestana de Vasconcelos, não só por terem aceite a tarefa de arguirem a presente tese, mas, acima de tudo, pelo facto de as respectivas arguições terem sido pautadas por grande minúcia e profundidade de análise, fornecendo-me pistas de investigação e reflexão que permitram melhorar substancialmente o conteúdo e forma do texto que ora se dá a conhecer em virtude de me terem alertado para as incorrecções e incongruências de algumas das tomadas de posição constantes da dissertação, motivo pelo qual, e como forma de procurar aclarar certas passagens, foram feitas alterações pontuais, bem como foram introduzidas algumas referências bibliográficas adicionais.

Pese em embora serem manifestamente exíguas todas e quaisquer palavras de agradecimento que lhe possa dirigir, é devida uma palavra especialíssima de agradecimento ao Senhor Professor Doutor Manuel

Januário da Costa Gomes. Agradecimento por ter aceite o encargo de orientar a elaboração da presente dissertação, mas, também, pela paciência infinita e disponibilidade constante para discutir grande parte das questões abordadas pelo presente estudo, ora prontificando-se para ler, analisar e questionar o que ia escrevendo, ora efectuando providenciais suprimentos bibliográficos, ora fazendo-me ver o que as várias leituras efectuadas impediam, ora recordando-me constantemente do mandamento central de uma dissertação: a necessidade de procurar escalpelizar as várias questões levantadas ao longo do texto, sem nunca ter deixado de me lançar palavras de encorajamento e alento nas múltiplas ocasiões em que o meu ânimo fraquejou. Mas, acima de tudo, o agradecimento ora consignado é devido pelos inúmeros conhecimentos, não só teóricos, mas, sobretudo, humanos, que pude adquirir em virtude de ter tido o privilégio de ser seu Assistente no ano lectivo de 2008-2009, bem como pela amizade com que me tem brindado e não mereço.

Igual agradecimento vale para o Mestre Carlos Lacerda Barata, devido às providenciais indicações bibliográficas e, também, por nunca se ter escusado a discutir algumas das temáticas ora abordadas alargando os meus horizontes de análise, bem como à Mestre Cláudia Madaleno que, ao longo do período que antecedeu a discussão pública da dissertação, teve uma paciência incomensurável para ouvir todas as minhas incertezas e inseguranças, nunca deixando de me encorajar para acreditar no texto que redigira e ao Mestre Rui Soares Pereira, pela constante boa disposição.

Cumpre, ainda, agradecer aos Drs. Jorge Tiago Barra e Paulo Anjo, amigos de ontem, hoje e sempre, às Mestres Ana Rita Duarte de Campos e Ana Fouto, por terem o condão de, de forma singela, não me deixarem enbandeirar em arco ou em projectos irreais, ao Mestre Francisco Aguilar, pela amizade e conselhos sábios dados durante a antecâmara da discussão, bem como aos Drs. Pedro e Ricardo Rodrigues da Silva, Patrícia Reis Ferreira, Tiago de Melo Cartaxo, Carolina Santos Rolo e Tiago Torres Craveiro, por me terem acolhido numa família alargada e, sobretudo, por me lembrarem que há mais no Mundo para além do Direito, como é o caso da Amizade, em inúmeros e memoráveis jantares, sessões de *paintball,* conversas de ocasião, festas e afins, nas quais consegui esquecer a pressão que a elaboração e a discussão da tese sempre tiveram em mim, percebendo, finalmente, a máxima *Like the cast of a Fellini movie*, bem como à Liliana pela paciência que teve por não ter a minha companhia durante a revisão final do texto.

Finalmente, e apesar de não haver palavras suficientes para o fazer, agradeço aos meus pais, a quem dedico o presente texto, pela paciência, coragem e exemplo que sempre tento seguir.

HUGO RAMOS ALVES
hugoaralves@gmail.com

MODO DE CITAR
E LISTA DE ABREVIATURAS UTILIZADAS

Apenas na primeira referência bibliográfica a citação será feita através da identificação de todos os elementos necessários à correcta identificação da obra. Nas referências posteriores, a citação será efectuada apenas pela indicação do autor e pela identificação do título da obra e através da designação "cit.". No caso de serem citadas várias obras do mesmo autor, a citação será feita pela indicação do autor e do título da obra de forma abreviada.

As publicações periódicas serão referidas através da utilização de siglas, seguidas da indicação da numeração da publicação, do mês, do ano e da página.

Os preceitos legais em que não seja indicada a fonte pertencem ao Código Civil Português actualmente em vigor.

Em seguida indicam-se as abreviaturas mais utilizadas.

AAFDL – Associação Académica da Faculdade de Direito (Lisboa)
AAVV – Autores Vários
AcP – *Archiv für die Civilistische Praxis*
ADC – *Anuario de Derecho Civil*
APD – *Archives de Philosophie du Droit*
Archivio – *Archivio Giuridico «Filippo Serafini»*
art. – artigo
arts. – artigos
BBTC – *Banca, Borsa e Titoli di Credito*
BFD – *Boletim da Faculdade de Direito* (Coimbra)
BGB – *Bürgerliches Gesetzbuch* (Alemanha)
BGH – *Bundesgerichtshof*
BMJ – Boletim do Ministério da Justiça
CC – Código Civil
CCIt. – *Codice Civile* (Itália)
CCom. – Código Comercial
cfr. – conferir
cit. – citado
CJ – Colectânea de Jurisprudência
CPC – Código de Processo Civil
CSC – Código das Sociedades Comerciais
CVM – Código dos Valores Mobiliários
D. – *Digesto*

DCom. – *Il Diritto Commerciale*
DIGESTO – *Digesto delle Discipline Privatistiche*
DJ – *Direito e Justiça*
ed. – edição
ED – *Enciclopedia del Diritto*
FS – *Festschrift*
GCo – *Giurisprudenza Commerciale*
GI – *Giurisprudenza Italiana*
i.e. – *id est*
JZ – *Juristen Zeitung*
LQR – *The Law Quarterly Review*
LULL – Lei Uniforme sobre Letras e Livranças
MÜNCHENER – *Münchener Kommentar zum Bürgerlichen Gesetzbuch*
n. – nota
n. º – número
NJW – *Neue Juristische Wochenschrift*
Nm. – número de margem
NDI – *Novo Digesto Italiano*
NssDI – *Novissimo Digesto Italiano*
p. – página
pp. – páginas
p. ex. – por exemplo
reimp. – reimpressão
RDC – *Rivista di Diritto Civile*
RDCo – *Rivista del Diritto Commerciale – Diritto Generale delle obbligazioni*
RDES – *Revista de Direito e de Estudos Sociais*
RDP – *Revista de Derecho Privado*
RDPC – *Rivista di Diritto Processuale Civile*
RJ – *Revista Jurídica*
RLJ – *Revista de Legislação e Jurisprudência*
ROA – Revista da Ordem dos Advogados
RTDPC – *Rivista Trimestrale di Diritto e Procedura Civile*
segs. – seguintes
SI – *Scientia Iuridica*
SOERGEL – *Bürgerliches gesetzbuch mit einführungsgesetz und Nebengesetzen*
STAUDINGER – *J. Von Staudingers Kommentar zum Bürgerlichen Gesetzbuch mit Einführungsgesetz und Nebengesetzen*
STJ – Supremo Tribunal de Justiça
trad. – tradução
UCP – Universidade Católica Portuguesa
Vol. – volume

INTRODUÇÃO

1. Da garantia especial das obrigações

"Garantia" é um termo polissémico. No seu sentido mais amplo, corresponde à garantia da relação jurídica[1], podendo ser definida como o conjunto de meios sancionatórios a adoptar pelo estado, por intermédio dos seus tribunais, contra o sujeito do dever jurídico, quando ele não cumpre espontaneamente na observância do comportamento devido[2].

Centrando-nos no nosso objecto de estudo, e de acordo com a lição de PAULO CUNHA, diremos que o segredo da garantia das obrigações reside no facto de serem facultados os meios necessários para que o credor possa ir buscar os valores patrimoniais necessários para o pagamento se efectivar[3]. Seguindo esta orientação, e atendendo ao preceituado pelo art. 817.º, não sendo a obrigação voluntariamente cumprida, o credor tem o direito de exigir judicialmente o seu cumprimento e de executar o património do devedor[4].

---

[1] FERREIRA DE ALMEIDA, *Texto e enunciado na teoria do negócio jurídico,* Vol. I, Coimbra: Livraria Almedina, 1992, p. 548.

[2] MANUEL DE ANDRADE, *Teoria Geral da Relação Jurídica* (reimp.), Coimbra: Coimbra Editora, Vol. I, 1972, p. 24.

[3] *Da Garantia nas obrigações* (pelo aluno EUDORO PAMPLONA CORTE-REAL), Lisboa, 1938-1939, Vol. I, p. 18.

[4] Conforme refere JANUÁRIO DA COSTA GOMES, *Assunção fidejussória de dívida – Sobre o sentido e âmbito da vinculação como fiador,* Coimbra: Livraria Almedina, 2000, pp. 14-15, o art. 601.º, ao estabelecer que os bens do devedor susceptíveis de penhora respondem pelo cumprimento da obrigação, está em perfeita consonância com o art. 817.º, dado que está simultaneamente a dizer que o património do devedor é garantia dos credores e a expressar que os bens que integram esse património respondem pelo cumprimento da obrigação, pelo que, a partir desse momento, será algo ocioso discutir se a responsabilidade patrimonial é uma garantia ou faz parte dela. Em qualquer caso, saliente--se a posição negativista de FRAGALI, *Garanzia,* in ED, tomo XVIII, Milão: Giuffrè

Destarte, é comum a afirmação de que o património do devedor constitui a garantia geral, ou comum, dos credores. Esta afirmação encontra o seu fundamento no art. 601.º[5-6], donde resulta que, em princípio, respondem pela dívida todos os bens penhoráveis existentes no património do devedor, sendo que, nesta sede, haverá que atentar no facto de, ao tempo em que a obrigação se constitui, o património não compreender bens futuros, nem este responderem pelas dívidas, pelo que não é necessário recorrer a qualquer ficção que considere que os bens futuros já se encontram no património sob a forma de bens futuros, bastando, outros-

---

Editore, pp. 446-466, (p. 452, 2.ª coluna), para quem os bens do credor são apenas os meios que o ordenamento jurídico coloca à disposição do credor para a acção executiva, sendo que, adicionalmente, é a força do vínculo obrigacional que põe à disposição do credor o bens do seu devedor, de modo a que a obrigação não tenha algo de potestativo *ex parte debitoris* e o devedor não possa subtrair-se ao cumprimento a seu bel-prazer, de modo a que a realização do interesse do credor não fique à mercê do devedor. Da nossa parte, seguindo a lição de PAULO CUNHA, *Da Garantia nas obrigações,* I, cit., p. 22 e LUÍS MENEZES LEITÃO, *Garantias das Obrigações,* 2.ª ed., Coimbra: Livraria Almedina, 2008, pp. 59-60, somos do entendimento que a integração da responsabilidade patrimonial nas garantias das obrigações é justificada, uma vez que a faculdade atribuída pela lei ao credor de executar o património do devedor representa uma forma de assegurar ao credor a realização do seu direito. Não muito longe deste entendimento andará MENEZES CORDEIRO, *Direito das Obrigações,* Vol. II, Lisboa: AAFDL, 1980, p. 417, quando refere que a garantia geral é a situação jurídica em que o credor e o devedor se encontram envolvidos por força das regras relativas à responsabilidade patrimonial.

[5] *Summo rigore,* cabe notar que a garantia geral ou comum das obrigações torna-se efectiva mediante execução (art. 817.º CC), sendo que apenas as obrigações naturais (cfr. art. 404.º) são insusceptíveis de execução judicial.

[6] Conforme salienta JANUÁRIO DA COSTA GOMES, *Assunção Fidejussória de dívida,* cit., p. 15, a garantia geral não é enquadrável no conceito alemão de *Sicherung* ou *Sicherheiten*. Com efeito, estas caracterizam-se pela concorrência de três características: por um lado temos a execução como acontecimento que se produz para que a garantia a torne mais provável (o objecto da garantia). Em segundo lugar, temos a medida pela qual se produz a perspectiva sobre o acontecimento que se desejou reforçar (o meio da garantia). Finalmente, em terceiro lugar, temos a menção pela qual é obtido o reforço das perspectivas sobre as quais se processa o reforço desejado, i.e, a existência de um nexo de ligação entre os meios das garantias e o objecto destas. Assim, BECKER-EBERHARD, *Die Forderungsgebundenheit der Sicherungsrechte,* Bielefeld: Verlag Ernst und Werner Gieseking, 1993, p. 4. Em qualquer caso, nota WEBER, *Kreditsicherungsrecht,* 8.ª ed., Munique: C. H. Beck, 2006, p. 8, que não estamos perante um termo com um conceito jurídico de significado inequívoco, tratando-se, outrossim, de uma construção do discurso jurídico que se refere às formas pelas quais se atinge o fim de reforçar, *rectius,* de garantir o cumprimento.

sim, considerar que o que em cada momento responde pelas dívidas é o património do devedor tal como se encontrar[7].

Como consequência desta garantia geral, temos o art. 604.º, n.º 1 a prever que, não havendo causas legítimas de preferência[8], os credores têm o direito de ser pagos proporcionalmente pelo preço dos bens do devedor quando o património deste não consiga satisfazer integralmente os débitos. Temos, assim, que a garantia geral pode ser reconduzida ao facto de existir responsabilidade patrimonial[9]. Este princípio da paridade de credores explica que, não raras vezes, o credor, com o objectivo de obter uma vantagem, *rectius,* uma causa de preferência defronte dos restantes credores que lhe permita ser tratado *ex lege* diferentemente dos simples credores quirografários e em igualdade apenas com credores colocados na mesma situação jurídica, procure obter garantias especiais de crédito, mormente garantias reais[10].

---

[7] PAULO CUNHA, *Do Património – Estudo de Direito Privado,* Vol. I, Lisboa: Editorial Minerva, 1934, p. 379.

[8] Cumpre salientar desde já que esta causa legítima de preferência ou preferência na satisfação do crédito a que faremos referência ao longo do texto não pode confundir-se com o direito de preferência. Como é consabido, o direito de preferência atribui ao respectivo titular prioridade ou primazia na celebração de determinado negócio jurídico, contanto que manifeste vontade de o realizar nas mesmas condições que foram acordadas entre o sujeito vinculado à preferência e um terceiro. Com efeito, apesar de no âmbito dos direitos reais de garantia podermos lidar com situações de direitos reais conflituantes, há que concluir que a prioridade conferida ao titular da garantia mais antiga não se traduz num direito autónomo de preferência, mas tão-somente, numa característica do direito real de garantia. Neste sentido HENRIQUE MESQUITA, *Obrigações reais e ónus reais* (3.ª reimpressão), Coimbra: Livraria Almedina, 2003, p. 189-191 (nota 110). Sobre o direito de preferência, entre nós e numa primeira aproximação, cfr. LACERDA BARATA, *Da Obrigação de preferência – Contributo para o estudo do artigo 416.º do Código Civil,* (reimp.) Coimbra: Coimbra Editora, 2002 e CARDOSO GUEDES, *A natureza jurídica do direito de preferência,* Porto: UCP, 1999.

[9] Salienta certeiramente ROPPO, *Responsabilità patrimoniale* in ED, tomo XXXIX, Milão: Giuffrè, 1988, pp. 1041-1053 (pp. 1044, 1.ª coluna), que a ligação entre ambos os termos é racionalizada pela doutrina que identifica na responsabilidade patrimonial o momento da destinação dos bens do devedor à satisfação do interesse do credor, funcionando a garantia patrimonial como a fase potencial de tal destinação, a qual se concretiza na possibilidade de assumir a iniciativa de acrescer o património do devedor ou a conservar os bens do devedor afectos a tal destinação.

[10] Similarmente, CALVÃO DA SILVA, *Mandato de Crédito e Carta de Conforto* in AAVV, *Estudos em Homenagem ao Professor Doutor Inocêncio Galvão Telles,* Vol. II Coimbra: Livraria Almedina, 2002, pp. 245-264 (p. 244-245).

A partir desta garantia geral, podemos verificar desde logo que é assaz comum associar à noção de garantia aqueloutra de responsabilidade[11], a qual, em geral, implica a sobreposição – actual ou potencial – a uma sanção, sendo que a responsabilidade pode ser pessoal ou patrimonial, conforme a sanção actua ou no aspecto físico ou em outros aspectos diversos da patrimonialidade, ou, pelo contrário, incide directamente no património de alguém[12].

Com efeito, torna-se assaz difícil definir "garantia", porquanto esta compreende realidades diversas[13], motivo pelo qual é bastante frequente proceder à sua funcionalização, salientando que se destina a assegurar o cumprimento de uma obrigação ou o gozo de um direito[14] ou, mais propriamente, a realização do interesse do credor[15]. Aliás, atendendo a esta formulação genérica, foi ensaiada uma definição de uma noção técnica de garantia, a qual seria um elemento ulterior em relação a este conjunto genérico de poderes e de sujeições determinadas dos bens. Envolveria, por conseguinte, que estivéssemos perante instrumentos susceptíveis de satisfazer o interesse do credor, designadamente através do reforço da expectativa de realização do crédito, adicionando elementos ulteriores em

---

[11] Note-se que o vocábulo *responsabilidade*, tendo aparecido no fim do século XVIII, apenas foi transposto do vocabulário da moral para o vocabulário jurídico no século XIX. Ademais, como é consabido, trata-se de um vocábulo polissémico. A propósito da sua origem e dos seus vários significados, cfr. GENEVIÈVE VINEY, *La Responsabilité* in APD 35 (1990), pp. 275-291.

[12] RUBINO, *La responsabilita patrimoniale: Il pegno*, 2.ª ed., Turim: Unione Tipografico-Editrice Torinese, 1949, p. 6.

[13] Conforme salienta TUCCI, *Garanzia* in DIGESTO – Sezione Civile, tomo VIII, Turim: Unione Tipografico-Editrice Torinese, 1992, pp. 579-596 (pp. 581-582, 1.ª coluna), num primeiro sentido, a garantia pode ser concebida como o acto de tornar segura, por parte do Estado ou por parte de outra entidade supra-estatal, uma situação jurídica subjectiva fundamental. Tal significado genérico pode ser reduzido, no campo jusprivatístico, de molde a que abarque apenas a exigência de tornar segura uma determinada situação jurídica através de instrumentos diversos e no âmbito de vários institutos jurídicos. Adicionalmente, ainda num campo meramente privatístico, pode entender-se por garantia a destinação de um bem ou de um complexo de bens que serão sujeitos à execução, por parte do credor, em caso de incumprimento da obrigação, bem como a circunstância de ser o próprio património a responder em caso de incumprimento.

[14] FRAGALI, *Garanzia*, cit., p. 449, 1.ª coluna. STEFINI, *La cessione del credito con causa di garanzia*, Pádua: CEDAM, 2007, pp. 3-4.

[15] MINITTI, *Garanzia e alienazione,* Turim: Giapichelli Editore, 2007, p. 68.

relação àqueles a que o ordenamento associa *ex lege* perante uma simples relação obrigacional[16].

Assim, paralelamente a esta garantia geral, podem ser constituídas garantias especiais que tenham como objecto bens específicos do património do devedor ou bens de terceiro, destinando-se a assegurar, de modo particular, a satisfação dos direitos do credor[17]. Destarte, a garantia especial das obrigações actua como um reforço da massa patrimonial responsável com providências que dizem respeito a obrigações determinadas, aumentando, quanto a estas obrigações, os bens responsáveis pelo cumprimento das obrigações a cargo do devedor[18]. Deste modo, podemos afirmar que a garantia tem como campo de eleição o risco de incumprimento, *maxime,* de insolvência do devedor já que, aquando da sua constituição, não se faz qualquer tipo de previsão relativa ao incumprimento do devedor, mas sim, pelo contrário, procura salvaguardar-se a eventualidade de este se verificar[19]. Dito de outro modo, a

---

[16] FRAGALI, *Garanzia,* cit., p. 455, 1.ª coluna, CIPRIANI, *Patto Commissorio e Patto Marciano. Proporzionalità e Legitimità delle garanzie,* Nápoles: Edizione Scientifiche Italiane, 2000, pp. 105-106. Não muito distante STEFINI, *La cessione del credito con causa di garanzia,* cit., p. 4.

[17] Salienta TUCCI, *Garanzia,* cit., p. 591, 1.ª coluna, que todas as codificações recondutíveis ao modelo francês consideram princípios fundamentais, em sede de concurso de credores, a tipicidade das causas de preferência na satisfação do crédito, as quais constituem normas de ordem pública e, por conseguinte, inderogáveis. Tal justifica-se pelo facto de se procurar subtrair os credores dos efeitos negativos das garantias ocultas, bem como salvaguardar a sua confiança legítima relativamente à consistência patrimonial do devedor. Aliás, por este motivo, o princípio da *par conditio creditorum* surge como limite à autonomia privada do devedor no âmbito da atribuição de preferência na satisfação do crédito a favor de um ou vários dos seus credores.Com base nestas considerações, acrescenta STEFINI, *La cessione del credito com causa di garanzia,* Pádua: CEDAM, 2007, p. 6 que é esta limitação à autonomia privada que dita igualmente a necessidade de serem verificados certos formalismos em sede de constituição de penhor ou de hipoteca, bem como a necessidade de proceder à determinação dos bens objecto de garantias reais ou a especificação dos créditos garantidos.

[18] PAULO CUNHA, *Da Garantia nas Obrigações,* II, cit., p. 3, LUÍS MENEZES LEITÃO, *Garantias das Obrigações,* 2.ª ed., cit., p. 95.

[19] MISURALE, *Profili evolutivi della disciplina del pegno,* Nápoles: Edizioni Scientifiche Italiane, 2004, p. 48. Pronunciando-se à luz do Direito alemão, WEBER, *Kreditsicherungsrecht,* 8.ª ed., pp. 11-12, salienta que ambas as garantias distinguem-se, *inter alia,* pelo modo que dita o seu surgimento: enquanto as garantias pessoais nascem através de contrato, as garantias reais implicam a existência de dois negócios jurídicos

responsabilidade do devedor passa de potencial a actual no momento em que a obrigação não seja cumprida voluntariamente[20].

Estas garantias podem ser garantias pessoais ou garantias reais, consoante haja, respectivamente, um reforço quantitativo ou um reforço qualitativo das obrigações a garantir[21].

A garantia pessoal[22] é um reforço da garantia geral das obrigações que torna responsável, perante o devedor, outra pessoa através da adjunção de um novo património pelo qual o credor pode satisfazer o seu crédito. Ou seja, a característica da garantia pessoal radica no facto de responde-

---

distintos. Efectivamente, de um lado estaríamos perante um negócio obrigacional entre o credor e o dador da garantia (*"Sicherungsvertrag"*, *"Sicherstellungsvertrag"* ou *"Sicherungsabrede"*) e, de outro lado, estaríamos perante um negócio real (*"dinglicher Vertrag"*) entre o dador da garantia e o credor, através do qual o direito de garantia sobre uma coisa específica nasce. No que às garantias reais diz respeito, cumpre ter em consideração que esta dualidade é o resultado da circunstância de o ordenamento jurídico alemão ser um ordenamento favorável aos negócios abstractos.

[20] RUBINO, *La responsabilità patrimoniale: Il pegno*, 2.ª ed., cit., p. 11.

[21] Note-se, porém, que o reforço da garantia pode ser feito de vários modos, não se limitando, apenas, a esta destrinça entre garantias reais e garantias pessoais das obrigações. De acordo, com GORLA, *Le Garanzie Reali dell'Obbligazione – Parte Generale*, Milão: Giuffrè, 1935, p. 7, tal reforço pode ser efectuado através (i) da multiplicação de sujeitos passivos, criando ao lado do devedor outros devedores (fiança), (ii) do estabelecimento de uma obrigação de ressarcimento do dano (cláusula penal), (iii) da criação de meios tendentes a assegurar o reforço da acção executiva, fazendo com que esta incida sobre um bem determinado. Seria este, assim, o centro gravitacional da garantia real das obrigações, uma vez que, de acordo com o autor, IDEM, *Ibidem*, cit., p. 8, estes seriam meios colocados à disposição dos privados para reforçar a sanção executiva, o que seria levado a cabo através de meios pelos quais um determinado bem ficasse vinculado à acção executiva, dependente de um certo crédito, de modo a que nenhum acto, nem do devedor nem do terceiro, nem o concurso com outros credores possam prejudicar o sucesso da acção executiva sobre esse bem.

[22] A título de curiosidade, refira-se que no elenco de garantias pessoais efectuado por MANUEL CASTELO BRANCO, *A Garantia bancária autónoma no âmbito das garantias especiais das obrigações,* in ROA 53 (1993), pp. 61-83 (p. 63), não consta o mandato de crédito. Cremos que tal só sucederá devido a lapso ou devido ao facto de a responsabilidade como fiador do autor do encargo avultar e, consequentemente, o mandato de crédito ser preterido relativamente à fiança, *rectius* ser considerado uma modalidade desta. Sobre o mandato de crédito, entre nós, cfr. LUÍS MENEZES LEITÃO, *Garantias das Obrigações*, 2.ª ed., cit., pp. 116-120, CALVÃO DA SILVA, *Mandato de Crédito e Carta de Conforto,* cit. e HUGO RAMOS ALVES, *Do mandato de crédito,* Coimbra: Livraria Almedina, 2007.

rem pela obrigação dois ou mais patrimónios, sendo que tais patrimónios pertencem a pessoas diferentes, sem que, quanto à obrigação assegurada, essas pessoas sejam todas reais devedoras[23].

A garantia real, por seu turno, encontra o seu centro gravitacional na vinculação ou afectação de bens quer do próprio devedor, quer de terceiro ao pagamento preferencial de certas dívidas[24]. Obviamente, esta afectação coloca problemas de tutela de terceiros, dado que estes podem ignorar a existência da garantia, pelo que, por via de regra, procura assegurar--se alguma publicidade a propósito da sua constituição. Essa publicidade pode fazer-se de várias formas, como seja o caso da publicidade registral, conforme sucede nos casos da hipoteca ou da consignação de rendimentos, ou a atribuição da posse sobre a coisa ao credor, *maxime* nos casos do penhor de coisas e do direito de retenção. Aliás, a este propósito, cumpre salientar que algumas garantias não gozam de qualquer publicidade, como sucede nos privilégios creditórios, na reserva de propriedade sobre bens não registáveis e na alienação fiduciária em garantia desses bens.

Ensaiando fazer um brevíssimo sumário, diremos que a garantia especial releva funcionalmente com o escopo de agilizar a satisfação do interesse de obter novos bens e/ou utilidades e, assim, na prática, ver o acréscimo da consistência da esfera patrimonial do credor[25]. Aliás, será a necessidade, ditada pela prática, de procurar assegurar o interesse do credor que explicará, também, o proliferar de novas formas de garantia que coexistem com aqueloutras clássicas, cujos esquemas de actuação estão vertidos nas normas plasmadas na Lei.

Fechando este brevíssimo parêntese, refira-se que, no âmbito das garantias reais[26] das obrigações, é comum ser destacada a primazia da

---

[23] PAULO CUNHA, *Da Garantia nas Obrigações*, II, cit., p. 13. Note-se que o autor, IDEM, *ibidem,* cit., a p. 14, observava que a garantia pessoal é uma reprodução da garantia geral, uma vez que consiste no processo de se declarar que uma pessoa é responsável, a seguir reconhecer que o credor tem poder sobre os bens e, finalmente, a garantia consistir em toda a esfera patrimonial da pessoa em questão.
[24] PAULO CUNHA, *Da Garantia nas Obrigações*, II, cit., pp. 112-113.
[25] Similarmente, GRISI, *Il deposito in funzione di garanzia*, Milão: Giuffrè, 1999, p. 3.
[26] Salientando o aspecto económico das garantias reais, referia LORDI, *Pegno Commerciale* in NDI, tomo XVII, Turim: Unione Tipografico-Editrice Torinese, 1939, pp. 640-677 (p. 642, 2.ª coluna), existirem três tipos de garantias reais: (i) os negócios directos de garantia (penhor e hipoteca), que se caracterizam pelo facto de se transmitir para o credor um direito real de garantia, (ii) os negócios de alienação com resgate

hipoteca[27]. Tal deve-se, *inter alia*, ao facto de parte do próprio regime do penhor de coisas ser moldado, *rectius* construído por remissão para as regras relativas à hipoteca[28]. Todavia, se compararmos o processo de constituição de penhor com o de constituição de hipoteca, facilmente se depreendem as vantagens do primeiro. Com efeito, trata-se de uma garantia com um processo de constituição mais expedito, menos oneroso e, ao nível da execução, com a possibilidade de execução extrajudicial, nos casos em que tal tenha sido expressamente convencionado pelas partes[29].

Ademais, estamos perante uma figura que tem conhecido algumas manifestações "anómalas", seja por específica previsão legislativa, seja como resultado do exercício da liberdade da autonomia privada[30], pelo que somos do entendimento que estamos perante uma figura cujo estudo se apresenta como tentador, mormente em algumas das suas facetas menos atendidas pela doutrina pátria, como é o caso, principalmente, do contrato de penhor irregular.

---

facultativo, nos quais o vendedor tem a faculdade de recuperar o que alienou e (iii) o reporte, no qual o vendedor deve recomprar o que vendeu, sendo que, nos casos em que o reporte é utilizado com escopo de garantia, funciona como um penhor irregular, no qual o devedor perdeu a propriedade da coisa dada em garantia, estando obrigado a pagar o débito, sendo que lhe é creditado o valor da coisa empenhada.

[27] A este propósito, ANTUNES VARELA, *Constituição de hipotecas a favor de bancos prediais – Parecer* in CJ, 1991, Tomo III, pp. 46-59 (p. 50), considera estarmos perante a rainha das garantias das obrigações.

[28] Reportamo-nos ao art. 678.º, que estabelece que são aplicáveis ao penhor de coisas, com as necessárias adaptações, os arts. 692.º, 694.º a 699.º, 701.º e 702.º. Trata-se dos mesmos artigos para os quais o art. 665.º, a propósito da consignação de rendimentos, remete.

[29] Similarmente, TIAGO SOARES DA FONSECA, *O penhor de acções*, 2.ª ed., Coimbra: Livraria Almedina, 2007, pp. 16-17.

[30] GABRIELLI, *Il pegno "Anomalo"*, Pádua: Cedam, 1993, p. 4. O autor indica como traços caracterizadores destes penhores anómalos os seguintes: (i) a ausência do desapossamento; (ii) a adopção de técnicas alternativas às típicas, seja pela realização da função de garantia, seja pelo apagamento dos requisitos necessários inerentes à circulação e ao surgimento na preferência no pagamento; (iii) a substituibilidade no tempo do objecto de garantia, sem que tal facto implique a renovação do cumprimento das formalidades relativas ao exercício da preferência no pagamento, nem a alteração das condições de resolução da operação; e (iv) a possibilidade de constituir, por simples contrato, uma forma de garantia desvinculada da referência necessária a uma determinada obrigação, dando lugar a um instrumento dúctil, apto a ser utilizado numa pluralidade de operações garantidas, se bem que relativas a uma única das partes no contrato.

2. A crise das garantias reais

No actual contexto da evolução económica, tem sido comum a utilização da propriedade como garantia[31]. Com efeito, paulatinamente, esta utilização tem vindo a assumir uma importância considerável em detrimento das garantias tradicionais[32]. Não obstante, cumpre ter em consideração o facto de este cenário não ser, *summo rigore*, apanágio das garantias reais, mas, também, das garantias de crédito em geral, sendo comum o recurso a garantias anómalas ou impróprias, bem como a utilização de certos institutos jurídicos com fins de garantia[33].

Em qualquer caso, julgamos que as garantias "clássicas" – o penhor, a hipoteca e a consignação de rendimentos – continuam a ter o seu campo de actuação, porquanto a vantagem económica conferida pelas garantias reais reside no facto de o credor ficar numa posição de satisfação preferencial do crédito que incide sobre o objecto da garantia relativamente aos restantes credores em sede de processo de insolvência. Ora, precisamente por este motivo, o credor procurará, em primeira linha, obter

---

[31] O que, de certo modo, não deixa de ser curioso, se não mesmo irónico, já que, actualmente, conforme refere, p. ex., NATUCCI, *Astrazione causale e contratto autonomo di garanzia*, Pádua: CEDAM, 1992, p. 27, a evolução recente da economia levou a que o crédito assumisse o primado que antes cabia ao direito de propriedade.

[32] Na síntese efectuada por ANDRADE DE MATOS, *O pacto comissório – contributo para o estudo do âmbito da sua proibição,* Coimbra: Livraria Almedina, 2006, pp. 16-21, tal crise deve-se a cinco factores distintos: (i) a criação e o desenvolvimento de novas garantias reais em que se conjuga a transferência para o credor da propriedade de uma coisa que pertence ao garante com o não desapossamento por parte do garante da coisa, (ii) o aparecimento de novas garantias reais com as quais se procura ir ao encontro das novas necessidades das partes, (iii) o privilegiamento da regulação de procedimentos extrajudiciais para execução das garantias tradicionais ou clássicas, (iv) a utilização de determinados institutos para fins de garantia, quando tal configuração, originariamente, não existia, e (v) a ultrapassagem das limitações inerentes às garantias reais típicas, que tem vindo a levar ao renascimento do pacto comissório.

[33] No campo bancário, de acordo com MAIMERI, *Le garanzie bancarie "improprie"*, Turim: G. Chiapichelli, 2004, pp. 11-12, tem-se assistido a um processo tríplice: (i) a *praxis* bancária introduziu instrumentos de garantia com importantes modificações ao seu esquema tradicional, sem, no entanto, alterar a sua natureza, como é o caso da fiança *omnibus* ou do penhor *omnibus*; (ii) foram criadas garantias atípicas em função da intensificação das relações internacionais, como é o caso, p. ex., das cartas de conforto; e (iii) foram utilizados institutos já existentes com função de garantia, como é o caso da cessão de créditos em garantia ou o mandato para cobrança.

garantias reais[34]. Todavia, apesar da modernização que têm vindo a sofrer, verifica-se que as garantias reais não satisfazem importantes áreas creditícias em que apresentam desvantagens consideráveis, tais como o custo e a morosidade em executá-las, bem como a sobreposição de privilégios creditórios a favor do Estado e de outras entidades públicas[35]. Ademais, é indesmentível que, no Direito hodierno, as garantias reais acabam por ser, afinal, vulneráveis, inclusive a própria hipoteca, a qual, apesar de, tradicionalmente, ser considerada a mais segura das garantias, acaba por ser fragilizada quer pelo instituto dos privilégios creditórios, quer pelo direito de retenção[36].

No que diz respeito às garantias reais, é comum salientar-se o facto de, numa sociedade industrializada, os direitos reais de garantia inspirados no modelo hipotecário romano e na necessidade do desapossamento do bem dado em garantia carecerem de utilidade económica, dado que a necessidade de entregar a posse do bem dado em garantia ao próprio credor ou a um terceiro justifica-se como condição de publicidade da situação de solvência do devedor e como meio de procurar evitar uma possível alienação do bem por parte deste[37]. Na verdade, o ordenamento jurídico tem de ter em conta as várias solicitações exigidas pela *praxis* relativamente à pesquisa de técnicas, cada vez mais ágeis, de tutela de financiamentos, acompanhando igualmente a velocidade e aceleração progressivas da circulação da riqueza mobiliária. Ora, o sistema das garantias reais típicas denota uma certa rigidez, revelando alguma incapacidade para seguir os sinais dos tempos, em função da manutenção de princípios como a inderrogabilidade da *par condictio creditorum* ou o princípio da tipicidade dos direitos reais de garantia[38].

Ademais, é igualmente comum a afirmação que as garantias reais não conseguem fazer face às exigências conexas à tutela do crédito numa

---

[34] Assim, WEBER, *Kreditsicherungsrecht*, 8.ª ed., cit., p. 11.

[35] ALMEIDA COSTA, *Alienação fiduciária em garantia e aquisição de casa própria*, in DJ I (1980), pp. 41-57 (pp. 56-57).

[36] Sobre esta temática, cfr. CLÁUDIA MADALENO, *A vulnerabilidade das garantias reais – a hipoteca voluntária face ao direito de retenção e ao direito de arrendamento*, Coimbra: Coimbra Editora, 2008.

[37] SANCHEZ LORENZO, *Garantias Reales en el Comercio Internacional (reserva de domínio, venta en garantia y leasing)* Madrid: Editorial Civitas, 1993, p.31.

[38] FIORENTINI, *Garanzie reali atipiche* in RDC XLVI (2000), pp. 253-292 (pp. 254- -255).

sociedade amplamente caracterizada pelo financiamento externo da empresa, circunstância que determina um recurso cada vez mais maciço às garantias pessoais, as quais, tradicionalmente, prevêem a intervenção de um terceiro, de molde a que seja reforçada a garantia geral do credor garantido[39].

Mais concretamente, e no que ao penhor diz respeito, sempre poderíamos acrescentar que, na sua forma clássica, é uma garantia adaptada a um tipo de economia pré-industrial, na qual a constituição de garantias sobre bens móveis tem um carácter meramente esporádico. Com efeito, o desapossamento, por um lado, impede que o devedor possa continuar a servir-se do bem dado em garantia na consecução da sua actividade produtiva, e por outro lado, a obtenção dos bens onerados não será, necessariamente, algo que corresponda à expectativa do credor pignoratício[40].

Adicionalmente, começa a ganhar relevo o recurso à utilização da propriedade em garantia, dado que, para além de conferir a atribuição do gozo do próprio direito de propriedade sobre a coisa, tem ainda a vantagem de ser uma alternativa que não acarreta outros custos que não sejam as formalizações inerentes à transmissão da propriedade e os custos, mormente fiscais, da sua efectivação[41]. Ademais, o recurso à propriedade em garantia apresenta, ainda, a vantagem de permitir subtrair o bem ao concurso de credores e, do prisma do devedor, estamos perante garantias ocultas, o que obvia a publicidade das garantias reais clássicas em relação ao crédito concedido[42].

---

[39] LOBUONO, *I contratti di Garanzia,* Nápoles: Edizioni Scientifiche Italiane, 2007, pp. 3-4. Acrescenta o autor, IDEM, *Ibidem,* cit., p. 5, que tal situação resulta do facto de as garantias reais serem caracterizadas pela sua maior rigidez no plano estrutural, enquanto as garantias pessoais são susceptíveis de expansão constante em virtude da capacidade de elaboração reconhecida às partes no exercício da sua autonomia.

[40] VENNEZIANO, *Le garanzie moniliarie non possessorie – profili di Diritto Comparatto e di Diritto del Commercio Internazionale,* Milão: Giuffrè, 2000, pp. 1-2. Acrescenta WEIL, *Les suretés – La publicité foncière,* Paris: Dalloz, 1979, p. 75 que o penhor é perigoso para o empenhador, já que se vê obrigado a confiar no credor pignoratício.

[41] PIERRE CROCQ, *Propriété et Garantie,* Paris: Librarie Générale de Droit et Jurisprudence, 1995, pp. 4-5.

[42] LUÍS MENEZES LEITÃO, *Garantias das Obrigações,* 2.ª ed., cit., p. 253. A este propósito, SANCHEZ LORENZO, *Garantias Reales en el Comercio Internacional,* cit.,

Ora, o facto de o legislador ter configurado a factiespécie do contrato de penhor erigindo a entrega da coisa dada em garantia como elemento essencial, conferindo, assim, um acto relevável, do ponto de vista externo, relativamente à transferência da posse, e, consequentemente, ser vedado às partes a possibilidade de acoplarem ao penhor uma cláusula visando regular as regras relativas à posse – tomando como eixo de referência, por exemplo, o comodato – com o fito de o devedor manter a posse sobre a coisa dada em garantia, não obsta a que se descubram soluções que visem satisfazer os interesses perseguidos pelas partes[43].

Com efeito, é relativamente comum, na *praxis* bancária, a estipulação de cláusulas prevendo que aquele que recebe o crédito possa renunciar à posse sobre a coisa dada em garantia, conforme é usual, aliás, nos casos em que são depositados junto do Banco concedente do crédito metais preciosos ou mercadorias[44].

---

p. 46, chama a atenção para o facto de nenhum operador económico presumir, actualmente, que um activo que esteja na posse de um comerciante faça parte do seu acervo patrimonial, não se justificando, consequentemente, que tenham confiado na presunção de propriedade resultante da posse.

[43] Neste particular, WIEGAND, *Anotação prévia ao § 1204 BGB,* Nm. 1 in STAUDINGER, 12.ª Ed., Berlim: J. Schweitzer Verlag Walter de Gruyter & Co., 1981, não deixa de salientar que o penhor tende a ser substituído por formas mais expeditas de garantia, como a alienação fiduciária ou a cessão em garantia. No mesmo sentido LWOWSKI/MERKEL, *Kreditsicherheiten – Grundzüge für die praxis,* 8.ª ed., Berlim: Erich Schmidt Verlag, 2003, p. 73.

[44] SERICK, *Le Garanzie Mobiliari nel Diritto Tedesco* (tradução de *Deutsche Mobiliarsicherheiten. Aufriß und Grundgedanken* por PAOLO M. VECHI), Milão: Giuffrè, pp. 10-11. Note-se, aliás, que o ordenamento jurídico alemão é paradigmático no que toca ao, passe a expressão, envelhecimento das garantias reais. De molde a permitir que o devedor possa ficar na posse dos bens dados em garantia, é assaz comum o recurso à reserva de propriedade (*"Eigentumsvorbehalt"*), utilizada, sobretudo, para garantir a posição do vendedor de mercadorias, bem como à alienação fiduciária (*"Sicherungsübertragung"*). Aliás, a este propósito, referindo-se ao penhor sem desapossamento, refere SIMITIS, *Das besitzlose Pfandrecht – Eine rechtsvergleichende Untersucuhung* in AcP 171 (1971), pp. 94-154 (p. 102) que a cessão a título de garantia (*"Sicherungsübereignung"*) funciona, acima de tudo, como um penhor sem desapossamento relativamente ao qual não existe qualquer dever de registo, à imagem do que sucede com a *letter of hypothecation* e com a *letter of trust* do Direito inglês.

Na verdade, apesar da propalada crise[45] das garantias reais, o penhor tem vindo a conhecer uma utilização crescente, designadamente no tráfego bancário[46]. Efectivamente, tendo como linha de horizonte não só a sua maior celeridade na constituição, mas também a sua susceptibilidade de adaptação às exigências da *praxis* – como é revelador o recente Decreto-Lei n.º 105/2004, de 8 de Maio, relativo aos acordos de garantia financeira[47] – o penhor apresenta-se, ainda hoje, como um instrumento

---

[45] Ademais, esta crise poderia funcionar como uma oportunidade para reflectir sobre o sistema de garantias das obrigações. De acordo com ROY GOODE, *The Modernisation of Personal Property Security Law* in LQR 100 (1984), pp. 234-251 (p. 237), deve assentar nas seguintes características: (i) todo e qualquer negócio garantido deve ser considerado um contrato de garantia, independentemente da forma que reveste; (ii) toda e qualquer transacção caracterizada como contrato de garantia deve limitar-se à satisfação dos interesses do credor; (iii) a pessoa de boa fé que adquira um bem onerado com garantias não pode nem deve ficar subordinada a uma garantia previamente constituída que não pudesse ou não devesse conhecer; (iv) consequentemente, se o credor desejar o devedor na posse do bem dado em garantia, deve ser colocado à sua disposição um meio susceptível de dar a conhecer ao público a existência da garantia; e (v) as regras relativas à preferência de credores devem evitar o enriquecimento sem causa de um credor à custa dos outros. Analisando estas regras, LUÍS MENEZES LEITÃO, *Garantias das Obrigações*, 2.ª ed., cit., pp. 321-322, salienta que o nosso ordenamento não as respeita, já que no primeiro caso o recurso à compra e venda com reserva de propriedade ou à cessão de créditos em garantia não são caracterizados como negócios de garantia. Ademais, salienta ainda que a boa fé não é grandemente tutelada em virtude de não ser acolhido o princípio posse vale título, salientando ainda que são limitados os bens sujeitos a registo e que existem privilégios creditórios que estabelecem prioridades mal estabelecidas, como seria o caso do direito de retenção sobre hipoteca constituída anteriormente.

[46] WOLF, *Sachenrecht*, 23.ª ed., Munique: Verlag C. H. Beck, 2007, Nm. 803. Salientando a aplicação do instituto no sector bancário, referem REINICKE/TIEDTKE, *Kreditsicherung*, 5.ª ed., Neuwied und Kriftel: Luchterhand, 2006, Nm. 994, a propósito do penhor de coisas em geral, o penhor é de grande importância no sector bancário, uma vez que é comum a concessão de crédito contra o empenhamento de títulos de crédito (*"Wertpapieren"*), metais preciosos e mercadorias, bem como de participações sociais, *id est*, acções e quotas. Em sentido contrário (se bem que referindo-se apenas ao penhor de coisas) pronuncia-se WEBER, *Reform der Mobiliarsicherheiten* in NJW 1976, pp. 1601--1607 (p. 1602), afirmando que o penhor de coisas limita o seu raio de acção ao pequeno crédito, designadamente a mútuos concedidos entre privados ou por casas de penhores.

[47] Um exemplo dessa utilização crescente pode ver-se, conforme refere GARCIA VICENTE, *La prenda de créditos*, Madrid: Thomson-Civitas, p. 26, no facto de em algumas circunstâncias, como é o caso do financiamento de projectos (*"Project finance"*), os créditos serem o único bem susceptível de ser dado em garantia. Sobre o financiamento de projectos veja-se, entre nós, à guisa de introdução, o estudo de BRUNO FERREIRA,

apto a satisfazer os interesses das partes, *maxime* na necessidade garantir os negócios celebrados pelos vários intervenientes no tráfego jurídico, permitindo, igualmente, garantir créditos de forma expedita e com custos reduzidos[48].

3. Delimitação do tema e sequência

Ante a relativa escassez, entre nós, de estudos monográficos consagrados à figura do penhor, teremos, forçosamente, de socorrer-nos das opiniões expendidas noutros ordenamentos jurídicos, mormente o italiano e o alemão, uma vez que tais ordenamentos jurídicos influenciaram de modo indelével o ordenamento jurídico pátrio. Todavia, não deixaremos igualmente de ter em conta o ordenamento jurídico espanhol. Não obstante, não curaremos de o fazer num capítulo dedicado à comparação de Direito. Tal será efectuado, sempre que julgarmos oportuno e/ou necessário, ao longo do texto, de modo a procurar facilitar a tarefa do leitor destas páginas.

Em qualquer caso, cumpre salientar, desde já, que o presente estudo não visa ser um tratamento monográfico exaustivo do penhor[49]. Pelo contrário, procura, apenas, abordar alguns aspectos relativos ao seu regime jurídico, *maxime* do estudo de algumas questões relacionadas com o seu objecto: a possibilidade de constituição de penhor irregular e, em segundo lugar, procurar aquilatar a admissibilidade do penhor genérico no ordenamento jurídico pátrio, sendo que curaremos, igualmente, de

---

Mecanismos de garantia em project finance in *Cadernos O Direito*, n.º 4, 2009 e de GABRIELA FIGUEIREDO DIAS, *Project Finance (primeiras notas)* in AAVV, *Miscelâneas*, n.º 3, Coimbra: Livraria Almedina, 2004, pp. 115-160.

[48] Neste particular, julgamos ainda manterem a sua actualidade as palavras de D'AMELIO, *Di alcuni caratteri del pegno commerciale*, in RDCo X (1912), Parte Seconda, pp. 672-681 (p. 672), quando referia que o recurso ao penhor era sinal de problemas financeiros, sendo poucos os comerciantes que a ele recorriam e apenas em momentos de crise, sendo que, gradualmente, face ao desenvolvimento da indústria, o recurso ao penhor perdeu o estigma da desonorabilidade para passar a ser encarado como um contrato comum.

[49] Com efeito, não ignoramos a grande dificuldade, *rectius*, impossibilidade inerente ao tratamento unitário do contrato de penhor, facto que é indiciado pelo art. 668.º e pela dispersão legislativa a propósito deste contrato.

abordar a figura do penhor financeiro. Estamos, pois, perante matérias relativas ao objecto do contrato de penhor.

Ademais, não obstante o seu interesse manifesto, não curaremos de tratar matérias relativas ao penhor de títulos de crédito ou ao penhor de acções, já que o seu tratamento implicaria a necessidade de incluir considerações adicionais a propósito das disciplinas dos títulos de crédito e dos valores mobiliários, facto que em muito transcenderia o intuito do presente trabalho. Com efeito, de molde a lograr uma perfeita explicitação desta modalidade de penhor, teríamos de convocar, designadamente, os princípios informadores dos títulos de crédito, mas, também, no que aos valores mobiliários diz respeito, regras específicas que, em alguns casos, têm em consideração o facto de lidarmos perante valores mobiliários negociados em mercado regulamentado. De igual modo, pese embora o manifesto interesse do tema, não curaremos igualmente de estudar a sorte do penhor no âmbito do processo de insolvência. Salientamos ainda que o presente escrito procura estudar apenas Direito material, pelo que não curaremos igualmente de estudar o tratamento dado ao penhor em sede de Direito Internacional Privado.

Em qualquer caso, de forma a lograr alcançar a empresa a que nos propusemos, em primeiro lugar curaremos de efectuar uma breve abordagem da evolução histórica sofrida pelo penhor. Neste particular, a nossa investigação limitar-se-á a uma análise perfunctória dos aspectos essenciais das garantias reais no Direito Romano, pois é nosso entendimento que tal abordagem global permitirá colocar em relevo muitos dos traços que ainda hoje se fazem sentir na regulação dada ao penhor, bem como relativamente a algumas garantias reais atípicas que têm conhecido forte crescimento junto dos intervenientes no tráfego jurídico. De seguida, faremos uma breve análise da evolução subsequente, designadamente no Direito Intermédio, não descurando a abordagem dada, entre nós, ao penhor na vigência do Código de Seabra e nos estudos preparatórios do actual CC.

Chegados a esse ponto, julgamos estar em condições de poder curar da análise do objecto do presente escrito. Para esse efeito, em primeiro lugar, será efectuada uma descrição das características do penhor no Direito vigente, sendo que, para tal efeito, procuraremos descrever perfunctoriamente as características gerais do penhor nas suas modalidades fundamentais, i.e., o penhor de coisas e o penhor de direitos. Apenas nessa altura poderemos abordar os aspectos de regime do penhor irregular, do penhor financeiro e do penhor genérico. Trata-se, cremos, de uma metodologia que permitirá que tal análise beneficie das explanações feitas, em momento prévio, a propósito do penhor em geral, uma vez que permitirá desenvolver e/ou concretizar premissas a que se tenha chegado em momento prévio.

Logo que tal análise esteja efectuada, a par da tentativa de definição da natureza jurídica dos modelos fundamentais de penhor – ou seja, o penhor de coisas e o penhor de direitos – bem como do penhor irregular, procederemos ao levantamento das conclusões propiciadas pelo presente estudo.

CAPÍTULO I
Parte Histórica

1. Direito Romano[50]

1.1. *Preliminares*

Antes do mais, convém referir, desde já, que o conceito "garantia" é uma elaboração relativamente recente, uma vez que é o produto das reflexões da moderna doutrina civilística. Com efeito, o termo garantia foi sendo progressivamente autonomizado, tendo por base figuras como a fiança ou o penhor. Na verdade, "garantia" remonta ao alemão antigo *"waren"* ou *"waeren"*, onde *"warentare"* era sinónimo de defender e, simultaneamente, era utilizado para indicar a obrigação de garantia do autor (*"Warens"*) no contrato de compra e venda[51].

Certo é que, apesar de o conceito ser inexistente no Direito Romano, essa lacuna (*latissimo sensu*) não obstou à utilização reiterada de vários conceitos, por parte dos jurisconsultos romanos, para se referirem ao reforço das obrigações[52]. Ou seja, apesar de não existir um conceito

---

[50] Cumpre salientar que começamos a nossa exposição pelo Direito Romano devido ao facto de este ser a origem remota do actua Direito Pátrio. Com efeito, não ignoramos que a mais antiga fonte relativa ao penhor, na Antiguidade, é o Código de Hammurabi. Assim, MANIGK, *Pfandrecht*, in *Handwörterbuch der Rechtswissenschaft*, Berlim e Leipzig: Walter de Gruyter, Co., 1927, Vol. IV, pp. 455-467 (p. 456).

[51] MICHELE FRAGALI, *Garanzia*, cit., p. 447, 2ª coluna. Conforme salienta o autor, foi a partir do uso típico para garantia da evicção que o termo garantia passou a significar, em termos latos, as mais diversas obrigações destinadas a assegurar o cumprimento das obrigações ou o gozo dos direitos.

[52] TORRES PARRA, *El mandato de crédito como garantia personal,* Madrid: Editorial Dyckinson, 1998., pp. 10-12. MICHELE FRAGALI, *Garanzia*, cit., p. 446, 2ª coluna.

autónomo de garantia, funcionalmente, os juristas romanos procuraram escudar as obrigações, através de reforços das obrigações, sendo que tais reforços, hodiernamente, à luz da actual dogmática, são subsumíveis[53] no conceito de garantia.

A origem histórica da figura da garantia está estreitamente ligada ao desenvolvimento da *obbligatio*, que terá surgido como uma espécie de forma de garantia pessoal por facto de terceiro, como as arcaicas *praedes* e *vades*, garantes do comportamento de terceiros, designadamente em relações negociais e processuais, antes que se verificasse a confusão nessa pessoa da posição de garante, responsável pela prestação em falta, e da posição de devedor obrigado a segui-la[54].

No que às garantias reais diz respeito, estas constituem um reforço do cumprimento de uma *obbligatio* que incide directa e exclusivamente sobre certos bens pertencentes ao devedor ou a terceiro[55]. No que toca ao Direito Romano, tal função foi desempenhada, num momento inicial, pela *fiducia cum creditore*, e, seguidamente, pelo *pignus* e pela *hypotheca*, pelo que, nas páginas que se seguem, curaremos de efectuar uma breve descrição das suas principais características à luz deste ordenamento jurídico. Tal deve-se, sobretudo, ao facto de estas três figuras representarem, cronologicamente, as três fases nas quais o Direito romano actuou

---

[53] Cumpre salientar que não aderimos à construção inerente ao silogismo judiciário e à visão obsoleta que considera a interpretação um mal necessário. Neste sentido, BECCARIA, *Dos delitos e das Penas* (trad. de *Dei delitti e delle Pene* por JOSÉ DE FARIA COSTA), Fundação Calouste Gulbenkian, 1998, pp. 68-69. Em qualquer caso, saliente-se que, no nosso entendimento, o tão odioso silogismo judiciário ainda tem, cremos, lugar no arsenal jurídico que a Teoria do Direito coloca à disposição do intérprete. Assim, este recurso poderá limitar-se a ser um mero resumo do trabalho desempenhado pelo intérprete. Ou seja, finda a interpretação da norma e a necessária argumentação/fundamentação da actividade interpretativa levada a cabo, não vemos qualquer óbice a que se conclua com um silogismo deste tipo. Deste modo, pensamos, evita-se todo o formalismo típico das operações lógicas celebrizadas por BECCARIA e MONTESQUIEU. Isto porque, nesta óptica, a subsunção – não há quaisquer motivos para temer a utilização da palavra – já tem como pano de fundo a sua necessária fundamentação. Funciona, pois, como uma mera conclusão. Ou, chamando à colação a linguagem literária, mais não é do que um mero epílogo da tarefa levada a cabo pelo intérprete.

[54] MICHELE FRAGALI, *Garanzia*, cit., p. 446, 2ª coluna.

[55] Assim, p. ex., SANTOS JUSTO, *Direito Privado Romano II (Direito das Obrigações)*, Coimbra: Coimbra Editora, 2003, p. 166; SEBASTIÃO CRUZ, *Direito Romano ("Ius Romanum")*, Coimbra, 1984, Vol. I, *Introdução, Fontes*, 4.ª ed., 239-240.

no sistema de garantias reais, consistindo na investidura temporária do credor de um poder directo e imediato sobre uma coisa alheia. Sinteticamente: com a *fiducia* atribui-se a propriedade, com o penhor a posse e com a hipoteca um direito real[56].

Para finalizar, cumpre salientar, desde já, que estamos perante direitos absolutos do credor sobre uma *res*, válidos *erga omnes* e surgidos do acordo de garantia entre o credor e o garante, sendo de salientar que os juristas clássicos são inequívocos, desde logo, nas expressões utilizadas – *obligatio rei, res obligata* – utilizadas para referir a relação real que obviamente se mantém, mesmo quando o proprietário transfere para terceiros o seu *dominium* sobre a *res*[57].

1.2. A *fiducia cum creditore*

O desenvolvimento do Direito Romano apresenta-se como uma grandiosa explicação do carácter fiduciário e do acolhimento de explicações específicas na sanção jurídica, operadas através da *fides*, expressão típica do pensamento jurídico dos romanos. Na sua raiz esteve um vetusto instituto: a *fiducia*, que consiste na transferência da propriedade – ou, por conexão, de um poder – obtida por determinados escopos fiduciários (*fidi fiducia causa*) e gerando uma obrigação sancionada por uma *actio fiduciae*[58].

De um ponto de vista estrutural, os dois momentos existentes na *fiducia* – o dispositivo e o obrigacional – apesar de distintos, encontram-se

---

[56] PAGGE, *Pegno (Diritto romano)* in NDI, tomo XVII, 1939, pp. 610-614 (p. 610, 2.ª coluna). Similarmente, CHIRONI, *Tratatto dei privilegi, delle ipoteche e del pegno*, Turim: Fratelli Boca Editori, Vol. I – *Parte Generale*, 1894, p. 8, salienta que é comum afirmar que cada uma destas três garantias constitui um dos três momentos principais do desenvolvimento que as garantias reais experimentaram no Direito Romano, o que não exclui a necessidade de ter de efectuar algumas investigações sobre o desenvolvimento do conceito de propriedade, ao longo dos tempos, no Direito Romano. Em sentido contrário pronuncia-se DIURNI, *Fiducia – Techniche e Principi negoziali nell'alto medioevo*, Turim: Giappichelli Editore, 1992, cit., p. 67.

[57] SANTOS JUSTO, *Direito Privado Romano III (Direito Reais)*, Coimbra: Coimbra Editora, 1997, p. 212-213.

[58] GROSSO, *Fiducia (Diritto Romano)* in ED, tomo XVIII, Milão: Giuffrè Editore, 1969, pp. 384-388 (p. 385, 1.ª coluna).

teleologicamente ligados entre si, dado que a uma *mancipatio* é associada, em termos meramente obrigacionais, uma outra *mancipatio* onde são invertidas as posições dos sujeitos intervenientes na relação original[59].

O penhor, enquanto instituto jurídico, foi precedido, no âmbito do Direito Privado, pela *fiducia cum creditore*, figura de garantia real surgida na Idade Arcaica, se bem que, provavelmente, posterior às XII Tábuas, o que permite colocá-la, aproximadamente, entre os séculos IV e III a.C., sendo que se afigura plausível que o sucessivo reconhecimento do penhor se tenha dado com o intuito de permitir a constituição de garantias sobre *res nec mancipi* ou bens móveis de menor valor no âmbito do património familiar, numa época em que a sociedade romana ainda é caracterizada pela estrutura patriarcal e por uma economia predominantemente agrícola e pastoral[60]. Com efeito, será no decurso dos séculos III e II a.C. que operará a transformação da *fiducia cum creditore* num vínculo jurídico e não num mero vínculo ético-social, através do reconhecimento da possibilidade de o fiduciante poder recorrer a uma *actio fiduciae* destinada a obter quer a restituição do bem, quer a recuperação do *superfluum*. Ou seja, trata-se de uma acção destinada a tutelar o devedor contra os actos abusivos levados a cabo pelo credor[61].

Deste modo, julgamos ser lícito afirmar que estamos perante um negócio que obedeceu à necessidade de garantir *obbligationes* enquanto o ordenamento jurídico não dispunha de institutos próprios, já que, em virtude de se encontrar determinado pelo seu espírito conservador e, também, por uma razão de economia jurídica, a *iurisprudentia* romana recorreu aos meios então colocados ao seu dispor – a *mancipatio* e a *iure in cessio* – com o intuito de satisfazer os interesses que o tráfego jurídico apresentava[62].

---

[59] DIURNI, *Fiducia e negozio fiduciário (storia)*, in DIGESTO – Sezione Civile, tomo VIII, Turim: Unione Tipografico-Editrice Torinese, 1992, p. 288-294 (p. 291, 1.ª coluna).

[60] BURDESE, *Pegno (Diritto Romano)* in ED, tomo XXXII, Milão: Giuffrè Editore, 1982, pp. 662-675 (p. 664, 1.ª coluna).

[61] MANNINO, *Garanzie dell'obbligazione* in DIGESTO – Sezione Civile, , tomo VIII, Turim: Unione Tipografico-Editrice Torinese, 1992, pp. 614-621 (p. 620, 2.ª coluna).

[62] SANTOS JUSTO, *Direito Privado Romano II (Direito das Obrigações)*, cit., p. 167. Similarmente, LONGO, *Corso di Diritto Romano – La Fiducia*, Milão: Giuffrè, 1946,

Cumpre salientar que, tendo por base um trecho de GAIO[63], é comum ser operada a destrinça entre a *fiducia cum amico* e a *fiducia cum creditore*. Trata-se de um critério que tem na sua base o fim visado com a transmissão da *res*. Assim, enquanto a *fiducia cum creditore* tinha como finalidade específica a garantia de um crédito, a *fiducia cum amico* era uma figura genérica que servia para diversos escopos práticos[64].

Deste modo, podemos afirmar que a *fiducia cum creditore* traduzia--se na transferência da propriedade de uma *res mancipi* do devedor ou de um terceiro (fiduciante) para o credor (fiduciário), que ficava obrigado a restituí-la ao garante quando se verificasse a satisfação do crédito garantido, que podia ser de qualquer natureza, embora o caso mais comum fosse o dos créditos pecuniários, podendo mesmo tratar-se de créditos futuros, contanto que determinados[65].

Ademais, em virtude da estreita ligação entre o negócio fiduciário (*fiducia cum creditore pignoris iure*) e o pacto acessório (*pactum fiduciae*), o ordenamento jurídico romano acabou por determinar o reconhecimento, a favor do devedor que tivesse cumprido a sua obrigação, de uma acção autónoma *in personam* – *actio fiduciae* – para lograr atingir o montante pecuniário devido pelo credor, logo que estivesse satisfeito o seu crédito[66].

Seguindo a lição de LONGO, diremos que a *fiducia cum creditore* é dotada de alguns traços característicos, a saber: (i) a *fiducia cum credi-*

---

p. 1, para quem a *fiducia* podia definir-se como o negócio jurídico pelo qual uma das partes, recebendo da outra uma coisa mediante a *mancipatio* ou a *iure in cessio*, se obriga, mediante a aposição de uma convenção, a restituí-la ao transferente, ou a obrigar-se a dar--lhe uma determinada destinação.

[63] Trata-se do trecho de GAIO, *Institutiones, II, 60,* onde podemos ler: *"Sed fiducia contrahitur aut cum creditore pignoris iure, aut cum amico, quo tutius nostrae res apud eum sint"*

[64] Assim, VIEIRA CURA, *Fiducia cum crediore – aspectos gerais,* Coimbra, 1988, p. 39. Acerca das várias aplicações da *fiducia cum amico* no Direito Romano, veja-se IDEM, *ibidem,* cit. pp. 40-71. De acordo com DIURNI, *Fiducia – Techniche e Principi negoziali nell'alto medioevo,* cit., p. 63, a *fiducia cum amico* visa tutelar os interesses patrimoniais do fiduciante, em termos de salvaguarda da propriedade e da defesa jurídica da mesma.

[65] VIEIRA CURA, *Fiducia cum creditore – aspectos gerais,* cit., p. 200.

[66] BOVE, *Pegno (Diritto Romano)* in NssDI, tomo XII, 1966, Turim: Unione Tipografico-Editrice Torinese, pp. 763-766 (p. 663, 2.ª coluna).

tore pressupõe – como qualquer outra garantia real – uma obrigação do fiduciante perante o fiduciário, i.e., um crédito deste último relativamente ao qual a *fiducia* é destinada a servir como melhor garantia (*"migliore assicurazione"*); (ii) a garantia inerente à *fiducia cum creditore* é a mais ampla e enérgica que pode ser concebida pelo ordenamento, dado que actua não com a atribuição ao credor de um *ius in re* limitado, mas, outrossim, com a atribuição ao credor da propriedade sobre a coisa; e (iii) a propriedade do credor fiduciário é resolúvel, *rectius*, é um pacto de resolução sob condição suspensiva[67].

Todavia, nada impedia que, caso tivesse sido acordado, o garante conservasse a posse sobre a coisa dada em garantia. Se esta se mantivesse durante um ano, podê-la-ia recuperar através do *usureceptio ex fiducia*. Assim, para obviar a esta situação, as partes poderiam acordar que o garante detivesse a *res* a título de locação (*locatio conductio*) ou de precário (*precarium*), o que equivale a dizer que, nestas situações, o garante era um simples detentor e, consequentemente, ficaria impedido de usucapir[68].

Conforme facilmente se intui, a *fiducia cum creditore* outorgava ao credor uma garantia muito eficaz – estando, aliás, em consonância com a aversão sentida pelos romanos face aos *iura in re aliena* – constituindo, simultaneamente, um risco considerável para o devedor, em virtude de ficar privado da propriedade sobre a *res*. Ademais, haveria ainda que juntar outra desvantagem, que consistia no facto de a *fiducia* apenas poder operar uma única vez sobre a *res*, porquanto um objecto não podia ser dado *fiduciae causa* a vários credores de forma sucessiva[69].

---

[67] LONGO, *Corso di Diritto Romano – La Fiducia*, cit., pp. 32-37. Conforme refere o autor, IDEM, *Ibidem*, cit., p. 34, este tipo de garantias reais é frequente nos direitos primitivos ou pouco desenvolvidos, pelo que não estamos perante uma manifestação do carácter duro e inexorável dos credores. Pelo contrário, tal deve-se ao facto de o Direito Romano antigo não conhecer mais direitos sobre as coisas para além da propriedade e das servidões.

[68] SANTOS JUSTO, *Direito Privado Romano II (Direito das Obrigações)*, cit., p. 169.

[69] SCHULZ, *Derecho Romano Clásico* (trad. de *Classical Roman Law* por JOSÉ SANTA CRUZ TEIGEIRO), Barcelona: Bosch, 1960, p. 388. De qualquer modo, estas desvantagens não permitem negar que a solidez da *fiducia cum creditore* a tornava particularmente atraente para os credores, já que estes não se mostrariam dispostos a prescindir da mais enérgica das garantias reais naquelas situações em que tivessem oportunidade de impor a sua vontade ao devedor. Neste sentido, VIEIRA CURA, *Fiducia cum creditore – aspectos gerais*, cit., p. 207.

Com efeito, de molde a mitigar esse risco, era usual a aposição de algumas cláusulas acessórias ao contrato de garantia. Em primeiro lugar, era incluído um *pactum de vendendo*, mediante o qual o credor, na eventualidade de o débito garantido não ser extinto atempadamente, podia satisfazer-se mediante a venda da *res* dada em garantia. De outro lado, há, também, que referir a *lex commissoria*, a qual, no caso de incumprimento, permitia que o credor pudesse reter definitivamente a *res* para si[70].

Cumpre salientar que, obviamente, a *fiducia* era um contrato, já que, contrariamente a outros pactos, o *pactum fiduciae* não gerava uma *exceptio*, mas sim uma *actio*, pelo que a sua estrutura contratual é inegável. Todavia, esta estrutura não fica estanque na sombra do formalismo acentuado da *mancipatio*. Efectivamente, a configuração do negócio complexo da *fiducia* resultante de uma *mancipatio* – ou *iure in cessio* – à qual se adiciona um *pactum fiduciae* não formal. Pelo contrário, era algo *sui generis*, de molde a não consentir um analogia nem com a antiga factiespécie contratual do mútuo, nem com as mais recentes do comodato, do depósito ou do penhor[71].

À guisa de conclusão, é mister salientar que a *fiducia cum creditore*, contrariamente ao *pignus* e à *hypotheca*, não determinava o nascimento de qualquer tipo de direito real (*ius in re aliena*), uma vez que o direito adquirido pelo credor era o direito de propriedade e não um direito sobre coisa alheia[72].

---

[70] DERNBURG, *Diritti Reali* (trad. do alemão de FRANCESCO BERNARDINO CICALA) Vol. I, Parte II, Roma-Turim-Milão: Fratelli-Bocca-Editori, 1907, p. 413. Sobre a *lex commissoria*, cfr. BISCARDI, *La* lex commissoria *nel sistema delle garanzie reali* in AAVV, *Studi in onore di Emilio Betti,* tomo II, Milão: Giuffrè, 1962, pp. 575-589.

[71] FREZZA, *Le garanzie delle obbligazionni – Corso di Diritto Romano,* Vol. II. *Le Garanzie Reali,* Pádua: CEDAM, 1963, pp. 92-93. O autor salienta, ainda, que a *fiducia* tinha em comum com o mútuo o elemento da *datio*, no rigoroso significado técnico de transferência do domínio sobre uma coisa. Todavia, a *datio,* no mútuo, tem necessariamente por objecto coisas fungíveis, não se verificando tal facto na *fiducia.* Ademais, no mútuo o negócio consiste numa *datio* não formal – a *traditio* – enquanto na *fiducia* consiste numa *datio* formal, à qual deve juntar-se um *pactum conventum* não formal.

[72] VIEIRA CURA, *Fiducia cum creditore – aspectos gerais,* cit., p. 199 (nota 311).

1.3. O *pignus*[73]

O penhor romano, no seu primeiro estádio, aparece revestido, principalmente, das características próprias de uma actuação similar a uma sanção coercitiva, e não tanto como fonte de uma acção executiva. Consequentemente, o penhor é, *prima facie*, a simples atribuição da posse, da parte do credor, sobre uma coisa que aquele sustém ou detém, de molde a assegurar o pagamento do débito a garantir. Assim, num primeiro estádio, a transferência da *possessio* é imediata, pelo que o negócio e a relação dele subjacente são definidos tecnicamente como *datio pignoris* ou *pignus*. Num segundo estádio, mais evoluído, surge a *conventio pignoris*. Com efeito, a evolução dos conceitos jurídicos, a sua sistematização, a sua necessidade prática, bem como a exigência da circulação dos bens, conduziram ao surgimento desta figura negocial em que a transferência da posse é remetida para o momento do incumprimento[74].

O penhor pode ser definido, no Direito Romano, como a garantia de um crédito constituída sobre uma coisa de outrem, cuja posse é atribuída ao credor. Todavia, cumpre salientar que é possível constituir um penhor nos casos em que não se verifica o requisito da passagem da posse para o credor, seja porque a posse se manteve com o devedor (*hypotheca*)[75], seja porque a coisa dada em penhor não pode ser objecto de posse (*pignus nominis*). Em qualquer caso, a noção *própria* de penhor implicava, para os juristas antigos, a constituição de um direito de garantia sobre uma coisa cuja posse é transferida para o credor[76].

Contrariamente ao que se verifica na *fiducia cum creditore,* aqui o garante continuava a ser proprietário, transferindo de imediato para o

---

[73] A presente secção refere-se, apenas, ao *pignus datum*.
[74] GORLA, *Le Garanzie Reali dell'Obbligazione*, cit., p. 35.
[75] V. 1.4 *infra*. Neste momento, podemos afirmar, acompanhando PAGGE, *Pegno (Diritto romano)*, cit., p. 611, (1.ª coluna), que a distinção entre penhor e hipoteca, no Direito Romano, não é tão líquida como nos direitos hodiernos. Com efeito, a identidade do objecto, os modos quase idênticos de constituição e de tutela jurídica permitem afirmar que o penhor e a hipoteca constituem, praticamente, um único instituto no Direito Romano.
[76] FREZZA, *Le garanzie delle obbligazioni,* cit., p. 81. Similarmente, DERNBURG, *Diritti Reali*, Vol. I, cit., p. 409, salienta que o penhor romano tem duas modalidades distintas, a saber: (i) o *pignus*, direito de penhor constituído pela entrega da coisa ao credor e (ii) a *hypotheca*, o direito de penhor constituído sem a entrega imediata ao credor.

credor, com vista a reforçar o cumprimento de um débito próprio ou alheio, unicamente a posse sobre a *res*, pelo que se limitava a realizar a entrega (*traditio*) efectiva da coisa, móvel ou imóvel, ao credor[77]. Trata-se, aliás, de uma circunstância que permite referir que o *pignus*, bem como a *hypotheca* acabaram por surgir como substitutos da *fiducia*, a qual, conforme tivemos oportunidade de salientar previamente, apresentava graves perigos para o garante[78].

O penhor é um contrato. Todavia, é mister salientar que, de acordo com FREZZA, GAIO não procurava aumentar a categoria dos contratos reais com o *pignus*. Sucede que tal aumento verificou-se com a introdução da factiespécie anfíbia do penhor, pelo que houve necessidade de proceder à distinção, sob o *nomen* único *pignus*, entre a estrutura consensual e a estrutura real, introduzindo-se como critério diferenciador de ambas a *datio*[79].

Summo rigore, é mister salientar que o penhor podia ser constituído por várias formas para além da mera celebração de contrato. Com efeito, é comum operar-se a destrinça entre penhor "voluntário" e penhor "legal". Se o modo de constituição originário era representado pela convenção das partes, na constituição por lei estava reservada, sobretudo para o *pignus conventum*, i.e., a *hypotecha*. Ademais, os romanos conheciam o penhor judicial, o *pignus ex causa iudicati* e a *missio in possessionem*. O primeiro, próprio do processo *extra ordem*, consistia na apreensão de coisas determinadas do devedor condenado, que seriam

---

[77] VIEIRA CURA, *Fiducia cum creditore – aspectos gerais*, cit., p. 209. SANTOS JUSTO, *Direito Privado Romano II (Direito das Obrigações)*, cit., p. 171-172, chama ainda a atenção para o facto de o *pignus* desempenhar duas funções adicionais. Uma, de coacção psicológica, em virtude de o garante ser compelido a satisfazer ou fazer cumprir a *obligatio* garantida para poder reaver a *res*, e outra de satisfação do credor, dado que os acordos específicos, cuja prática se tornou corrente, asseguravam ao credor a satisfação sobre a própria *res* dada em penhor. Em qualquer caso, cumpre salientar as afinidades ente o *pignus* e a *fiducia cum creditore*. Neste particular, DIURNI, *Fiducia – Techniche e Principi negoziali nell'alto medioevo*, cit., p. 65 chama a atenção para o facto de, na *fiducia cum creditore*, subsistir o *pactum conventum*, i.e., a obrigação de retransmitir a coisa, que não se realiza enquanto o débito não seja pago pelo fiduciante-devedor. Ademais, também na *fiducia cum creditore* existem referências à *lex commissoria*.

[78] Similarmente, STOLFI, *I Diritti reali di Garanzia*, Turim: Unione Tipografico-Editrice Torinese, 1932, p. 151.

[79] *Le garanzie delle obbligazionni*, cit., p. 96.

sucessivamente vendidas em hasta pública, enquanto o segundo – ao qual o direito justinianeu atribuiu função genérica de garantia – era habitualmente operado pelo magistrado para induzir um sujeito a adoptar um determinado comportamento[80].

Ademais, o penhor era um direito real, o que implicaria que (i) a *res*, independentemente de quem fosse seu proprietário, ficava obrigada ao credor pignoratício, e que, (ii) uma vez constituído o penhor, este prevalecia sobre os direitos de penhor sucessivos, o que equivale a dizer que tinha prioridade sobre direitos reais de espécie diferente[81].

O penhor confere ao seu titular dois direitos essenciais: o *ius possidendi* e o *ius distrahendi*. O primeiro permite que o credor possa reclamar a posse da coisa onde quer que esta se encontre, enquanto o segundo lhe confere o direito de satisfazer o seu crédito com preferência sobre qualquer credor, incidindo tal direito sobre o preço da coisa[82].

Atendendo à particular natureza do *pignus*, o credor pignoratício estava impossibilitado de tornar-se proprietário da coisa. Todavia, para obviar a esse obstáculo, desde a Idade Clássica, era permitida a introdução de um pacto autónomo: a *lex commissoria*, mediante o qual o credor se tornava proprietário da coisa dada em penhor, caso se verificasse o incumprimento da obrigação garantida[83]. Paralelamente, era igualmente comum a inclusão do *pactum de vendendo* ou *de distrahendo pignore*, através da qual, na eventualidade de o credor não ser pago aquando do vencimento da obrigação garantida, ficava autorizado a vender a coisa e a satisfazer-se com o preço obtido, devendo devolver o excesso ao empenhador[84].

Finalmente, saliente-se que, para ser válido, o *pignus* pressupunha a existência de um crédito em garantia do qual foi constituído. Efectivamente, a garantia careceria de resultados práticos caso inexistisse o cré-

---

[80] Neste sentido, BOVE, *Pegno (Diritto Romano)*, cit., p. 764 (2.ª coluna)
[81] DERNBURG, *Diritti Reali*, Vol. I, cit., p. 401.
[82] PAGGE, *Pegno (Diritto romano)*, cit., p. 612 (2.ª coluna).
[83] Note-se que esta cláusula viria a ser proibida por Constantino em 326, d.C. por favorecer práticas usurárias. Salienta BIANCA, *Patto Commissorio* in NssDI, tomo XII, Turim: Unione Tipografico-Editrice Torinese, 1966, pp. 712-721 (p. 712 (2.ª coluna)-713 (1.ª coluna)), tal proibição resultou da descoberta do *Corpus Iuris Civilis* e, simultaneamente, do reconhecimento por parte da Igreja da ilicitude da *lex commissoria*.
[84] STOLFI, *I Diritti reali di Garanzia*, cit., p. 152.

dito garantido e seria susceptível de ser ineficaz *ope exceptionis*. Estamos, pois, perante a característica da acessoriedade, que dita a extinção do penhor no caso de se extinguir o crédito garantido[85].

Saliente-se, ainda, que o penhor tinha um carácter indivisível, expresso pela fórmula *"indivisa pignoris causa"* (D. XXI, 2, 65), que significa que a divisão ou solução parcial do crédito garantido não acarretava como consequência a divisão do conteúdo da relação pignoratícia. Consequentemente, (i) se a coisa dada em penhor viesse divisa, ou se várias coisas fossem dadas em penhor, cada coisa ou parte dela garantia a totalidade do débito, (ii) se ao devedor sucedessem vários herdeiros, o débito garantido dividir-se-ia *ipso iure* segundo as quotas hereditárias, e (iii) se ao credor sucedessem vários herdeiros, cada um dos co-herdeiros mantinha a faculdade de satisfazer o seu crédito sobre a totalidade da coisa – ou coisas – dadas em penhor[86].

1.4. A *hypotheca*

A palavra grega *hypotheca* era utilizada pelos juristas romanos para se referirem ao *pignus conventum*, o que tem levado alguns estudiosos a considerar que o penhor pode ter sido influenciado por institutos de matriz helenística[87].

---

[85] BURDESE, *Pegno (Diritto Romano)*, cit., p. 668 (1.ª coluna). Salienta MANNINO, *Garanzie dell'obbligazione*, cit., p. 620, que desde a idade republicana que foi sendo afirmado um carácter acessório de forma mais acentuada, facto que se retira, sobretudo, da subordinação da garantia à existência do crédito. Sobre a acessoriedade do penhor no Direito Romano, veja-se CARRELLI, *Sulla accessorietà del pegno nel Diritto Romano*, Roma: Tipografia Agostiniana, 1934.

[86] FREZZA, *Le garanzie delle obbligazionni*, cit., pp. 98-99.

[87] Assim, por exemplo, MAROI, *Lineamenti storici della costituzione di pegno sulla stessa cosa a favore di creditori terzi* in RDCo XXV (1927), Parte Prima, pp. 397-446 (p. 414), para quem a hipoteca surge como um notável desenvolvimento do *pignus datum*, tendo sempre mantido uma diferença substancial entre a hipoteca grega e a hipoteca romana: a primeira conserva o carácter de uma *datio in solutum* subordinada à falta de pagamento, implicando a substituição da coisa onerada com o crédito garantido, enquanto a segunda permanece sempre com o carácter de uma mera garantia do crédito e não de um substituto do mesmo.

Neste particular, seguindo a lição de FREZZA, julgamos ser seguro afirmar que, desde o início da idade da Jurisprudência Clássica, a tipologia negocial romana conhece o penhor nas suas duas formas de constituição de um direito real de garantia. Assim, este seria constituído ou mediante a transferência para o credor da posse sobre a coisa penhorada (*pignus datum*) ou através do recurso a uma convenção que atribuía ao credor um direito de se satisfazer sobre a coisa dada em penhor sem que houvesse lugar à sua investidura como possuidor (*pignus conventum*)[88].

A *hypotheca* terá nascido nas situações em que o arrendatário (*colonus*) hipoteca ao seu senhorio o património mobiliário que houvera introduzido na terra (*invecta et illata*). O arrendatário não podia dar de penhor através do recurso ao *pignus*, estas coisas, já que necessitava delas para desenvolver o seu trabalho. Deste modo, quando as dava de hipoteca, o alcance deste negócio só poderia ser o de constituir o penhor (*pignus conventum*) para o futuro, i.e., de molde a que, caso o cânon ou a renda não fossem devidamente satisfeitos, o senhorio pudesse tomar posse da coisa a título de penhor[89].

Procurando efectuar a destrinça entre o *pignus* e a *hypotheca*, a principal diferença entre ambos residiria no facto de o *pignus* ser acompanhado pela transferência da posse, enquanto tal não se verificaria na *hypotheca*. Ademais, a *hypotheca* poderia ser constituída sobre coisas já oneradas por um *pignus* ou uma *hypotheca* prévios, o que superava o óbice de o *pignus* apenas poder onerar uma única coisa[90].

A partir do século I d.C. a *hypotheca* generalizou-se, passando a poder constituir-se para garantir qualquer obrigação – e não apenas a de

---

[88] *Le garanzie delle obbligazioni*, cit., p. 88. SCHULZ, *Derecho Romano Clásico*, cit., p. 391, chama a atenção para o facto de o termo *hypotheca* apenas se ter introduzido nos textos clássicos a parir da época pós-clássica, atribuindo a responsabilidade parcial aos compiladores justinianeios pelas números interpolações efectuadas, o que teve como efeito o facto de o termo *hypotheca* no ser sempre o mesmo ao longo das fontes romanas. Por vezes é utilizado como sinónimo de *pignus*, outras vezes tem o significado de hipoteca por contraposição a penhor.

[89] SCHULZ, *Derecho Romano Clásico*, cit., p. 391. Similarmente, BURDESE, *Pegno (Diritto Romano)*, cit., p.665 (2.ª coluna). Daí que SEBASTIÃO CRUZ, *Direito Romano*, cit., p. 244, se referisse à *hypotheca* como uma especial afectação da coisa, móvel ou imóvel, ao cumprimento da obrigação.

[90] PAGGE, *Pegno (Diritto romano)*, cit., p. 611 (1.ª coluna).

pagamento da renda, nos arrendamentos rústicos, a que se juntou a hipoteca das coisas móveis introduzidas na casa de habitação pelo inquilino – tendo por objecto qualquer *res*, desde que fosse susceptível de ser dada a título de penhor[91].

Decorre do que vai exposto que, não envolvendo a transferência da propriedade nem da posse, a hipoteca tinha, em comparação com a *fiducia cum creditore* e o *pignus*, a vantagem de poder garantir diversas *obbligationes*, dado que a mesma *res* podia ser afectada a favor de vários credores, surgindo o princípio *prior in tempore, potior in jure* como modo de disciplinar estas situações. O que equivale a dizer que as hipotecas ordenavam-se de acordo com as respectivas datas de constituição, por forma a considerar que o credor com hipoteca mais antiga veria o seu crédito satisfeito em primeiro lugar[92].

2. Direito intermédio

Antes do mais, cumpre salientar que, nesta época, na legislação e na *praxis* convivem normas de várias origens. Trata-se, pois, de uma situação fragmentária, já que se assiste à coabitação de normas de Direito pré-Justinianeu, passando por normas justinianeias e normas franco-longobardas, as quais estavam ligadas a disposições de Direito Canónico, com uma sobreposição de normas que encontravam a sua composição no plano consuetudinário[93]. Tratava-se, pois, de um sistema caracterizado por uma fragmentaridade manifesta.

O instituto do penhor surge, na Idade Média, com traços diversos relativamente à época precedente, aspectos que deixam transparecer os novos modos de actuação da *praxis*, como sejam a forma agressiva de autodefesa. Na alta Idade Média surgem devidamente evidenciados os dois aspectos que caracterizam o instituto: de uma parte como garantia convencional para o cumprimento da obrigação assumida e, de outra

---

[91] VIEIRA CURA, *Fiducia cum creditore – aspectos gerais*, cit., p. 224.
[92] SANTOS JUSTO, *Direito Privado Romano II (Direito das Obrigações)*, cit., p. 175.
[93] ROMANO, *Garanzie dell'obbligazione nel diritto medievale e moderno* in DIGESTO – Sezione Civile, tomo VIII, Turim: Unione Tipografico-Editrice Torinese, 1992, pp. 621-632, (p. 623, 2.ª coluna).

banda, sob o perfil processual, sobretudo no que diz respeito ao exercício da acção executiva a favor do credor que não vê o seu crédito satisfeito[94].

Progressivamente, assistiu-se ao empenhamento genérico previsto no Direito longobardo, que foi estendido a todo o património do devedor, o que permitiu que se passasse da *fiducia* para o penhor[95]. Todavia, é mister salientar que, nas fontes longobardas, a *fiducia* significava penhor contratual ou garantia real, enquanto o *pignus*, em conformidade com a construção germânica, tendia a indicar um instituto processual que vinculava um bem móvel – por ordem do juiz ou por convenção das partes – ligado à execução forçada[96]. Todavia, saliente-se igualmente a existência de uma espécie de penhor imobiliário através do qual o devedor transmitia, com escopo de garantia, um fundo mediante a emissão de uma *carta venditionis*, enquanto, simultaneamente, o adquirente, através de uma *controcarta,* obrigava-se a proceder à retransmissão do direito e do primeiro documento caso a dívida fosse satisfeita pontualmente[97].

De um ponto de vista meramente material, enquanto garantia real, o penhor aplicava às relações negociais o legado fiduciário da Idade pré--Clássica, o que, restringindo as partes no dar e no receber, garantia desse modo o êxito da obrigação[98]. Dito de outro modo, passou-se, pelo menos

---

[94] CAMPITELLI, *Pegno (Diritto Intermedio)* in ED, tomo XXXII, Milão: Giuffrè Editore, 1982, pp. 675-682 (p. 675, 2.ª coluna). A autora salienta que, no que tange à garantia real, foi colocado o acento tónico no legado fiduciário da Idade Pré-Clássica, enquanto no aspecto processual ganharam primazia novas formas de actuar em sede processual, compelindo, indirectamente, o devedor a pagar.

[95] Chama a atenção DIURNI, *Fiducia e negozio fiduciario (storia),* cit., p. 292 (1.ª coluna), para o facto de não ser ágil qualquer tentativa de pesquisa de uma *fiducia* "barbárica" já que da análise dos vários regimes "normativos" dos povos que ocuparam territórios anteriormente pertencentes ao Império Romano apenas é possível privilegiar o aspecto da continuidade, que envolve, sobretudo, o direito romano-justinianeu.

[96] ROMANO, *Garanzie dell'obbligazione nel diritto medievale e moderno,* cit., p. 626 (2.ª coluna). A autora chama, ainda, a atenção para o facto de o Édito de Rotário prever expressamente o penhor de bens imóveis.

[97] MESSINA, *Negozi fiduciari – Introduzione e Parte I,* Milão: Giuffrè, 1948, p. 139.

[98] LEICHT, *Storia del diritto italiano. Il diritto privato.* Vol. II *Diritti reali e di succezione,* Milão: Giuffrè, 1960, p. 156. Acrescenta o autor, IDEM, *Ibidem,* cit., p. 158, que no direito longobardo e nos outros direitos de origem germânica o penhor tinha uma índole diversa do penhor romano, já que este podia utilizar a coisa e tal situação era encarada como o meio mais eficaz para compelir o devedor a cumprir.

de um ponto de vista terminológico, a uma operação inversa à verificada no Direito Romano, dado que se passou do termo *pignus* para outro mais expressivo: a *fiducia*[99]. Aliás, neste particular, não podemos deixar de salientar a figura do *Salmann*, uma espécie de intermediário a quem era transmitido um direito de propriedade sobre um dado bem para que este o retransmitisse a um terceiro, o beneficiário[100].

Em termos práticos, o devedor garantia *per wadiam* o cumprimento de uma determinada obrigação, mediante a entrega ao credor de um objecto, a *wadia* (*Wette*), acto que, num primeiro momento, se processava, provavelmente, perante uma assembleia (*per gairethinx*), e, seguidamente, passou a efectuar-se sem outras formalidades especiais para além da presença de testemunhas[101]. O penhor constituía-se por convenção das partes, por sentença do juiz ou, também, por assunção directa e privada do credor na hipótese de, após três interpelações admonitórias para cumprimento, o devedor insolvente não cumprisse as suas obrigações[102].

Adicionalmente, saliente-se o facto de, ao arrepio da herança justinianeia, ser assaz comum nos territórios longobardos a existência de pactos anticréticos bem como a possibilidade de o credor pignoratício poder utilizar a coisa empenhada. Conforme refere LEICHT, era admitido também o pacto comissório, sendo comum haver vendas condicionadas com

---

[99] DIURNI, *Fiducia e negozio fiduciario (storia)*, cit., p. 292 (2.ª coluna). Todavia, o autor, IDEM, *Ibidem*, cit., p. 293 (1.ª coluna), chama a atenção para o facto de não poder confundir-se esta figura com a disciplina do *pignus datum* ou do *pignus conventum*, dado que a garantia incidia sobre coisas imóveis cuja propriedade era transferida, com escopo de garantia, para o credor, que não recebia frutos, mas podia ficar com a coisa em caso de incumprimento pelo fiduciante. Neste particular, chama a atenção MESSINA, *Negozi fiduciari – Introduzione e Parte I*, cit., pp. 146-147, para o facto de esta *fiducia* não poder ser confundida com a sua congénere romana, dado que o credor não chegava a adquirir a propriedade, facto que apenas ocorreria em caso de incumprimento do devedor na data fixada.

[100] MESSINA, *Negozi fiduciari – Introduzione e Parte I*, cit., p. 151.

[101] SCHWARZENBERG, *Pegno (Diritto intermedio)* in NssDI, tomo XII, 1966, Turim: Unione Tipografico-Editrice Torinese, pp. 766-772 (p. 767, 1.ª coluna). Nota TAMASSIA, *La "Wadiatio" longobarda* in AAVV, *Scritti giuridici dedicati ed oferti a Giampietro Chironi nel XXXIII anno del suo insegnamento*, tomo III, Milão-Turim-Roma: Fratelli Bocca, Editori, 1915, pp. 311-335 (p. 313) que *Wadia* ou *wadium* está ligado ao gótico *vadi* e ao alemão antigo *weti*, reaparecendo no francês *gage*, situação que permite concluir que a ideia de penhor está ínsita a esta figura.

[102] CAMPITELLI, *Pegno (Diritto Intermedio)*, cit., pp. 677 (2.ª coluna)-678 (1.ª coluna).

cláusula resolutiva em caso de incumprimento pelo empenhador, revelando aspectos negociais com alguma afinidade relativamente ao penhor irregular, já que a *praxis* longobarda previa a aquisição da propriedade do bem empenhado a favor do credor pignoratício, sendo que tal aquisição, por via de regra, assumia as formas usuais de transferência da propriedade de imóveis, encontrando-se subordinada ao incumprimento do empenhador[103].

Não obstante, tal prática era condenada pelas autoridades eclesiásticas de forma vigorosa, sendo que, relativamente à fase da execução do penhor, num primeiro momento entendia-se que tal operação era uma actividade exclusiva do credor pignoratício, sendo que, de seguida, foi sendo progressivamente afirmada a prática de tais vendas poderem ser efectuadas através de autoridades públicas[104].

Adicionalmente, cumpre salientar o facto de, paulatinamente, ter sido superado o dogma da constituição puramente consensual das garantias reais, já que nos finais do século XIII encontram-se os primeiros registos hipotecários em Veneza, facto que, posteriormente, foi sendo alargado a outros territórios[105]. Aliás, é também nesta altura que ressurge a proibição do pacto comissório, sendo que será no século XIX, com o código napoleónico que teremos um verdadeiro apartar das águas relativamente ao regime algo difuso e flutuante quer do penhor quer da hipoteca no Direito Intermédio[106], dado que será adoptada a clássica distinção que reserva a hipoteca para as coisas imóveis e o penhor para as coisas imóveis[107].

---

[103] *Storia del diritto italiano. Il diritto privato.* Vol. II, p. 178. Já CAMPITELLI, *Pegno (Diritto Intermedio)*, cit., pp. 678 (2.ª coluna)-679 (1.ª coluna) salienta que nos territórios românicos as formas romanas do penhor e da hipoteca apareciam sob as vestes das formas clássicas, sendo que no caso do penhor era assaz comum a previsão da anticrese, considerando-se que as partes podiam expressamente derrogar a *lex commissoria*.

[104] SCHWARZENBERG, *Pegno (Diritto intermedio)*, cit., p. 771 (1.ª coluna).

[105] Chama a atenção SCHWARZENBERG, *Pegno (Diritto intermedio)*, cit., p. 772 (1.ª e 2.ª colunas) para a circunstância de, em plena Revolução Francesa, ter sido publicado o *Décret contenant le code hypothècaire*, que erigia como princípio fundamental a publicidade de todas as hipotecas convencionais ou judiciais.

[106] CAMPITELLI, *Pegno (Diritto Intermedio)*, cit., p. 681 (1.ª coluna).

[107] STOLFI, *I Diritti reali di Garanzia*, cit., p. 153. Salienta ainda o autor que o *Code Napoléon*, contrariamente ao que sucedia nas *Institutiones* de Justiniano, não colocou, de um ponto de vista sistemático, o contrato de penhor imediatamente a seguir aos restantes contratos reais (comodato, mútuo e depósito).

Finalmente, e a título de curiosidade, permitimo-nos ainda realçar o facto de, na segunda metade do século XV, ter surgido a actividade dos prestamistas, circunstância que é decorrência directa da melhoria gradual das condições de vida, designadamente no que tange à habitação e à alimentação, e, também, no facto de a economia, gradualmente, se orientar para as trocas com o estrangeiro, em paralelo com o florescimento das letras de câmbio[108].

3. O penhor no Código de Seabra

Antes do mais, cumpre salientar que, em Portugal, em momento prévio à publicação do Código de Seabra, não era desconhecida quer a definição quer a polissemia da palavra "penhor". Com efeito, COELHO DA ROCHA, referindo-se ao *penhor propriamente dito*, refere que se trata do direito real que o credor obtém sobre uma coisa móvel, que lhe foi entregue pelo devedor, ou por outrem em nome deste, para maior segurança da dívida[109]. Trata-se, cremos, de uma formulação que não terá deixado de influenciar o texto do Código de Seabra, cujo art. 855.º rezava o seguinte:

"O devedor pode assegurar o cumprimento da sua obrigação entregando ao credor, ou a quem o represente, algum objecto móvel, para que lhe sirva de segurança. É o que se chama penhor"[110]

---

[108] GATTI, *Il credito su pegno*, 2.ª ed., Milão: Giuffrè, 2002, p. 21. Sobre o desenvolvimento desta actividade, IDEM, *ibidem*, cit., pp. 21-42.

[109] *Instituições do Direito Civil Português*, 2.ª ed., Vol. I, Coimbra: Imprensa da Universidade, 1848, p. 490. O autor não deixava, também, de salientar que, de molde a que este direito real existisse, era necessário, conjuntamente com a existência da dívida, a entrega real ou simbólica da coisa empenhada, pelo que, enquanto tal entrega não fosse efectuada (ou caso a dívida a garantir fosse inexistente), não existiria direito de penhor. Similarmente, LIZ TEIXEIRA, *Curso de Direito Civil Portuguez para o anno lectivo de 1843-1844*, Parte Segunda, Divisão 2.ª, Coimbra: Imprensa da Universidade, 1845, p. 299, definia o penhor como o direito real do credor sobre os bens que, acessoriamente à obrigação principal do devedor, lhe foram determinados para garantia ou segurança do seu crédito.

[110] Saliente-se que a definição do Código de Seabra não era isenta de críticas. Assim, por exemplo, CUNHA GONÇALVES, *Tratado de Direito Civil*, Vol. V, Coimbra: Coimbra Editora, 1932, p. 227, afirmava que esta fórmula não permitia perceber, com

A doutrina pátria, apesar da definição acabada de transcrever, sentiu algumas dificuldades em determinar, com exactidão, o conceito de penhor, em virtude de a legislação avulsa que foi sendo publicada após a entrada em vigor do Código de Seabra ter previsto alguns desvios ao conceito aí propugnado. De qualquer modo, ficando-nos, com a definição avançada por PAULO CUNHA, o penhor era considerado como a garantia real que consistia em o devedor ou um terceiro se desapossarem voluntariamente de uma certa coisa mobiliária, para que ficasse especialmente afecta à segurança de determinado crédito e que por ele respondesse preferencialmente, no caso de não cumprimento da obrigação por parte do devedor[111].

Para que o penhor se constituísse, era mister que a coisa dada em garantia fosse entregue ao credor ou a quem o representasse. Todavia, o próprio Código de Seabra, no art. 862.º acabava por transformar a entrega num elemento natural do contrato de penhor, dado que não era indispensável que a coisa fosse entregue ou ao credor ou a um seu representante, uma vez que podia ser entregue a um terceiro[112].

Pese embora o Código de Seabra, nos arts. 855.º, 858.º e 861.º, inculcar que o penhor apenas se constituía mediante entrega da coisa[113], é

---

exactidão, o que entender por penhor, uma vez que o art. em causa se refere ao *penhor--contrato* e ao *penhor-objecto*, pelo que defendia que a epígrafe da secção fosse *"Do contrato de penhor"* ou, em alternativa, se designasse o contrato por *"empenho"*, seguindo-se, desse modo, o *nomen juris* adoptado pelo Código Comercial de 1833.

[111] PAULO CUNHA, *Da Garantia nas obrigações,* Vol. II, *cit.*, p. 348, por seu turno, prefere definir o penhor como o contrato pelo qual o credor, para se assegurar do cumprimento da obrigação, recebe do devedor ou de terceiro uma coisa mobiliária, referindo que do contrato resultam relações de obrigação e direitos reais sobre a coisa, tornando-se necessário, para caracterizar devidamente o penhor, atender especialmente a estes últimos.

[112] PAULO CUNHA, *Da Garantia nas obrigações,* Vol. II, cit., p. 179. GUILHERME MOREIRA, *Instituições do Direito Civil Português,* Vol. II, cit. p 349, por seu turno, preferia salientar o facto de ser indispensável ao contrato de penhor o desapossamento do devedor ou do terceiro, ficando o credor com o direito de retenção sobre a mesma.

[113] Neste particular, é peremptório GUILHERME MOREIRA, *Instituições do Direito Civil Português,* Vol. II, cit. p 348, referindo que, enquanto não se efectuar a entrega, apenas haverá uma promessa de penhor, uma vez que o contrato de penhor tem como elemento específico o direito de deter a coisa, pelo que o credor só fica possibilitado de a ter (*hoc sensu*, possuir) com a entrega. PAULO CUNHA, *Da Garantia nas obrigações,* Vol. II, cit., p. 197-198, salienta que o conceito de detenção utilizado por GUILHERME MOREIRA não oferece interesse, ficando-se pelo aspecto negativo do desapossamento para caracterizar os elementos essenciais do contrato de penhor.

certo que, com o passar dos tempos, o penhor sem entrega foi sendo, paulatinamente, reconhecido[114]. Com efeito, já na fase dos estudos preparatórios para o actual CC, veio à liça GALVÃO TELLES, defendendo que o penhor sem entrega é um verdadeiro penhor, desdobrando-se num contrato pignoratício e num contrato de depósito[115], de cuja conjugação resultaria, por força do constituto possessório, a transmissão da posse para o credor, em nome do qual o proprietário ficaria a deter o objecto empenhado[116].

O penhor apenas podia ser constituído pelo proprietário da coisa dada em garantia[117]. Todavia, o Código de Seabra, em algumas circunstâncias, exigia a observância de formalidades adicionais, de molde a que o contrato de penhor produzisse os seus efeitos. Assim, caso se tratasse do penhor de títulos de crédito particulares – conquanto não fossem acções de uma sociedade comercial – o penhor teria de ser notificado ao devedor originário[118]. Ademais, de modo a que o contrato de penhor produzisse efeitos relativamente a terceiros, era necessário que constasse de auto autêntico ou autenticado a soma devida e a espécie e natureza do objecto do penhor[119].

O objecto do contrato de penhor consistia nas coisas móveis, tanto por natureza, como por disposição da lei[120]. Precisando um pouco mais,

---

[114] Exemplo paradigmático disso mesmo é o facto de o Código Comercial, no art. 398.º, permitir que seja feita entrega simbólica da coisa ao credor no penhor mercantil.

[115] Curiosamente, já afirmava DIAS FERREIRA, *Código Civil Portuguez Anotado,* Vol. II, Lisboa: Imprensa Nacional, 1870, p. 302, que o penhor ficava em poder do credor, como depositário. Aliás, o autor é expresso, IDEM, *Ibidem,* Vol. II, cit., p. 304, quando afirma que o credor pignoratício era depositário do penhor, devendo restituí-lo no estado em que o recebeu.

[116] *O penhor sem entrega no Direito Luso-Brasileiro,* separata de SI 4 (1955), n.º 15, p. 23.

[117] PAULO CUNHA, *Da Garantia nas obrigações,* Vol. II, cit., p.202. GUILHERME MOREIRA, *Instituições do Direito Civil Português,* Vol. II, cit. p 351. Em sentido contrário, JOSÉ TAVARES, *Os princípios fundamentais do Direito Civil,* Vol. I, Coimbra: Coimbra Editora, 1922, pp. 560-561 declara que este entendimento é uma "doutrina pouco jurídica" (*sic*), referindo que o Código de Seabra, contrariamente à regulação que deu, no art. 894.º, à hipoteca, não previu que só pode empenhar os bens quem os pode alienar.

[118] Art. 857.º do Código de Seabra.

[119] Art. 858.º do Código de Seabra.

[120] GUILHERME MOREIRA, *Instituições do Direito Civil Português,* Vol. II, cit., p. 351.

poderemos dizer que o objecto do penhor era o conjunto dos objectos móveis susceptíveis de serem alienados, ou seja, todas as coisas susceptíveis de transmissão voluntária[121].

Note-se, também, que, mau grado a configuração unitária da regulação dada ao contrato de penhor e o facto de esta ter subjacente o penhor de coisas como modelo paradigmático, a doutrina não colocava de lado a hipótese de ser constituído um penhor de direitos. Assim, quando os créditos constassem de um título autónomo, a posse do título ou a declaração de penhor seriam garantias suficientes para o credor. Paralelamente, nas situações em que tal autonomia não existisse, seria necessário que houvesse lugar à notificação do penhor ao devedor ou que, em alternativa, este tivesse conhecimento do penhor[122].

No que toca ao objecto do contrato de penhor, foi especialmente debatida a possibilidade de poder ser dado dinheiro em penhor. Com efeito, se CUNHA GONÇALVES considerava que a entrega de dinheiro constituía uma caução constituída através de um depósito e não um penhor, já que, em caso contrário, este teria de ser vendido como um comum penhor, o que, no entendimento do autor, seria um absurdo[123], PINTO COELHO considerava que a caução constituída por depósito em dinheiro não era um verdadeiro contrato de depósito, mas sim um penhor. Isto porque, de acordo com o autor, a expressão depósito mais não seria, nestes casos, do que a referência à entrega de dinheiro ou valores ao credor ou a um terceiro. Assim, uma vez verificada a entrega, o credor teria à sua disposição todos os direitos atribuídos ao credor pignoratício por lei relativamente ao dinheiro ou valores que houvessem sido depositados[124].

---

[121] PAULO CUNHA, *Da Garantia nas obrigações,* Vol. II, cit., p.201. CUNHA GONÇALVES, *Tratado de Direito Civil,* Vol. V, cit., p. 231, por seu turno, salienta que a locução "objectos móveis", constante do art. 856.º do Código de Seabra, deve ser interpretada no sentido de objectos susceptíveis deslocação e entrega ao credor, de modo a abranger os semoventes e os fundos consolidados.

[122] GUILHERME MOREIRA, *Instituições do Direito Civil Português,* Vol. II, cit., p. 351. PAULO CUNHA, *Da Garantia nas obrigações,* Vol. II, cit., p. 228-229 prefere salientar os pontos fundamentais do regime do penhor de créditos, salientando que da constituição do penhor de créditos resulta uma situação que sai dos moldes usuais das relações de crédito, situação em que nem o titular do crédito, só por si, pode receber a prestação devida, nem, por si só, o pode o credor pignoratício.

[123] *Tratado de Direito Civil,* Vol. V, cit., p. 232.

[124] *O "depósito" como caução na legislação portuguesa* in RLJ 62 (1929-1930), pp. 17-20 e pp. 37 (p. 35). Já PAULO CUNHA, *Da Garantia nas obrigações,* Vol. II, cit.,

4. O anteprojecto do CC[125]

Como é consabido, os estudos preparatórios do CC são de uma importância inquestionável, não só pelo desenvolvimento conferido às matérias em questão, mas, principalmente, por estarmos perante a fonte remota do direito em vigor, principalmente no que toca ao regime consagrado para o penhor[126-127].

---

p. 232-237, adoptava uma posição intermédia, pois defendia que, caso o dinheiro fosse tratado como bem e não como uma coisa fungível, estaríamos perante um penhor de coisas simples, sendo que se fosse tratado como uma coisa fungível, haveria que distinguir se o depósito se coloca em poder de terceiros, caso em que o que se empenha é o crédito à restituição, havendo, deste modo, um penhor de créditos. O mesmo sucederia nos casos em que ficassem a existir dois créditos de sinal contrário, ficando o crédito de restituição a servir de garantia ao outro.

[125] Saliente-se que não efectuaremos aqui uma análise completa dos profundíssimos estudos levados a cabo por VAZ SERRA. Apenas nos limitaremos a salientar os aspectos centrais da regulação que o insigne Professor propôs, de molde a introduzirmos uma antecâmara para a análise do regime do penhor no Direito vigente que faremos no capítulo seguinte.

[126] VAZ SERRA, *Penhor* in BMJ 58 (Julho de 1956), pp. 17-293 e in BMJ 59 (Outubro de 1956), pp. 13-269.

[127] Permitimo-nos salientar que não aderimos ao método subjectivista de interpretação. Acerca do método interpretativo, numa perspectiva tradicional (em que ainda nos deparamos com a referência aos elementos de interpretação (elemento gramatical, sistemático, histórico e teleológico), bem como com a clássica querela entre objectivismo e subjectivismo na interpretação da lei), cfr. MANUEL DE ANDRADE, *Ensaio sobre a interpretação das leis*, 3.ª ed., Coimbra, Arménio Amado – Editor Sucessor, 1978. Refira-se, como curiosidade, que MANUEL DE ANDRADE se refere ao objectivismo actualista como método histórico-evolutivo (na linha de FRANCESCO FERRARA e de alguma doutrina italiana), expressão bastante curiosa (*scilicet,* pitoresca). Para uma aproximação em termos diversos, erigindo o caso decidendo ao início e termo da questão hermenêutica, cfr. CASTANHEIRA NEVES, *Metodologia Jurídica – Problemas Fundamentais*, Coimbra: Coimbra Editora, 1993. Não muito distante desta aproximação metodológica anda DWORKIN, *Law's Empire*, 1998 (reimp. da ed. de 1986), Londres, Hart Publishing, pp. 50-86., autor que efectua uma tripartição do processo interpretativo. Assim, o momento "pré-interpretativo" corresponderá à selecção da norma aplicável (o que, muitas vezes é feito através da pré-compreensão (*"Vorverständnis"*) do intérprete relativamente ao caso). O momento interpretativo corresponderá ao momento da determinação da hipotética normatividade dos critérios jurídicos positivos. Ou seja, corresponde à resposta ao célebre *quid iuris?*. Finalmente, a pós-interpretação visará satisfazer as concretas exigências, implicadas pelo processo interpretativo, tanto da justeza normativa como na natureza judicativa. Para uma apreciação do método Dworkiniano, entre nós, cfr., CASTANHEIRA

A principal inovação introduzida pelo anteprojecto prende-se com o facto de ser proposta uma secção estabelecendo as regras gerais relativas ao penhor para, em seguida, se consagrarem duas secções distintas: uma visando regular o penhor de coisas e outra para o penhor de direitos. Nesta última, previa-se, ainda, a regulação específica para o penhor de créditos[128]. Procurou-se, pois, criar um regime complexo e desenvolvido, o que, de certo modo, configura um corte com a situação legislativa que vigorava sob a égide do Código de Seabra[129].

Relativamente ao penhor de coisas, saliente-se o facto de se erigir a entrega a elemento essencial do contrato de penhor. Tal deve-se ao facto de se procurar subtrair à disponibilidade material do empenhador, prejudicial para o credor, e de evitar que terceiros sejam enganados. Tal fórmula haveria de ser entendida com as adaptações postas pelas exigências económico-sociais, pelo *id quod plerumque accidit*, no sentido de não dever ser exigido que a coisa não possa ser de modo algum subtraída ao credor, mas só que, sob o aspecto da disponibilidade, se encontre na mesma situação das outras coisas que estão na sua posse[130]. Já no que ao penhor de créditos diz respeito, tais finalidades podiam ser conseguidas, na medida do possível, com a notificação ao devedor, mediante a qual este ficaria advertido de que existe o penhor, procurando-se dar, relativamente a terceiros, publicidade ao penhor[131].

Do acervo de direitos atribuídos pelo penhor, avulta o direito de o credor se satisfazer sobre o valor da coisa. Tal direito exerce-se, principalmente por meio da venda do penhor e da atribuição ao credor da

---

NEVES, *Dworkin e a Interpretação Jurídica – ou a Interpretação Jurídica, a Hermenêutica e a Narratividade* in *Estudos em Homenagem ao Professor Doutor Rogério Erhardt Soares*, Coimbra, Coimbra Editora, 2001, pp. 263-345, bem como os estudos de SANDRA RODRIGUES, *A Interpretação jurídica no pensamento de Ronald Dworkin – uma abordagem*, Coimbra: Livraria Almedina, 2005 e de HUGO RAMOS ALVES, *Dworkin e a interpretação jurídica – uma leitura crítica* in *O Direito*, ano 141, 2009 – III, pp. 637-664.

[128] A este propósito, é paradigmática a afirmação de VAZ SERRA, *Penhor* in BMJ 59 (Outubro de 1956), pp. 13-269 (p. 177), de que, em matéria de penhor de direitos, interessa sobretudo o penhor de créditos.

[129] Ver ponto 3 do presente Capítulo.

[130] VAZ SERRA, *Penhor* in BMJ 58, cit., p. 106.

[131] VAZ SERRA, *Penhor* in BMJ 59, cit., p. 180. Tal deve-se ao facto de VAZ SERRA ter construído o regime do penhor de créditos tendo em conta o da cessão de créditos.

quantia necessária para a satisfação do seu crédito[132]. Neste particular, entendeu-se que não deveria exigir-se para a execução pignoratícia a penhora, desde que os interessados possam fazer penhorar a coisa empenhada, já que as funções desta estão presentes no penhor, dado que este, através da entrega, defende o credor de actuações posteriores, bem como relativamente ao eventual perecimento, destruição ou deterioração da coisa[133].

O anteprojecto, na observância de uma antiga tradição, proibiu que o credor fizesse a coisa sua em caso de incumprimento por parte do devedor. Previu-se, pois, a proibição do pacto comissório. Neste particular, é de salientar o facto de o pacto comissório ter sido tratado com mais relevo a propósito do penhor do que da hipoteca, onde se optou por remeter para o regime do penhor[134]. Atendendo ao regime proposto, seria nula a convenção pela qual o bem empenhado passaria a integrar o património do credor em caso de incumprimento da obrigação garantida, bem como a convenção pela qual se atribuísse ao credor o crédito à transmissão da propriedade da coisa em caso de não cumprimento pontual da dívida[135].

No que diz respeito ao penhor de créditos, propugnou-se que, relativamente ao seu conteúdo, seriam de aplicar, no essencial, as normas do penhor de coisas, o que equivaleria a dizer, *inter alia,* que seria conferida

---

[132] O anteprojecto de *Penhor* in BMJ 58, cit., p. 242-243, previa, ao lado da venda judicial, a venda particular, com o fito de realizar o valor do penhor. Todavia, dispunha que seria mister a verificação de certos requisitos para que esta pudesse ser levada a cabo. Assim, teria de (i) existir um direito de penhor válido na data de penhor, subsistente na data de alienação, (ii) dar-se o vencimento do penhor, *id est*, vencimento total ou parcial do crédito e sua transformação pecuniária, se o não fosse, (iii) moderação da venda, de modo a que o credor, que tenha vários penhores, vendesse apenas os penhores necessários à satisfação do crédito

[133] VAZ SERRA, *Penhor* in BMJ 58, cit., p. 217.

[134] Neste sentido, ANDRADE DE MATOS, *O pacto comissório,* cit., p. 54. Trata-se, aliás, da técnica inversa que viria a ser utilizada pelo CC, uma vez que este prevê a proibição do pacto comissório no art. 694.º CC, verificando-se, posteriormente a remissão para as restantes garantias reais.

[135] Conforme se pode verificar, proibia-se quer o pacto comissório real, quer o pacto comissório obrigacional. VAZ SERRA, *Penhor* in BMJ 58, cit., p. 218, propugnava ainda a proibição do pacto posterior à constituição do penhor, pois o devedor, achando-se em graves dificuldades económicas, poderia sujeitar-se à estipulação do pacto para obter uma dilação.

ao credor pignoratício a posse dos documentos respeitantes ao crédito empenhado, estando obrigado a guardá-los, e que o penhor se venceria com o vencimento do crédito e com a transformação deste em pecuniário, não sendo válido igualmente o pacto comissório e, finalmente, que o empenhador e os que estão sujeitos a perder o direito pela realização do penhor poderiam proceder ao seu resgate[136].

Relativamente à execução do penhor, haveria que distinguir duas situações, a saber: (i) execução na hipótese de o penhor ainda não estar vencido e (ii) a execução após o vencimento do penhor. No que toca à primeira situação, reconheceu-se o direito – bem como o dever – de o credor pignoratício cobrar o crédito dado em penhor, logo que ele se vença[137], enquanto na segunda situação se previa a introdução de uma disposição que autorizasse o tribunal a, mediante requerimento, ordenar outro meio destinado a lograr realização do penhor, em substituição da adjudicação ou da cobrança, sendo que tal meio poderia ser a venda, a qual seria efectuada segundo as regras estabelecidas para a venda de coisas dadas em penhor.

Do que vai exposto, podermos afirmar, à guisa de conclusão, que VAZ SERRA, apesar de ter erigido o penhor de coisas em regime padrão, *rectius* em arquétipo da regulação conferida ao penhor, dado que da leitura do articulado proposta resulta que este era configurado como o centro gravitacional que exercia a sua influência sobre os restantes regimes de penhor, *maxime* o penhor de direitos, acabou por não descurar as particularidades deste último, defendendo a criação de um regime particular para esta modalidade de penhor, de modo a procurar reflectir o mais fielmente possível as suas particularidades.

---

[136] VAZ SERRA, *Penhor* in BMJ 59, cit., p. 198.
[137] VAZ SERRA, *Penhor* in BMJ 59, cit., p. 230.

CAPÍTULO II
O Penhor no Direito vigente

§ 1. Características Gerais

1. Preliminares[138]

Antes do mais, é mister salientar que "penhor" é uma palavra polissémica, pois designa o próprio contrato pelo qual se constitui a garantia, mas também a coisa objecto da garantia e, finalmente, o próprio direito real de garantia[139] que surge com a celebração do contrato de penhor[140]. Em qualquer caso, saliente-se que, em termos puramente técnicos, "penhor" refere-se expressamente à garantia constituída e não ao objecto da garantia ou ao contrato que lhe dá origem[141]. Destarte, não obstante

---

[138] Conforme salientamos no texto, há que ter em atenção que o presente parágrafo, mais do que debater a questão da natureza jurídica do penhor, procura fornecer elementos que balizem o tratamento que nos propusemos efectuar a propósito deste direito de garantia e, como tal, a final, procuraremos indagar do seu acerto, fazendo eventuais correcções que sejam necessárias, ao abordarmos a temática da natureza jurídica do penhor.

[139] Permitimo-nos salientar que a caracterização do penhor como direito real de garantia não é pacífica, salientando-se uma corrente doutrinária que procura caracterizar o penhor de um ponto de vista puramente processual. Trata-se de um aspecto que abordaremos ao longo do texto.

[140] Assim, por exemplo, PAULO CUNHA, *Da Garantia nas obrigações,* Vol. II, cit., p. 201, ANTUNES VARELA, *Das Obrigações em Geral*, 7.ª ed., Vol. II, Coimbra, Livraria Almedina, 1997, p. 527. Neste particular, REALMONTE, *Il pegno* in RESCIGNO (direcção), *Trattato di diritto privato,* Turim: Unione Tipografico-Editrice Torinese, 1985, pp. 631--672 (p. 631), prefere considerar "penhor" um termo ambíguo.

[141] CICARELLO, *Pegno (diritto privato)* in ED, tomo XXXII, Milão: Giuffrè Editore, 1982, pp. 682-701 (p. 682, 2.ª coluna).

fazermos uso indiscriminado da expressão "penhor" ao longo deste escrito, procuraremos que seja sempre facilmente perceptível, tendo em atenção o contexto a que aludirmos, a qual destas três realidades nos referimos[142].

Ademais, permitimo-nos referir, a título de curiosidade, uma classificação proposta por HECK a propósito do penhor, cujo figurino poderia revestir duas formas distintas. Na sua faceta normal (o *"Verbindungsfall"*), o penhor surge em estreita ligação com a obrigação, sendo que o interesse do credor na prestação pecuniária (*"Geldleistung"*) não se centra apenas na existência da garantia, mas sim como meio de protecção que assegura a prestação pecuniária. Paralelamente, estamos perante um caso em que o figurino do penhor surge isolado, em virtude de o credor dispor de um outro meio para obter dinheiro para além do penhor. Trata-se daquilo que o autor designa como obrigação real isolada (*"isolierte Realobligation"*) ou penhor isolado (*"alleinstehende Pfandrecht"*)[143].

Uma vez fechado este brevíssimo parêntese, cumpre salientar que, na presente secção, curaremos de proceder a uma breve descrição perfunctória das características particulares do penhor enquanto direito de garantia[144]. Assim, será nosso intuito procurar determinar em que medida o penhor acompanha a sorte do elemento principal que visa garantir – o crédito – e em que medida a ele está afecto[145]. De seguida, procuraremos analisar a característica da indivisibilidade, bem como da especialidade.

---

[142] Segundo RUBINO, *La responsabilità patrimoniale: Il pegno*, 2.ª ed., cit., p 181, por questões de pura precisão de linguagem, seria preferível reservar o uso do termo "penhor" exclusivamente para designar o direito de penhor.

[143] *Grundriß des Sachenrechts,* (reimp. da 2.ª ed. de 1930) Aalen: Scientia Verlag, 1970, p. 316.

[144] Neste particular, LERDO DE TEJADA, *Autonomia privada y garantías reales* in AAVV, *Estudios jurídicos en homenaje al Profesor Luis Díez-Picaso*, Tomo III – *Derecho Civil. Derechos Reales, Derecho de la Familia,* Madrid: Thomson-Civitas, 2003, pp. 3747-3770 (pp. 3755-3756), salienta o carácter excepcional do direito de garantia, dado que este derroga o princípio *par condictio creditorum,* pois confere uma preferência na realização do valor da garantia, facto que descreve correctamente o monopólio que o direito real de garantia atribui ao seu titular. Ademais, o autor, IDEM, *Ibidem,* cit., pp. 3757-3758, salienta igualmente que desse monopólio o dono poderá igualmente ceder, com fins de garantia, faculdades de posse, retenção e gozo ou apenas faculdades de administração, bem como, em circunstâncias muito circunscritas, faculdades de disposição. Precisamente por este motivo, será necessário operar a destrinça entre a estrutura típica dos direitos reais de garantia e a função de garantia.

Todavia, saliente-se que não se trata de uma caracterização exaustiva, mas tão-só perfunctória, de modo a servir de premissa introdutória às secções e capítulos seguintes relativos à disciplina do penhor.

2. Realidade[146]

Se bem que tradicionalmente abordado a propósito da hipoteca, o tema da natureza jurídica do direito real de garantia é aplicável, *mutatis*

---

[145] Salientamos desde já que ao longo do texto nos referiremos indiscriminadamente ao incumprimento por parte do devedor. Trata-se, pois, do incumprimento (*lato sensu*), porquanto o accionamento da garantia poderá dar-se, por força do acordo gizado pelas partes, nas situações de simples mora. Como é consabido, o incumprimento (*lato sensu*) engloba quer as situações de mora quer as situações de incumprimento definitivo quer as situações de cumprimento defeituoso. Com efeito, o legislador português, nos arts. 798.º e 799.º admitiu a figura do incumprimento em sentido amplo, dado que no art. 798.º existe uma referencia àa "falta de cumprimento", por contraposição à impossibilidade, sendo que, adicionalmente, art. 799.º, n.º 1 prevê uma presunção de culpa, tanto para falta de cumprimento, como para o cumprimento defeituoso. Neste particular, seguimos, no essencial, a posição de ROMANO MARTINEZ, *Cumprimento defeituoso – em especial na compra e venda e na empreitada* (reimp.), Coimbra: Livraria Almedina, 2001, p. 117 e segs.

[146] Obviamente, a presente secção diz respeito, primacialmente, ao penhor de coisas, porquanto será necessário tecer considerações adicionais, a final, acerca do penhor de créditos. Por ora, saliente-se que, apesar de lhe serem aplicáveis, com as necessárias adaptações, as disposições relativas ao penhor de coisas, não é, em sentido técnico, um direito real de garantia, já que o seu objecto é uma prestação. Neste sentido, MENEZES CORDEIRO, *Direitos Reais* (reimp.), Lisboa: Lex: 1993, p. 754, LUÍS MENEZES LEITÃO, *Garantias das Obrigações*, 2.ª ed., cit., p. 283. Em sentido contrário pronuncia-se PAULO CUNHA, *Da Garantia nas obrigações*, Vol. II, cit., p.228-233 (*maxime* pp. 231-233), defendendo a figura dos direitos sobre direitos. Já CHIRONI, *Trattato dei privilegi*, Vol. I, cit., p. 81 vai um pouco mais longe, afirmando que o penhor de créditos não é subsumível à noção de penhor, uma vez que mais não é do que uma cessão condicional efectuada com fins de garantia. Todavia, o autor não deixa de sublinhar o facto de a cessão feita a título de penhor revelar alguns traços do conceito de garantia real. Já JOANA PEREIRA DIAS, *Mecanismos convencionais da Garantia do Crédito: Contributo para o Estudo da Garantia "Rotativa" Mobiliária no Ordenamento Jurídico Português*, (polic.), Lisboa, 2005, pp. 149-151, entende que a constituição em garantia de um crédito desempenha uma função análoga à do penhor de coisas, dado que o credor pignoratício adquire um poder directo e imediato sobre o direito de crédito, destinado a permitir a actuação da preferência e, posteriormente, a satisfação sobre o objecto do mesmo em termos em tudo análogos ao penhor de coisas, concluindo que o CC prevê um modelo de garantia

mutandis, ao penhor[147], circunstância que permite não só estender ao penhor algumas soluções normativas relativas à hipoteca, mas, também, permite avaliar de forma homogénea as garantias reais[148].

Colocando de lado alguma vozes isoladas que procuraram reconduzir o direito real de garantia a algo distinto da realidade, o acento tónico coloca-se, actualmente, na necessidade de determinar, da forma o mais precisa possível, qual o momento em que surge a realidade na garantia pignoratícia[149].

Efectivamente, foi com a superação da designada teoria processualística da hipoteca que foi colocado o acento na característica da realidade do penhor. A teoria processualística, propugnada por CARNELUTTI, realçando a natureza e os efeitos processuais da garantia e da preferência, a par da negação do seu carácter substancial, i.e, da possibilidade de alienar o objecto da hipoteca em processo executivo, considera que ao credor seria atribuída, apenas, a possibilidade de, para garantia do seu crédito, alienar o bem objecto da hipoteca em processo executivo e através de uma acção hipotecária especial[150]. Na verdade, a garantia real não acres-

---

mobiliária convencional unitário aplicável independentemente do objecto. Similarmente, RUI OLIVEIRA NEVES, *O penhor de créditos – Contributo para a compreensão da figura no contexto das garantias especiais das obrigações* (polic.), Lisboa, 2004, p. 92 entende que o penhor de créditos traduz uma forma de afectação de um crédito *sui generis* funcionalizada para o cumprimento, em termos preferenciais, da obrigação garantida, de forma idêntica ao direito real de garantia pignoratícia sobre coisas.

[147] Sobre as características da hipoteca, enquanto direito real de garantia, veja-se por todos, entre nós, VAZ SERRA, *Hipoteca* in BMJ 62 (1957), pp. 5-356 e BMJ 63 (1957), pp. 193-396 e ISABEL MENÉRES CAMPOS, *Da hipoteca – caracterização, constituição e efeitos,* Coimbra: Livraria Almedina, 2003, pp. 29-84. *Summo rigore,* podemos afirmar que, de um ponto de vista substancial, atendendo à unidade do instituto das garantias reais, existe um paralelismo entre penhor e hipoteca, de molde a que as regras que regem a hipoteca sejam aplicáveis ao penhor, com excepção das regras relativas à posse do terceiro adquirente na hipoteca, ou do particular modo de publicidade do terceiro, bem como da natureza particular do bem objecto da hipoteca. Assim, por exemplo, GORLA, *Del pegno, delle ipoteche,* 3.ª ed., Bolonha: Nichola Zanichelli Editore, 1966, p. 5.

[148] CICARELLO, *Pegno (diritto privato)* cit., p. 682; LOBUONO, *I contratti di Garanzia,* cit., p. 215. Não obstante, não deixa o autor de salientar que a análise do contrato de penhor deve ter em consideração um cenário caracterizado por inovações particularmente significativas, quer no plano legislativo, quer no plano da *praxis* negocial.

[149] CICARELLO, *Pegno (diritto privato)* cit., p. 683, 2.ª coluna.

[150] *Natura giuridica dell'ipoteca,* in RDPC XVI, Parte I (1939), pp. 3-21 (*maxime* pp. 6-9). Note-se, aliás, que o próprio CARNELUTTI, *Processo di esecuzione,* Vol. I,

centaria nada de novo ao conteúdo da relação relativamente à qual assegura a execução, já que o credor, pelo facto de estar garantido por um penhor ou por uma hipoteca, não tem direitos mais alargados ou diferentes relativamente a um credor quirografário, em virtude de a garantia real ter por efeito principal o aumento da probabilidade de a obrigação ser cumprida, i.e, a sua segurança, dado que o credor pode sujeitar o bem onerado à execução forçada destinada a satisfazer o seu crédito, excluindo os outros credores da execução[151].

Actualmente, julgamos encontrar-se radicada, no essencial, a concepção do penhor como um direito real de garantia[152], fundando-se tal concepção no relevo atribuído ao carácter da inerência e a sua peculiaridade na disciplina normativa. Assim, o titular da garantia vê-se investido num direito incorporado sobre certas coisas em função da garantia do direito de crédito, de modo a lograr a realização do valor de troca e satisfazer o crédito na observância do disposto relativamente à preferência nessa satisfação. Dito de outro modo, mesmo nos casos em que o credor pignoratício não exerce quaisquer poderes directos sobre a coisa, pode fazer valer contra todos a preferência na satisfação do crédito[153].

Adicionalmente, o direito onera a coisa, seguindo-a em todas as suas vicissitudes, apresentando, assim, a característica da oponibilidade, seja sob o perfil da tutela do direito, seja sob o perfil do direito de sequela[154].

Milão: CEDAM, 1929, pp. 192-193, afirmava que a construção do penhor e da hipoteca como direitos reais mais não seria do que um simples resíduo histórico, justificado pelo facto de numa determinada época mais ninguém para além do proprietário poder vender o bem onerado pela garantia real. Por este motivo, o direito de vender (ou fazer vender) o bem contra a sua vontade seria considerado, ainda, uma porção do próprio direito de propriedade, facto que não sucederia na actualidade, em virtude de o direito de vender o bem do devedor não ser próprio, mas sim do credor em geral.

[151] MONTEL, *Garanzia (Diritti reali di)* in NssDI, tomo VII, Turim: Tipografico-Editrice Torinese, pp. 742-750 (p. 744, 1.ª coluna).

[152] Voltaremos a esta temática no capítulo IV, § 2.

[153] Assim, p. ex., PAULO CUNHA, *Da Garantia nas obrigações*, cit., Vol. II, p. 124 e ANTUNES VARELA, *Das obrigações em geral*, Vol. II, cit., p. 527, salientando que o penhor consubstancia-se na preferência do credor pignoratício, em regra sobre sobre uma parcela determinada da garantia patrimonial.

[154] GABRIELLI, *Pegno*, in DIGESTO – Sezione Civile, tomo XII, Turim: Unione Tipografico-Editrice Torinese, 1993, pp. 329-349 (p. 330, 2.ª coluna). DI PACE, *Il pegno dei crediti*, Pádua: Cedam, 1939, p. 35-36 prefere salientar que o carácter real do penhor prende-se, primacialmente, com a oponibilidade *erga omnes*, *rectius* com o dever geral de abstenção resultante da constituição do penhor.

Ademais, cumpre não olvidar que o titular do direito de garantia teria um direito incorporado sobre uma determinada coisa em função da garantia do direito de crédito, de molde a realizar o valor de câmbio e satisfazer o crédito com a preferência estabelecida pela lei. O que equivale a dizer que, no direito de penhor, a característica da realidade exprime-se na criação, a favor do credor garantido, de uma reserva *ad rem*: o direito não incide sobre a totalidade do património do devedor, limitando-se apenas a operar a cristalização sobre um bem determinado que se sujeita a uma reserva de utilidade[155].

Com efeito, e à guisa de conclusão, julgamos ser lícito afirmar que as relações derivadas da constituição de direitos reais de garantia relevam de maneiras distintas. De um lado temos a relevância material, que consiste na relação que surge, por efeito da constituição da garantia, entre o titular do direito e terceiros, os quais não devem provocar interferências na coisa dada em penhor – trata-se, pois, de uma variante do *neminem laedere*. De outro lado, estamos perante a relevância processual que, em traços básicos, consiste (i) no *ius distrahendi*, pelo qual o credor pode requerer a venda forçada da coisa dada em garantia e perseguir a coisa, mesmo que esta se encontre na posse de terceiros, e (ii) no privilégio conferido ao credor, em sede de graduação de créditos, de se satisfazer com o produto da venda com preferência sobre os restantes credores comuns[156].

De qualquer modo, é imperioso realçar o facto de, sendo o penhor – tal como a hipoteca – uma manifestação do fenómeno complexo da garantia real, não pode reduzir-se quer a uma simples relação processual, quer a um simples direito real, sob pena de nos guiarmos por orientações unilaterais, incapazes de compreender o penhor em toda a sua extensão e amplitude[157].

O penhor redundará, assim, em consequência da sua análise estrutural, na criação, a favor do credor garantido, de uma reserva *ad rem*, já que

---

[155] GABRIELLI, *Il pegno "Anomalo"*, cit., p. 66. Em sentido contrário CHIRONI, *Tratatto dei privilegi,* Vol. I, cit., p. 77, limitava-se a referir o conceito de utilidade, considerando que o penhor é a relação jurídica que tem por objecto o ónus sobre a coisa, contém a alienação genérica do valor desta em quantidade correspondente ao valor da obrigação, porquanto a segurança deste seria o fim económico e jurídico do instituto.

[156] DI PACE, *Il Pegno dei crediti*, cit., pp. 37-38.

[157] MONTEL, *Pegno (Diritto vigente)* in NssDI, tomo VII, Turim: Tipografico-Editrice Torinese, 1966, pp. 773- 798 (p. 774-775).

não fica onerado todo o património do devedor, mas sim, pelo contrário, é cristalizado um bem determinado, o qual fica sujeito a uma reserva de utilidade, utilidade essa que será conseguida num momento lógica e cronologicamente sucessivo ao da criação da reserva, nomeadamente no momento em que sejam exercidos os poderes de cariz executivo atribuídos ao credor sobre o bem objecto da garantia[158].

Em qualquer caso, cumpre salientar que o problema da natureza real do penhor é, na maioria dos casos, de escasso relevo prático, uma vez que se afigura assaz remota a eventualidade de ser necessário recorrer à disciplina dos direitos reais para resolver questões específicas em que o recurso às regras do penhor – ou da hipoteca – seja, *per se,* insuficiente para a resolução do caso concreto[159].

3. Acessoriedade

Seguindo a orientação metodológica propugnada por BECKER-EBERHARD, diremos que nos direitos de garantia regulados por lei rege um princípio de garantia ligada ao crédito (*"Prinzip der Forderungsgebundenen Sicherung"*). Por via de regra, nestes casos estamos perante situações em que o direito de garantia se encontra numa situação de dependência relativamente ao crédito[160], sendo que tal referência que dita

---

[158] GABRIELLI, *Pegno,* cit., p. 332, 1.ª coluna. Similarmente, afirmava LORDI, *Pegno Commerciale,* cit., p. 643, 1.ª coluna, que a realidade radicaria na própria sujeição da coisa à satisfação em benefício do credor, em detrimento dos restantes. Entendia o autor que a essência da realidade estaria na vinculação da coisa a uma pessoa determinada e no privilégio de poder executá-la, em caso de incumprimento, onde quer que se encontrasse.

[159] REALMONTE, *Il pegno,* cit., p. 634, GABRIELLI, *Pegno,* cit., p. 331, 2.ª coluna.

[160] A propósito, cite-se MEDICUS, *Schuldrecht II – Besonderer Teil,* 13.ª ed., Munique: Verlag C. H. Beck, 2006, pp. 193-194, que, a propósito da fiança, distingue cinco graus de acessoriedade, a saber: no nascimento (*"Entstehung"*), no conteúdo (*"Inhalt"*), na manutenção (*"Zuständigkeit"*), na execução (*"Durchsetzung"*) e na extinção (*"Erlöschen"*). Trata-se, cremos, de uma teorização que pode ser exportada para outros direitos de garantia. Efectivamente, já STEINMEYER, *Die Akzessorischen Sculdverhältnisse des BGB,* Göttingen, 1933, pp. 9-10 houvera defendido que, a par de um conceito quadro (*"Oberbegriffe"*) de acessoriedade, poderíamos distinguir dois conceitos inferiores (*"Unterbegriffe"*): a acessoriedade no nascimento e a acessoriedade plena. A primeira seria uma acessoriedade limitada (*"beschränkte Akzessorietät"*) enquanto a segunda

a ligação ao crédito pertence à essência do fundamento do acto (*"essentialia des Begründungsaktes"*), havendo a registar, ainda, uma dependência estrutural relativamente ao crédito (*"Strukturelle Abhänhigkeit"*)[161].

Com efeito, no que ao penhor diz respeito, podemos partir do pressuposto que, sendo o penhor uma forma de garantia da obrigação, este pressupõe a existência de um crédito, relativamente ao qual é acessório[162]. O que implica que, de molde a que o penhor seja validamente constituído, é mister que se reporte a um crédito válido e existente, com a consequência de ser nulo na hipótese de o crédito garantido já se encontrar extinto à data da constituição ou se, posteriormente, o crédito vier a ser anulado[163-164].

---

modalidade, em virtude de cobrir as fases subsequentes ao nascimento seria uma acessoriedade ilimitada (*"unbeschränkte oder Strenge Akzessorietät"*). No tocante ao penhor, entende GERHARDT, *Mobiliarsachenrecht*, 5.ª ed., Munique: Verlag C. H. Beck, 2000, p. 176, estarmos perante uma acessoriedade forte, em virtude de a acessoriedade se manifestar na vida do penhor desde o seu nascimento, passando pela sua execução e extinção. Na mesma linha de ideias, topamos com WOLF, *Sachenrecht*, 23.ª ed., cit., Nm.816-823, falando na (i) dependência no nascimento, (ii) dependência no conteúdo e (iii) dependência na transmissão.

[161] BECKER-EBERH.ARD, *Die Forderungsgebundenheit der Sicherungsrechte*, cit., p. 7. Trata-se de uma teorização que, entre nós, encontra como defensor e divulgador, JANUÁRIO DA COSTA GOMES, *Assunção fidejussória de dívida*, cit., pp. 106-107. GABRIELLI, *Il pegno"Anomalo"*, cit., p. 71, por seu turno, prefere salientar que o princípio da acessoriedade é inidóneo para descrever a mecânica de todas as questões que impliquem a convivência da relação do penhor com o crédito garantido. O que equivale a dizer que o princípio da acessoriedade é, sobretudo, meramente descritivo.

[162] Na expressão lapidar de BARBERO, *Sistema del Diritto Privato Italiano*, Vol. II – *Obbligazione e contratti, Succezioni per causa di morte*, 6.ª ed., Turim: Unione Tipografico-Editrice Torinese, 1965, pp. 141-142, a expressão corolário da acessoriedade "a garantia segue o crédito" significa que (i) não pode ceder-se a garantia independentemente do crédito e que (ii) cedendo o crédito, a garantia acompanha-o.

[163] Assim, REALMONTE, *Il pegno*, cit., p. 634, CICARELLO, *Pegno (diritto privato)*, cit., p 684 (1.ª e 2.ª colunas). GABRIELLI, *Pegno*, cit., p. 331 (1.ª coluna) chama a atenção para o facto de estarmos perante uma característica que, em si, é, no essencial, descritiva. Entre nós, MENEZES CORDEIRO, *Direitos Reais*, cit., pp. 750-751, refere-se ao penhor como um direito real combinado. De acordo com o autor, é um direito real combinado, na medida em que se encontra associado a um direito de crédito, não sendo a sua existência compreensível sem ele. Por outro lado, é um direito real integrado, porque se encontra ao serviço desse direito de crédito, que dita o interesse e sentido da operação.

[164] Cumpre salientar que o princípio da acessoriedade não é unanimemente aceite pela doutrina. A título de exemplo, saliente-se MINCKE, *Die Akzessorietät des Pfandrechts:*

Destarte, teremos de estar perante uma verdadeira e própria obrigação, i.e., teremos de estar perante uma prestação susceptível de valoração económica[165], de molde a que o seu inadimplemento possa dar lugar ao ressarcimento pelo dano sofrido. Nesta linha de raciocínio, somos forçados a concluir que também as obrigações naturais não poderiam ser garantidas por um penhor ou qualquer outra garantia, dado que a *soluti retentio* não é o único efeito derivado da constituição do penhor, mas também porque, estando privada de acção judicial, a garantia não lograria operar, *scilicet* não lograria produzir qualquer efeito exigível judicialmente[166].

---

eine Untersuchung zur Pfandrechtskonstruktion in Theorie und Gesetzgebung des 19. Jahrhunderts, Munique: Duncker und Humblot, 1987, pp. 29-32, autor que se refere à acessoriedade como um dogma. Tendo como ponto de partida os graus de acessoriedade propostos por MEDICUS, o autor reconhece a validade do princípio da acessoriedade aquando da transmissão da hipoteca ou do penhor assegurando o cumprimento para um novo credor. Todavia, o mesmo não sucederá, rigorosamente, na acessoriedade no nascimento, já que o autor entende que o negócio que subjaz à constituição do penhor, sem que um crédito seja garantido, será ineficaz. No tocante à acessoriedade na transmissão, o autor afirma só se poder entender que há acessoriedade quando, conjuntamente com a transmissão do crédito seja transmitido um penhor de extensão diversa. Para o efeito, o autor refere que o direito real onera a propriedade, através do penhor, do mesmo modo, independentemente do valor do crédito assegurado. Finalmente, no que concerne à acessoriedade na execução, o autor refere a maior dificuldade na sua descrição, salientando, todavia, que falha relativamente ao segundo dos dogmas da acessoriedade (a acessoriedade, para valer, *a se stante*, não deve ser explicada por outros fenómenos). Em qualquer caso, cumpre salientar que não estamos perante uma posição inovadora, já que HECK, *Grundriß des Sachenrechts,* cit., pp. 323-335 referia-se ao dogma do apoio (*"Anlehnungsdogma"*). Similarmente, VON LÜBTOW, *Die Struktur der Pfandrechte und Reallasten – Zugleich ein Beitrag zum Problem der subjecktlosen Rechte,* in AAVV, *FS für Heinrich Lehmann zum 80. Beburtstag,* Vol. I, Berlim: Walter de Gruyter & Co., 1956, pp. 328-387 (p. 329), refere que em três casos não se verifica a acessoriedade, a saber: (i) o penhor não pode ser nomeado, quando o cumprimento já prescreveu (§ 223 I BGB), (ii) em concurso de credores o credor pignoratício pode executar contra o seu crédito pessoal, pelo que reverte para si o seu penhor, podendo satisfazer separadamente o crédito, (iii) quando numa comparação o cumprimento é diminuído, a parte diminuída não desaparecerá, permanecendo como exigível, sendo o remanescente susceptível de ser cumprido.

[165] Não muito longe deste entendimento andaria HECK, *Grundriâ des Sachenrechts,* cit., p. 315, ao referir que função do penhor redundaria na garantia de uma prestação pecuniária.
[166] RUBINO, *L'ipoteca mobiliare e imobiliare,* Milão: Giufrè, 1956, pp. 24-25. Similarmente, DAMRAU, *Anotação ao § 1204,* Nm. 17 in *MÜNCHENER,* 4.ª ed., Munique: C. H. Beck, 2004.

Neste âmbito, cumpre abordar sumariamente a questão da garantia das obrigações naturais[167]. Se é certo que a incoercibilidade jurídica afasta, à partida, a possibilidade de o seu cumprimento ser assegurado por qualquer garantia pessoal ou real, seja esta prestada por terceiro ou pelo próprio devedor[168], há que procurar aferir se o acto de constituição da garantia opera a "civilização"[169] da obrigação natural, i.e., a sua transformação de obrigação natural em obrigação civil. À partida, a prestação de garantias quer pelo devedor quer por um terceiro seria de afastar tendo em consideração o facto de a noção de obrigação natural ter como base a ideia de incoercibilidade, facto que seria manifesto pela circunstância de o devedor, até ao momento do cumprimento, ter a plena liberdade de não cumprir, o que faria com que a prestação de garantias a obrigações naturais carecesse de sentido[170].

Ora, neste particular, somos do entendimento que, uma vez reconhecida a validade de um reconhecimento ou promessa de cumprimento, também será de admitir, em tese geral, que o cumprimento de obrigação natural possa ser garantido por fiança, penhor ou hipoteca[171]. Assim, desde que tal constituição de garantias não entre em conflito com a teleologia específica à luz da qual o legislador determinou a incoercibilidade, será possível o operar da "civilização" da obrigação natural através da constituição de uma garantia.

Aliás, é de crer que a constituição de garantias por parte do devedor natural importa a transformação da obrigação natural. Na verdade, a partir do momento em que é operada a constituição das garantias – no caso vertente, de um penhor – o devedor natural perde a faculdade de não cumprir, porquanto, no uso da sua liberdade, decidiu proceder à transfor-

---

[167] Sobre a obrigação natural, entre nós, cfr. RUI CAMACHO PALMA, *Da obrigação natural,* Lisboa: AAFDL, 1999. Não cuidaremos, atenta a finalidade do presente escrito, de procurar analisar detidamente as relações entre a Moral e a obrigação natural. Para uma primeira aproximação, CANO MARTÍNEZ, *La obligación natural,* Barcelona: Bosch, 1990. Sobre a Moral e Direito, em termos genéricos, cfr. FULLER, *The Morality of Law,* New Haven e Londres: Yale University Press, 1976 (reimp. da ed. de 1969).

[168] ANTUNES VARELA, *Das obrigações em geral,* Vol. I, 10.ª ed, Coimbra: Livraria Almedina, 2000, p. 732 e segs.

[169] RIBEIRO DE FARIA, *Direito das Obrigações,* Vol. II, Coimbra: Livraria Almedina, s.d., p. 156.

[170] Assim, p. ex., ANTUNES VARELA, *Das obrigações em geral,* Vol. I, cit., p. 737.

[171] JANUÁRIO DA COSTA GOMES, *Assunção fidejussória de dívida,* cit., pp. 329-330.

mação do cariz da obrigação em causa[172]. Trata-se, aliás, de um aspecto que parece ser favorecido pelo art. 304.º, n.º 2, que prevê a impossibilidade de ser repetida a prestação realizada espontaneamente em cumprimento de uma obrigação prescrita, ainda que na ignorância dessa circunstância, sendo este regime extensível quer ao reconhecimento de dívidas, quer à prestação de garantias. Sendo a obrigação natural uma obrigação perfeita, mas diferente[173], julgamos não haver obstáculo a que a sua natureza seja alterada, isto é, passe a ser exigível judicialmente, através quer do reconhecimento de dívida quer da constituição de garantias, já que este último caso implicará, indirectamente, a transformação do vínculo existente entre devedor e credor, porquanto a constituição de uma garantia implica, tacitamente, o reconhecimento da exigibilidade da obrigação garantida.

Retomando a descrição do princípio da acessoriedade, diremos que dele decorre que o penhor não surge quando o cumprimento garantido não existe, sendo duvidoso se este se desenvolve quando, em vez do cumprimento acordado pelas partes, é apresentado outro cumprimento para ser garantido. Isto porque o princípio da acessoriedade está ancorado num determinado cumprimento ou, quando muito, num cumprimento determinável[174]. Na verdade, o crédito deve estar garantido aquando da

---

[172] RUI CAMACHO PALMA, *Da obrigação natural*, cit., pp. 134-135. Conforme refere o autor, este raciocínio não se aplica à constituição de garantias por terceiros. Dando como exemplo o art. 632.º considera o autor que a obrigação acessória do fiador assume natureza civil, ao passo que a obrigação principal se manterá como obrigação natural. Ora, nos casos em que opere a anulação da obrigação principal do devedor para com o credor, pelo que o fiador ficaria num paradoxo por resolver: garantir coisa nenhuma. Já LUÍS MENEZES LEITÃO, *Direito das Obrigações,* Vol. I *Introdução. Constituição das Obrigações,* 8.ª ed., Coimbra: Livraria Almedina, 2009, p. 126, limita-se a referir que as obrigações naturais não são susceptíveis de serem objecto de negócios de alienação. WEBER, *Kreditsicherungsrecht,* 8.ª ed., cit., p. 147, por seu turno, salienta que é impossível constituir um penhor para garantir uma obrigação natural, embora admita a possibilidade de ser garantida uma obrigação prescrita através de penhor, salientando que nesta última hipótese é conferida ao devedor a possibilidade de convencer alguém a aumentar o prazo de prescrição.
[173] MENEZES CORDEIRO, MENEZES CORDEIRO, *Tratado de Direito Civil Português,* Vol. II – *Direito das Obrigações,* tomo I, Coimbra: Livraria Almedina, 2009, p. 589.
[174] WIEGAND, *Anotação ao § 1204 BGB* Nm. 11 in *STAUNDINGER,* 12.ª ed., Berlin, Walter de Gruyter & Co., 1981, Vol. III – *Sachenrecht – §§ 854-1296.*

sua constituição. Isto porque tal situação não favorece apenas a circulação dos bens, mas também porque é imperioso ter uma noção cabal do montante garantido, sobretudo o valor máximo a que a garantia constituída visa acorrer[175]. Não obstante, cumpre não olvidar que não existe qualquer obstáculo lógico a que seja constituído um penhor antes de estar constituída a dívida assegurada, sendo que, não existindo a dívida garantia estaremos perante uma mera expectativa dum direito real de garantia[176].

Destarte, relativamente à obrigação garantida, o penhor representa uma autonomia estrutural – em função de, simultaneamente, lidarmos com um direito de crédito e com um direito real – e, simultaneamente uma conexão funcional, resultante do escopo de garantia perseguido[177], dado que está ao serviço do pagamento ou da satisfação do interesse do credor[178]. Em abono da verdade, cabe salientar que é nessa tentativa de escalpelizar a relação existente entre o penhor e o crédito garantido, que, por vezes, têm soçobrado as tentativas de teorização relativas ao penhor. Tais, passe a expressão, fracassos serão ultrapassáveis se não olvidarmos que, de um ponto de vista puramente estrutural, o penhor é autónomo em relação à obrigação garantida, sendo que, por este motivo, fica perceptível o facto de a relação derivada da sua constituição ter carácter real, se bem que seja parte, *rectius*, tenha a sua origem numa relação puramente obrigacional[179].

Ora, somos do entendimento que a noção de acessoriedade – no que às garantias, em especial, diz respeito – parte do pressuposto da existência de uma relação creditícia, uma vez que a garantia real visa assegurar ou prevenir as consequências do incumprimento de uma obrigação.

---

[175] RUBINO, *L'ipoteca mobiliare e imobiliare*, cit., p. 27. Note-se que o autor, IDEM, *Ibidem*, cit., p. 30, chama a atenção para o facto de na hipoteca – realidade que valerá, *mutatis mutandis*, para o penhor – o título não poder referir-se genericamente a todos os créditos, mas sim a um número limitado, devendo verificar-se a indicação específica dos bens que responderão pela dívida.

[176] Conforme salienta PAULO CUNHA, *Da Garantia nas obrigações*, cit., Vol. II, p. 198, nestas situações pretende obter-se um resultado prático.

[177] RUBINO, *La responsabilità patrimoniale: Il pegno*, 2.ª ed., cit., p 188. Em qualquer caso, não deixa o autor de salientar que o ordenamento jurídico italiano não dispõe de um conceito unitário de acessoriedade.

[178] MOTA PINTO, *Direitos reais* (por ÁLVARO MOREIRA e CASTRO FRAGA, segundo as prelecções do Prof. Doutor C. A. DA MOTA PINTO ao 4.º ano jurídico de 1970-71), Coimbra, Livraria Almedina, 1975, p. 136.

[179] PRATIS *apud* CUSATO, *Il Pegno,* Milão: Giuffrè, 2006, p. 45-46.

Sendo o cumprimento o meio natural de extinção da obrigação, o penhor carecerá de sentido por falta de suporte nos casos em que ocorra o cumprimento da obrigação garantida, ficando, assim, o empenhador liberado[180]. Deste modo, caso se verifique o cumprimento, o penhor fica reduzido a uma energia latente, uma força potencial que não chegou a actuar e, por conseguinte, extingue-se com o referido cumprimento por parte do devedor (ou, caso ocorra, de terceiro). Todavia, caso não se verifique o cumprimento da obrigação, dá-se um fenómeno de exteriorização desse potencial, passando-se, assim, à fase da execução do crédito, momento em que o penhor, em virtude de conferir preferência ao empenhador na satisfação do crédito, surge como figura de proa[181].

Tal solução é explicada pelo próprio modelo da acessoriedade, que funciona como uma técnica de ligação entre dois créditos. Não obstante, será igualmente necessário ligar a acessoriedade ao próprio fim da garantia, conforme resultante da causa do negócio. Com efeito, por força da ligação ente o princípio da acessoriedade e o fim de garantia visado pelo penhor, temos não só a explicação da ligação entre os créditos envolvidos, mas, também, o facto de o fim de garantia, passe a expressão, modelar tal ligação, determinando o escopo perseguido pelas partes (*hoc sensu*, causa) e lograr explicar o facto de, em caso de cumprimento, não ter de ser accionada a garantia em virtude de o credor ter o seu interesse satisfeito[182].

4. Indivisibilidade

Uma das decorrências do princípio da acessoriedade é o princípio da indivisibilidade[183]. Nos termos do disposto no art. 696.º, aplicável *ex vi*

---

[180] Adoptamos o entendimento de JANUÁRIO DA COSTA GOMES, *Assunção fidejussória de dívidas,* cit., p. 1036, a propósito da fiança.
[181] Similarmente, p. ex., ISABEL MENÉRES CAMPOS, *Da hipoteca,* cit., p. 95.
[182] JANUÁRIO DA COSTA GOMES, *Assunção fidejussória de dívidas,* cit., p. 115-118. Não nos pronunciaremos aquí acerca da questão de saber se o fim de garantia deve ser incluído na própria noção de acessoriedade. Sobre este ponto, Cfr. JANUÁRIO DA COSTA GOMES, *Assunção fidejussória de dívidas,* cit., pp. 107-121.
[183] Assim, GORLA, *Del pegno, delle ipoteche,* cit., p. 119; GABRIELLI, *Pegno,* cit., p. 331, 1.ª coluna.

art. 678.º, o penhor é, salvo convenção em contrário, indivisível, subsistindo por inteiro sobre cada uma das coisas oneradas e sobre cada uma das partes que as constituam, ainda que a coisa ou o crédito seja dividido ou este se encontre parcialmente satisfeito[184], sendo que, ademais, a extinção da obrigação garantida não implicará, *per se*, a extinção parcial da garantia constituída[185].

Colocada nestes termos, a indivisibilidade consubstancia-se, fundamentalmente, no facto de se estender a toda a coisa onerada, a cada uma das suas partes e, no caso de pluralidade de coisas, a todas elas indiscriminadamente. Em qualquer caso, é conveniente salientar que não estamos perante um princípio de ordem pública ou de uma característica essencial do penhor, porquanto estamos perante uma regra supletiva e, como tal, esta pode ser livremente afastada pelas partes[186].

Destarte, podemos afirmar que a indivisibilidade, na sua dupla faceta, redunda no facto de a coisa empenhada garantir o cumprimento da obrigação até à integral satisfação do credor e, por outro lado, se a o penhor recair sobre várias coisas móveis, incidirá sobre cada uma delas, mesmo que algumas pereçam[187]. O que equivale a dizer que o princípio da indivisibilidade opera em dois planos distintos. Num primeiro plano – o plano do crédito garantido – o penhor permanece insensível à extinção parcial da obrigação ou ao fraccionamento do crédito ou do débito, enquanto num segundo plano – o plano do bem vinculado – a subdivisão da coisa empenhada não impede que qualquer parte ou qualquer bem permaneçam vinculados em garantia da integralidade do crédito em termos similares aos que ocorram havendo pluralidade origginária de bens[188].

---

[184] Na expressão de DERNBURG, *Diritti Reali,* Vol. I, parte II, cit., p. 451, a coisa é vinculada na íntegra relativamente ao débito na sua totalidade (tratando-se, pois, quer da dívida principal, quer de eventuais juros assegurados conjuntamente) e a totalidade da coisa penhorada está vinculada ao crédito assegurado.

[185] NAPOLETANO/BARBIERI/NOVITÀ, *I Contrati Reali,* Turim: Unione-Tipografico Editrice Torinese, 1965, p.354.

[186] ISABEL MENÉRES CAMPOS, *Da hipoteca,* cit., p. 115. Conforme referem PIRES DE LIMA /ANTUNES VARELA, *Código Civil Anotado,* 4.ª ed., Vol. I., Coimbra: Coimbra Editora, p. 719, o princípio da indivisibilidade, apesar de alguns inconvenientes, apresenta a vantagem de libertar o credor do risco da desvalorização ou da perda das coisas dadas em garantia, para além de não obrigar a fazer uma avaliação prévia das mesmas.

[187] ANTUNES VARELA, *Das obrigações em geral,* cit., Vol. II, p. 529.

[188] GABRIELLI, *Il pegno"Anomalo",* cit., p. 73.

Antes do mais, é mister salientar que a indivisibilidade do penhor não deriva de princípios lógicos inderrogáveis, mas sim, pelo contrário, limita-se a satisfazer a exigência prática de assegurar ao credor pignoratício a máxima garantia possível, o que não invalida que possa ser afastada pelas partes através da previsão, p. ex., de uma cláusula que preveja a restituição parcial dos bens, na dependência da satisfação parcial do crédito e/ou a limitação da garantia a uma parte do crédito, mediante a pré-determinação da soma garantida[189]. Não obstante, há que entender que se as partes apenas excluírem uma das manifestações possíveis da indivisibilidade, tal exclusão não se estenderá a outras manifestações desta característica[190].

Com efeito, a indivisibilidade não influi sobre a natureza do crédito, mas sim, pelo contrário, deriva do escopo da garantia e da vontade presumida das partes, referindo-se à extensão da garantia e ao exercício da acção pignoratícia. O que equivale a dizer que se refere quer à soma garantida quer à coisa onerada pelo direito de penhor[191]. Ademais, julgamos não ser despiciendo salientar que o princípio da indivisibilidade não visa responder a uma lógica interna do instituto, dado que tal equivaleria a tutelar apenas a exigência prática de atribuir ao credor a máxima garantia possível, sendo que não consegue igualmente que as partes possam renunciar à indivisibilidade e ditar uma disciplina diversa para promover a auto-regulação dos seus interesses[192].

Temos, pois, que a indivisibilidade visa, apenas, tutelar a exigência prática de atribuir ao credor a máxima garantia possível, pelo que, p. ex., nos casos de incumprimento total de uma obrigação ou apenas de uma obrigação que incida parcialmente sobre o crédito garantido, o credor

---

[189] REALMONTE, *Il pegno*, cit., p. 637-638. Similarmente, CICARELLO, *Pegno (diritto privato)*, cit., p 684 (1.ª coluna). Conforme salientava RUBINO, *L'ipoteca mobiliare e imobiliare*, cit., pp. 91-92, o direito de dar em garantia o bem considerado na sua totalidade ou visando garantir o crédito na íntegra é uma consequência comum do título, o que não derroga a possibilidade da redução, que constitui o correctivo de um excesso no exercício de tal direito.

[190] RUBINO, *La responsabilita patrimoniale: Il pegno*, 2.ª ed., cit., p 199.

[191] MONTEL, *Pegno (diritto vigente)*, cit., p. 791 (2.ª coluna).

[192] CICARELLO, *Pegno (diritto privato)*, cit., p 685 (1.ª coluna). Similarmente, refere GULLÓN BALLESTEROS, *Comentarios* (ao art. 1860) in AAVV, *Comentario del Código Civil*, tomo 8, Barcelona: Bosch, p. 213 que o princípio da indivisibilidade não é essencial ao penhor, mas sim natural, pelo que pode ser renunciado pelas partes.

poderá promover a execução do bem, sendo que, obviamente, não poderá satisfazer-se com um valor superior ao do crédito garantido[193]. O que equivale a dizer que o credor pignoratício não é obrigado a consentir na restituição de uma parte qualquer do objecto empenhado, mesmo que com tal acto fosse já satisfeita maior parte do crédito, mas não ainda a sua totalidade[194].

5. Especialidade

Summo rigore, podemos individualizar estoutra característica do penhor: a especialidade[195]. Com efeito, esta consiste no facto de apenas poderem ser dadas em garantia coisas individualizadas, porquanto o legislador não conhece a figura do penhor genérico (*"Generalpfandrecht"*) que incidiria sobre todo o património mobiliário do devedor[196]. I.e., não seria possível um penhor sobre a totalidade das coisas englobadas no seu património.

Na verdade, a especialidade tem como principal característica o facto de ditar a proibição de ser empenhada a globalidade dos bens propriedade do empenhador, o que implica que o penhor incida sobre bens especificados, de molde a que sobre todos eles incida o princípio da acessoriedade[197]. Mais concretamente, a garantia deve ser constituída sobre um

---

[193] CUSATO, *Il pegno*, cit., p.55.

[194] BARBERO, *Sistema del Diritto Privato Italiano*, Vol. II – *Obbligazionie e contratti, Succezioni per causa di morte*, cit., p 167.

[195] Sublinhe-se que para RUBINO, *L'ipoteca mobiliare e imobiliare*, cit., p. 69, o termo mais adequado seria especificidade.

[196] BAUR, *Lehrbuch des Sachenrechts*, 10.ª ed., Munique: C.H. Beck'sche Verlagsbuchhandlung, 1978, p. 533. No que à hipoteca diz respeito, ISABEL MENÉRES CAMPOS, *Da hipoteca*, cit., p. 48, opta por referir a especialidade em sentido amplo, que englobaria a especialidade quanto ao objecto e a especialidade quanto ao crédito assegurado, que seriam decorrência da natureza real da hipoteca. Deste modo, seria indispensável não só a determinação dos elementos individualizadores da coisa sobre a qual se constitui a garantia e a situação jurídica do prédio, mas também os elementos relativos ao prédio. Trata-se, pois, neste prisma, de um princípio que visa a protecção de terceiros, que devem ter a possibilidade de conhecer, em termos exactos e através da publicidade registral, a oneração que impende sobre o prédio.

[197] BÜLOW, *Rech der Sicherheiten – Sachen und Rechte, Personen*, 6.ª ed., Heidelberga: C. F. Müller Verlag, 2003, Nm. 475. Note-se, porém, que nada obsta a que

bem especialmente indicado e para créditos determinados, circunstância que leva a que, tradicionalmente, seja negada a possibilidade de serem livremente substituídos os bens empenhados[198].

A especialidade refere-se ao próprio crédito garantido, compondo-se de dois requisitos distintos: (i) a determinação original do crédito garantido e (ii) a indicação de uma soma – i.e. o montante máximo a que o bem visa responder – sob pena de nulidade, por força do disposto no art. 280.[199]. Note-se, porém, que esta soma não se identifica com o crédito, dado que, em última análise, apenas se procede à fixação *ex ante* do valor máximo a que o bem dado em garantia visa responder. O que equivale a dizer que a constituição do penhor não é sinónimo de liquidação preventiva do crédito, nem, também, de uma liquidação sancionatória destinada a ser maior do que o correspondente à soma real, porquanto mais não se visa do que estabelecer o montante máximo relativamente ao qual o bem empenhado responde[200].

Não obstante, cumpre salientar que admissibilidade do penhor rotativo, isto é, um penhor que comporta a individualização de um bem no momento da constituição do penhor para, em momento ulterior, vir a ser substituído por outro bem, tem vindo a colocar grandes dificuldades de ordem teórica relativamente a este princípio, sendo que começa, paulatinamente, a ganhar adeptos a possibilidade de conferir às partes a possibilidade de acordarem na substituição do bem ou bens empenhados[201].

---

seja constituído um penhor genérico sobre coisas ou direitos. Nestes casos, de molde a respeitar o princípio da especialidade bem como o mandamento de determinabilidade do objecto da garantia, será forçoso que haja lugar à determinação das coisas ou direitos empenhados. Sobre o penhor genérico, numa primeira aproximação, cfr. REINICKE/ /TIEDTKE, *Kreditsicherung,* 5.ª ed., cit., Nm. 1021-1024.

[198] NAPOLETANO/BARBIERI/NOVITÀ, *I Contrati Reali,* cit., p. 341.
[199] Similarmente, RUBINO, *L'ipoteca mobiliare e imobiliare,* cit., p. 77.
[200] RUBINO, *L'ipoteca mobiliare e imobiliare,* cit., p. 78.
[201] CUSATO, *Il pegno,* cit., p.57-58. Sobre o penhor rotativo, entre nós, veja-se o estudo já citado de JOANA PEREIRA DIAS, *Mecanismos convencionais da Garantia do Crédito: Contributo para o Estudo da Garantia "Rotativa" Mobiliária no Ordenamento Jurídico Português, passim.*

§ 2. PENHOR DE COISAS

1. Razão de Ordem

Uma vez enunciadas, em traços gerais, as características essenciais do penhor enquanto direito de garantia, é chegada a hora de procurar traçar os elementos centrais do seu regime jurídico[202], de modo a que, num momento posterior, possamos estudar as suas relações com o contrato de depósito e, sobretudo, proceder ao estudo de alguns aspectos relativos ao objecto do penhor, mormente o estudo da figura do penhor irregular e do penhor genérico, em virtude de, nesse momento, já estar delineado o regime das duas figuras basilares do penhor, facto que facilitará, julgamos, sobremaneira a tarefa a que nos propusemos inicialmente.

2. Constituição do penhor[203]

Na sua configuração tradicional, o penhor é constituído através do desapossamento do devedor, exigindo-se, por conseguinte, a entrega da coisa ou de documento que atribua a exclusiva disponibilidade dela ao credor ou a terceiro (art. 669.º, n.º 1), podendo tal entrega consistir na simples atribuição da composse ao credor, se essa atribuição privar o devedor da possibilidade de dispor materialmente da coisa (art. 669.º, n.º 2)[204].

---

[202] Não ignoramos as dificuldades que estas tarefas encontram. Basta atentar no facto de não existir um regime geral para o penhor, mas sim, pelo contrário, vários regimes. Sem qualquer pretensão de exaustividade, salientem-se, apenas, o penhor mercantil regulado pelos arts. 397.º e segs. CCom, o penhor bancário, regulado pelo Decreto 29833, de 17 de Agosto de 1939 e o Decreto 32032, de 22 de Maio de 1942, ou o penhor mútuo garantido por penhor no âmbito da actividade de prestamista, regulado pelos arts. 10.º e segs do Decreto-Lei 365/99, de 17 de Setembro. Trata-se, aliás, de uma situação prevista pelo art. 668.º, que prevê que as normas do CC não prejudicam os regimes especiais previstos por lei para certas modalidades de penhor. A este propósito notam PIRES DE LIMA/ANTUNES VARELA, *Código Civil Anotado*, Vol. I, cit., p. 686, que muitas das disposições especiais sobre penhor são relativas à dispensa da entrega da coisa.

[203] Nesta secção curaremos, apenas, da constituição do penhor por via contratual. Note-se, em qualquer caso, que o Ac. do STJ, de 10 de Maio de 1995, Proc. N.º 97A417 (*apud* http://www.dgsi.pt/) considerou ser válida a constituição de penhor mercantil por acto unilateral, salientando que aquele que constitui o penhor deste modo não pode obrigar a contraparte sem o consentimento desta.

Temos, pois, que o contrato de penhor não é suficiente, *per se*, para determinar a constituição do direito de penhor, sendo que o acordo das partes deverá incidir sobre aspectos essenciais, *verbi gratia* a concessão de um direito de guarda ao credor pignoratício relativamente ao objecto dado em garantia como penhor – *rectius,* tal direito mais não é do que o dever de guardar e administrar a coisa como um proprietário diligente, previsto no art. 671.º, alínea a). Obviamente, referimo-nos à concessão de um direito de guarda para salientar a detenção material da coisa resultante da celebração do contrato – e, no mínimo, a determinação do crédito do credor pignoratício objecto da garantia[205]. Assim, o contrato de penhor tem como causa o *pactum de oppignorando*, i.e. o contrato de garantia, que, à imagem da hipoteca, tem um conteúdo limitado e é regido pelo princípio da acessoriedade[206].

Efectivamente, é necessário, ainda, para o seu perfeccionamento um elemento ulterior: a notificação, no que aos créditos diz respeito – dado que o art. 681.º, n.º1 refere que a constituição do penhor de direitos está sujeita à forma e à publicidade exigidas para a transmissão dos direitos empenhados – e a entrega, no que diz respeito às coisas móveis[207].

Através da entrega, opera-se o desapossamento do empenhador, dessapossamento esse que, de um ponto de vista meramente funcional, persegue uma função tripla: (i) por um lado persegue uma função de publicidade, informando terceiros acerca da constituição da garantia, (ii) previne eventuais fraudes perpetradas pelo empenhador, afectando o bem dado em garantia e (iii) visa limitar a constituição de penhores genéricos[208].

---

[204] PUIG BRUTAU, *Fundamentos de Derecho Civil,* 3.ª ed., Tomo III, Vol. III, Barcelona: Bosch, 1983, p. 29 refere que é possível que num contrato de penhor o credor pignoratício se converta em possuidor mediato, notificando aquele que era possuidor imediato da coisa que, doravante, actuará como mediador possessório do credor pignoratício. Entende o autor que estamos perante um caso de graduação de posses: o terceiro será mediador possessório do credor pignoratício, enquanto este será mediador possessório do empenhador.
[205] WIEGAND, *Anotação ao § 1205 BGB,* Nm. 3 in STAUDINGER, cit.
[206] BÜLOW, *Rech der Sicherheiten – Sachen und Rechte, Personen,* 6.ª ed., cit., Nm. 482.
[207] No exemplo de OLIVEIRA ASCENSÃO, *Direito Civil – Reais,* 5.ª ed., Coimbra: Coimbra Editora, 1993, p. 289, se se convencionou que a entrega de um quadro ficaria a garantir determinada obrigação, mas não se procedeu à sua entrega, teremos, quando muito, um contrato-promessa de penhor por força do disposto no artigo 669.º.
[208] LEGEAIS, *Sûretés et Garanties du Crédit,* 4.ª ed., Librairie Générale de Droit et de Jurisprudence, 2004, pp. 331-332. Eco desta concepção pode ser encontrado, p. ex.,

Efectivamente, pensando no aspecto relativo à publicidade, basta atentar no facto de, por via de regra, ser difícil para o comum mortal apurar se determinada coisa está onerada com um penhor[209]. Isto porque, para todos aqueles que sejam estranhos ao negócio, a posse pelo credor pignoratíco pode ser interpretada como actuação a título de direito de propriedade por parte do credor pignoratício. A entrega seria, pois, um sucedâneo da publicidade registral[210].

Nesta ordem de ideias, a atribuição da posse ao credor representa um elemento constitutivo do contrato de penhor, dado que, sem o desapossamento, o contrato não é completo, *rectius,* não é perfeito[211], motivo pelo qual a posse a atribuir ao credor terá de ser efectiva e real, de modo a excluir toda e qualquer forma de disponibilidade material da coisa por parte do empenhador[212]. Dito de outro modo, o desapossamento tem uma função negativa, permitindo ao credor conservar a coisa com escopo de garantia, e uma função positiva, consubstanciada no facto de a disponibilização da coisa permitir que o credor pignoratício possa lançar mão do direito de retenção, bem como tornar mais ágil o percebimento de frutos[213].

---

no Ac. do STJ de 22 de Fevereiro de 1990, Proc. N.º 078334 (*apud* http://www.dgsi.pt), em cujo sumário podemos ler *"Para que um penhor produza os seus efeitos é essencial a entrega da coisa empenhada, a sua posse pelo credor, visto que essa posse serve para dar publicidade ao penhor, sem a qual terceiros podem ser injustamente prejudicados."*. Saliente-se, também, p. ex., Ac. do STJ, de 3 de Março de 1969, Proc. N.º 062502 (*apud* http://www.dgsi.pt/) em cujo sumário podemos ler: *"É da essência do penhor a entrega do objecto empenhado, ao credor ou a terceiro, salvo nos casos em que a lei permite a sua entrega simbólica"*.

[209] BÜLOW, *Rech der Sicherheiten – Sachen und Rechte, Personen,* 6.ª ed., cit., Nm. 467. WEBER, *Kreditsicherungsrecht,* 8.ª ed., cit., p. 139, salienta que o penhor contratual implica o desapossamento, dado que cabe à posse tarefa de tornar pública a alteração da ordenação jurídica sobre a coisa, i.e., o nascimento do penhor e consequente desapossamento do devedor.

[210] CARVALHO FERNANDES, *Lições de Direitos Reais,* 6.ª ed., Lisboa: Quid Juris, 2009, p. 156. Ademais, em abono desta posição, sempre se poderá citar DWORKIN, *Law's Empire,* 1998 (reimp. da ed. de 1986), cit., pp. 50-52, afirmando que é necessária uma atitude interpretativa (*"interpretive attitude"*) perante um dado facto ou prática social, o que levaria a que terceiros estranhos ao negócio concreto interpretassem as condutas em questão como se tivessem sido praticadas ao abrigo do direito de propriedade.

[211] RUBINO, *La responsabilità patrimoniale: Il pegno,* 2.ª ed., cit., p 217.

[212] STOLFI, *I Diritti Reali di Garanzia,* cit., p. 165, RUBINO, *La responsabilità patrimoniale: Il pegno,* 2.ª ed., cit., p. 218.

[213] BARBERO, *Sistema del Diritto Privato Italiano,* Vol. II – *Obbligazioni e contratti, Succezioni per causa di morte,* cit., p. 158.

Ademais, de um ponto de vista cronológico, poderíamos dizer que, apesar de a constituição do penhor redundar num único acto, esta é composta por dois momentos distintos, a saber: (i) o desapossamento, que mais não é do que a subtracção da coisa à disponibilidade do credor e (ii) a entrega, que tem por função garantir a efectivação deste último[214]. Trata-se, pois, de uma situação que leva a que o penhor desempenhe uma função económica específica como garantia, sendo especialmente utilizado em bens relativamente aos quais o devedor não carece para fins comerciais ou industriais e que, consequentemente, pode dispensar por um certo período. É o caso, nomeadamente, de bens de luxo, jóias e metais preciosos[215]. Não obstante, e tendo em vista procurar qualificar juridicamente este fenómeno, a doutrina tende a operar a destrinça entre título para a criação do penhor – por via de regra o contrato – e o acto constitutivo, que teria lugar com o desapossamento[216].

Note-se que, no que ao penhor com desapossamento[217] diz respeito, é essencial a atribuição da posse sobre a coisa ao credor pignoratício, a

---

[214] CICARELLO, *Pegno (diritto privato)*, cit., p. 690, 2.ª coluna.
[215] LUÍS MENEZES LEITÃO, *Garantias das Obrigações*, 2.ª ed., cit., p. 191.
[216] Assim, p. ex., CHIRONI, *Tratatto dei privilegi*, Vol. I, cit., p. 560. Já RUBINO, *La responsabilità patrimoniale: Il pegno*, 2.ª ed., cit., pp. 217 e segs. opta por considerar que estamos perante uma factiespécie complexa que se realiza produzindo os seus efeitos sempre com a verificação do acto final da entrega. Tal posição resulta, se bem entendemos a posição do autor, do facto de, com a constituição do direito de penhor, surgir um feixe de direitos assaz alargado. Com efeito, conforme anota CICARELLO, *Pegno (diritto privato)*, cit., p. 691 (1.ª coluna), com a constituição do penhor surge um direito real de garantia que se traduz num vínculo real de garantia, do qual derivam a preferência na satisfação do crédito e o direito de poder reter a coisa da posse de terceiros, mas, também, um direito de retenção sobre a coisa empenhada, bem como o direito de recuperar a coisa e de se satisfazer com os seus frutos, sendo que a estes direitos acresceria, ainda, uma facilitação na venda da coisa empenhada em caso de incumprimento do empenhador. Neste particular, no que à vertente de direito real de garantia diz respeito, é paradigmático o Ac. da Relação de Lisboa, de 14 de Junho de 2007, Proc. N.º 2815/2007-8 (*apud* http://www.dgsi.pt/), quando entende que a alteração da propriedade sobre a coisa empenhada, no caso a titularidade de bens depositados, não é causa de extinção do penhor constituído anteriormente por quem tinha legitimidade para dar o bem em penhor (artigos 666.º, 667.º, 677.º e 730.º do Código Civil).
[217] Salientam CARRASCO PERERA/ CORDERO LOBATO/ MARÍN LÓPEZ, *Tratado de los Derechos de Garantía*, Navarra: Editorial Aranzadi, 2002, p. 807, que não é justo referir que o penhor com desapossamento é uma garantia pouco atractiva para o credor,

qual deve resultar da tradição da coisa, que, por via de regra, será material, podendo, ainda, ser simbólica[218], quando consista na tradição do documento que confira a exclusiva disponibilidade da coisa, devendo, ainda, admitir-se a possibilidade de se verificar uma *traditio brevi manu* nos casos em que o credor pignoratício já esteja na detenção da coisa antes da sua constituição em penhor[219]. A posse do credor pignoratício é, pois, uma posse em nome próprio, nos termos do seu direito de penhor[220]. Porém, cumpre salientar que estamos perante uma posse interdictal, uma vez que ela não faculta a usucapião, mas implica, *rectius*, pressupõe o controlo material da coisa sobre que incide[221].

---

dado que (i) é a única garantia apta para os bens móveis que não são susceptíveis de garantias mobiliárias sem desapossamento, (ii) o desapossamento apenas é um inconveniente para os bens cuja utilização pelo empenhador é imprescindível para a continuação da sua actividade, (iii) o desapossamento não é um inconveniente para os bens que são frutíferos, mesmo que para a obtenção dos frutos seja necessária a aplicação de capital e trabalho, já que se a coisa dada em garantia requer a aplicação de capital e trabalho, a obrigação de zelar pela conservação da coisa está a cargo do credor pignoratício.

[218] Facto que não coloca qualquer obstáculo no domínio do Direito Comercial. Com efeito, CUNHA GONÇALVES, *Comentário ao Código Comercial Português,* Vol. II, Coimbra: Coimbra Editora, 1916, p. 463, defendia ser possível recorrer à entrega simbólica nos casos em que as mercadorias empenhadas se encontrassem em armazéns gerais, alfândegas ou em navios fundeados, contanto que houvesse lugar à transmissão dos documentos apropriados para obter a posse efectiva da coisa empenhada. Sobre o penhor sem desapossamento, em sede de Direito comparado, vide VENNEZIANO, *Le garanzie mobiliarie non possessorie – profili di Diritto Comparato e di Diritto del Commercio Internazionale,* cit. e SIMITIS, *Das besitzlose Pfandrecht – Eine rechtsvergleichende Untersucuhung,* cit.

[219] Para uma referência às modalidades da constituição de penhor, cfr. WIEGAND, *Anotação ao § 1227 BGB,* Nm. 19-30 in STAUDINGER.

[220] MENEZES CORDEIRO, *Direitos Reais,* cit., p. 752. LUÍS MENEZES LEITÃO, *Garantias das Obrigações,* 2.ª ed., cit., p. 194. Cumpre salientar que OLIVEIRA ASCENSÃO, *Direitos Reais,* cit., p. 547, defende que a entrega, no âmbito do penhor, não corresponde, propriamente, a uma tradição, sendo a publicidade desempenhada pela privação do autor do penhor dispor materialmente da coisa.

[221] MENEZES CORDEIRO, *A Posse: perspectivas dogmáticas actuais,* 3.ª ed., Coimbra: Livraria Almedina, 2000, pp. 70-71. Sublinhe-se que o autor, IDEM, *Ibidem,* cit., p. 86, retoma contraposição românica entre a *possessio civilis* e a *possessio ad interdictum,* sendo que a posse civil confere a plenitude dos efeitos possessórios, sendo apanágio dos direitos reais de gozo, enquanto a posse interdictal faculta, apenas, as defesas possessórias. Em rigor, tal posse conferirá ainda outras possibilidades, entre as quais a fruição, em termos a verificar de forma casuística, mas não a usucapião.

O desapossamento, na prática, é uma forma de publicidade constitutiva, uma vez que, no confronto com terceiros, visa efeitos de publicidade, porquanto, com o desapossamento, os terceiros tomam conhecimento da existência do vínculo de garantia[222]. Adicionalmente, a subtracção do bem ao devedor, constituiria, ainda, um meio de pressão sobre este, o que acabaria por induzir o devedor a cumprir a obrigação de forma espontânea com o fito de reaver a coisa dada em garantia. Em qualquer caso, cumpre ter em consideração que esta pressão é de relevância diminuta, uma vez que, no âmbito da garantia, a eficácia desta reside no poder atribuído ao credor que conserva o vínculo sobre a coisa e que pode fazê-lo valer em sede executiva com preferência sobre qualquer outro credor[223].

Destarte, tem sido comum a referência à existência de uma analogia entre a publicidade e a função da entrega[224]. Ora, se é certo que entre ambas existe uma exigência prática de tutela dos interesses dos terceiros similar, convém ter em consideração o facto de a publicidade realizar na íntegra este interesse, mormente através de um sistema publicitário adequado. Tal é o que sucede na hipoteca, mas, também, em situações que, originariamente, não eram consideradas como tal, mas que acabaram por sofrer um tratamento análogo, como é o caso da hipoteca de navios. No penhor, o binómio desapossamento-entrega dá lugar a uma espécie de sub-rogação da publicidade. Em suma, a entrega, em consonância com a exigência publicitária – apesar de não lograr atingir o nível de uma verdadeira e própria publicidade – impede que o devedor possa conseguir

---

[222] GORLA, *Del pegno, delle ipoteche*, cit., p. 51. Na expressão de LORDI, *Pegno Commerciale*, cit., p. 645, 1.ª coluna, a privação da posse do devedor seria um facto voluntário que a lei considerou como susceptível de afirmar o destacamento de uma coisa do património do devedor, de molde a garantir a satisfação exclusiva do crédito do credor pignoratício. Não muito longe deste entendimento andará SANTOS JUSTO, *Direitos Reais*, Coimbra: Coimbra Editora, 2007, p. 464 salientando que, pelo facto de privar o autor da possibilidade de dispor materialmente da coisa, a entrega pode consistir na simples atribuição da composse ao credor.

[223] MISURALE, *Profili evolutivi della disciplina del pegno*, cit., pp. 62-63.

[224] Sobre este ponto, cfr. PUGLIATTI, *La trascrizione*, Vol. I, Tomo I, *La pubblicità in generale* in Tratato di Diritto Civile e Commerciale diretto da A. CICU e F. MESSINEO, Milão: Giuffrè, 1957, pp. 290 e segs.

que um terceiro seja investido numa situação possessória apta a constituir outros direitos reais de garantia[225].

Centrando a nossa atenção na entrega propriamente dita, podemos afirmar que ela não exclui do seu âmbito quer o constituto possessório[226], quer a *traditio brevi manu,* bem como a entrega imaterial, puramente consensual, documental ou virtual ou, se se preferir, espiritualizada[227]. Neste prisma, resulta dificilmente distinguível, no que aos efeitos diz respeito, a *traditio ficta* da tradição, ou entrega em sentido próprio[228].

Antes do mais, convém ter em consideração o facto de a entrega, em termos gerais, ser um acto incolor e equívoco, que pode dar lugar aos efeitos jurídicos mais diversos, motivo pelo qual, tradicionalmente, se exigia que a entrega da coisa empenhada fosse efectuada a título de penhor, o que equivale a dizer que a entrega teria de ser acompanhada pelo acordo das partes relativamente à *traditio*[229]. Assim, sob este aspecto, a entrega surge como um acto de causa variável, porquanto, tal como

---

[225] PUGLIATTI, *La trascrizione*, Vol. I, Tomo I, cit., p. 291.

[226] Salienta RUBINO, *La responsabilità patrimoniale: Il pegno*, 2.ª ed., cit., p. 219, que não será possível recorrer ao constituto possessório abstracto, ou seja a mera declaração de pretender transferir a posse, não acompanhada de alguma alteração de facto, nem ao constituto possessório concreto, *id est,* a declaração de reconhecimento de que alguém é possuidor, acompanhada de uma *iuxta causa retentionis* (como a locação ou o comodato), por parte do empenhador o qual permaneceria com a detenção da coisa.

[227] RUBINO, *La responsabilità patrimoniale: Il pegno*, 2.ª ed., cit., p. 219-220, defende que é inadequada uma tradição simbólica, como é o caso de caso da entrega de documentos que não confiram a disponibilidade material da coisa empenhada.

[228] Assim, FUNAIOLI, *Consegna,* in ED, tomo IX, Milão: Giuffrè, 1961, pp. 131-140 (p. 132-133, 1.ª coluna). Note-se que o autor entende que é necessário quer o *corpus* quer o *animus* da relação possessória, já que, no processo de espiritualização, se verifica a substituição do *accipiens*, que se vê investido no lugar do *tradens* através de um elemento subjectivo e através de um elemento objectivo. Relativamente à detenção, não será possível prescindir de um mínimo de *animus* próprio do *accipiens* (elemento subjectivo) e, de outro lado, nos casos de aquisição da posse *solo animo*, esta não se verificará, salvo se subsistir a passagem efectiva da disponibilidade de facto da coisa (*corpus possessionis*). Em sentido contrário, WEIL, *Les suretés – La publicité foncière,* cit., p. 82, considerando que uma tradição ficta deixaria as coisas nas mãos do devedor a título de constituto possessório, motivo pelo qual entende que o desapossamento terá de ser efectivo e não aparente, pelo que, p. ex., entende não ser possível a mera entrega das chaves do armazém onde as coisas empenhadas se encontrem, sendo que o desapossamento terá de, igualmente, ser contínuo e manter-se durante toda a vigência do contrato.

[229] NAPOLETANO/BARBIERI/NOVITÀ, *I Contrati Reali,* cit. p.353.

a tradição, é um esquema parcial de negócios causais que assumem uma vida e uma fisionomia próprios apenas quando estão integradas em concreto num negócio com uma causa determinada[230]. Com efeito, a entrega é um conceito tipicamente relacional, já que o seu significado depende, em último grau, de um determinado modo externo que não determina a sua função[231].

Na verdade, sendo a entrega da coisa configurada, aparentemente, como elemento essencial do penhor, é mister considerar que estamos perante um contrato real *quoad constitutionem*, pelo que se nos afigura conveniente desenvolver um pouco mais o papel da entrega no contrato de penhor[232] [233]. Neste particular, somos do entendimento que a entrega tende a ser, cada vez menos, um elemento essencial do contrato de penhor. Com efeito, esta mais não será do que um acto material, que tem por função desempenhar uma tarefa instrumental e acessória relativamente ao binómio desapossamento do devedor-empossamento do credor[234]. Aliás, cabe afirmar desde já, em consonância com o que fomos

---

[230] FUNAIOLI, *Consegna*, cit., p. 136, 1.ª coluna.

[231] ANGELICI, *Consegna* in DIGESTO – *Sezione Civile*, tomo. III, Turim: Tipografico-Editrice Torinese, 1988, pp. 468-474 (p. 468, 2.ª coluna). Para ulteriores desenvolvimentos, cfr. FORCHIELLI, *I Contratti reali*, Milão: Giuffrè, 1952, pp. 42-85.

[232] Neste particular, GORLA, *Del pegno, delle ipoteche*, cit., pp. 43-44, refere que com o acto de concessão do penhor – i.e. a entrega – deriva para o credor o direito à sua constituição, mediante a introdução forçada da posse, não havendo assim necessidade de se proceder à destrinça entre o penhor de créditos e de outros direitos e o penhor de coisas.

[233] A orientação tradicional tende a considerar a entrega um elemento constitutivo do contrato real. Efectivamente, de acordo com esta orientação, a entrega não será objecto de uma obrigação contratual, mas sim, pelo contrário, um elemento constitutivo do contrato, sendo, em consequência, um requisito de perfeição do mesmo que impende que o simples acordo de vontades possa vincular as partes a transferir a disponibilidade da coisa. Neste sentido, p. ex., VIVAS TESÓN, *Una reflexión en torno a la categoria de los contratos reales* in AAVV, *Estudios jurídicos en homenaje al Profesor Luis Díez-Picaso*, Tomo III – *Derecho Civil. Derechos Reales, Derecho de la Familia*, Madrid: Thomson-Civitas, 2003, pp. 3307-3308 (pp. 3321-3322), NATOLI, *I contratti reali – Appunti delle lezioni*, Milão: Giuffrè, 1975, p. 15 e segs. (*maxime*, p. 68, no que ao penhor diz respeito).

[234] GABRIELLI, *Pegno*, cit., p. 333, 2.ª coluna. O autor refere que investigação histórica e comparatística tem realçado o facto de esta técnica contratual (a entrega) resultar inadequada em função do desenvolvimento que o comércio internacional tem sofrido. Efectivamente, cada vez mais se assiste ao financiamento externo das sociedades, financiamento esse que exige, o mais das vezes, que a sociedade mantenha a disponibilidade

avançando, que o penhor não é um contrato real *quoad constitutionem*, dado que o art. 669.º, n.º 1 tem em mente o direito de penhor e não o contrato que lhe dá origem. Com efeito, quando a Lei salienta que o penhor apenas produz os seus efeitos com a entrega da coisa objecto de penhor, mais não se está a dizer do que a entrega é apenas a condição de eficácia do direito do penhor. O que equivale a dizer que nada obsta a que possa ser celebrado um contrato de penhor prevendo-se a obrigação de o devedor entregar a coisa objecto do contrato, dado que a entrega diz respeito, apenas, à execução do contrato de penhor[235]. Assim, por maioria de razão, também não será possível negar o intuito de empenhar nos casos em que existe uma promessa de penhor que não seja seguida da entrega da coisa empenhada[236], sendo que, nestes casos, terá de ser celebrado o contrato definitivo.

Ademais, procedendo à análise da relação existente entre o desapossamento e a função de garantia, não deve deixar de se ter em considera-

---

das mercadorias oneradas pela garantia e que constituem o património dessa mesma sociedade. Similarmente, MISURALE, *Profili evolutivi della disciplina del pegno*, cit., p. 77-81, chama a atenção para o facto de o penhor ser concebido, de um ponto de vista estrutural, para garantir um crédito numa óptica insensível às razões do desenvolvimento produtivo, sendo e dirigido a um modelo de economia estático, pelo que, em consequência, os agentes económicos teriam acabado por recorrer a outras figuras, como sejam a venda com reserva de propriedade ou a locação financeira. Já ANGELICI, *Consegna*, cit., p. 469, 1.ª coluna salienta o facto de as modernas técnicas mercantis tenderem a reduzir o interesse relativamente à posse e à propriedade, designadamente no que concerne às relações entre as partes. PISCITELLO, *Costituzione in pegno di beni dell'impresa e spossessamento*, in BBTC LIV (2001), Parte Prima, pp. 155-179 (p. 170), por seu turno, prefere falar num fenómeno que apelida como "desapossamento atenuado", entendendo que basta a criação de uma situação mediante a qual o empenhador fique impedido de dispor autonomamente do bem empenhado. Efectivamente, o autor entende que, perante o silêncio do legislador, é necessário reconstruir a função da subtracção dos bens afectos à garantia, desde que não seja ignorado o facto de o desapossamento visar acorrer a várias situações, como seja a tutela dos credores quirografários e a própria protecção do credor pignoratício.

[235] CHIRONI, *Tratatto dei privilegi*, Vol. I, cit., p. 560, GORLA, *Le Garanzie Reali dell'Obbligazione*, cit., p. 324, FORCHIELLI, *I Contratti reali*, cit., p. 11.

[236] FORCHIELLI, *I Contratti reali*, cit., p. 14. O que equivale a dizer, entre nós, que nos casos de incumprimento da obrigação de entrega na promessa de penhor, haverá lugar a execução específica, nos termos do disposto no artigo 830.º, número 1.

[237] Ac. da Relação do Porto, de 26 de Setembro de 1996, Proc. N.º 9630278 (*apud* http://www.dgsi.pt/).

ção o facto de a função de garantia, no penhor, realizar-se, primacialmente, com a subtracção da disponibilidade do bem objecto da garantia da esfera jurídica do empenhador. Todavia, convém não olvidar que o penhor (regular) não opera a transmissão da propriedade dos bens sobre que incide, que continua a pertencer ao devedor [237]. Ora, esta função de garantia pode ser conseguida através do recurso a técnicas contratuais diversas, contanto que estas logrem alcançar a essência do penhor, i.e., a subtracção do poder de disposição do empenhador[238]. Isto porque o que importa, verdadeiramente, é o facto de ser conferida ao credor a disponibilidade material da coisa, sendo que tal fórmula deverá ser entendida com as adaptações impostas pelas exigências económico-sociais, de modo a que a coisa não possa ser de modo algum subtraída ao credor pignoratício, *id est,* que, sob o aspecto da disponibilidade, se encontre na mesma posição das outras coisas que estão na sua posse[239].

Com efeito, estas técnicas negociais, ao prescindirem do desapossamento, não desvirtuam o esquema do penhor. São, quando muito, subtipos contratuais, porquanto são formas "anómalas" (*scilicet,* diversas daqueloutras previstas pelo legislador) de explicação da função de garantia própria do tipo, o que permite efectuar uma assimilação coerente de tais factiespécies com a estrutura formal e a disciplina do penhor legal[240].

---

[238] GABRIELLI, *Pegno,* cit., p. 334, 1.ª e 2.ª colunas. Em sentido contrário, LORDI, *Pegno Commerciale,* cit., p. 646, 1.ª coluna salientando que não basta o mero consenso das partes, sendo igualmente necessária a entrega da coisa, a qual deve permanecer em poder do credor ou de um terceiro encarregado da sua custódia. Julgamos que a "brecha" neste entendimento tradicional terá sido aberta por RUBINO, *La responsabilita patrimoniale: Il pegno,* 2.ª ed., cit., p. 230, quando chamava a atenção para o facto de, previamente à entrega, surgirem efeitos preliminares, designadamente um vínculo de irrevogabilidade e a obrigação de entregar a coisa, pelo que negação deste direito pessoal, após a formação do consenso, redundaria no enfraquecimento da posição do credor, já que não estaria justificado pelo escopo e pela função da posse no penhor.

[239] VAZ SERRA, *Penhor,* in BMJ 58, p. 106.

[240] GABRIELLI, *I negozi costitutivi di garanzie reali,* in BBTC LIX (1996), Parte Prima, pp. 149-193 (pp. 151.152). Note-se, que este orientação, surgida do confronto com os países da *Civil Law,* foi admitido – pelo menos parcialmente – através de algumas reformas legislativas. Com efeito, em Itália, foi adoptada a Lei de 11de Junho de 1986, que estabelece que o depósito de valores mobiliários efectuado junto da sociedade por acções Monte Titoli realiza-se através da transformação do direito pré-existente de propriedade sobre os valores num direito de compropriedade pela quantidade, o que implica que o objecto do penhor seja representado por uma nota de compropriedade sobre a massa

Assim, desde que, por via do contrato, seja assegurado que (i) o credor pignoratício fique com a plena disponibilidade da coisa, podendo, desse modo, exercer as faculdades inerentes ao direito de penhor, e que, (ii) o empenhador fique impedido de dispor da coisa dada em garantia sem a cooperação do credor[241], o penhor será validamente constituído. O que equivale a dizer que subjaz a este entendimento que o penhor dá origem a uma relação complexa de formação progressiva, sendo que o momento constitutivo do penhor será consubstanciado no contrato[242-243]. Não obstante, cumpre não olvidar o disposto no art. 669.º, n.º 2, que prevê a possibilidade de a entrega poder consistir na simples atribuição da composse ao devedor se tal atribuição privar o empenhador da possibilidade de dispor materialmente da coisa. Assim, em algumas situações a simples locação da coisa a um terceiro, com a convenção de que o locatário apenas a pode entregar ao credor pignoratício e ao empenhador conjuntamente, permitirá afirmar a válida constituição do penhor. O que equivale a dizer que é o próprio legislador a permitir a possibilidade de a entrega não ter de ser, necessariamente, efectiva.

Com efeito, o penhor estará validamente constituído nos casos em que se verifique um desapossamento, passe a expressão, atenuado, o qual permite que os bens empenhados continuem na esfera do empenhador, contanto que seja tornado público o penhor, *rectius,* que tenha sido

---

dos valores. Ou seja, nas palavras de BARBIERA, *Le garanzie nel sistema del 1942,* in BBTC LV (1992), Parte Prima, pp. 727-748 (p. 735), assiste-se a uma intervenção liberalizante no seio da legislação especial a favor da desmaterialização a favor do penhor sem desapossamento.

[241] São estas, segundo NATOLI, *I contratti reali,* cit., pp. 69-70, as principais funções da entrega no contrato de penhor.

[242] Trata-se, pois, de uma orientação de índole puramente consensualista. Assim, GATTI, *Il credito su pegno,* 2.ª ed., cit., p. 178.

[243] Esta é a orientação que veio a ser adoptada recentemente no Direito Francês, dado que o artigo 2236 do *Code Civil,* na redacção dada pela *Ordonnance* n.º 2006-346, de 23 de Março de 2006, prevê: *"O penhor considera-se perfeito através da redução a escrito contendo a designação da garantia, da quantidade dos bens empenhados, bem como a sua espécie ou natureza"* (tradução nossa. No original pode ler-se: *"Le gage est parfait par l'établissement d'un écrit contenant la désignation de la dette garantie, la quantité des biens donnés en gage ainsi que leur espèce ou leur nature."*). Consequentemente, o artigo 2237 prevê que o penhor é oponível a terceiros através da publicidade que lhe é feita, considerando-se que a publicidade poderá ser feita através do desapossamento.

objecto de publicidade, ou, idealmente, seja criada uma situação de con-custódia, a qual impedirá que o empenhador possa, isoladamente, proceder à alienação dos bens empenhados, como sucede no ex. acabado de dar referente à locação da coisa a terceiro[244-245]. O que equivale a dizer que o desapossamento, na prática, não é mais do que uma técnica de constituição do vínculo pignoratício instrumental ao escopo de garantia, se bem que elevado a elemento central na disciplina normativa do contrato de penhor[246]. Ou seja, temos como pano de fundo uma consideração e representação ampla do direito de garantia, atendendo, sobretudo, à função perseguida em concreto[247].

---

[244] Similarmente, a propósito do penhor de estabelecimento comercial, PISCITELLO, *Costituzione in pegno di beni dell'impresa e spossessamento*, cit., pp. 175-176. Em sentido contrário pronuncia- se a doutrina tradicional, como p. ex., DUSI, *Sulla costituzione del pegno*, in RDCo VII (1909), Parte Seconda, pp. 8-14 (p. 9), em virtude de defender que a tradição tem de ser efectiva e real e não fictícia ou simbólica, já que o penhor não pode nascer nos casos em que o empenhador continua com a posse efectiva da coisa. Todavia, sublinhe-se que mesmo apesar desta afirmação vigorosa, o autor, IDEM, *Ibidem*, cit., p. 13, admite alguma atenuação, através do recurso à compose. Assim, defende que a mobília de uma hospedaria pode ser empenhada ao proprietário-devedor, sendo que esta permanecerá na hospedaria, quando, contemporaneamente à constituição do penhor, um terceiro seja nomeado fiel depositário, pelo que o penhor só será nulo nas situações em que o devedor continue a gerir a hospedaria e não tenha havido lugar à nomeação de um terceiro depositário.

[245] A este propósito, à luz do Direito Alemão, referem REINICKE/TIEDTKE, *Kreditsicherung*, 5.ª ed., cit., Nm. 997, estarmos perante um enfraquecimento das formalidades inerentes à constituição do penhor, já que, contrariamente ao regime resultante dos § 1205 1 e § 929, não topamos com a mesma publicidade forte, centrada no empossamento do credor, mas sim, tão-somente, numa situação de compose, expressamente admitida pelo § 1206 BGB, do qual resulta que o empenhador continua como proprietário da coisa, pese embora fique igualmente na posse do credor pignoratício.

[246] GABRIELLI, *Pegno*, cit., p. 334. Salienta STELLA, *Il pegno a garanzia di crediti futuri*, Pádua: CEDAM, 2003, cit., pp. 7-8 que, por conseguinte, as partes recorrem a técnicas distintas da entrega do bem, como é o caso de mecanismos de inscrição ou anotação do vínculo real directamente sobre os bens onerados, dado que tais técnicas asseguram a subtracção do objecto do penhor ao poder dispositivo do empenhador, bem como a publicidade relativa à existência da garantia. Similarmente, GATTI, *Il credito su pegno*, 2.ª ed., cit., p. 155. Por este motivo, salienta BARBIERA, *Le garanzie nel sistema del 1942*, cit., p. 734, que estamos a observar uma progressiva superação do princípio da necessidade de entrega da *res* para efeitos de constituição do penhor.

[247] LOBUONO, *I contratti di Garanzia*, cit., p. 222.

Destarte, a afirmação da admissibilidade de um contrato consensual de penhor implica que (i) a partir do acordo tendente ao empenhamento seja reconhecido ao credor o direito à constituição do penhor, mediante o desapossamento forçado do empenhador ou do terceiro a quem tenha sido confiada a custódia do bem empenhado, porquanto ainda não existe penhor e que (ii) na eventualidade de o credor pignoratício restituir a posse, em virtude de considerar que o título é nulo, poderá exigir a reconstituição do penhor através do desapossamento forçado[248].

Na verdade, como demonstrámos, a entrega na sequência da operação negocial, é meramente acessória da produção de efeitos derivada do desapossamento do credor, pelo que é neste que teremos de centrar as nossas atenções de modo a captarmos o centro gravitacional do penhor. Conforme verificámos anteriormente no Capítulo I, as garantias mobiliárias desenvolveram-se de molde a assegurar uma progressiva articulação entre créditos e bens futuros, pelo que, consequentemente, se assiste, em todos os países europeus, a uma erosão do princípio *par condictio creditorum* e a um csvaziamento do recurso a processos executivos. Com efeito, historicamente, o penhor surge como o único instrumento capaz de produzir, convencionalmente, uma garantia sobre bens móveis, pelo que a ideia da necessidade de desapossamento se consolidou plenamente, tendo apenas no século XIX surgido um momento que confirmaria essa convicção, aquando do surgimento da ideia de tutela do terceiro adquirente de boa fé ou de um potencial segundo credor ao qual venha concedido um penhor sobre o mesmo bem. O penhor manual seria, assim, um modo susceptível de fazer com que o credor conhecesse a situação patrimonial real do devedor e, simultaneamente, servia de publicidade perante os restantes credores, já que estes ficavam advertidos de que determinado bem – o bem empenhado – estaria sujeito a um vínculo de garantia, pelo que, em consequência, estes deveriam evitar conceder crédito caso o bem empenhado fosse dado em garantia[249].

---

[248] LOBUONO, *I contratti di Garanzia*, cit., pp. 220-221.

[249] GABRIELLI, *Il pegno "anomalo"*, cit., p. 95-99. Aliás, é também nesta altura que, no espaço jurídico alemão, através da iniciativa privada surgem tentativas de reelaborar/ /construir figuras aptas a satisfazer de forma idónea o escopo de garantia visado pelas partes. Assim, SERICK, *Eigentumsvorbehalt und Sicherüngsübertragung*, Vol. I – *Der einfache Eigentumsvorbehalt*, Heidelberga: Verlag Recht und Wirtschaft, GmbH, 1963, p. 23.

Fechando este breve parêntese, permitimo-nos salientar que o momento da constituição do penhor será fulcral em sede de eventual satisfação do crédito garantido pelo objecto empenhado, em caso de incumprimento do empenhador, uma vez que o penhor sobre uma dada coisa que seja constituído previamente, conferirá ao seu titular o direito de se satisfazer em primeiro lugar, no confronto com os restantes credores pignoratícios. Trata-se, pois, de um corolário do brocardo *primus in tempore, potior in jure*[250], que, no essencial, visa concretizar um princípio geral que é o de que ninguém pode transmitir mais direitos do que aqueles que tem (*"nemo plus iuris ad alium transferre potest quam ipse habet"*)[251].

Concluímos não sem antes salientar que não estamos perante uma solução nova à luz do ordenamento pátrio, dado que, em sede de penhor mercantil[252], de acordo com o parágrafo único do art. 398.º do CCom, a entrega do penhor mercantil pode ser simbólica, a qual se efectuará (i) por declarações ou verbas nos livros de quaisquer estações públicas onde se acharem as coisas empenhadas; (ii) pela tradição da guia de transporte ou do conhecimento da carga dos objectos transportados; e (iii) pelo endosso da cautela de penhor dos géneros e mercadorias depositadas nos armazéns gerais.

Com efeito, o CCom não se afasta do regime civil, dado que prevê para os penhores mercantis a possibilidade de entrega da coisa a terceiro e uma entrega simbólica, a qual, conforme decorre do art. 398.º do CCom envolve sempre o desapossamento que, aliás, é suposto pelo CCom[253]. No domínio mercantil, é exigido igualmente o desapossamento do devedor. Não obstante, não é necessário que o credor pignoratício tenha a detenção material das coisas empenhadas, porquanto é suficiente a entre-

---

[250] Princípio esse adoptado expressamente pelo legislador alemão no § 1209 BGB *(Rang des Pfandrechts)*: *Für den Rang des Pfandrechts ist die Zeit der Bestellung auch dann maßgebend, wenn es für eine künftige oder eine bedingte Forderung bestellt ist"*

[251] WIEGAND, *Anotação ao § 1209 BGB*, Nm. 2 in STAUDINGER No que ao penhor diz respeito, o autor, *Anotação ao § 1209 BGB*, Nm. 3, refere que, acima de tudo visa fixar-se o momento em que opera a prioridade, que é o da constituição do penhor, sendo que tal regra aplicar-se-á igualmente nos casos de penhor de coisa futura.

[252] Cumpre ter em consideração que o penhor apenas será mercantil quando a dívida principal proceda de uma actividade comercial (art. 397.º do CCom.)

[253] Assim, CASSIANO DOS SANTOS, *Direito Comercial Português*, Vol. I, Coimbra: Coimbra Editora, 2007, p. 296.

ga simbólica, como é o caso, p. ex., das chaves de um armazém[254] ou a transmissão dos documentos comprovativos da titularidade, como é o caso da entrega ou endosso de um título de crédito representativo de mercadorias[255]. Ora, tal entrega poderá configurar um desapossamento atenuado, dado que a partir do momento em que se obtenha a indisponibilização do bem, está validamente constituído o penhor, pois está manietado o poder dispositivo do empenhador. A este propósito, sublinhe-se o facto de a jurisprudência ter vindo a entender que é válida a constituição de penhor mercantil nos casos em que os objectos empenhados ficam na posse do empenhador, na qualidade de fiel depositário[256].

À guisa de conclusão, saliente-se igualmente que quer as normas civis, quer as normas comerciais permitem, no essencial, que a coisa seja empenhada e, simultaneamente, que o empenhador a mantenha em seu poder. Dito de outro modo, pese embora não haja transacção material do objecto, verifica-se, passe a expressão, a transacção jurídica da posse, facto que é exponenciado, p. ex., pelo mecanismo do constituto possessório, o qual é uma modalidade de tradição civil simbólica[257], dado que permite a entrega da coisa sem modificação no controlo material e unicamente com base na simbologia humana[258].

---

[254] CUNHA GONÇALVES, *Comentário ao Código Comercial Português,* Vol. II, p. 462. O autor, IDEM, *Ibidem,* cit., p. 463, salienta que, nos casos em que as mercadorias ou coisas empenhadas estivessem depositados em armazéns gerais, alfândegas ou em navios fundeados ou em viagem, a entrega poderia ser simbólica, pelo que a posse simbólica do penhor poderia realizar-se através de: (i) declarações ou verbas nos livros das estações onde as coisas esteja, (ii) tradição da guia de transporte ou conhecimento de carga dos objectos transportados, ou (iii) endosso de cautela de penhor dos géneros ou mercadorias depositados nos armazéns gerais, conforme dispõe o § único, número 2 do artigo 398.º do Código Comercial.

[255] ENGRÁCIA ANTUNES, *Manual dos Contratos Comerciais,* Coimbra: Livraria Almedina, 2009, pp. 373-374.

[256] Assim, p. ex., Ac. Do Tribunal da Relação do Porto de 28 de Junho de 2005, Proc. n.º 0426760 (*apud* http://www.dgsi.pt/)

[257] Similarmente, em tese geral, GALVÃO TELLES, *O penhor sem entrega no Direito Luso-Brasileiro,* cit., p. 20.

[258] MANUEL RODRIGUES, *A posse,* 4.ª ed., Coimbra: Livraria Almedina, 1996, p. 206, MENEZES CORDEIRO, *A Posse: perspectivas dogmáticas actuais,* cit., p. 108.

3. *Cont.* O recurso à composse

A entrega, nos termos do disposto no art. 669.º, pode consistir na simples atribuição da composse ao credor, se essa atribuição privar o autor da possibilidade de dispor materialmente da coisa[259].

Antes do mais, julgamos ser conveniente salientar o facto de, na figura em questão, a composse funcionar como publicidade do penhor, assentando na posse da coisa empenhada, à guisa de sucedâneo da inscrição no registo, que é própria da hipoteca[260]. Com efeito, apesar de estarmos perante uma situação de composse, o empenhador é parcialmente desapossado, ficando impossibilitado de dispor, isoladamente, da coisa[261]. O que equivale a dizer, em termos puramente descritivos, que a situação de composse nasce através do acto pelo qual o possuidor original (o empenhador) torna participante da posse, *rectius*, investe na posse um terceiro (o credor pignoratício), operando-se assim a transformação de um possuidor num compossuidor[262].

Conforme refere MESSINEO, a situação visada pelo legislador estará verificada desde que (i) seja impossível ao empenhador poder dispor materialmente das coisas dadas em penhor sem a cooperação do credor,

---

[259] Fazendo uso do exemplo avançado por PIRES DE LIMA/ANTUNES VARELA, *Código Civil Anotado*, Vol. I, 4.ª ed., cit., pp. 688-689, é o caso de a coisa ser introduzida num cofre com duas chaves, uma das quais fica em poder do credor e outra no do devedor, de forma a que só os pelos dois possa ser aberto.

[260] MESSINEO, *Costituzione di pegno mediante compossesso, fra creditore pignoratizio e datore, suoi effeti* in *Studi in onore di Enrico Redenti nel XL Anno del suo insegnamento*, Vol. II, Milão: Giuffrè, 1951, pp. 21-30 (p. 23).

[261] Em sentido contrário, veja-se PROVINCIALI, *Pegno mediante concustodia* in *Scritti Giuridici in onore di Antonio Scialoja per il suo XLV Anno d'insegnamento*, Vol. III – *Diritto Civile*, Bolonha: Nicola Zanichelli Editore, 1953, pp. 411-420 (p. 412), preferindo falar em custódia. Não obstante, o autor, IDEM, *Ibidem*, cit., p. 418, refere que o desapossamento do empenhador é ínsito a esta estrutura de constituição do penhor, uma vez que com o surgimento da titularidade da custódia, o empenhador perde automaticamente a posse da coisa dada em penhor.

[262] Neste particular, PROVINCIALI, *Pegno mediante concustodia*, cit., p. 416, chama a atenção para o facto de o acordo entre o credor pignoratício e o empenhador, para além de dar origem a uma situação de custódia, visa compor directamente as colisões entre direitos dos titulares da propriedade da coisa e do crédito empenhado funcionar como uma espécie de sucedâneo do recurso ao depósito a terceiro.

e (ii) tornar possível que terceiros tenham conhecimento da existência da situação de composse a título de penhor[263].

No tocante à primeira das situações, relativa às relações internas entre as partes, esta ficará preenchida desde que seja tolhido o direito de dispor materialmente das coisas empenhadas atribuído ao empenhador, mas, também, a possibilidade material de subtrair as coisas dadas em garantia. Trata-se, pois, da coexistência de um poder recíproco sobre a coisa, mediante o qual as partes tendem a autolimitar-se reciprocamente e a comparticipar na disponibilidade material da mesma, de molde a que nenhuma das partes possa dispor da coisa e, ademais, que ambas cooperem nessa autolimitação[264]. Assim, caso seja constituído um penhor de mercadorias, a faculdade de disposição material autónoma poderá ser limitada se cada um dos compossuidores tiver uma chave distinta do armazém onde estas se encontrem, de modo a que apenas ambas, em conjunto, possam franquear o acesso ao armazém[265].

As questões são mais problemáticas relativamente ao requisito da publicidade, já que mesmo nos casos em que os compossuidores tenham colocado um aviso[266] à porta do armazém onde as mercadorias empenhadas estão depositadas, será sempre necessário um acto de diligência por parte dos restantes credores[267]. Ora, em bom rigor, esta situação não difere daqueloutra da constituição de hipoteca, uma vez que os credores que pretendam ter conhecimento das eventuais onerações de um dado imóvel terão de consultar os registos. *Summo rigore,* a questão no penhor

---

[263] MESSINEO, *Costituzione di pegno mediante compossesso, fra creditore pignoratizio e datore, suoi effeti*, cit., p. 25.

[264] PROVINCIALI, *Pegno mediante concustodia,* cit., pp. 412-413. Na expressão de VAZ SERRA, *Penhor,* in BMJ 58, p. 133, a possibilidade de reccorrer à composse destina-se a dar ao empenhadpr um meio menos vexatório e mais seguro de se precaver contra o mau uso e má conservação pelo credor.

[265] MESSINEO, *Costituzione di pegno mediante compossesso, fra creditore pignoratizio e datore, suoi effeti*, cit., p. 25.

[266] O qual, no caso de penhor de mercadorias colocadas em armazém, diria o seguinte: *"As mercadorias propriedade de (...), as quais se encontram neste armazém, estão sob a custódia do proprietário, bem como de (...), em consequência da constituição de penhor sobre as referidas mercadorias a favor de (...)".*

[267] MESSINEO, *Costituzione di pegno mediante compossesso, fra creditore pignoratizio e datore, suoi effeti,* cit., p. 28.

ganha maior acuidade, porquanto os bens susceptíveis de serem empenhados não estão sujeitos a registo (excepção feita, p. ex., ao caso de valores mobiliários ou de participações sociais, de que é exemplo paradigmático o penhor de quotas), o que dificulta a capacidade de conhecer a situação dos bens.

Deste modo, a composse[268] a título de penhor é suficiente para a válida constituição do penhor, mesmo no confronto com terceiros, pelo motivo de o legislador fazer referência expressa a um meio idóneo e susceptível de produzir todos os efeitos jurídicos, seja *inter partes*, seja *erga omnes*, necessários à válida constituição do penhor. Ademais, e em qualquer caso, cumpre não olvidar o facto de a composse, tal como qualquer situação de comunhão de qualquer direito subjectivo, implicar que sejam atribuídos ao compossuidor poderes sobre a coisa considerada na sua globalidade e não sobre uma parte desta[269].

---

[268] Em sentido contrário, ancorando-se no CCIt, entende PROVINCIALI, *Pegno mediante concustodia*, cit., pp. 413-414, que não estamos não perante uma situação de composse, mas sim de verdadeira e própria custódia, pelo que haveria que curar de aplicar os princípios gerais dimanados a propósito do contrato de depósito, já que entende o autor que a custódia, considerada como uma actividade particular de conservação e administração, é um instituto de vasta aplicação, o que implicaria, designadamente, o surgimento de várias regras e categorias em função de uma dada situação, mas que seriam sempre informadas por normas gerais próprias da estrutura do instituto. Salvo o devido respeito, tratar-se-á de uma questão de escassa importância teórica, já que, como é consabido, impende sobre o credor pignoratício o dever de conservação da coisa que, *inter alia*, obriga a que este zele pela conservação, numa situação em tudo análoga à da custódia de bens.

[269] Trata-se, assim, de uma situação análoga à compropriedade. Nesta, a doutrina pátria tem sido unânime em considerar que cada um dos comproprietários é titular de uma quota ideal ou intelectual da coisa, que é o seu objecto. Trata-se, pois, de um conjunto de direitos de propriedade sobre a mesma coisa e, como tal, autolimitados. Neste sentido, LUÍS PINTO COELHO, *Da compropriedade no Direito Civil português*, Vol. I, Lisboa, 1939, pp. 120 e segs, MOTA PINTO, *Direitos reais*, cit., pp. 256-257, OLIVEIRA ASCENSÃO, *Direito Civil – Reais*, cit., p. 271, MENEZES CORDEIRO, *Direitos Reais*, cit., p. 618. Em sentido contrário pronuncia-se HENRIQUE MESQUITA, *Direitos Reais (lições)*, Coimbra, 1967, p. 246, considerando estarmos perante um só direito com vários titulares.

4. *Cont.* O recurso ao terceiro depositário

Ante o aparente silêncio do legislador[270-271] – aparente porque o legislador apenas se refere, no art. 666.º, n.º 2, ao facto de ser havido como penhor o depósito referido no art. 623.º, n.º 1 –, é mister indagar acerca da possibilidade de se constituir penhor efectuando a entrega do bem empenhado a um terceiro. Efectivamente, decorre do art. 669.º *in fine* – preceito que valerá, igualmente, para os casos de penhor de direitos, dado que a remissão operada pelo art. 679.º não parece brigar com esta regra – que o penhor produz efeitos pela entrega da coisa empenhada ou de documento que confira a disponibilidade dela ao credor ou a um terceiro[272].

---

[270] Diversamente, o BGB, no § 1206, refere expressamente, a propósito do penhor de coisas, a situação em que a coisa se encontra encerrada em local onde não pode ser aberta sem intervenção do credor, ou quando esteja na posse de terceiro, que apenas a poderá restituir conjuntamente aos dois. (*"Anstelle der Übergabe der Sache genügt die Einräumung des Mitbesitzes, wenn sich die Sache unter dem Mitverschluss des Gläubigers befindet oder, falls sie im Besitz eines Dritten ist, die Herausgabe nur an den Eigentümer und den Gläubiger gemeinschaftlich erfolgen kann."*), Já o CCIt, nas disposições gerais relativas ao penhor, dispõe expressamente no art. 2786: *"Il pegno si costituisce con la consegna al creditore della cosa o del documento che conferisce l'esclusiva disponibilità della cosa.* **La cosa o il documento possono essere anche consegnati a un terzo designato dalle parti o possono essere posti in custodia di entrambe, in modo che il costituente sia nell'impossibilità di disporne senza la cooperazione del creditore**" (carregado nosso). A propósito desse preceito, considera BENEDETTO PORTALE, *Osservazioni sul contratto col terzo detentore del pegno,* in AAVV, *Studi in onore di Biondo Biondi,* Vol. IV, Milão: Giuffrè, 1965, pp. 375-399 (p. 376) que a factiespécie não é perfeita, dado que sendo princípio geral em matéria de penhor que é necessário o desapossamento do empenhador, enquanto nos casos em que a coisa já estaria na posse do terceiro detentor, o credor não teria nenhum poder de facto sobre a coisa, apesar de essa poder retornar à sua disponibilidade material. Ademais, nada obstaria a que o depositário pudesse legitimamente recusar-se a assumir a coisa e, em consequência, restituir a coisa ao depositante. Deste modo, considera o autor que, nas hipóteses em que o terceiro já seja depositário por conta do devedor, não bastará notificar ao detentor o contrato através do qual o empenhador se obriga a constituir penhor sobre a coisa depositada.

[271] Todavia, a hipótese é expressamente prevista pelo art. 398.º CCom.

[272] Com efeito, trata-se de uma possibilidade confirmada e admitida pela jurisprudência. Veja-se, p. ex., o Ac. do STJ de 18 de Abril de 1991, Proc. N.º 078902 (*apud* http://www.dgsi.pt/) em que se admitiu que é válido o penhor mercantil quando os objectos empenhados fiquem na posse do devedor como fiel depositário. Ora, por maioria de razão diríamos nós, terá de se estender tal permissão à figura do terceiro depositário.

Conforme facilmente se percebe, a entrega do bem empenhado a um terceiro exonera o credor da obrigação de custódia da coisa, permitindo, eventualmente, ao empenhador constituir penhores de segundo grau a favor de outras pessoas, de modo a lograr colher todo o crédito que o bem empenhado é capaz de permitir obter. Ademais, tem, ainda, a virtualidade de evitar alienações fraudulentas por parte de um credor pignoratício menos escrupuloso, dado que a conservação da coisa, por via de regra, é confiada a um sujeito mais qualificado[273].

Ora, tendencialmente, a entrega a um terceiro do bem empenhado redundará num contrato típico de depósito, já que este, em virtude da entrega ao depositário, tem por efeito obviar criar entraves à disponibilidade material da coisa por parte do devedor e, por conseguinte, a reforçar a garantia do credor pignoratício[274]. Não obstante, com o fito de garantir o reforço do crédito do credor pignoratício, é de crer que o depositário deve ser um elemento estranho ao devedor, procurando-se, assim, garantir que ocorra a efectiva indisponibilização do bem empenhado[275].

Decorre do que vai dito que na situação ora analisada a entrega do bem empenhado ao terceiro depositário constitui *de facto* um obstáculo ao gozo por parte do proprietário. Em qualquer caso, somos do entendimento que se requer unicamente que o bem permaneça no poder do terceiro depositário, o que, de uma perspectiva puramente abstracta, não será incompatível com o uso ou o gozo do bem empenhado, sem que tal seja sinónimo de subtracção do bem ao credor ou ao terceiro depositário[276]. Assim, será admissível que, nos casos em o depositário tenha um interesse próprio na utilização da coisa empenhada, tal possa vir a ocorrer, sendo pago, eventualmente, o correspectivo relativo a tal utilização ao proprietário da coisa.

Cumpre salientar que, por via de regra, o terceiro depositário terá de ser designado de comum acordo pelas partes, salvo se, p. ex., foi acor-

---

[273] BENEDETTO PORTALE, *Osservazioni sul contratto col terzo detentore del pegno*, cit., p. 375.

[274] CICARELLO, *Pegno (diritto privato)*, cit., p. 691, 2.ª coluna.

[275] Neste particular, salienta DOMENICO RUBINO, *La responsabilità patrimoniale: Il pegno*, 2.ª ed., cit., p. 220 que a exigência da estraneidade do terceiro depositário não esteja na disponibilidade das partes, já que se visa tutelar o interesse de terceiros e não tanto do credor.

[276] MONTEL, *Pegno (Diritto vigente)*, cit., p. 779, 1.ª coluna.

dado que devedor ou o credor pignoratício poderão designar unilateralmente o terceiro depositário[277], sendo que, em princípio, nada parece obstar à possibilidade de o terceiro depositário vir a ser nomeado através de decisão judicial.

Em qualquer caso, é mister salientar que, em virtude de a disponibilidade sobre o bem empenhado incumbir ao terceiro depositário, será este o único responsável pela custódia do bem empenhado e não o credor pignoratício, dado que, com a celebração do contrato de depósito, se pressupõe que a disponibilidade material do bem empenhado é da sua responsabilidade[278]. De qualquer modo, atendendo ao argumento de Direito Comparado, *maxime* ao disposto no § 1206 BGB e no art. 2786.º, comma 2.º do CCIt., somos do entendimento que há que exigir que a modalidade de custódia acordada pelas partes permita que o depositário possa dispor materialmente do bem empenhado sem a cooperação do credor pignoratício[279]. Ademais, para tal solução concorre igualmente, por identidade de razão, o próprio art. 669.º, n.º 2, dado que atribuição da composse ao terceiro – nos termos previstos neste art. – implica a impossibilidade de o empenhador dispor materialmente da coisa, dado que tal faculdade é atribuída ao depositário.

Chegados a este ponto, ainda não propusemos qualquer qualificação para este negócio. Ora, tendo em consideração que estamos perante três grupos de relações reciprocamente condicionadas no seu conteúdo, pode-

---

[277] REALMONTE, *Il pegno,* cit., p. 658. Para algumas hipóteses de designação do terceiro depositário, cfr. GORLA, *Del pegno, delle ipoteche,* cit., pp. 61-63.

[278] RUBINO, *La responsabilità patrimoniale: Il pegno,* 2.ª ed., cit., p. 246, GORLA, *Del pegno, delle ipoteche,* cit., p. 80, REALMONTE, *Il pegno,* cit., p. 658.

[279] Conforme refere MONTEL, *Pegno (diritto vigente),* cit., p. 780, 2.ª coluna, as partes não exercitam a custódia do bem empenhado por conta própria, mas sim conjuntamente, como se de um conjunto unitário se tratasse, quer no que toca à iniciativa quer no que toca à disposição, pelo que também a custódia não se conforma a um interesse egoisticamente considerado, mas sim a um interesse conjunto relativamente ao surgimento e evolução da relação. Já GABRIELLI, *Pegno,* cit., p. 343, 2.ª coluna, tendo por base o disposto no art. 2783 CCIt, defende que a posse, a custódia ou o mero poder de facto do terceiro sobre o bem empenhado não podem valer como índice publicitário válido, dado que, para assegurar a plena relevância do título, é necessária a existência de um outro instrumento que o represente nos confrontos entre o credor e o empenhador, pois entende que a tradição não basta para fixar a preferência no pagamento, pelo que será necessário um documento escrito com data certa, o qual contenha a indicação suficiente do crédito e do bem empenhado.

ríamos ser tentados a afirmar que estamos perante um contrato trilateral atípico de garantia[280], porquanto o centro de interesses do contrato é sempre triplo a todo o momento[281]. Como demonstração desse aspecto, basta observar que, por via de regra, o valor do objecto supera o montante do crédito garantido, pelo que o excesso, em sede de execução, terá de ser restituído ao empenhador. Finalmente, se o terceiro depositário danificou ou esteve na origem do deterioramento do bem, o empenhador poderá agir contra ele, de modo a obter o ressarcimento do dano, mesmo que o credor pignoratício já tenha visto satisfeito o seu crédito em sede de execução[282].

Não obstante, somos do entendimento que, nas hipóteses de recurso à figura do terceiro depositário, estaremos perante um contrato de depósito com função de garantia, porquanto as partes envolvidas instrumentalizam o contrato de depósito ao fim último de conservação do bem empenhado e, por conseguinte, é, de certo modo, postergada a função primacial do contrato de depósito: a obrigação de custódia[283]. Na verdade, através da celebração deste contrato, o *accipiens* não é parte do contrato de penhor, mas sim do contrato de depósito, assumindo, consequentemente, a obrigação de custódia, enquanto as partes no contrato de penhor perseguem a função de garantia, assegurando a conservação da coisa, pelos seus meios[284].

Assim, em virtude de o contrato de depósito ser o meio pelo qual, por via de regra, se recorre a um terceiro que ficará encarregado de zelar pela

---

[280] BENEDETTO PORTALE, *Osservazioni sul contratto col terzo detentore del pegno*, cit., p. 393.

[281] Saliente-se que pensamos, apenas, nos casos em que o empenhador é devedor.

[282] BENEDETTO PORTALE, *Osservazioni sul contratto col terzo detentore del pegno*, cit., pp. 392-393. O autor chama ainda a atenção para o facto de ser admissível a possibilidade de se formar gradualmente o negócio plurilateral, no sentido que à volta do núcleo inicial constituído apenas por duas partes, o negócio poderá vir a crescer por força da intervenção crescente do terceiro depositário.

[283] Sobre as várias construções jurídicas do depósito com função de garantia, cfr., MORAIS ANTUNES, *Do contrato de depósito escrow*, Coimbra: Livraria Almedina, 2007, pp. 43-158 e GRISI, *Il deposito in funzione di garanzia*, cit., pp. 135-228. Aliás, sendo o terceiro depositário uma instituição de crédito, o depósito em questão será aquele que, na gíria bancária, é conhecido como depósito para efeitos de custódia. Sobre este, cfr., p. ex., MOLLE, *I contratti bancari*, 3.ª ed, Milão: Giuffrè, 1978, pp. 629-658.

[284] NAPOLETANO/BARBIERI/NOVITÀ, *I Contrati Reali*, cit., p. 185 e p. 357.

custódia do bem empenhado, julgamos ser conveniente abordar algumas questões adicionais relativas ao regime deste tipo contratual, tarefa que levaremos a cabo no capítulo III[285].

Uma vez demonstrado, em termos perfunctórios, que no recurso à figura do terceiro depositário estamos perante um contrato trilateral, cumpre traçar algumas breves notas sobre a tutela dos interesses em jogo. *Rectius,* sobre a combinação das regras que disciplinarão as relações entre as partes. Destarte, no que toca ao empenhador, este poderá fazer uso das acções possessórias nos casos em que terceiros – pensamos, primacialmente, no terceiro depositário – impeçam a restituição da coisa empenhada, dado que impenderão sobre o terceiro depositário as mesmas obrigações relativamente às quais está adstrito o credor pignoratício[286].

Finalmente, saliente-se que o terceiro depositário não é parte do contrato de garantia, pelo que a restituição da coisa depositada, *id quod plerumque accidit,* terá de ser efectuada a quem a garantia autoriza, o que equivale a dizer que, por via de regra, tal entrega será efectuada ao credor pignoratício ou ao devedor, desde que ambos assintam nisso[287].

5. Constituição por acto unilateral

A priori, nada no regime legal do penhor aponta para a possibilidade de este ser constituído por acto unilateral. Não obstante, encontramos a manifestação de constituição unilateral de garantias reais em passos paralelos, como é o caso do art. 658.º, n.º 2 para a consignação de rendimentos e do art. 712.º para a hipoteca. Destas manifestações pode retirar-se um princípio geral que assenta na validade da constituição de garantias reais por declaração unilateral, já que em ambos os casos estamos perante afectações preferenciais e específicas de bens[288].

---

[285] Para mais pormenores sobre a relação entre o penhor, *maxime* o penhor irregular, e o contrato de depósito, cfr. *infra* Capítulo III, § 2.

[286] BENEDETTO PORTALE, *Osservazioni sul contratto col terzo detentore del pegno,* cit., p. 394.

[287] GULLÓN BALLESTEROS, *Comentarios* (ao art. 1864), cit., p. 217.

[288] Assim, JANUÁRIO DA COSTA GOMES, *Assunção fidejussória de dívidas,* cit., p. 380. Caso procurássemos concretizar esta tomada de posição, não nos chocaria afirmar

Não obstante, cumpre ter em consideração que esta solução encontra um obstáculo de monta no art. 457.º. Efectivamente, estamos perante um preceito que pretendeu instituir uma tipicidade de actos unilaterais, pelo que tais actos apenas serão viáveis quando forem expressamente permitidos por lei, derivando daí o seu *numerus clausus*. Todavia, tem sido entendido que este sistema fechado não ficou completo, facto que apenas sucederia se o CC tivesse consagrado tipos estritos de negócios unilaterais em todo o complexo normativo[289], motivo pelo qual não poderia ser

---

que ela é informada pela noção de mandato de optimização (*"Optmisierungsgebote"*), cunhada por ROBERT ALEXY, *Teoría de los Derechos Fundamentales* (tradução de *Theorie der Grundrechte*, 1986, por ERNESTO GARZÓN VALDÈS) (reimp.), Madrid, Centro de Estudios Políticos e Constitucionales, 2002, p. 86-87. Similarmente, DWORKIN, *Taking rights seriously,* 2.ª ed., Londres, Duckworth Books, 1982, pp. 26-27. Seguindo a lição destes autores, quando dois princípios colidem, há que curar de analisar a importância relativa de cada um deles, procurando encontrar o justo equilíbrio entre ambos, situação que, entre nós, está plasmada expressamente para a situação de colisão de direitos no art. 335.º. Todavia, neste caso, estamos perante um processo de formulação abstracta de regras, dado que se procura reconduzir a um todo unitário os elementos ou partes de um pensamento jurídico-normativo complexo que, por razões "técnicas" se encontra separado. Trata-se, pois, de uma pequena demonstração de que um ordenamento jurídico contém um complexo homogéneo e harmonicamente solidário de pensamentos jurídicos. Sobre este ponto, cfr., p. ex., ENGISH, *Introdução ao pensamento jurídico* (tradução de *Einführung in das juristichen Denken,* por JOÃO BAPTISTA MACHADO)*,* 7.ª ed, Lisboa: Fundação Calouste Gulbenkian, 1996, pp. 115-149.
[289] MENEZES CORDEIRO, *Tratado de Direito Civil Português,* Vol. II – *Direito das Obrigações,* tomo II, Coimbra: Livraria Almedina, 2010, pp. 681-682. O autor acrescenta ainda que, caso surja alguma possibilidade genérica de celebrar actos unilaterais, o CC vem destruir depois, mediante uma excepção total, aquilo que tão laboriosamente comunicara no seu artigo 457.º. Similarmente, FERREIRA DE ALMEIDA, *Texto e enunciado na teoria do negócio jurídico,* cit., Vol. II, p. 777, considera que o art. 457.º apenas é aplicável à criação de obrigações unilaterais, ficando excluídas da sua previsão tanto a extinção de obrigações como a criação de situações jurídicas não-obrigacionais. Aliás, o autor, IDEM, *Ibidem,* cit., p. 778, considera que o CC padece de algum anacronismo, já que através do contrato a favor de terceiro deixou a porta aberta para se obter um resultado equivalente ao que poderia ter consagrado em geral, i.e., a admissibilidade de criação e extinção unilateral de situações jurídicas favoráveis a outrem, sem prejuízo de uma eventual recusa pelo beneficiário. Já PAIS DE VASCONCELOS, *Teoria Geral do Direito Civil,* 5.ª ed., Coimbra: Livraria Almedina, 2008, pp. 512-514, considera que a tipicidade taxativa dos negócios jurídicos unilaterais é um anacronismo residual que não encontra um fundamento digno de justificar a agressão da autonomia privada, entendendo que a natureza jurídica das declarações e promessas unilaterais previstas no art. 457.º deve ser procurada numa perspectiva que não perca de vista as práticas comerciais de cir-

colocado qualquer obstáculo à constituição de penhor por acto unilateral[290].

Em qualquer caso, cumpre salientar que esta possibilidade de constituição por acto unilateral, para além de conseguir dobrar o "Adamastor", representado pelo art. 457.º, justifica-se se tivermos em consideração a analogia latente com a constituição unilateral de hipoteca[291].

Com efeito, não identificamos com qualquer obstáculo a que seja aplicado analogicamente o disposto no art. 712.º[292]. Efectivamente, se é certo que poderia ser argumentado que os actos unilaterais, por via de regra, não são aptos a constituir relações jurídicas, a regulação relativa à hipoteca, para além de não poder ser considerado um regime excepcional, apenas valerá no âmbito das garantias reais[293], pelo que julgamos possí-

---

culação e mobilização de direitos no âmbito do comércio, através da sua titulação num documento, entendendo, por conseguinte, que a tipicidade taxativa só deve ser aplicada a promessas unilaterais abstractas.

[290] Neste sentido, ancorando-se na argumentação expendida por MENEZES CORDEIRO, o Ac. de 8 de Julho de 1997 do STJ (*apud* http://www.dgsi.pt/) considerou válido o penhor mercantil sobre mercadorias constituído unilateralmente por gerente, actuando nessa qualidade, em favor de uma instituição de crédito.

[291] No Direito Italiano, RUSCELLO, *Il pegno sul credito. Costituzione e prelazione*, Nápoles: Edizioni Scientifiche Italiane, 1984, p. 115, é peremptório ao afirmar que o CCIt não contém qualquer norma explícita relativamente à natureza do acto que pode estar na origem do penhor, não estando excluída a possibilidade de constituição por actos distintos do contrato, o que não veda a hipótese de constituição por acto unilateral.

[292] Refere MENÉRES CAMPOS, *Da hipoteca,* cit., p. 160, que o legislador quer referir-se a um negócio jurídico formado pela manifestação de vontade dirigida a um determinado resultado típico, efeito esse que, no caso da hipoteca, é a aquisição por parte do credor do direito de hipoteca. Ora, como o registo da hipoteca é constitutivo (art. 687.º), conclui a autora que a concessão unilateral de hipoteca é um dos casos excepcionais em que é atribuída relevância a um negócio unilateral.

[293] Neste sentido, REALMONTE, *Il pegno,* cit., p. 654 e GORLA, *Del pegno, delle ipoteche,* cit., p. 42, referindo que a questão é de escasso interesse prático, dado que, para efeitos da constituição do penhor, terá de verificar-se o empossamento do credor pignoratício ou, eventualmente, de um terceiro depositário. Em sentido contrário, RUBINO, *La responsabilità patrimoniale: Il pegno*, 2.ª ed., cit., p. 242, considerando que a norma relativa à constituição de hipoteca por acto unilateral é excepcional. Entre nós, VAZ SERRA, *Penhor,* in BMJ 58, p. 148 considera que é duvidoso que o penhor se possa constituir por negócio unilateral, uma vez que a entrega é necessária para o penhor, sendo igualmente necessário, por via de regra, o consentimento do credor. Não obstante, VAZ SERRA admite a constituição por negócio unilateral da obrigação de empenhar, remetendo a resolução do problema para os termos gerais relativos à constituição de obrigações por negócio unilateral.

vel o penhor ser constituído unilateralmente. Assim, cumpre salientar igualmente que a declaração unilateral de constituição de penhor tem de ser considerada receptícia, tornando-se eficaz a partir do momento da chegada ao poder ou do conhecimento efectivo por parte do seu destinatário, tornando-se irrevogável nesse momento, conforme decorre do disposto nos arts. 224.º e 230.º, n.º 1.

6. Legitimidade para constituir penhor

De acordo com o disposto no art. 667.º, só tem legitimidade para constituir o penhor quem tiver legitimidade para alienar os bens, sendo que, obviamente, nada impede que se trate de um terceiro em relação à obrigação respectiva. Atendendo ao teor do preceito ora citado, julgamos ser lícito concluir que o penhor pode ser constituído não só pelo proprietário da coisa, mas também por qualquer pessoa que se encontre investida por poderes de disposição relativamente à coisa – ou crédito, no caso de penhor de créditos – empenhada[294], dado que o penhor é uma limitação do *ius alienandi* do empenhador, na medida em que concede ao credor pignoratício o direito de vender a coisa empenhada em caso de incumprimento da obrigação garantida[295].

Daí que, neste particular, assumam especial acuidade, p. ex., as regras relativas ao exercício do poder paternal e, também, aos meios e suprimento da incapacidade. Deste modo, é mister ter em linha de consideração que a constituição de penhor é considerada um acto de disposição e não de mera administração, pelo que será sempre necessário, nos casos acabados de referir, obter a autorização judicial para levar a cabo a oneração dos bens[296]. Efectivamente, tendo em consideração o facto de estarmos perante um acto de oneração, a constituição do penhor será um acto de administração extraordinária, dado que tem repercussões gravosas

---

[294] De acordo com VIVANTE, *Il Codice di commercio commentato,* tomo VII, Turim: Unione Tipografico-Editrice Torinese, 5.ª ed., 1922, p. 494, o penhor poderia, ainda, ser constituído validamente por terceiro, contanto que o credor pignoratício recebesse as coisas empenhadas de boa fé.
[295] STOLFI, *I Diritti reali di Garanzia,* cit., p. 167.
[296] Veja-se, p. ex., o disposto no art. 1889.º, n.º 1, alínea a).

no património do empenhador, circunstância que, *per se*, justifica a necessidade de obtenção de autorização judicial para constituir validamente o penhor.

Conexa com esta temática encontra-se uma questão, bastante discutida no ordenamento jurídico italiano, que é a da gratuitidade ou onerosidade do contrato de penhor. Antes do mais, permitimo-nos salientar que, no nosso entendimento, um contrato é oneroso quando a atribuição patrimonial efectuada por cada um dos contraentes tem por correspectivo, compensação ou equivalente uma atribuição da mesma natureza proveniente do outro, sendo que é gratuito o contrato em que, segundo a intenção dos contraentes, um deles proporciona uma vantagem patrimonial ao outro, sem qualquer correspectivo ou contraprestação[297].

Tradicionalmente, entendia-se que o negócio típico de garantia seria unilateral e gratuito na medida em que não tivesse outro objectivo que não fosse o de criar a garantia. De outra banda, soía argumentar-se que incorreria igualmente em erro a teoria que considerava que o negócio de garantia seria sempre oneroso, dado que não atribuía qualquer vantagem ao credor beneficiário nem qualquer enriquecimento, porquanto a garantia se limita a reforçar o crédito, não podendo o credor obter mais do que aquilo que lhe seja efectivamente devido[298].

Antes do mais, há que salientar o facto de a onerosidade e a gratuitidade dos contratos serem conceitos de relação, pelo que tudo se resumirá a saber se a atribuição patrimonial derivada do negócio jurídico para uma das partes, apresenta carácter oneroso ou gratuito, *id est*, se tem como contrapartida um correlativo sacrifício patrimonial suportado pelo

---

[297] Seguimos, pois, ANTUNES VARELA, *Das Obrigações em geral*, Vol. I, 10.ª ed., cit., p. 415.

[298] LORDI, *Pegno Civile* in NDI, tomo XVII, Turim: Unione Tipografico-Editrice Torinese, 1939, pp. 620-640 (p. 646, 1.ª coluna).

[299] GALVÃO TELLES, *Manual dos Contratos*, 4.ª ed., Coimbra: Coimbra Editora, 2002, pp. 479-480. Em qualquer caso, conforme já houvera demonstrado ANTUNES VARELA, *Ensaio sobre o conceito de modo*, Coimbra: Atlântida, 1955, p. 131 e segs. (*maxime*, pp. 137-138), num mesmo negócio jurídico podem funcionar, simultaneamente, aspectos próprios da gratuitidade e da onerosidade, consoante os aspectos que forem destacados, o que demonstra que estes conceitos não se reportam ao negócio globalmente considerado, mas a algum elemento mais simples, situado dentro da complexa factualidade negocial. Nesta linha de pensamento, MOTA PINTO, *Onerosidade e gratuitidade das*

seu beneficiário, como sucede nos negócios onerosos, ou se, pelo contrário, não existe qualquer atribuição patrimonial[299].

Ora, cumpre salientar que, por via de regra, o penhor será um contrato oneroso. Na verdade, quando o empenhador oferece uma garantia adequada, i.e., constitui o penhor, recebe uma contraprestação, que consiste numa vantagem tangível ou em condições contratuais mais favoráveis que, de outro modo, não teria logrado obter[300]. Temos, pois, que o critério aferidor para determinar a onerosidade do penhor será a relação de interdependência entre o próprio contrato de penhor e o negócio que lhe subjaz, pelo que haverá que ter em consideração o complexo negocial gizado pelas partes[301-302].

Assim, à guisa de síntese, podemos concluir que se é inegável que, com a constituição da garantia, o credor obtém uma vantagem, sendo que não menos seguro é o facto de o negócio de constituição de garantia ser

---

garantias de dívidas de terceiro na doutrina da falência e da impugnação paulina, in *Estudos em Homenagem ao Prof. Doutor J. J. Teixeira Ribeiro*, vol. III, Coimbra, 1983, pp. 93-117 (p. 107) referia que a onerosidade de um negócio pode ser efeito duma coligação ou conexão entre negócios distintos, sendo que a qualificação como onerosa pode ocorrer nos casos de coligação funcional (quando os dois negócios celebrados contextualmente integram um sinalagma funcional), sendo que cada uma das atribuições é afectada pelas vicissitudes da outra, mas também nos casos de coligação meramente ocasional.

[300] CICARELLO, *Pegno (diritto privato)*, cit., p. 694 (2.ª coluna). O autor entende que o penhor apenas será gratuito nos casos em que o empenhador não tenha solicitado e/ou obtido uma vantagem como contrapartida contemporânea ou prevista aquando das negociações tendentes à constituição do penhor.

[301] ISABEL MENÉRES CAMPOS, *Da hipoteca – caracterização, constituição e efeitos*, cit., p. 163. Similarmente, MONTEL, *Pegno (diritto vigente)*, cit., p. 795, 1.ª coluna, salienta que o negócio constitutivo de garantia será oneroso ou gratuito consoante a exista um correspectivo para o devedor similar ao recebido pelo credor. Para um critério objectivo na destrinça entre a gratuitidade e a onerosidade nos contratos de garantia, veja-se o escrito de CAROPPO, *Gratuità ed onerosità dei negozi di garanzia* in RTDPC XV (1961), pp. 421-456.

[302] Com efeito, pensemos, a título de exemplo, no facto de a grande maioria das instituições de crédito propender a tornar menos gravosa a concessão de crédito a partir do momento em que são apresentadas garantias de cumprimento. Indo um pouco mais longe, veja-se o papel fundamental do penhor de acções da sociedade-veículo ou do penhor de acções ou de conta bancária no âmbito do financiamento de projectos. Nestas situações, o próprio penhor funciona como elemento essencial para a concessão de crédito e para o próprio sucesso da operação, já que, se as garantias se mostrarem insuficientes, nem sequer será lançada a estrutura negocial do projecto a financiar.

gratuito ou oneroso, consoante tal vantagem tenha, pelo menos, um correspectivo ou uma prestação da contraparte[303]. Finalmente, note-se, ainda, que a constituição de penhor é equiparada pelo legislador à alienação de coisa, pelo que, por conseguinte, serão aplicáveis as regras que regem a alienação, mormente no que concerne ao penhor de bens alheios e ao penhor de bens futuros[304].

7. Constituição de penhor por terceiro

No que diz respeito ao penhor constituído por terceiro, rege o art. 717.º, aplicável *ex vi* art. 667.º, n.º 2, que dispõe que o penhor extingue-se sempre que um facto positivo ou negativo do credor tenha impossibilitado a sub-rogação do devedor, nos termos do disposto no art. 592.º. Temos, assim, confirmada a possibilidade de um terceiro poder garantir voluntariamente, através de penhor sobre o seu próprio bem, um débito alheio, facto que, aliás, encontra acolhimento no art. 666.º, n.º 1 *in fine*, facto que sai tanto ou mais reforçado pela circunstância de o art. 639.º, n.º 1 referir expressamente a garantia real prestada por terceiro, dado que nestes casos, o fiador tem a faculdade de exigir a execução prévia das coisas sobre que recai a garantia real. No tocante a este preceito legal, é mister salientar que, contrariamente ao que se verifica no seu congénere germânico, o § 772/II BGB, não encontramos qualquer limitação em função da natureza do bem dado em garantia ou em função do tipo de garantia real constituída por terceiro[305].

---

[303] Ademais, conforme salienta MONTEL, *Pegno (diritto vigente)*, cit., p. 795, 1.ª coluna, não se pode concluir, com base na acessoriedade do negócio de constituição de garantia, que a natureza onerosa ou gratuita deste depende da natureza do negócio que lhe subjaz, dado que a acessoriedade se limita a traduzir a ideia da existência de uma relação de dependência relativamente à sua função e ao escopo perseguido, o que não obsta a que o negócio de constituição de garantia tenha uma vida e disciplina autónomas.

[304] No mesmo sentido, a propósito da hipoteca, ISABEL MENÉRES CAMPOS, *Da hipoteca – caracterização, constituição e efeitos*, cit., p. 165.

[305] Pronunciando-se sobre o preceito, entende JANUÁRIO DA COSTA GOMES, *Assunção fidejussória de dívida*, cit., p. 1098 que, apesar de, aparentemente, este não ter aplicação a garantias reais resultantes da lei, como o direito de retenção, a sua *ratio* implica que deve abranger qualquer tipo de garantia real quer resulte de vontade das partes, quer resulte de disposição legal.

De um ponto de vista funcional, o terceiro empenhador assemelha-se a um fiador. Todavia, contrariamente a este, a sua responsabilidade está limitada a uma coisa ou crédito determinados, não sendo, por conseguinte, uma responsabilidade pessoal[306]. Efectivamente, estamos perante uma situação em que há um acréscimo relativamente à garantia geral, em virtude de uma coisa pertencente a um terceiro ficar afecta ao crédito do credor pignoratício. Em qualquer caso, é mister salientar que, em virtude de o terceiro empenhador não ser fiador, não poderá invocar o benefício da excussão prévia na eventualidade de a garantia ser executada.

Não obstante, afigura-se essencial apurar se tal constituição de penhor pode ser considerada uma fiança[307]. Pense-se no caso em que o penhor, por qualquer motivo, é constituído pelo fiador do devedor[308]. Neste particular, somos do entendimento, *a priori*, que não será necessário recorrer à figura do terceiro empenhador. Todavia, haverá sempre necessidade de determinar – *scilicet,* interpretar[309] – a actuação do terceiro, de modo a apurar se o penhor é constituído como garantia da obrigação principal ou, pelo contrário, como mera decorrência da relação fidejussória existente[310].

Tendo como linha de horizonte o disposto no art. 627.º, n.º 1 CC, podemos afirmar que a fiança é a garantia pela qual o fiador assegura ao

---

[306] Em sentido contrário pronuncia-se GULLÓN BALLESTEROS, *Comentários* (ao art. 1857), cit., p. 207, referindo que, no Direito espanhol, não existe suporte legal para outorgar tal privilégio ao terceiro empenhador. Conforme referimos no texto – apesar da parcimónia do legislador neste particular – somos do entendimento que a afectação da coisa (ou do crédito) dita, desde logo, essa limitação da responsabilidade do terceiro empenhador.

[307] Saliente-se, desde, já que julgamos ser de evitar a expressão fiador real utilizada por GULLÓN BALLESTEROS, *Comentários* (ao art. 1859) cit., p. 206, para descrever a constituição de penhor por terceiro, em virtude de trazer uma confusão terminológica desnecessária.

[308] RUBINO, *La responsabilità patrimoniale: Il pegno*, 2.ª ed., cit., p. 221, considera que neste caso não estamos perante a figura do terceiro empenhador, porquanto este, por definição, é estranho à relação obrigacional pré-existente, enquanto no caso *sub judice* o empenhador intervém na relação fidejussória.

[309] Fazendo uso da terminologia de DWORKIN, *Law's Empire*, 1998 (reimp. da ed. de 1986), cit., pp. 50-52, diremos que será necessária uma atitude interpretativa (*"interpretive attitude"*), ou seja, que face a qualquer prática (ou texto) não nos bastemos com a mera descrição das regras e que procuremos melhorar o resultado. Note-se que, em DWORKIN, qualquer acto (ou texto, ou prática) é susceptível de ser interpretado.

[310] REALMONTE, *Il pegno*, cit., p. 654.

credor o cumprimento da obrigação do devedor, ficando pessoalmente obrigado perante o respectivo credor[311], o que implica que a obrigação do fiador consiste em responder pela dívida de outrem, sendo que a obrigação do fiador é distinta da obrigação do devedor principal. Este deve realizar uma determinada prestação, enquanto o fiador tem de garantir que a obrigação principal seja cumprida[312]. Sendo a fiança uma garantia pessoal, o seu valor encontra-se dependente do valor do património do fiador, pelo que, por via regra, a fiança abrange todo o património do fiador, embora nada obste a que possa haver lugar à limitação convencional da mesma, restringindo-a, apenas, a alguns dos bens do património do devedor[313].

Ora, nos casos em que topamos com a figura do terceiro empenhador não estaremos perante uma fiança. Efectivamente, o terceiro proprietário da coisa empenhada, mau grado não ser pessoalmente obrigado pelo débito, torna-se responsável em razão da coisa, *rectius,* em função da afectação da coisa à garantia e dentro dos limites do seu valor, sendo que tal responsabilidade não se torna em caso algum pessoal, obrigando-o, outrossim, a ficar sujeito à execução forçada dos credores[314].

---

[311] Sublinhe-se o facto de, contrariamente ao § 765 BGB, não se fazer qualquer referência ao contrato de fiança. Apesar dessa omissão do CC, é quase consensual que a fiança é constituída por contrato entre fiador e credor.

[312] Na expressão de VAZ SERRA, *Fiança e Figuras Análogas* in BMJ, n.º 71 (Dezembro de 1957), pp. 19-330 (p. 20), *"(...)o fiador promete ao credor o resultado de que será cumprida a obrigação principal, cumprindo, ao mesmo tempo a obrigação pessoal sua (esta tem por objectivo dar lugar ao resultado de ser cumprida aquela outra obrigação)"*.

[313] LUÍS MENEZES LEITÃO, *Garantias das Obrigações*, 2.ª ed., cit., p. 107 e ALMEIDA COSTA, *Direito das Obrigações*, 10.ª ed., Coimbra: Livraria Almedina, 2006, p. 889. Sobre a fiança, entre nós, por todos, cfr. JANUÁRIO DA COSTA GOMES, *Assunção fidejussória de dívida,* cit., *passim.*

[314] Neste sentido, a propósito da hipoteca, ISABEL MENÉRES CAMPOS, *Da hipoteca – caracterização, constituição e efeitos,* cit., p. 40. Em sentido contrário pronuncia-se GORLA, *Le Garanzie Reali dell'Obbligazione – Parte Generale,* cit., pp. 100-101, considerando que estamos perante um caso de fiança sem benefício de excussão prévia. Para sustentar esta conclusão, salienta o autor que a subsidiariedade da fiança, *rectius,* o benefício da excussão prévia mais não é do que um benefício nem sempre atribuído ao fiador. Assim, no caso do terceiro empenhador, a negação de tal benefício resultaria da própria noção de penhor, que implica o direito a ser pago com preferência. Deste modo, a responsabilidade deste fiador estaria limitada à coisa dada de penhor. Uma vez que a

Assim, o terceiro empenhador não poderá invocar o benefício da excussão prévia, porquanto estamos perante um penhor verdadeiro e próprio[315]. A situação apenas será diferente nos casos em que o fiador empenha o bem para garantir o mesmo crédito relativamente ao qual já constituiu a garantia fidejussória. Em qualquer caso, esta situação não entra na constelação típica de casos de penhor constituído por terceiro, dado que falta a estraneidade do empenhador relativamente à relação obrigacional principal, que é condição essencial para a existência desta forma particular de garantia[316].

Saliente-se, ainda, que a concessão de uma garantia por parte do terceiro pode ser precedida ou acompanhada de pactos através dos quais o terceiro se limite a assumir perante o devedor e a obrigação de concluir o contrato de penhor com o credor (*pactum de contrahendo cum tertio*) ou obtenha do devedor uma vantagem em função da concessão da garantia. Tais pactos, mesmo que sejam celebrados contemporaneamente com o contrato de penhor, não fazem parte deste último, podendo dar origem a um contrato trilateral, sendo que, em função da conexão funcional que se instaura entre ambos os negócios, a vicissitudes do contrato de penhor repercurtir-se-ão no outro contrato[317].

8. Forma do contrato de penhor

Como é consabido, a forma do negócio jurídico não pode ser confundida com a sua publicidade[318]. Assim, a publicidade ou a sua falta, se não

---

esta questão está ínsita a análise da *Schuld und* Haftung e não sendo esta a sede para o seu tratamento exaustivo, permitimo-nos remeter para MENEZES CORDEIRO, *Tratado de Direito Civil Português,* Vol. II – *Direito das Obrigações,* tomo I, cit., p. 307-308 e JANUÁRIO DA COSTA GOMES, *Assunção fidejussória de dívida,* cit., pp. 6-11 e pp. 212 e segs.

[315] Em sentido contrário pronuncia-se CHIRONI, *Tratatto dei privilegi,* Vol. I, cit., p. 62, embora considere que ao admitir a possibilidade de invocar o *beneficium excussionis* faltaria a relação imediata com a coisa, que é típica do direito real.

[316] CICARELLO, *Pegno (diritto privato),* cit., p 693, 1.ª coluna.

[317] RUBINO, *La responsabilità patrimoniale: Il pegno,* 2.ª ed., cit., p. 221

[318] Facto que não obsta a que, *de iure condendo,* se saliente a necessidade de serem exigidas formalidades adicionais, de molde a que os credores de um determinado sujeito possam apurar se dado bem móvel é objecto de garantia. Aliás, tal solução, teria igualmente a vantagem de poder regular com maior certeza as questões relativas ao grau do penhor,

tiver sido efectuada, em nada afecta o negócio jurídico, dado que este já está concluído. Dito de outro modo, a falta de publicidade[319] apenas terá como efeito a não oponibilidade do negócio a terceiros, pese embora produza efeitos em relação às partes[320], dado que a publicidade destina-se a tornar cognoscível um negócio já concluído, enquanto a forma negocial apenas diz respeito à sua conclusão, à sua celebração.

Relativamente ao penhor de coisas, a lei não exige forma especial[321], limitando-se a referir, em relação ao penhor de direitos, que ele deve revestir a forma necessária à transmissão dos direitos empenhados. Assim, paree ser lícito afirmar que apesar de o penhor não estar sujeito a forma – em virtude de o CC estar cativo da velha ideia do menor valor relativo dos móveis face aos bens imóveis – está sujeito a uma formalidade externa: a entrega da coisa empenhada[322-323]. Destarte, não obstante

---

dado que este depende do momento em que é constituído. Movendo-se, provavelmente, nesta linha de considerações, o artigo 2238 do *Code Civil,* na redacção dada pela *Ordonnance* n.º 2006-346, de 23 de Março de 2006, prevê que a redução a escrito do penhor redundará num registo especial cujas modalidades serão regulamentadas pelo Conselho de Estado. Consequentemente, o artigo 2239 do *Code Civil* prevê que o empenhador não poderá exigir o cancelamento do registo do penhor enquanto não tiver procedido ao pagamento da dívida principal, bem como dos respectivos juros e encargos (*"frais"*), sendo que é igualmente a prioridade do registo que, nos termos do disposto no artigo 2240 do *Code Civil,* ditará o grau do penhor.

[319] Fazendo uso da classificação avançada por MANUEL DE ANDRADE, *Teoria Geral da Relação Jurídica* (reimp.), Coimbra: Coimbra Editora, Vol. II, 1972, p. 142, a publicidade pode ser classificada da seguinte forma: i) publicidade notícia, i.e., aquela a que se sujeitam todos os actos que produzem já todos os seus efeitos, independentemente de tal formalidade, destinando-se assim a dar conhecimento geral da situação, ii) a publicidade dita constitutiva, i.e., aquela que dita a produção e efeitos de um negócio jurídico e iii) a publicidade declarativa ou de oponibilidade, i.e, situações em que o negócio apenas produz efeitos entre as partes, mas não em relação a terceiros.

[320] Assim, p. ex., HÖRSTER, *A parte geral do Código Civil Português – Teoria Geral do Direito Civil,* Coimbra: Livraria Almedina, 1992, p. 445.

[321] Ao abrigo do CCom, entendia CUNHA GONÇALVES, *Comentário ao Código Comercial Português,* Vol. II, cit., p. 466, que o escrito exigido pelo art. 400.º CCom implicava que seria necessário indicar a soma devida, bem como a espécie e natureza do penhor. Todavia, o autor não deixava de observar que nos casos em que a garantia fosse incerta, como sucederia no caso do penhor de conta corrente, seria impossível indicar a importância garantida, não sendo possível negar que o penhor produz efeitos perante terceiros.

[322] ANTUNES VARELA, *Das obrigações em geral,* cit., Vol. II, p. 530.

[323] Todavia, existem exigências de forma relativamente a alguns regimes especiais de penhor, como sejam o penhor mercantil ou o penhor constituído no âmbito da acti-

não existir qualquer requisito de forma para a celebração do contrato de penhor, a existência deste poderá ser provada através do recurso a vários meios, como sejam, p. ex., o documento que contém a obrigação principal, mas, também, da correspondência trocada entre as partes ou mesmo de documentos de um dos contraentes, como é o caso dos livros de escrituração comercial, no caso do penhor mercantil[324].

Não obstante, cumpre salientar que existe um regime especial para o penhor constituído em garantia de créditos de estabelecimentos bancários autorizados, regulado pelo Decreto 29.833, de 17 de Agosto de 1939. Este diploma, no art. 1.º, prevê que o penhor que for constituído em garantia de créditos de estabelecimentos bancários autorizados produzirá os seus efeitos, quer entre as partes, quer em relação a terceiros sem necessidade de o dono do objecto empenhado fazer entrega dele ao cre-

---

vidade de prestamista. No Direito italiano, p. ex., existe alguma discussão doutrinária a propósito da liberdade de forma do contrato de penhor, dado que o art. 2787, comma 3.º CCit dispõe que *"Quando il credito garantito eccede la somma di lire cinquemila, la prelazione non ha luogo se il pegno non risulta da scrittura con data certa, la quale contenga sufficiente indicazione del credito e della cosa"*, circunstância que leva alguns sectores doutrinais a considerar que esta imposição de forma escrita apenas diz respeito ao efeito derivado da preferência na satisfação do crédito, não sendo aplicável a outros efeitos derivados do contrato de penhor. Refira-se que, *de iure condendo*, somos do entendimento que deveria ser adoptado um preceito de teor similar, dado que nas situações em que o valor da garantia seja considerável evitar-se-iam potenciais fraudes por parte dos intervenientes. Ademais, nesses casos, tais fraudes poderiam ser evitadas mediante a implementação de um sistema de registos. Acrescenta LOBUONO, *I contratti di Garanzia*, cit., pp. 223-224, que se encontra sedimentado o entendimento jurisprudencial segundo o qual a ausência de escritura de constituição obsta a que a satisfação preferencial do credor garantido (*"prelazione"*) possa operar, não sendo exigível qualquer forma especial nas relações entre as partes, motivo pelo qual a exigência de escritura, para efeitos de satisfação preferencial do credor garantido, seria uma formalidade *ad substantiam* e não *ad probationem*.

Similarmente, o art. 1865 do Código Civil espanhol estatui: *"No surtirá efecto la prenda contra tercero si no consta por instrumento público la certeza de la fecha"*. Comentando o alcance deste preceito, entende PUIG BRUTAU, *Fundamentos de Derecho Civil*, 3.ª ed., cit., pp. 33-34, que na escritura de constituição do penhor deverá estar consignado o montante da dívida assegurada, por forma a proteger os restantes credores do empenhador, sendo que a coisa empenhada deve igualmente ser alvo de descrição que permita identificá-la, requisito que tem o fito de impedir a substituição fraudulenta da coisa entregue por outra diferente e de valor inferior.

[324] VIVANTE, *Il Codice di commercio commentato*, tomo VII, cit., p. 490.

dor ou a outrem, prevendo-se que o titular do crédito empenhado é um mero possuidor em nome alheio, sendo-lhe aplicáveis sanções penais (crime de furto), na eventualidade de alienar, modificar, destruir ou desencaminhar o objecto sem autorização escrita do credor, bem como de empenhar novamente os bens, sem que no novo contrato se mencione, expressamente, a existência do penhor ou penhores anteriores. Note-se que, no tocante à forma, o art. 2.º do Decreto 29.833 prevê que o contrato de penhor deve ser celebrado por documento autêntico ou autenticado, contando-se os seus efeitos da data do documento no caso de documento autêntico, ou da data do reconhecimento, cabendo ao notário introduzir no documento as cominações penais que impendem sobre o empenhador.

Similarmente, também no caso do penhor efectuado a prestamista o art. 11.º, n.º 1 do Decreto-Lei n.º 365/99, de 17 de Setembro, prevê que o contrato de mútuo garantido por penhor efectuado a prestamista terá de ser reduzido a escrito, sendo o contrato feito em dois exemplares assinados por ambas as partes, ficando um na posse do empenhador ("cautela de penhor") e outro na posse do prestamista ("termo de penhor").

Fechando este parêntese, somos do entendimento que a validade do penhor de coisas depende apenas da entrega da coisa empenhada ou de documento que confira a exclusiva disponibilidade dela, ao credor ou a terceiro, sendo que, conforme tivemos oportunidade de verificar previamente, esta entrega da coisa ou do documento apenas está relacionada com a publicidade que o acto constitutivo da garantia deve ser dotado, já que o penhor, por via de regra, não está sujeito a registo – um penhor sujeito a registo é, p. ex., o penhor de quotas, o qual deve ser registado para produzir efeitos, nos termos do disposto no art. 242-A do CSC – e, ademais, a lei não exige para o acordo das partes sobre a constituição da garantia qualquer forma especial, nomeadamente a redução a escrito[325].

Em qualquer caso, apesar de não existir nenhum requisito de forma relativamente à constituição do penhor, somos do entendimento que, aquando da conclusão do contrato, deverão ficar expressamente identificados o crédito garantido e o objecto do penhor, devendo igualmente ser indicados todos os elementos necessários para a sua identificação[326], porquanto, sem tais elementos, o empenhador não poderá efectuar uma

---

[325] Ac. da Relação de Coimbra, de 30 de Janeiro de 2001, Proc. N.º 2832/2000 (*apud* http://www.dgsi.pt/).

[326] GORLA, *Del pegno, delle ipoteche*, cit., p. 46.

avaliação prévia relativamente ao objecto do contrato. Dito de outro modo, sem que tais elementos sejam identificados, estaremos perante um contrato com objecto indeterminado.

9. Objecto da garantia

É assaz comum afirmar-se que podem ser objecto de penhor quaisquer coisas móveis[327], contanto que não sejam susceptíveis de hipoteca, dado que os bens imóveis, bem como alguns bens móveis sujeitos a registo – os automóveis, os navios e as aeronaves – não podem ser objecto de penhor, em virtude de estarem abrangidos pelas normas relativas à hipoteca. Com efeito, nestes casos particulares, o desapossamento exigido para a constituição do penhor é actuável de forma mais eficiente pelo sistema de publicidade da hipoteca, em virtude de ser fácil, através de registos, assegurar a circulação jurídica destes bens, motivo pelo qual o critério-reitor para distinguir penhor e hipoteca acabará por ser a publicidade exigida para a respectiva constituição.[328]. Não obstante não discordarmos com esta afirmação, julgamos ser oportuno assentar algumas bases a partir das quais poderemos alicerçar o nosso entendimento.

Assim, em primeiro lugar, cumpre tecer algumas considerações sobre a noção de "coisa". Neste particular, o art. 202.º, n.º 1 define coisa como *"tudo aquilo que pode ser objecto de relações jurídicas"*, sendo que esta disposição parte do pressuposto da existência de uma ligação a algo que tem uma existência material que, fruto de uma evolução que se veio a sentir, acabou por permitir a inclusão de realidades de outra ordem, como sejam as coisas corpóreas e incorpóreas, mas, também, os bens da propriedade intelectual[329]. Não sendo esta a sede adequada para nos

---

[327] SANTOS JUSTO, *Direitos Reais*, cit., p. 464, MENEZES LEITÃO, *Direito das Garantias*, 2.ª ed. cit., p. 193, PIRES DE LIMA/ ANTUNES VARELA, *Código Civil Anotado*, 4.ª ed., cit., p. 685. WEBER, *Kreditsicherungsrecht*, 8.ª ed., cit., p. 145, por seu turno, afirma que apenas coisas individulizadas ou a compropriedade podem constituir objecto do penhor de coisas.

[328] RUBINO, *La responsabilità patrimoniale: Il pegno*, 2.ª ed., cit., pp. 201-202.

[329] Neste particular, MENEZES CORDEIRO, *Tratado de Direito Civil Português*, I *Parte Geral*, Tomo II Coisas, 2.ª ed., Coimbra: Livraria Almedina, 2003, pp. 149-160, considera que o CC reatou a tradição romanista, adoptando um conceito mais restrito, que recuperou a *res* latina, em detrimento do *bona* medieval. Aliás, cumpre ter em consideração o facto de a definição adoptada pelo legislador ser alvo de críticas várias. Assim,

debruçarmos exaustivamente sobre a definição de coisa[330], diremos que, para os nossos propósitos, coisa engloba, dentro dos bens exteriores, aqueles que são apropriáveis[331]. Assenta esta noção no entendimento comum de que é coisa tudo aquilo que não é pessoa, motivo que nos permite excluir as realidades humanas como a pessoa singular ou o corpo humano, mas também as realidade que, apesar de não serem humanas, vêm o Direito atribuir-lhes atributos da personalidade[332-333].

---

p. ex., MENEZES CORDEIRO, *Direitos Reais*, cit., pp. 189 e segs. e OLIVEIRA ASCENSÃO, *Direito Civil – Teoria Geral*, Vol. I *Introdução. As pessoas. Os Bens*, 2.ª ed., Coimbra: Coimbra Editora, pp. 343-344. Exemplificativo é, p. ex., CARVALHO FERNANDES, *Teoria Geral do Direito Civil*, Tomo I, *Introdução, Pressupostos da Relação Jurídica*, 5.ª ed., Lisboa: UCP Editora, 2009, p. 661, quando afirma estarmos perante uma noção imperfeita da qual o Código poderia ter prescindido. Similarmente, MOTA PINTO, *Teoria Geral do Direito Civil*, 4.ª ed. por ANTÓNIO PINTO MONTEIRO e PAULO MOTA PINTO, Coimbra: Coimbra Editora, 2005, p. 341, entende estarmos perante uma definição que padece de falta de rigor, sendo desprovida de qualquer valor operacional, mercê do significado puramente expositivo, porque embora haja coisas incorpóreas, há entes susceptíveis de serem objecto de relações jurídicas, como as pessoas ou bens da personalidade, que não são coisas em sentido jurídico.

[330] Sendo altamente elástica e relativa, a noção jurídica de coisa terá de ter em consideração determinados elementos comuns. Seguindo a lição de MOTA PINTO, *Teoria Geral do Direito Civil*, 4.ª ed., cit., pp. 342-343, são coisas em sentido jurídico as que puderem ser objecto de relações jurídicas, sendo que, para o efeito, devem apresentar as seguintes características: (i) existência autónoma ou separada, (ii) possibilidade de apropriação exclusiva por alguém e (iii) aptidão para satisfazer interesses ou necessidades humanas. Similarmente, BIONDI, *I Beni*, Turim: Unione Tipografico-Editrice Torinese, 1953, pp. 10-12, entende que tal noção deve (i) ter em consideração a estraneidade do objecto, (ii) a relevância jurídica, pelo que não será coisa tudo aquilo que for estranho ao ordenamento jurídico, (iii) a individuação do mundo externo, (iv) o facto de a noção jurídica de coisa ser independente daqueloutra de pertença ou sujeição, (v) o facto de a noção jurídica de coisa requerer a actualidade da coisa, já que coisas futuras podem ser coisas de um ponto de vista jurídico e (vi) ocorrência de isolamento da unidade complexiva do universo, de molde a poder delimitar-se a própria esfera jurídica alheia.

[331] OLIVEIRA ASCENSÃO, *Direito Civil – Teoria Geral*, Vol. I, cit., p. 346.

[332] MENEZES CORDEIRO, *Tratado de Direito Civil Português*, I *Parte Geral*, Tomo II, cit., p. 29. Neste caso encontra-se, p. ex., o cadáver. Com efeito, conforme sustentou MANUEL GOMES DA SILVA, *Esboço de uma concepção personalista do Direito*, (separata da RFDUL, Vol. XVII), Lisboa, 1965, pp. 179-188, *maxime* pp. 180-183, que o cadáver não é pessoa nem coisa, mas acha-se submetido aos fins intrínsecos das pessoas, em virtude da indissociabilidade da personalidade de que foi suporte, pelo que há-de ser regido pelos princípios relativos às pessoas em tudo o que não seja adequado à sua configuração particular.

[333] Em qualquer caso, convém não olvidar que "coisa" tende a ser uma definição que restringe o seu objecto às coisas corpóreas, enquanto "bem" tende a ser alargado a realidades imateriais ou humanas, sendo que, ademais, tende a assumir um sentido económico, traduzindo uma realidade capaz de satisfazer necessidades humanas.

Dando um passo mais na nossa análise, cumpre ter em consideração o disposto no art. 666.º, n.º 1, preceito que estabelece que o penhor recai sobre certa coisa móvel[334]. Destarte, diremos que a coisa empenhanda deverá ser alienável, i.e., não poderá ser uma coisa fora do comércio[335], dado que, atendendo ao ordenamento económico vigente, onde o valor assume uma importância primordial, resulta claro que as garantias de crédito, para além de assegurem a satisfacão de um valor, no caso das garantias reais, implicarão igualmente que haja lugar a execução forçada em caso de incumprimento, motivo pelo qual a coisa dada em garantia terá de ser susceptível de alienação, já que, em última análise, será alienada no termo do processo executivo ou da venda extrajudicial acordada pelas partes, satisfazendo-se assim o interesse do credor pela via judicial.

Nesta sede, tradicionalmente, tem-se entendido que a coisa objecto de penhor tem de ser certa, não podendo, consequentemente, constituir objecto desta garantia as universalidades como o estabelecimento comercial, cuja constituição concreta se encontra em permanente modificação[336]. Tratar-se-ia, pois, de uma decorrência directa do princípio da

---

[334] Chama a atenção JOANA PEREIRA DIAS, *Mecanismos convencionais da Garantia do Crédito: Contributo para o Estudo da Garantia "Rotativa" Mobiliária no Ordenamento Jurídico Português*, cit., pp. 126-127 para o facto de o artigo 666.º, tal como o artigo 202.º, encerrarem virtualidades, sendo uma delas o facto de permitirem tratar unitariamente o penhor de coisas e o penhor de créditos, sendo que, no que toca ao penhor de créditos, considera a autora que a prestação é coisa e, nessa óptica, faz sentido que o direito sobre ela incidente seja considerado com um direito real.

[335] Similarmente, LWOWSKI/MERKEL, *Kreditsicherheiten – Grundzüge für die praxis*, cit., p. 77 referindo que não podem ser empenhadas coisas que careçam de valor. WEIL, *Les suretés – la publicite foncière*, cit., pp. 78-79, referindo que a coisa empenhada tem de estar no comércio sendo, por conseguinte, apta a ser vendida. Já PUIG BRUTAU, *Fundamentos de Derecho Civil*, 3.ª ed., cit., p. 25 refere que, para além da necessidade de as coisas empenhadas terem de estar no comércio, terão, igualmente, de ser susceptíveis de posse. No mesmo sentido, CHIRONI, *Tratatto dei privilegi*, Vol. I, cit., p. 451. Note-se que, conforme decorre do texto, não aderimos à concepção de CHIRONI que vê no penhor uma alienação de valor, motivo que o leva a defender que, sendo o penhor uma alienação condicionada e, pela essência do instituto, a alienação coactiva da coisa é um meio necessário para determinar o valor do crédito garantido, então o principal requisito da coisa empenhada é a susceptibilidade de ser alienada.

[336] ANTUNES VARELA, *Das obrigações em geral*, cit., Vol. II, p. 528, ALMEIDA COSTA, *Direito das Obrigações*, 10.ª ed., cit., p. 923. Neste particular, estamos perante uma situação que, de um ponto de vista material, é similar à garantia flutuante *(floating charge"*, no Direito Inglês, *"floating lien"* no Dircito Norte-Americano*)*, figura que

especialidade[337]. Ademais, a própria variabilidade dos elementos móveis e imóveis que compõem o estabelecimento comercial determinaria a impossibilidade de serem sujeitos a esta particular garantia, pelo que é comum a negação da possibilidade de constituição de penhor sobre estabelecimento comercial[338].

Ora, neste particular, há que entender que a expressão *"certa coisa móvel"* não deve ser entendida como coisa certa, o que equivale a dizer que o termo *"certa"* não é um adjectivo de coisa, pelo que nada obstaria à constituição de um penhor sobre universalidades, tais como o estabelecimento comercial. Com efeito, tendo em consideração que o estabelecimento comercial é perfeitamente identificável no momento da constituição do penhor, será defensável que este pode ser empenhado. Isto porque a negação da possibilidade de constituir penhor sobre estabelecimento comercial teria ínsita a transformação de um pronome indefinido (*"certa coisa"*) num adjectivo (*"coisa certa"*)[339].

Tradicionalmente, entendia-se que não seria admissível o penhor sobre universalidades de facto, nem o penhor sobre dinheiro, já que era entendimento comum que o penhor apenas poderia incidir sobre coisas determinadas. Todavia, a prática, mormente ao nível jurisprudencial, tem vindo a admitir que certas universalidades possam ser dadas em penhor, avultando, nesta situação, o ex. paradigmático do penhor de estabeleci-

---

consiste numa garantia sobre bens circulantes da empresa, em que o devedor é autorizado a continuar a sua alienação no âmbito da prossecução ordinária do seu negócio e desde que não constitua garantias sobre quaisquer bens específicos, sendo que apenas no caso de se verificar algum incumprimento ou a insolvência do dador da garantia, é que esta se cristalizará no conjunto de bens nesse momento existentes na empresa. Sobre esta figura, entre nós, veja-se LUÍS MENEZES LEITÃO, *Garantias das Obrigações*, 2.ª ed., cit., pp. 316-311 e, na doutrina estrangeira, GABRIELLI-DANESE, *Le garanzie sui beni dell'impresa: profili della* floating charge *nel diritto inglese* in BBTC LVIII (1995), Parte Prima, pp. 633-659.

[337] Salienta SIMITIS, *Das besitzlose Pfandrecht – Eine rechtsvergleichende Untersucuhung*, cit., p. 111 que no caso do penhor sem desapossamento (de que o penhor de estabelecimento comercial será um exemplo) o princípio da especialidade briga com o facto de não serem individualizadas as coisas objecto do penhor. Não obstante, estamos perante um penhor que respeita o princípio da acessoriedade. Sobre este aspecto, IDEM, *Ibidem*, cit., pp. 116-118.

[338] NAPOLETANO/BARBIERI/NOVITÀ, *I Contrati Reali*, cit., p. 373

[339] Ac. da Relação de Évora, *in* CJ, XVI, 1991, Tomo III, pp. 308-309.

mento comercial[340]. Ademais, também não seria admitido o penhor irregular[341].

No que diz respeito a universalidades julgamos ser possível afirmar, na senda de GORLA, a necessidade de ter em consideração o facto de a especificidade do seu objecto relevar, principalmente, em sede de conteúdo ou de funcionamento do penhor e não tanto da sua constituição[342]. Com efeito, contanto que o penhor tenha a universalidade enquanto complexo, será válida a sua constituição, dado que o essencial, nestes casos, prende-se com o facto de as coisas integrantes da universalidade não deixarem de a ela estarem ligadas, sendo que é este tratamento da universalidade enquanto complexo a ditar o facto de não ser necessário o empossamento efectivo do credor pignoratício relativamente a todo e qualquer bem que venha a fazer parte da universalidade empenhada[343].

Relativamente ao penhor de estabelecimento comercial[344], tem sido entendido que este é válido, argumentando-se com o facto de a constitui-

---

[340] Sobre esta modalidade de penhor, cfr. LOPES DOS SANTOS, *Penhor de estabelecimento comercial à luz do Direito português*, (polic.), Lisboa, 2002. Não é esta a sede para curar da problemática do estabelecimento comercial. Sobre esta, veja-se, por todos, as obras clássicas de ORLANDO DE CARVALHO, *Critério e estrutura do estabelecimento comercial*, Vol. I – *O Problema da empresa como objecto de negócios,* Coimbra: Atlântida, 1967 e BARBOSA DE MAGALHÃES, *Do Estabelecimento Comercial – Estudo de Direito Privado,* Lisboa: Edições Ática, 1951.

[341] Sobre este, Cfr. *infra* Capítulo III, § 1.

[342] GORLA, *Del pegno, delle ipoteche,* cit., pp. 33. O autor, IDEM, *Ibidem,* cit. p. 35, defende que nos casos em que as coisas singulares que compõem a universalidade não são destinadas ao consumo produtivo ou à troca, será aplicável por analogia o art. 994 CCIt relativo ao perecimento de rebanhos, sendo que nos casos em que a destinação unitária da universalidade ditar que algumas das coisas devam ser consumidas ou substituídas – como sucede no estabelecimento comercial – a actividade do credor pignoratício será a de um gestor do estabelecimento no seu próprio interesse, mas também do devedor, impendendo sobre si a obrigação de conservar a destinação da universalidade, *in casu,* o seu aviamento, a eficiência da organização e procedendo à sub-rogação das mercadorias vendidas.

[343] Similarmente, RUBINO, *La responsabilità patrimoniale: Il pegno,* 2.ª ed., cit., p. 207.

[344] Conforme salienta PINTO DUARTE, *O penhor de estabelecimento comercial* in AAVV, *Comemorações dos 35 anos do Código Civil,* Vol. III, Coimbra: Coimbra Editora, 2007, pp. 59-73, (p. 65), o penhor de estabelecimento comercial apresenta como vantagens o facto de (i) o estabelecimento comercial não integrar elementos que, considerados individualmente, sejam suficientemente valiosos para constituir a garantia pretendida, (ii) o principal elemento de valorização do estabelecimento é a posição do arrenda-

ção de um penhor sobre o estabelecimento comercial ser uma realidade inferior, do ponto de vista económico, à sua alienação definitiva ou temporária, realidades essas há muito consagradas através das figuras do trespasse e da cessão de exploração[345]. Ademais, o próprio legislador admite, num caso individual, o penhor de estabelecimento comercial: tal é o que se verifica com o penhor do estabelecimento individual de responsabilidade limitada. Com efeito, podemos ler no art. 21.º, n.º 1 do Decreto-Lei n.º 248/86, de 25 de Agosto, que este penhor produz efeitos independentemente da entrega do estabelecimento ao credor, sendo que o contrato de penhor terá de ser reduzido a escrito (artigos 21.º, n.º 2 e 16.º do Decreto-Lei n.º 248/86). Ademais, este penhor está sujeito a registo. Não obstante, a sua omissão não impede que possa ser invocado por e contra terceiros que dele tivessem conhecimento ao tempo da criação dos seus direitos (art. 21.º, n.º 2, 16.º, n.º 2 e 6.º do Decreto-Lei n.º 248/86).

Saliente-se, desde já, que, por comodidade de exposição, não nos debruçaremos detidamente sobre a possibilidade de configurar o estabelecimento comercial como possível objecto de negócios[346], nem, tão-pouco, sobre a matéria relativa à determinação do núcleo mínimo do estabelecimento comercial. Deste modo, partiremos do pressuposto que o estabelecimento comercial é uma universalidade de facto, dado que estamos perante uma pluralidade de coisas unificadas pelo seu destino, motivo pelo qual é configurado como uma coisa nova (face às coisas que o compõem)[347]. Adicionalmente, sempre diremos que poderemos referir-

---

tário que, não sendo dada isoladamente em garantia, pode integrar a garantia consistente no estabelecimento como um todo, (iii) o estabelecimento poder ser utilizado como complemento da hipoteca do imóvel em que o mesmo está instalado, caso em que a acumulação da garantia permite, em caso de execução da mesma, beneficiar do valor do imóvel, bem como do valor que o estabelecimento acrescenta, assegurando que o valor do imóvel não será afectado pelo facto de estar ocupado pelo estabelecimento.

[345] Neste particular, o STJ, em Ac. de 6 de Maio de 1993, Proc. N.º 043114 (*apud* http://www.dgsi.pt Acesso: 4 de Outubro de 2007), entendeu que a constituição de penhor sobre o direito ao trespasse e arrendamento ter-se-ia de entender como a constituição de penhor sobre o próprio estabelecimento comercial.

[346] Sobre este ponto, cfr., ORLANDO DE CARVALHO, *Critério e estrutura do estabelecimento comercial,* Vol. I, *O problema da empresa como objecto de negócios,* Coimbra: Atlântida, 1967, *maxime,* pp. 307 e segs.

[347] Assim, p. ex., OLIVEIRA ASCENSÃO, *Direito Comercial,* Vol. I – *Institutos Gerais,* Lisboa, 1998/99, p. 110.

-nos a um estabelecimento comercial a partir do momento em que este se revele minimamente apto para realizar um fim económico-produtivo jurídico-comercialmente qualificado[348]. O que equivale a dizer que, a partir do momento em que o estabelecimento comercial esteja apto a funcionar, passará a ser uma realidade autónoma, porquanto o conjunto das coisas que o compõem ganham, sob o tecto de uma unidade, valor próprio. Basta, pois, que exista aviamento, *rectius*, aptidão funcional, de modo a que estejamos perante um estabelecimento comercial[349]. Saliente--se, assim, que não nos bastamos com a mera referência à unidade funcional, mas sim com a noção de aptidão funcional, porquanto o estabelecimento é dirigido a um determinado fim[350].

Não obstante, antes do mais, cumpre ter em consideração o facto de o penhor de estabelecimento comercial ser, por via de regra, um acto de comércio, quer por garantir uma dívida comercial, quer por ser um acto praticado no exercício da empresa, motivo pelo qual terão de ser convoladas, primacialmente, as regras plasmadas no CCom a propósito do penhor, dado que não podem ser aplicadas directamente as regras relativas ao penhor civil[351]. Não obstante, é de crer que nada impede que o penhor de estabelecimento comercial seja constituído para garantir uma dívida civil. Todavia, nestes casos, se das circunstâncias resultar que o penhor não é praticado no exercício do comércio, não estaremos perante um acto comercial e, por conseguinte, estará vedada aplicação (directa) do regime comercial, por força da parte final do art. 2.º do CCom. No entanto, é de crer que, mesmo nestes casos, estaremos perante um acto de comercial objectivo, como consequência da aplicação do art. 230.º do CCom.

---

[348] COUTINHO DE ABREU, *Da Empresarialidade – As empresas e o Direito* (reimp.), Coimbra: Livraria Almedina, 1999, p. 47.

[349] Subscrevemos, integralmente, o pensamento de OLIVEIRA ASCENSÃO, *Direito Comercial*, Vol. I – *Institutos Gerais,*, cit., p. 107. Para desenvolvimentos ulteriores nesta matéria, cfr. ORLANDO DE CARVALHO, *Critério e estrutura do estabelecimento comercial*, Vol. I, *O problema da empresa como objecto de negócio*, cit., p. 478 e segs.

[350] Referindo-se à noção de *"unidade negocial"*, que mais não é o reflexo da *"unidade funcional"*, cfr. FERNANDO OLAVO, *A Empresa e o Estabelecimento Comercial*, separa de *Ciência e Técnica Fiscal*, n.º 55 (1963), p. 36, pese embora, em termos puramente práticos, os resultados sejam em tudo similares aos expostos no texto.

[351] Assim, p. ex., CASSIANO DOS SANTOS, *Direito Comercial Português,* Vol. I, cit., pp. 296-297.

Nesta sede, conforme vimos, o art. 398.º do CCom não se refere especificamente à empresa, *rectius,* às universalidades, motivo pelo qual é lícito concluir que o penhor mercantil de estabelecimento comercial não é objecto de disposição de carácter geral[352].

Ora, sendo o estabelecimento comercial enquanto tal o objecto do penhor e não as coisas que o compõem, nada obsta a que o titular do estabelecimento continue a exercer a sua actividade, vendendo as suas mercadorias e, eventualmente, procedendo à substituição de alguns dos bens que integram o estabelecimento, realidade que se coaduna com a mera exigência de entrega simbólica para que a sua constituição seja válida[353]. Efectivamente, nos casos de penhor sem entrega – como sucede, pois, no penhor de estabelecimento comercial – o credor pignoratício vê-se investido na posse, ficando o empenhador na posição de mero detentor, o que equivale a dizer que o empenhador, em tudo quanto respeita ao penhor, possui o objecto em nome do credor pignoratício, dado que a entrega simbólica pode ser efectuada por via do mero constituto possessório[354]. O que equivale a dizer que não consideramos taxativos os exemplos listados no parágrafo único do art. 398.º do CCom, porquanto estes mais não são do que meras exemplificações do princípio--reitor que subjaz a tal parágrafo, i.e., a possibilidade de constituir penhor mediante a mera entrega simbólica da coisa empenhada.

Adicionalmente, sempre se pode argumentar em favor desta tese que o recurso ao penhor com desapossamento equivaleria a retirar crédito aos industriais e aos comerciantes, impedindo-os de garantir a sua concessão com um bem vulgarmente utilizado para o efeito, já que o empenhamento, nos moldes clássicos, equivaleria a perder a capacidade de gerar rendimento[355]. Acresce ainda que, uma vez admitida a alienação do

---

[352] CASSIANO DOS SANTOS, *Direito Comercial Português,* Vol. I, cit., p. 297. Saliente-se, ainda, que não nos pronunciaremos igualmente sobre a dicotomia empresa--estabelecimento comercial. Sobre a noção de empresa COUTINHO DE ABREU, *Da Empresarialidade – As empresas e o Direito* (reimp.), cit., *passim.*

[353] LUÍS MENEZES LEITÃO, *Garantia das Obrigações,* 2.ª ed., cit., p. 306. MENEZES CORDEIRO, *Manual de Direito Comercial,* 2.ª ed., Vol. I, Coimbra: Livraria Almedina, 2007, pp. 305-306.

[354] Assim, em sede geral, GALVÃO TELLES, *O penhor sem entrega no Direito Luso--Brasileiro,* cit., p. 19

[355] GRAVATO DE MORAIS, *Alienação e oneração de estabelecimento comercial,* Coimbra: Livraria Almedina: 2005, pp. 160-161. Acrescenta GABRIELLI, *Sulle garanzie*

estabelecimento comercial, sempre se terá de entender que, por maioria de razão, este também poderá ser objecto de oneração[356].

Na verdade, o que caracteriza o estabelecimento comercial é o facto de este possuir carácter dinâmico, sendo que as realidades nele englobadas são plúrimas e mutáveis, uma vez que o seu destino é serem alienadas ou transformadas[357], pelo que será admissível que este seja empenhado, dado que a exigência de desapossamento apenas carece de sentido se se entendesse o estabelecimento como coisa corpórea móvel[358]. Assim, e conforme referimos anteriormente, somos do entendimento que o estabelecimento comercial pode ser empenhado e, nesse âmbito, bastará a mera entrega simbólica. Para tal conclusão concorre igualmente o facto de ser necessário ter em consideração a realidade económica subjacente a esta modalidade de penhor. Com efeito, se o proprietário do estabelecimento fosse privado efectivamente do estabelecimemto comercial, este não seria capaz de gerar rendimento e, por conseguinte, impediria a actividade económica.

Posto isto, cabe, ainda, indagar se o penhor de estabelecimento comercial está sujeito a forma escrita. A resposta é afirmativa e, para este efeito, pode ser invocado o artigo 1112.º, n.º 3. Assim, se é permitida a

---

rotative, Nápoles: Edizioni Scientifiche Italiane, 1997, pp. 20-21, que a afirmação da necessidade de desapossamento no caso do penhor de estabelecimento comercial é contraditória com a exigência de o comerciante/empresário não subtrair os bens afectos ao estabelecimento do processo produtivo, dado que, existindo uma necessidade constante e contínua de financiamento, é obrigado a dar em garantia não só capitais fixos, mas também capitais circulantes.

[356] O que não invalida, como nota PIERRE CROCQ, *Propriété et Garantie*, cit., p. 318, que estejamos perante dois imperativos economicamente ineluctáveis, mas contraditórios, porquanto, de um lado, é necessário garantir a sobrevivência das empresas, o que implica impor sacrifícios aos credores, e, de outro lado, manter as trocas comerciais, o que implica a concessão de crédito e a salvaguarda dos interesses dos credores.

[357] PINTO DUARTE, *Curso de Direitos Reais*, 2.ª ed., Cascais: Principia, 2007, p. 231; LUÍS MENEZES LEITÃO, *Garantia das Obrigações*, 2.ª ed., cit., p. 306.

[358] PINTO DUARTE, *O penhor de estabelecimento comercial,* cit., p. 70. Acrescenta ainda RUBINO, *La responsabilità patrimoniale: Il pegno*, 2.ª ed., cit., p. 208, que é possível a constituição de um penhor com uma única declaração de vontade, sendo que, no tocante às modalidades integrativas dos bens que compõem o estabelecimento comercial, será igualmente possível que se lance mão de um único acto de empossamento. Em qualquer caso, relativamente aos créditos afectos ao estabelecimento comercial será necessário ter de efectuar tantas notificações quantos os credores que, afinal, existam.

transmissão por acto entre vivos da posição do arrendatário no caso de trespasse de estabelecimento comercial ou industrial e tal transmissão deve ser celebrada por escrito, também a oneração do estabelecimento comercial terá de ser reduzida a escrito[359]. Saliente-se que não olvidamos o art. 400.º do CCom, o qual prevê a possibilidade de o penhor mercantil entre comerciantes de certo valor poder ser provado por escrito, o que indicia a não necessidade de redução a escrito deste contrato. Não obstante, por força da particular acuidade que reveste esta modalidade de penhor e, sobretudo, a analogia com as normas relativas ao trespasse, somos do entendimento que será necessária a redução a escrito nestes casos.

Conforme decorre do que vai exposto, o penhor de estabelecimento comercial é enquadrável, pelo menos numa primeira e sumária análise, no âmbito da rotatividade ou, se se preferir, da flutuação[360] do objecto do penhor, pelo que, de seguida, teceremos algumas considerações adicionais sobre a rotatividade do objecto da garantia.

---

[359] Similarmente, GRAVATO DE MORAIS, *Alienação e oneração de estabelecimento comercial*, pp. 159-160. O autor, a IDEM, *Ibidem*, cit., p. 162, faz uso de um argumento de maioria de razão, baseando-se para o efeito no disposto no art. 862-A CPC, de modo a defender que se em sede executiva o proprietário do estabelecimento pode manter-se à frente do estabelecimento, então, quando procede à sua oneração através de penhor, deve considerar-se que o seu proprietário pode continuar a explorá-lo. Já PINTO DUARTE, *O penhor de estabelecimento comercial*, cit., pp. 70-71, considera que é aplicável o regime vertido no Decreto-Lei 29.833, de 17 de Agosto de 1939, que regula o penhor constituído em garantia de créditos de estabelecimentos bancários, sem necessidade de entrega, sendo que refere que tal regime não pode ser aplicado generalizadamente, já que o diploma em questão cria um regime especial para as instituições de crédito e, também, porque equipara, para efeitos penais, a situação do empenhador ao de um possuidor em nome alheio, punindo actos de alienação, destruição e oneração do bem empenhado. Neste sentido, pronuncia-se igualmente CASSSIANO DOS SANTOS, *Direito Comercial Português*, Vol. I, cit., p. 298.

[360] Neste particular, salienta MARSAL GUILLAMET, *Las prendas flotantes. Un término polisémico* in AAVV, *Garantías mobiliarias en Europa*, Madrid: Marcial Pons, 2006, pp. 355-366 (p. 357) que o adjectivo "flutuante" em relação aos direitos de garantia não tem um significado unívoco. A flutuabilidade contrasta com a estabilidade, apesar de esta garantia poder referir-se aos créditos garantidos como objecto da garantia. Salienta ainda que estamos perante uma peculiaridade das garantias mobiliárias, porque, em sede de hipoteca, o princípio da determinação leva a que a apelidada hipoteca flutuante apenas possa referir-se aos créditos garantidos, pelo que estaríamos apenas a curar do montante máximo garantido pela hipoteca. Já RESCIGNO, *Il privilegio per i finanziamenti bancari*

10. *Cont.* A rotatividade do objecto da garantia

Aplicada às garantias reais, a noção de garantia rotativa suscita, numa primeira leitura, a ideia de uma íntima e insanável contradição lógica, em virtude o regime do penhor estar construído por referência a coisas determinadas[361]. Esta imobilidade pode ser sinónimo de improdutividade da *res* empenhada, situação que é manifestamente contrária a toda e qualquer razão de ordem económica, a qual impõe – quer no interesse do credor pignoratício, quer no interesse do empenhador – que o bem não seja afastado do circuito económico e produtivo e, a final, que seja possível a sua substituição no tempo, mesmo que a relação creditícia que lhe subjaz não esteja extinta, permanecendo, assim, um vínculo de indisponibilidade como resultado da função de garantia atribuída ao negócio em apreço[362].

Assim, o penhor rotativo vem sendo construído como um penhor típico ao qual está acoplada uma cláusula de rotatividade[363]. Antes do mais, é mister salientar que é conveniente distinguir a cláusula de rotatividade, que permite, desde a constituição do penhor, que seja possível a substituibilidade, total ou parcial, dos bens objecto da garantia, da cláusula de extensão, nas quais as partes prevêem a extensibilidade do direito de penhor aos bens posteriores àqueles que originariamente constituíam o objecto de garantia[364]. Ou seja, procura assegurar-se a unicidade e a continuidade da garantia, sem prejuízo da transformação ou da substituição dos bens que constituem o seu objecto[365]. Antes de avançar na

---

a medio e lungo termine a favore delle imprese, con particolare riguardo alla rotatività del suo oggetto in BBTC LII (1999), Parte Prima, pp. 583-607 (p. 585), entende que a rotatividade é susceptível, em abstracto, de representar uma característica de todos os tipos de *numerus clausus* de garantias reais mobiliárias, incluindo no elenco os privilégios creditórios.

[361] GABRIELLI, *Il "pegno anomalo"*, cit., p. 216.
[362] GABRIELLI, *Sulle garanzie rotative*, cit., p. 23.
[363] Para uma casuística destas cláusulas, cfr. JOANA PEREIRA DIAS, *Mecanismos convencionais da Garantia do Crédito: Contributo para o Estudo da Garantia "Rotativa" Mobiliária no Ordenamento Jurídico Português*, cit., pp. 100-107 (*maxime* pp. 104-107).
[364] JOANA PEREIRA DIAS, *Mecanismos convencionais da Garantia do Crédito: Contributo para o Estudo da Garantia "Rotativa" Mobiliária no Ordenamento Jurídico Português*, cit., pp. 113-114. Sobre as cláusulas de extensão, *vide infra* Capítulo III, § 4.
[365] Ademais, o pacto rotativo deve prever a possibilidade de o empenhador poder substituir o objecto do penhor, sem prejuízo da solução relativa à continuidade do vínculo originário. Sobre este aspecto, cfr. GABRIELLI, *Il pegno "anomalo"*, cit., pp. 183 e segs.

exposição, cumpre, desde já, frisar o facto de o penhor de estabelecimento comercial não ser, *summo rigore,* um exemplo de penhor rotativo. Se é certo que, durante a vigência do penhor, existe mutabilidade dos bens afectos ao mesmo, há que não olvidar que o objecto do penhor de estabelecimento comercial é o próprio estabelecimento comercial e não os bens que a ele se encontram afectos, motivo pelo qual não podemos enquadrar o penhor de estabelecimento no âmbito da rotatividade.

Com efeito, o penhor rotativo tem vindo a afirmar-se tendo por referência as hipóteses de empenhamento de bens em laboração no âmbito do ciclo produtivo, bem como sobre bens e valores próprios dos mercados creditício e financeiro, nos quais assume uma relevância crescente a oportunidade de o empenhador poder continuar a dispor de bens empenhados com o fito de prosseguir o exercício da actividade económica[366].

Neste particular, tem sido entendido que, tendo o penhor na sua raiz a criação de uma situação de indisponibilidade sobre um valor económico, relativamente ao qual o bem é apenas a sua "individualidade" e apenas mera representação material, a simples modificação do objecto material do penhor acabaria por não incidir sobre o perfil funcional do acto, pelo que estaríamos perante uma versão estruturalmente anómala da função do tipo[367]. Todavia, esta construção acaba por não ser capaz de determinar o que entender por "igual valor". Uma solução possível prende-se, p. ex., com o facto de ser possível subordinar a eficácia da rotatividade ao valor que o bem tinha no momento em que se verificou a substituição, uma vez que, desse modo, pode considerar-se que é tutelado adequadamente o interesse dos credores quirografários, porquanto não se verifica uma diminuição no património do empenhador[368].

---

[366] LOBUONO, *I contratti di Garanzia,* cit., p. 245.

[367] GABRIELLI, *Il "pegno anomalo",* cit., p. 126; LOVISATTI, *Osservazioni in tema di limiti del pegno roatitvo, tra «valori originari» e «beni originari»* in BBTC LV (2002), Parte Seconda, pp. 695-705 (pp. 697-698).

[368] MISURALE, *Profili evolutivi della disciplina del pegno,* cit., p. 168. LOVISATTI, *Osservazioni in tema di limiti del pegno roatitvo, tra « valori originari » e « beni originari»,* cit., p. 700 acrescenta ainda que se a rotatividade fosse admitida nos limites do valor original do bem empenhado, deveria admitir-se a substituição do bem, sendo que no curso da relação garantida este tinha sofrido uma depreciação no valor, por outro de maior valor, o que traria prejuízos para os credores quirografários.

Temos, pois, que deve ficar assegurado o valor que o crédito visa garantir, o que equivale a dizer que não interessa o objecto específico do penhor, mas sim o valor no qual será possível transformar tal objecto nas situações de incumprimento do devedor. Ou seja, tal valor deverá ser suficiente para cobrir o crédito garantido, sem que possa subsistir o perigo de substituição da *res* no decurso da execução do contrato e que, por conseguinte, não seja afectado o equilíbrio inicial de valores determinado pelas partes[369].

Acresce ainda que, para que o penhor seja validamente constituído, é necessário que haja lugar à indicação suficiente da coisa – ou complexo de coisas – empenhada. Estamos, pois, no âmbito da problemática da determinação do objecto do negócio jurídico[370]. Não obstante, cumpre ter em consideração que a especificidade do conteúdo do acto constitutivo da garantia deve dizer respeito não apenas à determinação dos bens, mas, também, à necessidade de assegurar uma posição neutra relativamente aos interesses envolvidos na constituição da garantia e, também, em relação à indicação do valor da garantia, o qual deve permanecer idêntico ao valor indicado aquando da constituição[371]. Tal é o que sucederá nos casos em que os bens destinados a ser substituídos por outros adquiridos posteriormente através do contravalor da venda dos primeiros[372], se bem que, na maior parte das hipóteses, o grau de especificidade das indicações tende a sentir a dificuldade de adoptar índices de referência seguros[373].

---

[369] CHINÉ, *Il pegno "rotativo" tra realtà e consensualità* in GI 148 (1996), pp. 569--576 (p. 573). Efectivamente, nota LOVISATTI, *Osservazioni in tema di limiti del pegno roatitvo, tra « valori originari » e « beni originari»*, cit., p. 698 que o credor pode fazer--se valer da cláusula de rotatividade para satisfazer o seu crédito através da utilização de bens saídos da garantia após operar o mecanismo de substituição.

[370] Assim, p. ex., JOANA PEREIRA DIAS, *Mecanismos convencionais da Garantia do Crédito: Contributo para o Estudo da Garantia "Rotativa" Mobiliária no Ordenamento Jurídico Português,* cit., pp. 188.

[371] MISURALE, *Profili evolutivi della disciplina del pegno,* cit., p. 183.

[372] CHINÉ, *Il pegno "rotativo" tra realtà e consensualità,* cit., p 574.

[373] Talvez por este motivo, JOANA PEREIRA DIAS, *Mecanismos convencionais da Garantia do Crédito: Contributo para o Estudo da Garantia "Rotativa" Mobiliária no Ordenamento Jurídico Português,* cit., pp. 189 adopte uma fórmula assaz vaga, referindo que o objecto está determinado quando, no momento da celebração do contrato, não se acha completamente especificado o seu objecto, limitando-se as partes a indicar as técnicas ou mecanismos a utilizar para a determinação futura do mesmo.

Finalmente, há ainda que indagar da necessidade de entrega dos bens empenhados. Ora, conforme tivemos oportunidade de demonstrar *supra*, não será necessário o desapossamento efectivo. Com efeito, reiteramos, apesar de o regime do penhor estar construído em função do desapossamento, é mister dar a devida tutela a manifestações de autonomia privada que derroguem este princípio constitutivo, contanto que a situação criada pelas partes respeite a função perseguida pela garantia em questão e desde que assegure a sua *ratio, in casu* a indisponibilidade do bem dado em garantia[374].

Assim, uma vez admitida a rotatividade do objecto da garantia, cumpre indagar qual o mecanismo que regerá a faculdade de rotação/substituição do bem empenhado. Neste particular, somos do entendimento que tal poderá ser feito com recurso ao mecanismo da sub-rogação real, a qual não estará afastada de regulação pelas partes. O que equivale a dizer que admitimos a possibilidade de haver lugar à sub-rogação convencional do objecto do penhor, introduzindo-se uma variante na sua estrutura através do recurso a uma particular técnica contratual[375], dado que o recurso ao mecanismo da sub-rogação real permite operar a substituição do objecto do penhor, mantendo a identidade e unidade originárias da relação pré-existente, porquanto o fito da garantia não se dirige directamente à obtenção da *res,* mas sim da utilidade real, *id est,* o valor económico representado pela coisa[376]. Dito de outro modo, a apreciação *in casu* da função de garantia perseguida com a rotatividade do seu objecto, leva a que a operação que lhe subjaz modifique um dos seus termos – o objecto – sem que tal seja sinónimo do nascimento de uma relação nova, situação que, aliás, contrastaria com a finalidade da constituição do vínculo real[377].

---

[374] Similarmente, BORZI, *Brevi note sull'ammissibilità del pegno bancario "rotativo"* in RDCo XCIV (1996), Parte Seconda, 155-162 (p. 157). Adicionalmente, LOBUONO, *I contratti di Garanzia,* cit., p. 247, acrescenta que a constituição de penhor rotativo terá de constar de (i) documento escrito, contendo uma convenção que preveja expressamente um mecanismo substitutivo, (ii) que o bem empenhado originariamente tenha sido consignado ao credor pignoratício e que (iii) o bem oferecido em substituição tenha um valor superior ao original.

[375] GABRIELLI, *Il "pegno anomalo",* cit., pp. 188-189.

[376] GABRIELLI, *Il "pegno anomalo",* cit., p. 341, LOBUONO, *I contratti di Garanzia,* cit., p. 248.

[377] GABRIELLI, *Sulle garanzie rotative,* cit., p. 121.

Aliás, a licitude do recurso à sub-rogação real parece ser justificada pela própria lei, dado que o art. 692.º, n.º 1, aplicável *ex vi* art. 678.º, permite que os titulares da garantia conservem as preferências que lhe competiam sobre as coisas oneradas, nos casos em que a coisa empenhada se perca ou diminua de valor e o dono tiver direito a ser indemnizado por tal facto. Assim, se a indemnização ocupa, por sub-rogação, o lugar da coisa empenhada, é de crer que, por maioria de razão, as partes possam estipular cláusulas de rotatividade convencional, contanto que tais cláusulas estejam direccionadas a assegurar a indisponibilidade do bem dado em garantia, pois só desse modo está observado, passe a expressão, o cerne do direito de penhor.

Note-se, porém, que esta solução carece de reflexão ulterior, porquanto é possível colocar entraves a esta sub-rogação nos casos em que a necessidade de substituir o bem objecto da garantia não surja *ex post*, mas sim por efeito de uma situação imprevista[378]. Todavia, contanto que prevista pelas partes, e, sobretudo, tendo em consideração que a substituição das garantias, por via de regra, poderá dever-se ao perecimento dos bens, mas, também, p. ex., à obsolescência dos mesmos, há que considerar que estamos perante interesses dignos de tutela e, como tal, a sub-rogação convencional será, em princípio, lícita[379].

11. Direitos do credor pignoratício

O principal direito conferido ao credor pignoratício vem referido no art. 666.º, n.º 1, consistindo na satisfação do seu crédito e eventuais juros, com preferência sobre os restantes credores. Este direito compreende duas faculdades distintas: (i) a possibilidade de dar à execução a coisa empenhada, cumpridas as normas processuais estabelecidas para a exe-

---

[378] Neste particular, já chamava a atenção REALMONTE, *L'oggetto del pegno: vechi e nuovi problemi*, in BBTC LVII (1994), Parte Prima, 10-22 (p. 10) para o facto de existir um desfasamento temporal inevitável entre a vida do objecto da garantia e a vida do crédito que se pretende fazer garantir, o que faz emergir a necessidade de neutralizar os inconvenientes ínsitos na substituição do bem originalmente empenhado e aqueloutra de o empenhador poder satisfazer tal substituição.

[379] MISURALE, *Profili evolutivi della disciplina del pegno*, cit., p. 178. Para mais desenvolvimentos, cfr. GABRIELLI, *Sulle garanzie rotative*, cit., pp. 119-139.

cução do penhor, e (ii) a obtenção de uma preferência especial, dado que em caso de concurso de credores, o credor pignoratício obtém prioridade no pagamento sobre o valor da coisa empenhada, só podendo os credores comuns obter o pagamento após a satisfação integral do direito do credor pignoratício[380].

Não obstante, o legislador, no art. 670.º, atribuiu outros direitos adicionais ao credor pignoratício, sendo que é relativamente a tais direitos que procuraremos delinear de forma sumária o seu alcance nas linhas que se seguem.

a) *Fazer uso de acções possessórias*

Atendendo ao facto de, na sua configuração tradicional, o penhor implicar o desapossamento do dono da coisa, a par da atribuição da posse ao credor pignoratício, são-lhe conferidos os meios de conservação da posse, podendo exercê-los quer contra o próprio dono, quer contra terceiros[381], sendo que se afigura conveniente não olvidar o facto de esta posse não poder ser confundida com o direito de retenção, dado que apesar de ambos permitirem recusar a entrega da coisa nos casos em que não se pretende extinguir o crédito, a posse acaba por surgir no âmbito das relações derivadas do penhor, enquanto o direito de retenção tem uma natureza *a se* [382].

---

[380] PAULO CUNHA, *Da Garantia nas obrigações,* cit., Vol. II, p. 205, LUÍS MENEZES LEITÃO, *Garantia das Obrigações,* 2.ª ed., cit., p. 195.

[381] Neste particular, o legislador não se afastou, em muito, das soluções de Direito comparado. Efectivamente, no § 1227 BGB podemos ler *"Wird das Recht des Pfandgläubigers beeinträchtigt, so finden auf die Ansprüche des Pfangläubigers die für die Ansprüche aus dem Eigntum geltenden Vorschriften etsprechende Anwendung".* Relativamente ao texto do BGB, WIEGAND, *Anotação ao § 1227 BGB,* Nm. 3 in STAUDINGER, cit., chama a atenção para o facto de o § 1227 BGB trazer ínsito o problema da concorrência de pretensões, *maxime* entre pretensões indemnizatórias e pretensões fundadas em enriquecimento sem causa.

[382] RUBINO, *La responsabilità patrimoniale: Il pegno,* cit., p. 241. Conforme salienta GORLA, *Le Garanzie Reali dell'Obbligazione,* cit., p. 16, enquanto a posse conferida ao credor pignoratício visa manter um direito de garantia, o direito de retenção visa garantir directamente o reforço da tutela do crédito, actuando não como garantia, mas como medida coerciva.

Trata-se, bem vistas as coisas, de uma solução coerente com a própria essência do penhor, já que este, enquanto direito real de garantia, tem inerente a faculdade de exigir a terceiros o respeito pelo direito atribuído ao seu titular. Não obstante, sublinhe-se que esta atribuição das defesas possessórias ao credor pignoratício mais não é do que o reflexo da posse interdictal que lhe assiste, i.e., uma posse que apenas faculta as defesas possessórias, se bem que possam ser conferidas, ainda, outras possibilidades, entre as quais a fruição – que, no penhor, atendendo ao disposto no art. 671.º, alínea b), está arredada – em termos a verificar de forma casuística, mas não a usucapião[383].

Finalizamos este ponto salientando que o credor pignoratício poderá invocar as acções possessórias em nome próprio, não carecendo de se sub-rogar relativamente ao devedor[384]. Em qualquer caso, cumpre salientar que o credor já não poderá fazer uso da acção de reivindicação, excepto no que diz respeito aos frutos, se estes lhe pertencerem nos termos do disposto no art. 672.º[385]. Em qualquer caso, não podemos deixar de salientar que este preceito pressupõe a entrega da coisa, pelo que, continuando a coisa dada em penhor a ser detida pelo devedor, o

---

[383] MENEZES CORDEIRO, *A posse: perspectivas dogmáticas actuais*, cit., pp. 70-71 e p. 86. MANUEL RODRIGUES, *A posse*, 4.ª ed., cit., pp. 161-162 não opera esta restrição, referindo que em virtude de o credor pignoratício poder fazer uso das acções possessórias, sendo que tal recurso não tem por base o direito do proprietário, acaba por concluir que o único direito invocável é a posse. Já ROMANO MARTÍNEZ/ FUZETA DA PONTE, *Garantias de cumprimento*, 5.ª ed., Coimbra: Livraria Almedina, 2006, p. 173 consideram que o credor pignoratício possui a coisa empenhada em nome de outrem, sendo, por conseguinte, um mero detentor nos termos do disposto no artigo 1253.º, alínea c). Por seu turno, FRANK PETERS, *Das Pfandrecht als Recht zum Besitz* in JZ 1995, pp. 390-392 (p. 391) salienta que o credor pignoratício não tem qualquer interesse na coisa empenhada, motivo que justifica a proibição de esta ser utilizada. Não obstante, em função de a coisa empenhada garantir o seu crédito, tem a possibilidade ameaçar (*"drohen"*) o empenhador de molde a que este cumpra. Ou seja, no seu entendimento, o credor pignoratício tem um interesse digno de protecção que incide sobre a posse da coisa.

[384] Neste sentido CARRASCO PERERA/ CORDERO LOBATO/ MARÍN LÓPEZ, *Tratado de los Derechos de Garantía*, cit., p. 834. Em sentido contrário, GORLA, *Del pegno, delle ipoteche*, cit., pp. 77-78, referindo que a acção possessória é atribuída como modo de sub-rogação do devedor, visando a acção recuperar a posse e, consequentemente, reconstruir o penhor e fazer valer o seu conteúdo.

[385] PIRES DE LIMA/ ANTUNES VARELA, *Código Civil Anotado*, Vol. I, 4.ª ed., cit., p. 689.

credor pignoratício não poderá, p. ex., deduzir embargos de terceiro contra o arrolamento que abranja a coisa empenhada[386].

b) *Indemnização por benfeitorias*

Devido ao facto de o regime do penhor estar pensado em função da atribuição da posse ao credor pignoratício, é-lhe atribuído o direito de ser indemnizado por benfeitorias necessárias e úteis, bem como de levantar estas últimas nos termos do disposto no art. 1273.º[387].

Efectivamente, cumpre salientar que o limite do reembolso será o limite do enriquecimento do devedor[388]. Deste modo, julgamos que estamos perante um caso revelador do princípio da proibição do enriquecimento sem causa, na modalidade de enriquecimento resultante de despesas efectuadas por outrem[389], sendo que, em qualquer caso, se afigura bastante discutível a bondade da solução legislativa que concede ao possuidor de má fé o direito de ser indemnizado pelas benfeitorias necessárias que realize[390].

c) *Substituição ou reforço do penhor*

Finalmente, é conferido ao credor o direito de, à imagem da previsão genérica do art. 780.º, exigir a substituição ou o reforço do penhor ou o

---

[386] Ac. da Relação do Porto, de 17 de Fevereiro de 1992, Proc. N.º 9110836 (*apud* http://www.dgsi.pt/).

[387] De acordo com o art. 216.º, n.º 3, são benfeitorias necessárias as que têm por fim evitar a perda, deterioração ou destruição da coisa e úteis as que, não sendo indispensáveis para a sua conservação, lhe aumentam o valor.

[388] GORLA, *Del pegno, delle ipoteche,* cit., pp. 82.

[389] Modalidade onde se podem distinguir o enriquecimento por incremento de valor de coisas alheias e o enriquecimento por pagamento de dívidas alheias. Sobre este, cfr., LUÍS MENEZES LEITÃO, *Do Enriquecimento sem causa no Direito Civil,* Lisboa: Centro de Estudos Fiscais, 1996, pp. 820 e segs.

[390] Seguimos, neste particular, JÚLIO GOMES, *O conceito de enriquecimento, o enriquecimento forçado e os vários paradigmas do enriquecimento sem causa,* Porto: UCP, 1998, pp. 326-327. A este propósito, salienta MENEZES CORDEIRO, *Da boa fé no Direito Civil* (reimp.), Coimbra: Livraria Almedina, 2001, p. 453, que a lei não confere qualquer protecção à boa fé, com excepção das benfeitorias voluptuárias que são perdidas pelo possuidor de má fé, salientando que este regime é estranho no campo do civil puro, mas é justificado por forte tradição, revelando a intenção apenas de punir a má fé e, desse modo, proteger a propriedade.

cumprimento imediato da dívida, se a coisa empenhada perecer ou se se tornar insuficiente para segurança da dívida. Deste modo, é aplicável ao penhor o regime estatuído no art. 701.º para a hipoteca, admitindo-se a possibilidade de se exigir a substituição ou reforço da garantia, ou o cumprimento nos casos em que se verifique o perecimento ou a insuficiência da coisa prestada para o cumprimento da obrigação.

Cumpre salientar que tal regime apenas será aplicável nos casos em que a coisa empenhada pereça ou se venha a tornar insuficiente por causa não imputável ao credor pignoratício, já que, caso tal não se verifique, não lhe é conferido qualquer direito. Todavia, nas situações em que a causa não imputável seja fortuita e resulte de culpa do devedor, haverá que conjugar o disposto no art. 701.º e no art. 780.º, pelo que poderá o credor pignoratício exigir desde logo o cumprimento da obrigação, embora não esteja impedido de pedir a substituição ou o reforço da garantia[391].

Na verdade, tendo em consideração o facto de a presente norma visar manter a situação original do contrato, i.e., procurar, de certo modo, manter a justiça contratual inicialmente gizada/perseguida pelas partes, resulta óbvio que o credor pignoratício, nos casos em que veja diminuída a sua garantia, pode exigir a substituição ou o reforço do penhor. Com efeito, se se verificar diminuição acentuada do valor da coisa empenhada, por alteração anormal das circunstâncias, a única parte lesada será o credor e tal facto não poderá ser invocado pelo devedor em seu benefício no concernente ao cumprimento pontual da obrigação em que está constituído[392].

12. Deveres do credor pignoratício

À partida, julgamos não ser despicienda a observação de STOLFI, salientando que o direito exclusivo de possuir o objecto do penhor constitui o conteúdo essencial e constante do penhor, porquanto tal essen-

---

[391] PIRES DE LIMA/ ANTUNES VARELA, *Código Civil Anotado,* Vol. I, 4.ª ed., cit., pp. 723-724.
[392] Ac. da Relação de Lisboa, de 25 de Fevereiro de 1997, Proc. N.º 0015421 (*apud* http://www.dgsi.pt/).

cialidade visa salientar que a existência do direito do credor pignoratício está subordinada à transferência e à conservação da posse sobre a coisa empenhada[393]. Ora, como consequência deste traço fundamental, impendem sobre o credor pignoratício uma série de deveres que passamos a examinar de forma sumária[394].

a) Dever de administração

De acordo com o disposto no art. 671.º, alínea a), o credor pignoratício é obrigado a guardar a coisa dada em penhor como um proprietário diligente[395]. Efectivamente, estes dois deveres – guarda e administração – estão interligados[396]. Aliás, relativamente ao dever de custódia, cumpre salientar que estamos perante um dever que incumbe, em geral, a quem receba um bem alheio para um determinado fim e está relacionado não tanto com a própria detenção, mas sim com a própria entrega da coisa[397].

---

[393] *Appunti sulla costituzione del pegno* in RDCo LXII (1964), Parte Seconda, pp. 1-6 (p. 3).

[394] Saliente-se, neste particular, o escrito de DIMOPOULOS-VOSIKIS, *Zum Problem der dinglichen Pflicht* in AcP 167 (1967) pp. 515-534, no qual este autor ensaia uma tentativa de explanação da categoria das obrigações reais, servindo-se do penhor como exemplo paradigmático para tal efeito. Para o efeito, o autor, IDEM, *Ibidem*, cit., pp. 516--517 parte da sistematização avançada por JOST, autor que procedia à distinção entre (i) obrigações reais legais, as quais compreenderiam um dever positivo de prestar e funcionariam igualmente como limite de conteúdo de tais obrigações e (ii) as obrigações reais de natureza contratual. Note-se igualmente que DIMOPOULOS-VOSIKIS é autor da dissertação *Die Legal Obligation beim Pfandrecht an beweglichen Sachen nach dem BGB*, Münster, 1959, à qual não conseguimos ter acesso. Sobre a categoria das obrigações e dos ónus reais, entre nós, cfr., HENRIQUE MESQUITA, *Obrigações reais e ónus reais,* cit.

[395] Note-se, obviamente, que nos casos em que a coisa é empenhada é confiada a um terceiro, caberá a este observar a obrigação de custódia.

[396] VAZ SERRA, *Penhor,* in BMJ 58, p. 204.

[397] MONTEL, *Pegno (Diritto Vigente),* cit., p. 784, 2.ª coluna. Aliás, o autor, IDEM, *Ibidem,* cit., p. 785, 1.ª coluna, chama a atenção para o facto de a obrigação de custódia implicar também a obrigação de ter o bem de forma distinta relativamente a outros bens do credor ou de terceiros, i.e., deve ser guardado em local diverso, de molde a que possa ser restituído *in natura* aquando do termo do contrato, sendo que a tal conservação material corresponde a conservação jurídica, i.e., o facto de o credor poder vir a ser obrigado a levar a cabo actos que excedam a simples custódia, como é o caso da interrupção da prescrição do crédito detido a título de penhor, ou a renovar um título prestes

Note-se que do conjunto destes deveres resulta que o credor, na condição exclusiva de poder conservar a coisa, deve levar a cabo todos os actos ou operações de conservação, mesmo do ponto de vista jurídico, que possam vir a revelar-se necessários durante o período temporal em que lhe esteja confiada a guarda da coisa, *rectius,* enquanto o penhor produzir efeitos[398]. Aliás, neste particular, convém frisar que as normas relativas ao contrato de depósito não serão aplicáveis a esta situação e, quando muito, poderão ser, apenas, alvo de aplicação atenuada[399]. Assim, o credor tem a obrigação de custodiar a coisa empenhada com a diligência de um bom pai de família, de molde a poder restituir a coisa aquando da cessação do contrato de penhor, o que significa que (i) é responsável pelas perdas e deterioramentos da coisa empenhada que lhe sejam imputáveis e (ii) deve, por via de regra, custear todas as despesas derivadas da conservação do penhor[400].

Ademais, é mister salientar que não é exigido ao credor pignoratício melhorar a coisa ou evitar que esta, em função da sua natureza, se venha a deteriorar. Na verdade, o dever de guarda não configura qualquer dever geral de conservação, pelo que, p. ex., o empenhador não será, em princípio, obrigado a celebrar um contrato de seguro para cobrir os riscos da

---

a caducar. Note-se que no ordenamento jurídico espanhol, refere-se expressamente, no artigo 1867 do Código Civil espanhol, que o credor pignoratício deve cuidar da coisa empenhada com a diligência de um bom pai de família, facto que leva GULLÓN BALLESTEROS, *Comentários* (ao art. 1867), cit., p. 222, a considerar que se trata de uma consequência natural da obrigação de restituição da coisa.

[398] GORLA, *Del pegno, delle ipoteche,* cit., pp. 80-81. O autor acrescenta ainda que julga não impender sobre o credor pignoratício o dever de celebrar um contrato de seguro cobrindo o risco de perecimento da coisa empenhada, entendendo que o credor pignoratício apenas está obrigado a advertir o devedor acerca da eventual exposição ao risco a que a coisa estará sujeita.

[399] Neste sentido WEBER, *Kreditsicherungsrecht,* 8.ª ed., cit., p. 149, salientando que no penhor, contrariamente ao que se verifica no contrato de depósito, não topamos com uma situação em que a guarda da coisa seja do interesse exclusivo do depositante (o empenhador), porquanto a guarda da coisa serve igualmente propósitos de garantia, *maxime* o interesse do credor pignoratício (depositário), pelo que este responderá por danos causados dolosa ou negligentemente à coisa.

[400] Similarmente, STOLFI, *I Diritti reali di Garanzia,* cit., p. 169. Para uma comparação da obrigação de custódia no penhor e no depósito, cfr. MASSARI, *L'obbligazione di custodire nel pegno e nel deposito,* in RTDPC IV (1950), pp. 1091-1097.

coisa[401], o que equivale a dizer que o credor pignoratício apenas poderá ser responsabilizado na eventualidade de, no caso concreto, não ter tomado os deveres de cuidado que se lhe impunham[402]. Todavia, o credor pignoratício não poderá opor-se a que o empenhador intervenha, a expensas suas com o objectivo de conservar ou melhorar a coisa, desde que tal actuação não prejudique o direito de grantia[403].

Ademais, decorre deste dever de administração da coisa empenhada a obrigação de fazer frutificar a coisa, percebendo os respectivos frutos, os quais serão utilizados para amortizar, gradualmente, o débito garantido. Por este motivo, o art. 672.º estabelece que, salvo convenção em contrário das partes, os frutos da coisa empenhada devem ser imputados, em primeiro lugar, às despesas feitas com a coisa e juros, e, posteriormente, ao capital em dívida.

Neste particular, tem sido entendimento comum que, tendo o penhor por objecto uma coisa frutífera, deve presumir-se a existência de um direito anticrético através do qual o credor pignoratício tem a possibilidade de utilizar os frutos recebidos da amortização parcial da dívida, sem

---

[401] DAMRAU, *Anotação ao §1215 BGB*, Nm. 3 in *MÜNCHENER*, cit. Em sentido contrário, salienta RUBINO, *La responsabilità patrimoniale: Il pegno*, 2.ª ed., cit., p. 244, que o dever de conservação da coisa dever ser entendido não só em sentido material, mas, também, em sentido jurídico, o que implica a obrigação de praticar actos que sejam oportunos relativamente à coisa empenhada, como é o caso, p. ex., da celebração de contratos de seguro relativamente aos bens em que, de acordo com a *praxis* comercial, seja usual a celebração de tais contratos.

[402] ALMEIDA COSTA, *Ilicitude na guarda da coisa penhorada; venda antecipada* in CJ 1985, tomo II, pp. 19-29 (p. 23), O autor acrescenta ainda, em termos que acompanhamos, que só haverá lugar a responsabilidade civil por violação do dever de guarda desde que se verifiquem três requisitos: (i) ilicitude do facto danoso, (ii) culpa, sob a forma de dolo ou negligência e (iii) um nexo de causalidade entre o facto e os danos sofridos pelo lesado. Ademais, cumpre salientar que, uma vez que estamos no âmbito da responsabilidade contratual, a culpa do devedor – *in casu*, do credor pignoratício que não terá actuado na observância do dever de guarda – presume-se.

[403] RUBINO, *La responsabilità patrimoniale: Il pegno*, 2.ª ed., cit., p. 243; GABRIELLI, *Pegno*, cit., p. 346, 2.ª coluna. Neste particular, PEREIRA/ CORDERO LOBATO/ MARÍN LÓPEZ, *Tratado de los Derechos de Garantía*, cit., p. 834, consideram que ao credor pignoratício é atribuída a faculdade de poder alienar os bens empenhados e substituí-los por outros equivalentes quando se trate de bens perecíveis, dado que a constituição de um penhor com estas características confere implicitamente ao credor pignoratício a condição de gestor de negócios em interesse próprio e no interesse do empenhador.

que para tal seja necessário executar a coisa[404]. Não obstante, é mister salientar que não se deve presumir a existência desse pacto quando a coisa dada em garantia não seja frutífera, sendo, por conseguinte, necessário o acordo expresso das partes para que o credor possa frutificar a coisa e, desse modo, fazer-se pagar com os rendimentos obtidos. Nesta hipótese, e na ausência de acordo, os frutos não se consideram abrangidos pelo penhor, sem prejuízo de o credor pignoratício estar obrigado a diligenciar pela sua cobrança (art. 672.º, n.º 2).

b) Dever de não utilização

No tocante à proibição de utilização da coisa dada em penhor, o legislador diferiu da solução que resultava do art. 862.º do Código de Seabra, prevendo-se, assim, que apenas poderá haver lugar ao uso da coisa nos casos em que este seja absolutamente imprescindível à sua conservação. Como justificação desta tomada de posição temos o facto de se considerar que a coisa é dada ao credor como garantia do seu crédito e não, pelo contrário, para que se sirva dela[405]. Trata-se, pois, de atender ao escopo do negócio visado pelas partes. Ademais, atendendo ao facto de o credor pignoratício ser, de certo modo, um sequestrador, justifica-se o facto de apenas poder conservar a coisa, em vez de lhe ser conferido o direito de a utilizar[406]. Efectivamente, a realização de actos de conservação não é sinónimo de utilização. Pense-se, p. ex., no caso de coisas frutíferas, em que não se considera uso a exploração ordinária da coisa empenhada, através da obtenção de tais frutos[407].

---

[404] PIRES DE LIMA/ANTUNES VARELA, *Código Civil Anotado*, 4.ª ed., Vol. I, p. 692, ANTUNES VARELA, *Das obrigações em geral*, cit., Vol. II, p. 535.
[405] VAZ SERRA, *Penhor*, in BMJ 58, p. 194.
[406] GORLA, *Del pegno, delle ipoteche*, cit., pp. 84. Ademais, conforme salienta, MONTEL, *Pegno (Diritto vigente)*, cit., p. 784, 2.ª coluna, estamos perante uma manifestação particular do dever geral de abstenção que impende sobre todos os que se coloquem perante uma relação de natureza real, sendo que nos casos do confronto com o credor pignoratício, tal dever tem uma dimensão mais limitada, fruto dos poderes conferidos ao seu titular.
[407] CARRASCO PERERA/ CORDERO LOBATO/ MARÍN LÓPEZ, *Tratado de los Derechos de Garantía*, cit., p. 838.

Deste modo, nos casos em que, por algum motivo, a coisa venha a deteriorar-se[408], haverá que assacar a responsabilidade ao credor pignoratício, a qual, em virtude de estarmos no âmbito de um ilícito contratual, terá de se presumir por força do disposto no art. 799.º. Note-se, todavia, que a aprovação do devedor para a utilização da coisa pode ser prévio ou mesmo posterior à referida utilização[409], através da ratificação da utilização feita pelo credor pignoratício; fica, então, vedada ao devedor a possibilidade de invocar pretensões indemnizatórias, sob pena de tal actuação configurar o exercício inadmissível de uma posição jurídica nos termos do disposto no art. 334.º.

Cumpre, ainda, indagar da possibilidade de o credor pignoratício poder celebrar um subpenhor[410], i.e., um contrato de penhor mediante o qual dá como garantia a um seu credor a coisa recebida por parte do devedor pignoratício, em conformidade com os poderes a que tem direito sobre a coisa[411]. Neste âmbito, de acordo com GORLA, há que proceder à destrin-

---

[408] GULLÓN BALLESTEROS, *Comentários* (ao art. 1870), cit., p. 226, considera que não é necessário que a coisa empenhada sofra danos, se bem que o surgimento de tais danos será indício seguro, por via de regra, do abuso do credor pignoratício na utilização da coisa.

[409] REALMONTE, *Il pegno*, cit., p. 666.

[410] Neste particular, o CC é omisso, contrariamente ao CCIt, onde, no artigo 2792 podemos ler:) *Il Creditores non può, senza il consenso del costituente, usare della cosa, salvo che l'uso sai necessário per la conservazione di essa.* **Egli non può darla in pegno o concederne ad altrui il godimento"** (carregado nosso) Atendendo a este regime, CICARELLO, *Pegno (diritto privato)*, cit., p 687, 2.ª ooluna, refere que se o devedor originário não consente no subpenhor, a garantia oferecida pelo credor pignoratício a terceiros valerá como uma cessão do crédito garantido, sendo que, nos casos em que devedor dê o seu assentimento ao credor pignoratício, valerá, *in toto,* a proibição constante do artigo acabado de transcrever, sendo permitido ao credor subpignoratício exercer todos os poderes autónomos de um credor pignoratício. GABRIELLI, *Pegno,* cit., p. 339, 2.ª coluna, salienta que o subpenhor encontraria uma admissibilidade mais ágil tendo por base a disciplina relativa aos títulos de crédito. Já CHIRONI, *Trattato dei privilegi,* Vol. I, cit., pp. 496-497, considera que no subpenhor concorrem dois elementos distintos, a saber: (i) o direito real de penhor e (ii) o direito de crédito, construído directamente a partir do direito real de penhor e cedido nos termos gerais, motivo pelo qual considera que o subpenhor não estaria sujeito aos mesmos formalismos que ditam a constituição do penhor.

[411] Como é óbvio, o subpenhor é um subcontrato. Sobre essa figura, entre nós, cfr. ROMANO MARTÍNEZ, *O subcontrato,* (reimp. da ed. de 1989) Coimbra: Livraria Almedina, 2006, *maxime* pp. 75-108. Atendendo à classificação proposta pelo autor, o

ça entre duas situações distintas, a saber: (i) as relações existentes com o empenhador original, e (ii) as relações entre o credor pignoratício e o credor subpignoratício[412].

No tocante à primeira de tais facetas, *prima facie,* seríamos tentados a afirmar que a proibição do uso da coisa teria de se estender, forçosamente, à possibilidade de o credor pignoratício usar a coisa para a dar como garantia de uma dívida sua ou de terceiro[413]. Com efeito, nesta linha de raciocínio, seria vedado ao credor pignoratício dar a coisa empenhada, pelo que, sempre que se produzisse este incumprimento contratual, haveria que considerar que o subpenhor não produziria qualquer efeito nas relações com o empenhador originário, o qual, obviamente, poderá recuperá-la com o simples pagamento da dívida existente perante o credor pignoratício, sem prejuízo da eventual obrigação de indemnização em função do seu incumprimento contratual[414].

Adicionalmente, à primeira vista, atendendo à latitude com que o legislador previu a possibilidade de cessão de garantia, poderíamos ser tentados a afirmar que a celebração de contratos de subpenhor é lícita, já que se o legislador prevê a possibilidade de ser transmitido o direito de penhor independentemente da cessão do crédito, teria de se considerar, por maioria de razão, que tal faculdade incluiria igualmente a possibili-

---

contrato base terá de ter um conjunto de característica – terá de ser um contrato duradouro e não poderá ser um contrato *intuittu personae* – enquanto o subcontrato, em relação ao contrato base, terá de ter (i) identidade do tipo, (ii) identidade do objecto, (iii) posterioridade lógica e (iv) subordinação.

[412] GORLA, *Del pegno, delle ipoteche,* cit., pp. 85. Em sentido contrário pronunciam-se PEREIRA/ CORDERO LOBATO/ MARÍN LÓPEZ, *Tratado de los Derechos de Garantía,* cit., p. 839, defendendo que o subpenhor confere ao credor subpignoratício a faculdade de exercer o direito do subempenhador na medida necessária para executar o penhor.

[413] PIRES DE LIMA/ANTUNES VARELA, *Código Civil Anotado,* 4.ª ed., Vol. I., cit., p. 691. Sublinhe-se a posição de MONTEL, *Pegno (Diritto Vigente),* cit., p. 784, 1.ª coluna, autor para quem a obrigação de restituição não deveria ser enumerada no grupo das obrigações que impendem sobre o credor pignoratício, já que esta "obrigação" apenas existiria devido ao facto de o credor pignoratício deixar de poder justificar a própria detenção da coisa empenhada.

[414] Já CUNHA GONÇALVES, *Comentário ao Código Comercial Português,* Vol. II, cit., p. 462 entendia que o subpenhor seria válido nos casos em que fosse válida venda de coisa alheia (art. 462 § 2 CCom), desde que a constituição do segundo penhor não impedisse a reivindicação da coisa pelo primeiro empenhador.

dade de dar o penhor como garantia. Em abono de tal conclusão, poder-se-ia igualmente salientar o facto de a constituição do penhor não retirar os bens do comércio jurídico, já que o legislador expressamente comina a nulidade de cláusulas que vedem a sua alienação ou oneração[415]. Efectivamente, nos casos em que se verificasse a alienação ou a oneração da coisa empenhada, nada obstaria a que o credor pignoratício pudesse opor eficazmente o seu direito ao novo proprietário, em função da sua posse, *rectius,* das acções possessórias a que pode lançar mão[416].

Não obstante, há que afirmar que o subcontrato é incompatível com os negócios jurídicos de garantia. Se é certo que, conforme acabámos de ver, é possível ceder a garantia, haverá que concluir pela inadmissibilidade da sobreposição de contratos, em virtude de o credor pignoratício carecer de legitimidade para subempenhar o bem que lhe foi dado em garantia[417], dado que não resulta possível retirar qualquer argumento de maioria de razão a partir do regime da cessão de garantia. Efectivamente, tal mais não seria do que, pura e simplesmente, franquear as portas a uma pura inversão lógica.

Assim, e à guisa de conclusão, no que diz respeito às relações entre o credor pignoratício e o credor subpignoratício, somos do entendimento de que, apesar do contrato de subpenhor celebrado entre ambos, o produto da venda destinar-se-á, apenas, a satisfazer o credor pignoratíco, sendo que o credor subpignoratício poderá lançar mão da figura da sub-rogação do credor ao devedor, contanto que haja uma inacção do credor pignoratício e que o exercício do direito seja essencial à satisfação ou garantia do seu direito[418].

---

[415] Art. 695.º aplicável *ex vi* art. 678.º. Não obstante, será lícita a cláusula que preveja o vencimento antecipado das obrigações a cargo do devedor, na hipótese de o empemjador alienar ou onerar os bens empenhados.

[416] Similarmente, PAULO CUNHA, *Da Garantia nas obrigações,* Vol. II, cit., pp. 212-213, LUÍS MENEZES LEITÃO, *Garantia das Obrigações,* 2.ª ed., cit., p. 205.

[417] ROMANO MARTÍNEZ, *O subcontrato,* cit. pp. 47-48.

[418] Por seu turno, GORLA, *Del pegno, delle ipoteche,* cit., pp. 85, entende que, em função do contrato de subpenhor celebrado entre ambos, o credor subpignoratício terá direito aos frutos em vez do credor pignoratício, bem como de proceder à venda da coisa – contanto que a obrigação seja garantida, obviamente – em vez daquele. Todavia, tal venda apenas poderá ser efectuada desde que se verifique um incumprimento do devedor originári. Em qualquer caso, cumpre salientar que o subpenhor, *summo rigore,* não pode confundir-se com a hipótese de cessão da garantia prevista no art. 676.º, já que nesta situação estamos perante uma verdadeira transmissão do penhor.

c) *Dever de restituição*

Como é facilmente perceptível, logo que esteja extinta a obrigação garantida por penhor, o credor pignoratício deixa de ter um título que justifique a detenção da coisa e, como tal, está obrigado a proceder à sua entrega. Trata-se, obviamente, de um dever que só existe a partir do momento em que tenha sido satisfeito o crédito garantido[419].

Com efeito, a obrigação de restituição pode ser considerada um elemento típico do contrato de penhor, transformando-se numa obrigação actual, i.e., exigível a partir do momento em que a obrigação garantida esteja cumprida[420]. Deste modo, na eventualidade de o credor pignoratício não proceder à devolução da coisa no termo do contrato de penhor, ficará obrigado a indemnizar o empenhador, sendo que tal indemnização em princípio, corresponderá ao valor da coisa empenhada[421]. Não obstante, cumpre salientar que caso estejamos perante uma simples situação de mora da devolução da coisa, tal indemnização apenas poderá ser arbitrada a partir do momento que a mora tenha sido convertida em incumprimento definitivo, nos termos do disposto no art. 808.º, n.º 1.

Quid iuris, no entanto, se existirem outras dívidas do empenhador perante o credor pignoratício, nomeadamente, p. ex., dívidas relacionadas com despesas suportadas pelo credor pignoratício durante a vigência do contrato de penhor? Neste particular, somos do entendimento que o credor pignoratício poderá fazer uso do direito de retenção, contanto que estejam verificados os requisitos plasmados no art. 754.º, a saber: (i) detenção legítima de uma coisa que deva entregar a outrem, (ii) existência de um crédito a favor do detentor e (iii) o facto de esse crédito resultar de despesas realizadas por causa da coisa ou de danos por ela causados. Dito de outro modo, o credor pignoratício poderá reclamar o direito à restituição de benfeitorias necessárias e úteis. Todavia, elas não estarão abrangidas pelo contrato de penhor, mas sim, como vimos, pelo direito de retenção[422].

---

[419] REALMONTE, *Pegno,* cit., p. 666, GABRIELLI, *Pegno,* cit., p. 347, 1.ª coluna.
[420] CICARELLO, *Pegno (diritto privato),* cit., p 698, 2.ª coluna.
[421] WEBER, *Kreditsicherungsrecht,* 8.ª ed., cit., p. 149.
[422] PAULO CUNHA, *Da Garantia nas Obrigações,* Vol. II, cit., pp. 212-213, LUÍS MENEZES LEITÃO, *Garantia das Obrigações,* 2.ª ed., cit., p. 199.

13. Proibição do pacto comissório

Como é consabido, o art. 694.º – aplicável ao penhor *ex* vi art. 678.º – proíbe que o credor faça seu o bem empenhado em caso de incumprimento da obrigação garantida, cominando com nulidade os pactos que sejam outorgados em violação de tal proibição[423]. De um ponto de vista meramente estrutural, o pacto comissório é uma alienação do direito de propriedade, subordinada à condição suspensiva do incumprimento do devedor e relacionada com um contrato constitutivo de uma garantia real[424].

O pacto comissório é, conforme decorre das suas raízes romanistas[425], uma convenção mediante a qual ocorre a perda ou a extinção da propriedade de uma coisa do devedor a favor do respectivo credor. Ora, atendendo ao facto de a função de garantia do penhor se realizar, primacialmente, na preferência conferida ao credor e, também, no facto de permitir opor a terceiros esse poder de satisfação, facilmente se percebe que, nesta configuração enquanto negócio condicionado, o pacto comissório permitiria realizar o seu conteúdo independentemente do direito de preferência típico, já que o credor, valendo-se da preferência que goza, poderia fazer valer o seu título de aquisição da propriedade do bem, em vez de um direito de preferência em sede de processo executivo[426].

Sendo assim, facilmente se percebe que o legislador pretenda vedar comportamentos abusivos e/ou fraudulentos do credor, pelo que sanciona a nulidade do pacto comissório[427]. Com efeito, a proibição do pacto

---

[423] Julgamos que o disposto no art. 679.º, em sede de penhor de direitos, não afasta a proibição do pacto comissório, em virtude de esta se revelar como uma norma de teor geral, *rectius* informadora do sistema das garantias reais.

[424] Neste sentido, BIANCA, *Patto Commissorio* cit., pp. 712-721 (p. 714, 2.ª coluna), DI PAOLO, *Patto Commissorio* in DIGESTO – Sezione Civile, tomo XIII, Turim: Unione Tipografico-Editrice Torinese, 1993, pp. 309-314 (p. 311, 2.ª coluna).

[425] Não é esta a sede adequada para curar da evolução histórica do pacto comissório. Sobre este aspecto veja-se, entre nós, ANDRADE DE MATOS, *O pacto comissório,* cit., p. 31-55.

[426] BIANCA, *Patto Commissorio,* cit., p. 715 (1.ª coluna).

[427] Na expressão lapidar de DAMRAU, *Anotação ao §1229 BGB,* Nm. 2 in MÜNCHENER, cit., para efeitos de proibição do pacto comissório (*"Verfallvereinbarung"*) é indiferente estarmos perante uma transmissão de propriedade condicionada ou uma obrigação de transmitir a propriedade que se vença automaticamente. Já MÜHL, *Anotação*

comissório, por um lado, assenta numa razão de teor ético-moral que visa evitar o destroçamento do devedor que, o mais das vezes, pode ser uma vítima da sua necessidade de solvência económica, acreditando na possibilidade de resgatar o objecto do penhor em momento futuro. De outro lado, podemos referir uma razão "técnica", que é a falta de preços de mercado facilmente controláveis[428]. Com efeito, a razão de ser da proibição do pacto comissório é plúrima e complexa[429], relevando a um tempo o propósito de proteger o devedor da (hipotética) extorsão do credor, bem como a necessidade a que corresponde um interesse geral do tráfego, mormente o interesse de não serem falseadas as regras que ditam a conduta dos agentes, através da atribuição injustificada de privilégios a alguns credores em detrimento dos demais[430].

---

ao § 1229 BGB, Nm. 1 in SOERGEL, 12.ª ed., Vol. 6, Sachenrecht, Estugarda, Berlim, Colónia: Verlag W. Kolhammer, 1989, salienta a grande perigosidade do pacto comissório, afirmando que nos casos em que o § 1229 BGB não for aplicável, regerá o § 139 BGB, em virtude de ambos terem a mesma ratio.

[428] LORDI, Pegno Commerciale, cit., p. 671, 2.ª coluna.

[429] JANUÁRIO GOMES, Assunção Fidejussória de dívida, cit., p. 94. Um exemplo desta fundamentação plúrima da proibição do pacto comissório é-nos dada por LUMINOSO, Alla ricerca degli arcani confini del patto commissorio in RDC XXXVI (1990), pp. 219-242, (p. 234), para quem a essência do pacto comissório radica em três aspectos distintos. De um lado, a proibição mão abrange as situações em que se assegure ao devedor a faculdade de recuperar a parte do bem concedido em garantia que devesse exceder o montante do crédito garantido. Ademais, a proibição do pacto comissório repousa na insídia a que o devedor está exposto, já que pode ser induzido a vincular um bem para assegurar a satisfação do credor, sendo que será alentado por uma fórmula que não evita a perda definitiva do mesmo e, por conseguinte, permite alimentar a esperança de conseguir cumprir a obrigação garantida antes do termo acordado pelas partes. Finalmente, a proibição do pacto comissório pressupõe igualmente que o alienante revista a qualidade de devedor do alienatário e que as partes recorram à alienação para garantir uma elação obrigacional distinta, não parecendo ser suficiente nem a simples necessidade de dinheiro por parte do alienante, nem a desproporcionalidade ente o valor do bem alienado e o preço, nem mesmo a finalidade genérica creditícia e garantia perseguida pelas partes.

[430] JANUÁRIO DA COSTA GOMES, Assunção Fidejussória de dívida, cit., p. 94. Similarmente, CATARINA PIRES CORDEIRO, Do pacto comissório (ao pacto marciano): entre a eficiência e a Justiça comutativa nas relações creditícias, Lisboa, 2004, pp. 35-36. Para uma apreciação crítica dos fundamentos da proibição do pacto comissório veja-se, entre nós, IDEM, Ibidem, cit., pp. 24-42, e ANDRADE DE MATOS, O pacto comissório, cit., pp. 56-75. Para uma breve panorâmica da doutrina italiana, veja-se LUMINOSO, Alla ricerca degli arcani confini del patto commissorio, cit.

Ademais, cumpre não olvidar que um dos aspectos mais paradoxais da proibição do pacto comissório prende-se com facto de este conviver com outros institutos, perfeitamente lícitos, que parecem, no entanto, desencadear os mesmos perigos que a proibição do pacto comissório visa exorcizar. Pense-se, p. ex., na *datio in solutum* relativamente à qual, por via de regra, se admite a licitude da oferta pelo credor[431].

Uma vez afirmada a proibição do pacto comissório, há que ponderar se será possível fixar antecipadamente que, em caso de incumprimento, o credor poderá fazer a coisa sua, mediante o pagamento de um preço previamente determinado ou a determinar aquando do vencimento da obrigação. Entramos, assim, na fronteira entre a proibição do pacto comissório e a potencial admissibilidade do pacto marciano, sendo que nessa ténue linha divisória surge um fio condutor no qual se entretecem duas considerações de grandeza inigualável mas, muitas vezes, de sinal contrário: o imperativo ético que, louvando-se na justiça comutativa, previne e reprime desequilíbrios e distorções nas relações obrigacionais e a tutela de autodeterminação de liberdade do indivíduo, delineada pela máxima da autonomia privada das partes[432].

À partida, o pacto marciano parece ser lícito, já que este, por definição, implica a transferência do bem dado em garantia para o credor mediante o pagamento de um preço justo[433]. Todavia, fazem-se ouvir vozes argumentando que a proibição do pacto comissório deveria ter lugar nas situações em que o credor se obrigasse a entregar o excedente do valor da coisa em relação ao montante do seu crédito garantido, mesmo que esta tivesse um valor fixo de mercado, já que subsistiria o perigo de exploração usurária do devedor[434].

---

[431] JÚLIO GOMES, *Sobre o âmbito da proibição do pacto comissório, o pacto autónomo e o pacto marciano – Ac. do STJ de 30.1.2003, Rec. 3896/02*, in CDP 8 (Outubro//Dezembro 2004), pp. 57-72 (p. 65). Sobre a *datio in solutum*, cfr. o estudo de VAZ SERRA, *Dação em função do cumprimento e dação em cumprimento*, in BMJ 39 (1953), pp. 25-57, bem como MANFRED HARDER, *Die Leistung an Erfüllungs Statt (*datio in solutum*)*, Berlim: Duncker & Humblot, 1976, *passim*.

[432] CATARINA PIRES CORDEIRO, *Do pacto comissório (ao pacto marciano): entre a eficiência e a Justiça comutativa nas relações creditícias*, cit., p. 3.

[433] Precisamente pelo facto de o pacto comissório e o pacto marciano terem sortes distintas, entende CIPRIANI, *Patto Commissorio e Patto Marciano. Proporzionalità e Legitimità delle garanzie*, cit., p. 12, que o pacto marciano não é uma modalidade de pacto comissório, mas sim uma cláusula acessória dos contratos de garantia real.

[434] VAZ SERRA, *Penhor* in BMJ 58, cit., pp. 219.

Não obstante, julgamos dever ter como ponto de partida o facto de só dever ser considerada como venda comissória aquela em que a função de garantia se traduz numa vantagem injustificada para o credor, o que permite, *a priori*, considerar lícito o pacto marciano[435]. Com efeito, a partir do momento em que seja observado o requisito material da congruidade entre o valor do bem onerado e o valor do crédito garantido o pacto marciano será lícito. Dito de outro modo, o valor do bem e o montante da dívida devem equivaler-se[436].

Em qualquer caso, cumpre salientar que será necessário recorrer à avaliação do bem para determinar o seu preço justo. Tal avaliação, em virtude de assumir um papel fulcral para o aquilatar da licitude do pacto marciano, terá de ser levada a cabo atendendo a critérios de carácter objectivo, mediante o recurso às regras de mercado ou com a intervenção de um terceiro imparcial designado de comum acordo pelas partes. Ademais, é de crer que a avaliação apenas deverá ser efectuada aquando do vencimento da obrigação[437], já que é esse o momento em que cessa a situação de inferioridade negocial perante o credor[438].

Deste modo, julgamos ser lícito o recurso ao pacto marciano sendo que, na eventualidade de os restantes credores se sentirem lesados, em virtude de, designadamente, considerarem que houve lugar à sonegação

---

[435] JANUÁRIO DA COSTA GOMES, *Assunção Fidejussória de dívida*, cit., p. 96, ANDRADE DE MATOS, *O pacto comissório*, cit.,. p. 88. Similarmente, REMÉDIO MARQUES, *Locação financeira restitutiva (sale and lease-back) e a proibição dos pactos comissórios – negócio fiduciário, mútuo e acção executiva*, in BFD, Vol. LXXVII (2001), pp. 575-632 (p. 607), entendendo que nos contratos de locação financeira restitutiva a inserção de cláusulas negociais consagradoras do pacto marciano pode salvar a maioria dos negócios deste tipo.

[436] CATARINA PIRES CORDEIRO, *Do pacto comissório (ao pacto marciano): entre a eficiência e a Justiça comutativa nas relações creditícias*, cit., p. 57.

[437] Similarmente, GULLÓN BALLESTEROS, *Comentários* (ao art. 1859), cit., p. 210, defendendo que não devem considerar-se válidos os pactos que determinam antecipadamente o preço a pagar em caso de incumprimento do devedor, dado que prescindem dos procedimentos legais gizados pelo legislador para a satisfação coerciva da dívida sobre o bem dado em garantia.

[438] ANDRADE DE MATOS, *O pacto comissório*, cit.,. p. 83. Isto porque, conforme salienta CATARINA PIRES CORDEIRO, *Do pacto comissório (ao pacto marciano): entre a eficiência e a Justiça comutativa nas relações creditícias*, cit., p. 59, o pacto marciano assenta em dois pilares distintos: a cláusula de avaliação do bem e a cláusula de restituição do excesso.

ou à dissipação de bens do património do devedor, nada obsta a que lancem mão dos meios de conservação da garantia patrimonial que o legislador coloca à sua disposição, *maxime* a impugnação pauliana[439].

14. Extinção do penhor

As causas de extinção do penhor podem distinguir-se em causas directas, i.e., causas que operam extintivamente sobre a relação garantida, e causas indirectas, ou seja, causas que dizem respeito directamente ao penhor[440], sendo que estaremos perante uma causa indirecta de extinção do penhor no caso de se verificar a extinção da dívida garantida, por contraposição com (i) a perda definitiva da posse por parte do credor, (ii) a renúncia do credor e a consequente restituição da coisa ao devedor, (iii) o expirar do termo final relativamente ao qual o direito estava limitado, (iv) a verificação da condição resolutiva eventualmente aposta ao contrato de garantia, (v) a venda da coisa objecto do vínculo ou a transmissão da mesma para o adjudicatário[441].

De acordo com disposto no art. 677.º[442], o penhor extingue-se pela restituição da coisa empenhada ou do documento que confira a plena disponibilidade da coisa empenhada, sendo que, ademais, extinguir-se-á pelas mesmas causas por que cessa o direito de hipoteca[443].

Deste modo, a primeira das causas de extinção do penhor é a restituição da coisa empenhada ou do documento que confira a disponibilidade exclusiva dela, ao credor ou a terceiro. Note-se que esta causa de

---

[439] Sobre a impugnação pauliana, por todos, cfr. CURA MARIANO, *Impugnação pauliana*, Coimbra: Livraria Almedina, 2004.

[440] MONTEL, *Pegno (Diritto Vigente)*, cit., p. 796, 2.ª coluna, que procedia à distinção entre causas directas de extinção e causas indirectas, i.e., causas que operam extintivamente sobre a relação garantida pelo penhor e apenas indirectamente sobre o penhor.

[441] GABRIELLI, *Pegno*, cit., p. 348, 2.ª coluna.

[442] À guisa de curiosidade, confronte-se o regime vertido no preceito do Direito pátrio, com a completude da regulamentação do legislador alemão, que, em § autónomos do BGB, regula de forma assaz detalhada a extinção do crédito garantido (§ 1252 BGB), o desaparecimento da coisa (§ 1253 BGB), a renúncia do credor pignoratício (§ 1255 BGB) e a confusão (§ 1256 BGB).

[443] Com excepção do artigo 730.º, alínea b).

extinção é autonomizada em relação à renúncia, já que em virtude de a tradição desempenhar um requisito específico de publicidade, compreende-se que a restituição da coisa empenhada ou do respectivo documento importe igualmente a extinção da garantia[444]. Esta situação verifica-se quer a restituição seja voluntária, quer seja involuntária por parte do credor, uma vez que caso o empenhador subtraia a coisa ao credor pignoratício poderá dispor dela a favor de terceiros, sendo inaceitável que o penhor fosse oponível a estes, pois não teriam qualquer publicidade relativa ao mesmo[445].

Ademais, por força da remissão para a alínea a) do art. 677.º, o penhor extingue-se em função da extinção da obrigação a que serve de garantia. Estamos, pois, perante uma consequência do princípio da acessoriedade, dado que, em função de ser uma garantia acessória, o penhor extingue-se na hipótese de se extinguir o próprio crédito que assegura[446].

O penhor extinguir-se-á também como consequência do perecimento da coisa empenhada. Note-se, porém, que, caso tal perecimento implique para o dono da coisa empenhada o direito a uma indemnização, o titular da garantia conserva sobre o crédito respectivo ou sobre as quantias pagas a título de indemnização, a preferência que lhe competia em relação à coisa empenhada. Saliente-se que esta causa de extinção é uma causa autónoma de extinção do penhor, não se confundindo, pura e simplesmente, com as hipóteses de perda irrecuperável da posse[447].

Ademais, somos do entendimento que o perecimento da coisa será assimilável à extinção do direito que subjaz ao direito de penhor. Toda-

---

[444] LUÍS MENEZES LEITÃO, *Garantias das Obrigações*, 2.ª ed., cit., p. 200. O Autor chama ainda a atenção para o facto de o art. 871.º do Código de Seabra estabelecer que a restituição da coisa empenhada apenas fazia presumir a remissão do direito de penhor, se o credor não provasse o contrário. Chama a atenção SANTOS JUSTO, *Direitos Reais*, cit., p. 466 para um paralelismo entre a constituição e extinção do penhor, dado que se a entrega basta para o constituir, também a restituição da coisa objecto do penhor terá de ditar, forçosamente, a sua extinção.

[445] OLIVEIRA ASCENSÃO, *Direito Civil – Reais*, cit., p. 550, LUÍS MENEZES LEITÃO, *Garantias das Obrigações*, 2.ª ed., cit., pp. 200-201.

[446] Assim, p. ex., PAULO CUNHA, *Da Garantia nas Obrigações*, Vol. II, cit., p. 219. LUÍS MENEZES LEITÃO, *Garantias das Obrigações*, 2.ª ed., cit., p. 201, BÜLOW, *Rech der Sicherheiten – Sachen und Rechte, Personen*, 6.ª ed., cit., Nm. 530.

[447] RUBINO, *La responsabilità patrimoniale: Il pegno*, 2.ª ed., cit., p. 288, REALMONTE, *Il pegno*, cit., p. 671.

via, é mister operar algumas precisões. Assim, p. ex., no penhor de direito de usufruto, este extingue-se se verificar o abuso da parte do usufrutuário relativamente à aquisição por parte da nua propriedade, sendo que a garantia perdura até ao momento em que não se verifique o evento que, de outro modo, teria ditado a extinção do usufruto[448].

Saliente-se igualmente que o penhor poderá extinguir-se por força da renúncia[449] do credor pignoratício à garantia. Em qualquer caso, é mister salientar que tal renúncia, por força do disposto no art. 867.º, não conduz à necessidade de presumir a remissão da dívida, já que resulta de um negócio unilateral abdicativo do credor, mesmo nos casos em que seja estabelecida no âmbito de um acordo com o garante ou com o devedor[450]. Obviamente, a renúncia pode ser oral ou escrita, expressa ou tácita, devendo ser considerada um acto de administração extraordinário no tocante à capacidade de agir do renunciante[451].

Finalmente, saliente-se que o penhor pode extinguir-se na hipótese em que se verifique a reunião na mesma pessoa das qualidades de credor e de proprietário da coisa empenhada, se não existir interesse justificado do credor na subsistência da garantia, atento o disposto no art. 871.º, n.º 4[452]. Em qualquer caso, somos do entendimento que é de crer que a extinção não se produzirá nas situações em que incidam sobre a coisa penhores de diferente grau (posterior), dado que nessa situação permanece o interesse do proprietário na sua conservação, de molde a poder opor o penhor aos credores pignoratícios posteriores[453].

---

[448] REALMONTE, *Il pegno*, cit., p. 671.

[449] Sobre a renúncia, entre nós, Cfr., BRITO PEREIRA COELHO, *A renúncia abdicativa no Direito Civil (algumas notas tendentes à definição do seu regime)*, Coimbra: Coimbra Editora, 1995.

[450] Neste particular, somos tributários da destrinça operada por PAULO CUNHA, *Da Garantia nas Obrigações*, Vol. II, cit., p. 220 entre o distrate do contrato pignoratício e a renúncia por parte do respectivo credor.

[451] CICARELLO, *Pegno (diritto privato)*, cit., p 697 (2.ª coluna) – 688 (1.ª coluna).

[452] LUÍS MENEZES LEITÃO, *Garantias das Obrigações*, 2.ª ed., cit., p. 202.

[453] GORLA, *Del pegno, delle ipoteche*, cit., p. 7, GABRIELLI, *Pegno*, cit., p. 348, 2.ª coluna.

§ 3. Penhor de Direitos

1. Razão de Ordem

Uma vez definido, nos seus traços gerais, o regime do penhor de coisas, cumpre igualmente, em breves traços, fazer uma breve descrição desta garantia das obrigações que tende a ser incluída entre as garantias especiais sobre direitos, em virtude de não ser considerada um direito real[454].

Antes do mais, é mister salientar que o crédito é um bem económico e, como tal, pode ser objecto de circulação jurídica, motivo pelo qual dever ser reconhecido ao seu titular um poder de disposição (*"Verfügungsmacht"*), o qual será idêntico à faculdade que incide sobre os demais bens patrimoniais. Dito de outro modo, em função do seu valor patrimonial, o crédito poderá ser utilizado no comércio jurídico, motivo pelo qual pode ser objecto de alienação, renúncia, oneração ou herança[455].

Como facilmente se intui, a especialidade do penhor de direitos radica no seu elemento objectivo, que não é uma coisa, mas sim um direito, daí que seja denominado penhor de direitos ou penhor sobre direitos[456-457].

---

[454] Assim, p. ex., LUÍS MENEZES LEITÃO, *Garantias das Obrigações,* cit., 2.ª ed., p. 281. Neste particular, saliente-se a certeira observação de GIUSEPPE CLAPS, *Natura giuridica del pegno de crediti,* in *Archivio* LXVI, fascículo 3, pp. 441-446 e *Archivio* LXVI, fascículo 1, pp. 93-155 (pp. 403-404), que referia ser comum topar com afirmações considerando que o penhor de créditos não caberia no conceito de penhor, em virtude de ser inconcebível a existência de direitos reais sobre um crédito, sendo que, por outro lado, também era assaz frequente encontrar o penhor de créditos englobado no conceito de penhor, em virtude de se defender um conceito unitário de penhor, o que acabaria por conduzir a uma querela infindável sobre o objecto do penhor.

[455] CALVÃO DA SILVA, *Cumprimento e sanção pecuniária compulsória,* 4.ª ed., Coimbra: Livraria Almedina, 2002, p. 26. No que tange à disposição do direito de crédito, avulta a cessão de créditos, enquanto relativamente à oneração assume primazia o penhor de créditos.

[456] MARINO Y BORREGÓ, *La prenda de derechos* in AAVV, *Homenaje a Don Antonio Hernandez Gil,* Madrid: Editorial Centro de Estudios Ramón Areces, S.A., 2001, pp. 2022-2047 (pp. 2022-2023), nota que a possibilidade de empenhar direitos não é explícita no Código Civil espanhol, resultando a sua admissibilidade da regulação de alguns casos de penhor de direitos, como é o caso do penhor de créditos, plasmada no art. 1868.º. Ademais, o autor chama ainda a atenção para uma sentença do Supremo Tribunal Espanhol de 9 de Abril de 1997, onde se considera que o crédito é apto para ser objecto de um contrato de penhor, por ter valor patrimonial e porque tal direito (de empenhamento) não pode ficar circunscrito às coisas materiais por força de uma interpretação literal do art. 1864.º do Código Civil Espanhol.

[457] O que não invalida que, em alguns casos, possamos topar com situações de qualificação dúbia. Exemplo paradigmático é o dos títulos de crédito. Com efeito, atente-

O que equivale a dizer que o elemento distintivo do penhor de direitos é o objecto afecto à garantia, pelo que as regras aplicáveis à figura devem-se exclusivamente à necessidade de adequação ao funcionamento característico do direito de crédito e à ausência de uma realidade corpórea subjacente a esta modalidade de garantia[458].

Ademais, convém não olvidar o facto de a reserva garantística própria do penhor ser diferenciada no penhor de coisas e no penhor de direitos – *maxime*, no penhor de créditos – dado que no primeiro caso o objecto afecto à satisfação do crédito garantido consiste numa coisa corpórea, cujo valor económico permite o cumprimento da obrigação, enquanto no penhor de direitos o reforço patrimonial é obtido através da afectação de uma prestação creditória. Trata-se, pois de uma variação no *quid* da reserva[459].

Acresce ainda que, apesar de o penhor ser uma figura clássica no seio das garantias de crédito, a realidade hodierna, que prima, cada vez mais, pela desmaterialização da riqueza, associado à importância que os direitos de crédito assumem no tráfego jurídico, leva a que o penhor de créditos assuma uma importância fulcral em função do desenvolvimento do recurso à constituição de penhor de direitos no âmbito de financiamentos de projectos (*"Project finance"*), bem como em operações de titularização

---

-se no disposto no § 1293 do BGB: "(*Pfandrecht an Inhaberpapieren*) *Für das Pfandrecht an einem Inhaberpapier gelten die Vorschriften über das Pfandrecht an beweglichen Sachen*", o qual permite abranger devidamente quer a constituição do penhor, quer, sobretudo, a tutela do adquirente de boa fé. Todavia, há que entender que o penhor de títulos de crédito constitui um penhor de direitos, dado que o objecto do penhor é o próprio crédito incorporado pelo título. Assim, p. ex., LUÍS MENEZES LEITÃO, *Garantias das Obrigações*, 2.ª ed., cit., pp. 287-288.

[458] RUI OLIVEIRA NEVES, *O penhor de créditos – Contributo para a compreensão da figura no contexto das garantias especiais das obrigações*, cit., p. 70.

[459] RUI OLIVEIRA NEVES, *O penhor de créditos – Contributo para a compreensão da figura no contexto das garantias especiais das obrigações*, cit., pp. 10-11. Aliás, neste particular, cumpre ter na linha de horizonte o facto de, *prima facie*, o regime legal do penhor ser gizado em função da natureza móvel do objecto, enquanto o regime do penhor de coisas está pensado, tendencialmente, para uma situação que se baseia na entrega de uma coisa. Ou seja, o penhor de créditos assentaria na afectação de um direito a uma prestação. Similarmente, salienta CUSATO, *Il Pegno*, cit., p. 84, que no penhor de créditos os princípios relativos à constituição do penhor são derrogados, dado que o credor pignoratício não tem a posse do crédito empenhado.

de créditos[460], motivo pelo qual julgamos justificado este breve excurso sobre a figura do penhor de direitos, *maxime,* o penhor de créditos.

Aliás, neste particular, à imagem do que se verifica no penhor de coisas, cumpre salientar que a disciplina legal do penhor de direitos, entendida de forma estrita, não é apta a satisfazer as exigências da *praxis.* Com efeito, o facto de quer a banca quer os seus clientes pretenderem obter/ter acesso a operações de financiamento que se protelem no tempo, i.e., desejando actividades de financiamento contínuas e unitárias, sendo que, por outro lado, as instituições de crédito, por via de regra, pretendem obter uma garantia que não esteja ancorada numa única obrigação, preferindo, outrossim, uma garantia apta a lançar os seus alicerces numa realidade destinada a tutelar créditos múltiplos – e eventuais – derivados de vários actos negociais inerentes a uma ou várias operações negociais[461]. Com efeito, a previsão legal relativa à constituição do penhor, assenta na noção de acto único ou unitário, *rectius,* pressupõe que o penhor se esgota num acto único, obliterando a circunstância de, em consequência do nascimento do penhor, surgir uma plêiade de deveres e direitos, *rectius,* de situações jurídicas derivadas quer do direito de penhor, quer do próprio contrato que lhe está na base e é seu pressuposto.

2. Objecto do penhor de créditos

Antes do mais, cumpre salientar que são importáveis, *a priori,* para o estudo do penhor de direitos as conclusões obtidas a propósito de outras garantias, método que será particularmente útil no tocante a questões relativas ao penhor de créditos futuros ou em sede de penhor *omnibus.*

---

[460] Similarmente, GARCIA VICENTE, *La prenda de créditos,* cit., p. 27, refere que o penhor de créditos permite maximizar a riqueza associada a estas operações, permitindo igualmente reduzir os custos económicos associados às garantias reais tradicionais, *maxime* a hipoteca, ou seja os custos de constituição, administração e de execução. Relativamente a estes últimos, os custos serão reduzidos em virtude de, pela sua própria natureza (e pensamos, sobretudo nos casos em que são empenhados créditos pecuniários), os mecanismos de pagamento preferenciais colocados à disposição do credor pignoratício serem a compensação e a imputação unilateral de pagamentos. Do mesmo modo RIEDEL/WIEGAND, *Anotação prévia ao § 1273 BGB,* Nm. 1, referem que, contrariamente ao penhor de coisas, o penhor de direitos ganhou uma especial importância na economia hodierna.

[461] Neste sentido STELLA, *Il pegno a garanzia di crediti futuri,* cit., pp. 13-14.

Trata-se, pois, do método que iremos seguir, sendo que, procuraremos ter em mente quer o facto de não poder ser efectuada uma importação automática, quer pelo facto de, no penhor de créditos, serem sentidos com maior acuidade aspectos específicos, como sejam o facto de, pela natureza das coisas, poder pairar sobre o empenhador a possibilidade de sobrevir a sua insolvência, mas, sobretudo, pelo facto de o crédito empenhado, em algumas circunstâncias, estar na dependência de contratos dependentes de execução ou, pura e simplesmente, de contratos que ainda não foram, sequer, celebrados[462].

Nos termos do disposto no art. 680.º só é admitido o penhor de direitos quando estes tenham por objecto coisas móveis e sejam susceptíveis de transmissão, pelo que é mister concluir que não podem ser empenhados os créditos relativos à entrega de bens imóveis[463]. Todavia, há que atentar no facto de este preceito ter de ser interpretado *cum grano salis*, porquanto nada obstará a que sejam dados em penhor créditos hipotecários. Com efeito, tendo em consideração o facto de o direito empenhado ser a prestação e não o prédio hipotecado, este penhor terá de ser considerado admissível[464]. Adicionalmente, é mister salientar que o regime vertido no CC não é aplicável aos títulos de crédito, cuja regulamentação foi deliberadamente deixada para o a lei comercial[465].

Antes do mais, cumpre salientar que o penhor de créditos pode apresentar, na sua configuração típica, uma estrutura básica assente numa

---

[462] GARCIA VICENTE, *La prenda de créditos*, cit., p. 75.

[463] LUÍS MENEZES LEITÃO, *Garantias das Obrigações*, 2.ª ed., cit., p. 284. Note-se que o autor nega, igualmente, que o penhor possa incidir sobre prestações de facto. Já MÁRIO NEVES BAPTISTA, *Penhor de créditos,* Recife, 1947, p. 156, entende que toda a obrigação é susceptível de ser assegurada através do penhor de créditos, pouco importando a natureza da prestação, podendo esta consistir na entrega de uma coisa ou de quantia em dinheiro, bem como a execução de serviço ou a simples abstenção. Similarmente, BAUR, *Lehrbuch des Sachenrechts,* 10.ª ed., cit., p. 611, salientando que tanto podem ser empenhados direitos absolutos, como os direitos de autor, ou direitos de natureza relativa, caso dos créditos *lato sensu* (*"Forderungsrechte"*). Para uma enumeração de direitos susceptíveis de serem empenhados, cfr., p. ex., DAMRAU, *Anotação ao §1273 BGB,* Nm. 2 in *MÜNCHENER,* cit.

[464] PIRES DE LIMA/ANTUNES VARELA, *Código Civil Anotado*, 4.ª ed., Vol. I, cit., p. 699.

[465] Assim, p. ex., ANTUNES VARELA, *Das Obrigações em geral,* 7.ª ed., Vol. II, cit., pp. 543-544.

triangulação de relações ou situações jurídicas, a saber: (i) a relação de base ou creditória que se estabelece entre o devedor do crédito garantido que constitui o penhor em benefício do seu credor, (ii) a relação de segurança ou debitória que corresponde à relação jurídica entre o devedor enquanto empenhador e o devedor do crédito empenhado e (iii) a relação de cobertura ou afectação creditória que respeita à relação entre o credor pignoratício e o devedor do crédito atribuído em garantia[466-467]. Desen-

---

[466] RUI OLIVEIRA NEVES, *O penhor de créditos – Contributo para a compreensão da figura no contexto das garantias especiais das obrigações*, cit., p. 44. Note-se que em (iii) o autor opta pela expressão "relação de garantia".

[467] Tendo em atenção a complexidade do penhor de créditos, vertida nas várias relações existentes, entende MARINO Y BORREGÓ, *La prenda de derechos*, cit., pp. 2029--2030, que deve ser aplicado o princípio da absorção, dando prevalência à relação e caracteres fundamentais que, apesar de distintos, formam um complexo unitário. Precisamente por este motivo, o autor considera que é necessário operar uma objectivação do crédito, por forma a considerar que o penhor de direitos tem natureza real, já que conceber o penhor de direitos como um simples penhor antecipado do objecto de crédito implicaria adoptar uma construção contrária à vontade das partes.

Como é consabido, esta configuração triangular das garantias tem sido estudada, primacialmente, no seio das garantias pessoais. Assim, no caso da fiança encontramos a referência a uma relação triangular que, de acordo com LARENZ/CANARIS, *Lehrbuch des Schuldrechts*, 13.ª ed., Munique: C.H. Beck'sche Verlagsbuchhandlung, 1994, tomo II/2, pp. 2-3, compreende (i) a relação fiador-credor, derivada do contrato de fiança (*"Bürgschaftsvertrag"*), (ii) a relação devedor principal-credor, com o seu centro gravitacional na obrigação derivada da fiança, caracterizada pela acessoriedade e (iii) a relação fiador-devedor principal que, sendo gratuita será um mandato, sendo onerosa, será, na maioria dos casos, um *Geschäftsbesorgungsvertrag*. Similarmente, CARRASCO PERERA/ CORDERO LOBATO/ MARÍN LÓPEZ, *Tratado de los Derechos de Garantía*, cit., p. 74-75, preferem falar em (i) relação fiador-credor (relação fidejussória), (ii) relações credor-devedor (relação de valuta) e (iii) relações devedor-fiador (relação de cobertura). Acerca da operação de fiança, entre nós, cfr. JANUÁRIO DA COSTA GOMES, *Assunção fidejussória de dívida*, cit. 360-394.

Já no tocante ao mandato de crédito, estamos perante (i) uma relação entre autor do encargo e encarregado (relação de cobertura), mediante a qual o encarregado se obriga a conceder crédito a um terceiro em nome e por conta própria, (ii) relação entre o encarregado e o terceiro (relação de execução), regida pelas regras que disciplinarem o contrato a celebrar, e (iii) a relação entre o terceiro e o autor do encargo (relação fidejussória), à qual serão aplicáveis primacialmente, as regras relativas à fiança, sendo que o limite da responsabilidade fidejussória do autor do encargo consistirá no crédito a conceder por parte do encarregado. Sobre este aspecto, cfr. HUGO RAMOS ALVES, *Do mandato de crédito*, cit., pp. 74-78.

Finalmente, no tocante à garantia autónoma, esta assenta, de acordo com FRANCISCO CORTEZ, *A Garantia Bancária Autónoma – alguns problemas* in ROA 52 (1992),

volvendo um pouco mais este aspecto, diremos que a relação de segurança existe à margem do penhor, porquanto é, por via de regra, uma relação de natureza pessoal entre o empenhador e o devedor do crédito empenhado, cabendo à relação de garantia a tarefa de consubstanciar o penhor, dado que é no seu seio que serão definidos os concretos termos da garantia constituída pelo empenhador e, consequentemente, dela derivam os poderes do credor pignoratício.

Destarte, cumpre salientar que a relação de garantia não se constitui por um qualquer acordo tácito ou expresso entre o terceiro devedor e o empenhador, mas por efeito de um acto de oneração do crédito que este detém, sem necessidade de qualquer consentimento ou aprovação daquele terceiro, facto que resulta da ausência de alteridade do património garantístico, porquanto o reforço patrimonial deriva da afectação de um bem que o empenhador é titular[468]. O que equivale a dizer que para efeitos de validade de constituição do penhor de créditos é desnecessária a aceitação do terceiro devedor.

Retornando à temática do objecto do penhor de créditos, somos do entendimento que o penhor de créditos refere-se ao direito de crédito, e, assim, incide indirectamente sobre a prestação objecto do direito de crédito[469]. Nesta sede, afigura-se essencial que o crédito empenhado seja

---

pp. 513-610 (pp. 522-523), num triângulo cujas faces são as seguintes relações jurídicas: (i) o contrato-base celebrado entre duas partes que constitui a relação jurídica principal que se pretende garantir, (ii) um contrato celebrado entre o devedor da relação principal e um garante, geralmente um Banco; (iii) o contrato autónomo de garantia, celebrado entre o garante e o credor-beneficiário. Fazendo uso da terminologia proposta por LUÍS MENEZES LEITÃO, *Garantias das Obrigações*, 2.ª ed., cit., p. 146, diremos que estamos perante três relações distintas: a relação de cobertura, entre o garantido (dador da ordem) e o garante, uma relação de atribuição, entre o dador da ordem e o beneficiário, e uma relação de execução, entre o garante e o beneficiário da garantia.

[468] RUI OLIVEIRA NEVES, *O penhor de créditos – Contributo para a compreensão da figura no contexto das garantias especiais das obrigações*, cit., p. 45.

[469] Já COLAÇO CANÁRIO, *O penhor de créditos e a eficácia externa das obrigações*, in RJ 1 (1982), pp. 57-86 (p. 61) considera que o objecto do penhor de direitos assenta na prestação, circunstância que julgamos ser exagerada, dado que, esta, *in radice*, é o comportamento a que o devedor está adstrito e julgamos ser dificilmente compaginável defender que um comportamento pode ser dado em garantia. O autor completa, em termos que acompanhamos, o seu raciocínio enumerando as prestações provenientes de direitos de crédito que não podem ser empenhadas. Estão nessa situação (i) os créditos intransmissíveis, *maxime* os pessoais, (ii) os créditos inexecutáveis, (iii) os créditos de fazer ou não fazer contanto que se chegue à conclusão que tais créditos são de natureza estritamente pessoa.

transmissível, já que o penhor de direitos apenas incide sobre direitos susceptíveis de transmissão (*"übertragbaren Rechte"*)[470], sendo que, neste particular, julgamos que o penhor poderá incidir sobre uma prestação de *facere* nas hipóteses em que o *facere* possa ser executado, mesmo no confronto com um terceiro[471] e, eventualmente, poderá haver lugar ao empenhamento de expectativas jurídicas[472]. Trata-se, pois, de um requisito representativo da dimensão objectiva do princípio da disponibilidade creditícia, a qual encontra a tradução da sua dimensão subjectiva nas normas relativas à legitimidade para empenhar.

Com efeito, o penhor assenta – e, por maioria de razão, o penhor de créditos – no princípio de que apenas podem ser empenhados os bens susceptíveis de serem alienados o que, no caso do penhor de créditos,

---

[470] REINICKE/TIEDTKE, *Kreditsicherung*, 5.ª ed., cit., Nm. 1041. BÜLOW, *Rech der Sicherheiten – Sachen und Rechte, Personen*, 6.ª ed., cit., Nm. 626. Acrescenta DAMRAU, *Anotação ao § 1273 BGB*, Nm. 3, que esta redução é uma consequência directa de o penhor de direitos ser concebido como uma cessão de créditos parcial. Acrescenta WEBER, *Kreditsicherungsrecht*, 8.ª ed., cit., p. 290, que não são transmissíveis direitos de natureza pessoal, bem como direitos acessórios. Salienta STEINBACH, *Das Pfandrecht and Forderungen*, Gütersloh i. Westf.: Buchdruckerei Thiele, 1934, p. 20, que o legislador se limitou a referir de forma assaz genérica a qualidade que devem revestir os direitos empenháveis. De acordo com DAMRAU, *Anotação ao §1274 BGB*, Nm. 11 in *MÜNCHENER*, cit., os direitos insusceptíveis de transmissão podem ser classificados do seguinte modo: (i) direitos não empenháveis por força de disposição legal expressa, (ii) direitos não transmissíveis por força de disposição legal expressa e, por conseguinte, não empenháveis, (iii) direitos que, de acordo com o disposto no § 400 BGB, sejam não transmissíveis e, por conseguinte, não empenháveis, (iv) direitos não empenháveis em virtude de alteração do seu conteúdo, e (v) direitos considerados não transmissíveis por força de acordo das partes e, por conseguinte, não empenháveis. Similarmente, STEINBACH, *Das Pfandrecht and Forderungen*, cit., pp. 20-21. Adicionalmente, salienta MÜHL, *Anotação ao § 1274 BGB*, Nm. 1 in SOERGEL, cit., que os direitos empenhados, para além de transmissíveis, teriam igualmente de ser utilizáveis (*"Vewertbaren"*).

[471] GORLA, *Del pegno, delle ipoteche*, cit., p. 121. Todavia, o autor acrescenta que se o objecto da prestação não for susceptível de conservação – pense-se no caso em que esteja subjacente um bem de consumo – o credor pignoratício não disporá do *ius exigendi*. Em sentido contrário, DI PACE, *Il pegno dei crediti*, cit., pp. 54-55, considera inadmissível que o penhor de créditos possa ter como objecto uma prestação de *facere*, dado que, por via de regra, esta prestação estará directamente ligada ao interesse pessoal do credor.

[472] Admitindo o empenhamento de expectativas jurídicas (*"Anwartschaftsrechte"*), pronuncia-se WEBER, *Kreditsicherungsrecht*, 8.ª ed., cit., p. 292, bem como MÜHL, *Anotação ao § 1274 BGB*, Nm. 11 in SOERGEL, cit.

traduz-se na possibilidade de serem objecto de transmissão, *rectius,* na susceptibilidade de os créditos objecto da garantia poderem ser cedidos[473].

Adicionalmente, e conforme foi referido, temos de estar perante um crédito cujo objecto mediato tenha a natureza de coisa móvel. Trata-se, *summo rigore,* de um aspecto que já decorreria da natureza concreta deste direito de garantia, mas que, não obstante, o legislador sentiu necessidade de referir expressamente. Assim, a susceptibilidade de empenhamento de um bem terá de ser aferida em função do objecto devido em cada modalidade de prestação empenhada, sendo que, desde logo, fica excluído do âmbito do penhor de direitos qualquer crédito que consista na entrega de determinada coisa imóvel.

3. Constituição do penhor de créditos

No tocante à forma e publicidade exigidas para a constituição do penhor, o art. 681.º, n.º 1 dispõe que a constituição está sujeita à forma e publicidade exigidas para a transmissão dos direitos empenhados, pelo que, nos casos em que estejamos perante créditos hipotecários relativos a bens imóveis, o contrato de penhor terá de constar de escritura pública, conforme resulta do art. 578.º, n.º 2[474].

Antes do mais, é de salientar que, tradicionalmente, era comum a afirmação de que os créditos não são susceptíveis de posse. Ora, cotejando o paralelismo com a constituição do penhor de coisas, em sede de penhor de créditos optou-se pelo recurso a, passe a expressão, um expediente construído por POTHIER, que consistia em substituir a transferência da posse da coisa incorpórea, pela posse dos títulos que representam os créditos objecto de penhor. Assim, em vez de centrar a sua atenção nos

---

[473] BOLLA, *La costituzione del pegno sul crediti nel Codice Civile Svizzero,* Bellizona--Lugano: Grassi & Co. – Editori, 1921, p. 86. RUI OLIVEIRA NEVES, *O penhor de créditos – Contributo para a compreensão da figura no contexto das garantias especiais das obrigações,* cit., p. 14, salienta ainda que o penhor constituído por pessoa diferente do seu titular é nulo devido à alteridade do direito, sendo que, nesta hipótese, serão aplicáveis os artigos 892.º e 893.º, porquanto são imbuídos da mesma *ratio.*

[474] De igual modo, no Direito alemão, BÜLOW, *Rech der Sicherheiten – Sachen und Rechte, Personen,* 6.ª ed., cit., Nm. 632.

créditos, passou a exigir-se, para efeitos de constituição válida do penhor, a entrega ao credor pignoratício do título representativo dos créditos empenhados[475], dado que deste modo seria possível obter uma publicidade similar à existente em sede de constituição de penhor de coisas, uma vez que os títulos ou os documentos que incorporam os créditos objecto do penhor são coisas corpóreas. Assim, exigia-se que a entrega de tais títulos fosse efectuada para efeitos de penhor, de modo a evitar que o empenhador pudesse dispor do crédito empenhado sem o consentimento do credor pignoratício.

Centrando a nossa atenção no regime do penhor de créditos, afigura-se conveniente ter em consideração o facto de o art. 681.º, n.º 2 referir que se o penhor tiver por objecto um crédito, só produz os seus efeitos contanto que seja notificado ao respectivo devedor, ou desde que este o aceite, salvo tratando-se de penhor sujeito a registo[476], porquanto nesta hipótese apenas produz os seus efeitos a partir do seu registo. Atendendo a este quadro legal, somos do entendimento que estamos perante um regime dualista, dado que para a generalidade dos direitos de crédito o penhor apenas produz efeitos desde que seja notificado ao respectivo devedor ou por este aceite, enquanto para o penhor de direitos de crédito que estejam sujeitos a registo, os efeitos apenas se produzem com a efectivação do acto registal[477], o que equivale a dizer que enquanto a não for efectuada a notificação da constituição do penhor de créditos, o devedor cedido poderá liberar-se pagando ao respectivo credor[478].

---

[475] Assim, p. ex., BOLLA, *La costituzione del pegno sul crediti nel Codice Civile Svizzero*, cit., p. 168.

[476] P. ex. nos casos de penhor de participações sociais (art. 23.º, n.º 3 e 4 CSC) ou de penhor de valores mobiliários (art. 81.º e 103.º CVM), uma vez que, nestes casos, o penhor apenas produz os seus efeitos a partir do registo.

[477] RUI OLIVEIRA NEVES, *O penhor de créditos – Contributo para a compreensão da figura no contexto das garantias especiais das obrigações*, cit., p. 34. Já PUIG BRUTAU, *Fundamentos de Derecho Civil*, 3.ª ed., cit., p. 30 considera que a necessidade de notificar o devedor, para além de comunicar a existência da garantia, é, funcionalmente, equivalente ao empossamento do credor pignoratício no âmbito do penhor de coisas. Já COLAÇO CANÁRIO, *O penhor de créditos e a eficácia externa das obrigações*, cit., p. 60 prefere salientar que a constituição do penhor de créditos obedece a regras especiais derivadas da sua natureza.

[478] Assim, p. ex., RUBINO, *La responsabilità patrimoniale: Il pegno*, 2.ª ed., cit., pp. 231-232. Tal não se verificará nos casos em que após a notificação da constituição

Neste particular, não podemos deixar de salientar a aparente diferença[479] de regimes plasmada em sede de penhor de créditos e em sede de cessão de créditos[480]. Com efeito, tem sido entendimento comum que a cessão de créditos produz efeitos de imediato, ficando apenas dependentes de notificação os efeitos a produzir perante o devedor cedido e terceiros adquirentes do mesmo direito. Assim, a cessão produz efeitos entre as partes por efeito do contrato, enquanto relativamente ao devedor cedido e aos restantes terceiros, a cessão produzirá efeitos como consequência da notificação[481]. Destarte, a cessão de créditos é dotada de uma eficácia

---

do penhor, o devedor efectuar o pagamento, dado que, neste caso, o pagamento será ineficaz perante o credor pignoratício. Já BOLLA, *La costituzione del pegno sul crediti nel Codice Civile Svizzero,* cit., p. 149, prefere salientar que para a constituição de um penhor de créditos é necessário que estejam verificados os pressupostos necessários, ou seja: (i) que estejamos perante uma coisa incorpórea idónea para ser objecto de penhor de créditos, (ii) que as partes tenham a capacidade de contratar, podendo agir em nome próprio, (iii) que exista manifestação de concordância da vontade das partes, (iv) vontade para a constituição de um penhor de crédito e (v) que sejam observados os actos constitutivos da relação do penhor de crédito.

[479] Em sentido contrário, PIRES DE LIMA/ANTUNES VARELA, *Código Civil Anotado,* Vol. I, 4.ª ed., cit., p. 700, afirmando que enquanto a notificação na cessão de créditos apenas é necessária para notificar o devedor, no penhor de créditos a ausência desta ditará a ineficácia do penhor de créditos.

[480] Caso quiséssemos encarar a questão sob o prisma da destrinça entre o penhor de créditos e a *cessio pro solvendo,* poderíamos dizer, acompanhando GORLA, *Del pegno, delle ipoteche,* cit., pp. 124-125, que a *cessio pro solvendo* é um meio que visa a satisfação do credor, facto que a preferência na satisfação do crédito dada pelo penhor não consegue, porquanto o penhor mais não é do que um meio para garantir a satisfação do credor pignoratício em sede de execução. Daí que a apropriação do crédito cedido na *cessio pro solvendo* não vá contra a proibição do pacto comissório.

[481] MENEZES LEITÃO, *Cessão de créditos,* Coimbra: Livraria Almedina, 1995, p. 391, ANTUNES VARELA, *Das Obrigações em Geral,* 7.ª ed., cit., Vol. II, p. 313. O autor refere que não existe qualquer imposição legal que dite o afastamento do princípio contido no art. 408.º, sendo que, uma vez analisados os efeitos globais da cessão, não poderá haver uma mera redução à parte do contrato ligada à transmissão dos créditos, sendo, outrossim, necessário atentar aos outros efeitos resultantes da causa da cessão, contemplados no art. 578.º. Neste particular, salienta MENEZES CORDEIRO, *Direito das Obrigações,* cit., Vol. II, pp. 96-97, a necessidade de verificar que tais efeitos apenas não se manifestam face a terceiros de boa fé. Em sentido contrário manifesta-se ALMEIDA COSTA, *Direito das Obrigações,* 10.ª ed., cit., p.823, entende que entre as partes os efeitos produzem-se segundo o tipo do negócio base e que em relação ao devedor cedido é necessária a notificação ou a aceitação, dado que esta serve para lhe atribuir eficácia quanto a terceiros.

translativa imediata, sendo que tal é fundamentado pela circunstância de ser celebrado o contrato-base, ressalvando-se a tutela do terceiro de boa fé, já que, perante este, a cessão apenas produzirá efeitos após a notificação, a aceitação ou o simples conhecimento[482]. Estes últimos são, pois, actos dogmaticamente equiparáveis, cabendo à aceitação o efeito de tornar dispensável a notificação para que se considere que a cessão de créditos está eficazmente constituída[483].

Tal regime será justificável atendendo à diferença entre a posição do cessionário e a posição do credor pignoratício, dado que no penhor a titularidade do direito empenhado pertence a pessoa diversa daquela que está legitimada para cobrar e receber o crédito empenhado, ficando o credor pignoratício numa posição preferencial em relação a outros credores do titular do direito. Ademais, esse será o meio pelo qual tais credores poderão tomar conhecimento da circunstância de o credor pignoratício não receber o direito como titular, mas sim como simples credor especialmente garantido[484].

Com efeito, se cotejarmos o regime da constituição do penhor de direitos e aqueloutro da cessão de créditos, topamos com normas assaz

---

[482] Assim, p. ex. PESTANA DE VASCONCELOS, *A cessão de créditos em garantia e a insolvência – Em particular da posição do cessionário na Insolvência do Cedente*, Coimbra: Coimbra Editora, 2007, p. 395, SÓNIA CARVALHO, *O Contrato de factoring na prática negocial e sua natureza jurídica*, Porto: UCP, 2007, p. 272, LUÍS MENEZES LEITÃO, *Cessão de créditos*, cit., p. 359, ASSUNÇÃO CRISTAS, *Transmissão contratual do direito de crédito*, Coimbra: Livraria Almedina, 2005, pp. 219-220, ANTUNES VARELA, *Das Obrigações em Geral*, 7.ª ed., cit., Vol. II, p. 313, RIBEIRO DE FARIA, *Direito das Obrigações*, cit., p. 516-517, MENEZES CORDEIRO, *Direito das Obrigações*, cit., Vol. II, pp. 96-97.

[483] LUÍS MENEZES LEITÃO, *Cessão de créditos*, cit., p. 359. O autor salienta que a aceitação, em princípio, não tem valor negocial de reconhecimento de dívida, tendo, pelo contrário, um mero valor de declaração de ciência relativamente à verificação da cessão.

[484] ASSUNÇÃO CRISTAS, *Transmissão contratual do direito de crédito*, cit., p. 403. A autora acrescenta ainda que a necessidade acrescida de publicidade em sede de garantias será, provavelmente a razão que justifica a equiparação feita pela lei entre registo e notificação, desamparando, de certo modo, a posição do devedor cedido em benefício da segurança dos credores. Similarmente, COLAÇO CANÁRIO, *O penhor de créditos e a eficácia externa das obrigações*, cit., p. 60, considera que é necessária a notificação ao respectivo devedor, porquanto só com esta existe a completa garantia do credor pignoratício. Ademais, logo que o empenhador tenha em seu poder documentos comprovativos do seu crédito, deve entregá-lo ao credor pignoratício, para este mais facilmente exercer, conservar ou defender o seu direito.

similares, já que em ambos os casos se prevê a ineficácia do negócio nos casos em que um dos interessados não seja notificado ou desconheça o teor do negócio celebrado. Apesar desta similitude, cumpre ter presente a diferença das funções perseguidas pelos negócios em questão. Efectivamente, enquanto na cessão de créditos estamos perante a alienação de um direito – a qual opera por mero efeito do contrato[485] –, no penhor de créditos temos uma realidade diversa, já que o negócio visa afectar determinado bem ao cumprimento de outro negócio, sendo reforçado, para o efeito, o património susceptível de ser agredido pelo credor pignoratício. Dito de outro modo, a concluir-se pela diferença de regimes entre o penhor de créditos e a cessão de créditos, tal diferença será o resultado directo da própria natureza, *rectius* da causa do negócio. Com efeito, a *ratio* garantística do penhor deveria indicar o lugar da notificação num momento constitutivo da garantia, sendo que tal efeito não pode incidir apenas no despoletamento dos efeitos contra o empenhador, mas também nos efeitos contra os ulteriores credores e o terceiro devedor. Ou seja, o legislador procurou tutelar os terceiros de forma indirecta, advertindo o credor pignoratício da necessidade de levar a cabo algumas formalidades após a celebração do contrato[486].

Assim, julgamos ser pacífico que – fora as excepções atrás referidas – o penhor de créditos é um contrato consensual, cabendo à notificação a tarefa de lhe conferir, digamos, relevância externa relativamente a terceiros[487]. Não obstante, cumpre, ainda, indagar o papel da aceitação, da

---

[485] Neste particular, salienta ASSUNÇÃO CRISTAS, *Transmissão contratual do direito de crédito*, cit., p. 212, que a doutrina pátria não demonstra especiais preocupações na aplicação do princípio vertido no art. 408.º Pois bem, tal falta de preocupação resultará do facto de, funcionalmente, a transmissão onerosa de um crédito ser uma compra e venda, motivo pelo qual tal aplicação fará sentido. Trata-se, aliás, de algo que a autora reconhece IDEM, *Ibidem*, cit., p. 214.

[486] RUSCELLO, *Il pegno sul credito. Costituzione e prelazione*, cit., pp. 62-63.

[487] Assim, p. ex., MONTEL, *Pegno (Diritto vigente)*, cit., p. 796 (1.ª coluna), RUSCELLO, *Il pegno sul credito. Costituzione e prelazione*, cit., p.59. Em sede de Direito Comparado, veja-se, p. ex., o § 1280 BGB, onde podemos ler: "O empenhamento de um crédito, para cuja transmissão é suficiente o contrato de cessão, apenas é eficaz quando for notificado pelo credor ao respectivo devedor" (tradução nossa. No original pode ler-se: *"Die Verpfändung einer Forderung, zu deren Übertragung der Abtretungsvertrag genügt, ist nur wirksam, wenn der Gläubiger sie dem Schuldner anzeigt."*). No espaço jurídico tudesco, STEINBACH, *Das Pfandrecht and Forderungen*, cit., p. 24, a propósito

notificação e, ainda, da preferência conferida ao credor pignoratício. Neste particular, é mister aquilatar se a preferência é uma consequência directa ou indirecta do contrato de penhor[488]. Atendendo ao regime vertido no CC, somos do entendimento de que a notificação e a aceitação são pressupostos lógicos da preferência, sendo, por esse motivo, necessário proceder à sua análise, de molde a aferir da sua essencialidade para a constituição do penhor de créditos.

De um ponto de vista teórico, julgamos ser possível negar a correspondência do escopo prático entre a notificação e o mecanismo publicitário[489], já que a finalidade deste último é a de permitir ao terceiro aferir, a qualquer momento, a titularidade do direito, que se vai ou se está prestes a adquirir, mediante transcrição ou inscrição em registos especiais de consulta pública[490]. Por conseguinte, dir-se-ia que, com referência ao devedor cedido, a inscrição da alteração da titularidade deveria ser equi-

---

da constituição do penhor de créditos, opera a distinção entre: (i) créditos relativamente aos quais a transmissão é necessária a prática de actos visíveis, com excepção da entrega de documentos e (ii) um segundo grupo em que basta um acordo informal das partes para operar a cessão do crédito.

A propósito da notificação, notam NAPOLETANO/BARBIERI/NOVITÀ, *I Contrati Reali*, Turim: Unione-Tipografico Editrice Torinese, 1965, p. 360, que a notificação do devedor do empenhador constitui uma situação análoga à entrega da coisa empenhada a um terceiro eleito pelas partes, dado que, no essencial, realiza-se a entrega da "coisa" empenhada, sendo a notificação o único modo pelo qual se pode realizar a "entrega" face à particular natureza do objecto do penhor de créditos.

[488] Neste particular, é lapidar DI PACE, *Il pegno dei crediti*, cit., p. 44, ao afirmar que o contrato de penhor é perfeito e eficaz a partir do momento seguinte à notificação e à aceitação do penhor, já que resultaria incompreensível o valor de um penhor sem preferência no pagamento, bem como a possibilidade de exigir o pagamento perante quem não deve reconhecer a nova situação que se veio a criar em consequência da relação interna de penhor.

[489] MARINO Y BORREGÓ, *La prenda de derechos*, cit., p. 2022-2023, pronunciando-se à luz do Direito espanhol, chama a atenção para o facto de a entrega do documento onde conste o direito não resolve o problema da publicidade nos casos em que tal documento desempenha função meramente probatória. Não obstante, o autor chama a atenção para o facto de a entrega ser exigida por motivos teleológicos, que consiste no facto de se procurar colocar o direito empenhado numa situação análoga à da transmissão da posse, motivo pelo qual a publicidade poderia obter-se com recurso a outros mecanismos, como seria o casos dos mecanismos estabelecidos para a eficácia da cessão de créditos.

[490] RUSCELLO, *Il pegno sul credito. Costituzione e prelazione*, cit., p.73.

parada à notificação e à aceitação, pelo que, para o que ora nos interessa, há que concluir que a notificação não se consubstancia num sistema publicitário[491]. Efectivamente, a dúvida quanto à função constitutiva da notificação ou aceitação pelo devedor do crédito afecto em garantia adensa-se se atentarmos no disposto no art. 681.º, n.º 3, que, não obstante a ineficácia do penhor, determina a salvaguarda da produção de determinados efeitos antes da ocorrência de notificação ou aceitação pelo devedor[492]. Trata-se, pois, de uma atenuação manifesta da regra geral que prevê que o penhor apenas será eficaz *inter partes* após a notificação ou aceitação do devedor do crédito empenhado, salvo nos casos em que se trate de um penhor sujeito a registo, caso em que os seus efeitos se produzirão a partir do registo (art. 681.º, n.º 2 *in fine*)[493].

Perante este cenário, julgamos não serem despiciendas as observações de RUSCELLO, autor para quem, a partir do momento em que se opera a distinção entre o momento da constituição do penhor e a consequente necessidade de notificação, a *ratio* da anterioridade residiria na tutela do credor pignoratício, pelo que, forçosamente, seria mister afirmar que a reciprocidade se deveria considerar realizada em momento anterior à constituição. Assim, haveria que optar por uma de duas conclusões: ou se consideraria que o momento precedente à constituição seria o momento precedente à notificação, ou, pelo contrário, haveria que entender que por momento anterior à constituição se deveria entender o momento prévio ao acordo entre devedor e credor pignoratício[494].

Apesar destes elementos dissonantes, é de crer que encontramos com uma coerência de regimes entre o penhor de coisas e o penhor de direitos

---

[491] RUSCELLO, *Il pegno sul credito. Costituzione e prelazione,* cit., p. 74.

[492] Efectivamente, caso o devedor do crédito pague à pessoa que constituiu o penhor ou celebre com ela negócio jurídico relativo ao crédito empenhado, nem o pagamento, nem o negócio jurídico serão oponíveis ao credor pignoratício, se este provar que o devedor tinha conhecimento do penhor (art. 583.º, n.º 2 *ex vi* art. 681.º, n.º 3). A este propósito, salienta ANTUNES VARELA, *Das obrigações em geral,* Vol. II., cit., p. 546, que estamos perante um sinal de que o conhecimento efectivo da existência do penhor pode suprir a falta de notificação e de aceitação.

[493] PESTANA DE VASCONCELOS, *A cessão de créditos em garantia e a insolvência,* cit., p. 545, PIRES DE LIMA/ANTUNES VARELA, *Código Civil anotado, 4.ª ed.,* Vol. I, cit., p. 700, VAZ SERRA, *Penhor* in BMJ 59, p. 180.

[494] *Il pegno sul credito. Costituzione e prelazione,* cit., pp. 78-79. Note-se que o fundamento desta posição prende-se com o facto de o autor considerar que o conceito de

no que respeita à eficácia constitutiva deste direito de garantia. Com efeito, o penhor de créditos parece ter sido influenciado pela técnica de formação real do penhor de coisas, pelo que apenas se perfecciona com a combinação de um elemento negocial e de um elemento externo que respeita à manifestação da existência da oneração do crédito, atenta a necessidade de proceder a uma exteriorização da vicissitude oneradora ocorrida ao nível do direito de crédito para permitir concatenar e tutelar os interesses dignos de protecção, em especial, os do devedor e, também, os dos demais credores[495]. Destarte, julgamos, percebe-se o porquê da maior exigência do legislador em sede penhor de créditos: tal deriva do facto de a constituição de garantias, em função de representar, por via de regra, um acto de gestão extraordinária, carecer de requisitos mais exigentes na sua formalização[496].

---

garantia não se reduz à noção de preferência na satisfação do crédito, dado que a relação de garantia, nesta óptica, surge com o consenso entre empenhador e credor pignoratício, sendo a preferência um mero perfil de disciplina, cuja produção de efeitos está condicionada pela notificação ou pela aceitação do terceiro devedor. Neste sentido, igualmente, STEFINI, *La cessione del credito com causa di garanzia*, cit., p. 204, STELLA, *Il pegno a garanzia di crediti futuri*, cit., p. 63. Aliás, esta última autora salienta, IDEM, *Ibidem*, cit., p. 80 quando afirma que, no tocante à relação com terceiros, o penhor despojado de preferência na satisfação do crédito, mantém a sua eficácia real, dado que pode ser oposto e feito valer no confronto com sujeitos diversos do empenhador, com excepção de terceiros em sede de concurso de credores.

[495] RUI OLIVEIRA NEVES, *O penhor de créditos – Contributo para a compreensão da figura no contexto das garantias especiais das obrigações*, cit., p. 38. Pronunciando--se à luz do Direito italiano, entende GORLA, *Del pegno, delle ipoteche*, cit., pp. 124-125, ser necessário distinguir duas situações distintas: (i) a relação com o terceiro devedor do crédito empenhado e com os adquirentes desse crédito e (ii) as relações com os restantes credores do empenhador. Ora, no tocante ao primeiro dos aspectos o vínculo constitui-se com a notificação, ainda que meramente verbal, ou com a aceitação por parte do terceiro devedor. No que diz respeito às relações com os restantes credores, a o penhor apenas seria eficaz a partir do momento em que ocorresse a notificação escrita ou a aceitação do terceiro devedor, que deveriam ter por fundamento um título investido de forma escrita *ad substantiam*, independentemente do montante do crédito garantido.

[496] Todavia, deparamos com tomadas de posição que tendem a considerar a notificação o reverso publicitário do desapossamento no penhor de coisas. Neste sentido, veja--se o Acórdão do Tribunal de Milão de 19 de Julho de 1982 in BBTC XLVI (1983), Parte Seconda, pp. 216-218 (p. 217), afirmando que as formalidades inerentes à notificação constituem um verdadeiro desapossamento que tem a função de advertir o devedor do crédito empenhado que apenas extinguirá a sua obrigação com o pagamento ao credor pignoratício, bem como tem igualmente a função de estabelecer um elemento formal idóneo a resolver o eventual conflito entre este e os restantes credores do empenhador.

Note-se, porém, que em sede constituição de penhor de créditos, é mister operar a destrinça (i) entre as relações com o terceiro devedor do crédito empenhado e (ii) com os restantes credores. Assim, conforme pudemos ver, no primeiro aspecto o penhor constitui-se mediante a simples notificação verbal ao terceiro devedor ou com a simples aceitação deste, enquanto a preferência na satisfação do crédito apenas adquirirá operacionalidade a partir do momento em que exista a susceptibilidade de ser provada a causa da preferência do credor pignoratício[497]. Estamos, pois, perante uma situação similar àqueloutra que encontrámos a propósito do penhor de coisas: o cerne do penhor reside na subtracção da disponibilidade do bem empenhado.

Adicionalmente, afigura-se conveniente salientar que, nos casos em que o terceiro devedor participe na constituição do penhor de créditos, *rectius* seja parte no contrato de penhor de créditos, tal comportamento será equivalente à aceitação, pelo que, nesta hipótese, não é necessário praticar qualquer acto adicional para que se considere que o penhor de créditos está validamente constituído e é eficaz[498].

Na verdade, a notificação ao terceiro não é um elemento constitutivo do penhor de direitos, nem é sequer um requisito constitutivo do contrato, limitando-se a procurar evitar um pagamento liberatório ao credor e a impedir a oponibilidade dos actos dispositivos do crédito posteriores. O que equivale a dizer que uma das suas funções principais reside no facto de permitir assegurar o controlo sobre a disponibilidade do empenhador relativamente ao crédito empenhado, na medida em que o devedor cedido não poderá ignorar o encargo que incide sobre o crédito dado em garantia[499]. Assim, podemos afirmar que a notificação, à imagem do que se verifica no penhor de coisas, visa privar o autor do penhor da possibilidade de dispor do bem empenhado.

No tocante à entrega dos documentos comprovativos do direito prevista no art. 682.º somos do entendimento que esta não condiciona a constituição do penhor, porquanto o penhor já está validamente constituído com a notificação ou com a aceitação do terceiro devedor e, sobre-

---

[497] Similarmente, GORLA, *Del pegno, delle ipoteche*, cit., p. 127.
[498] Assim, p. ex., RUSCELLO, *Il pegno sul credito. Costituzione e prelazione*, cit., pp. 154.
[499] GARCIA VICENTE, *La prenda de créditos*, cit., pp. 66-67.

tudo, porque as formas de constituição de penhor foram pensadas para perseguir – funcionalmente, salientamos – a publicidade da situação do crédito, enquanto da entrega dos documentos resulta, por via de regra, uma função probatória[500].

Permitimo-nos fazer um breve parêntese para salientar que nas hipóteses em que estejamos perante um penhor de títulos de crédito a entrega do documento será essencial para a válida constituição do penhor. Efectivamente, os arts 398.º, n.ºs 2 e 3 e o art. 399.º CCom estabelecem que, em relação ao portador, o penhor estabelece-se pela tradição do título, enquanto nos títulos à ordem a constituição efectua-se pelo endosso com a correspondente declaração segundo os usos da praça, enquanto nos títulos nominativos o penhor resulta de uma declaração efectuada no livro de averbamentos e registos da entidade competente[501]. Em qualquer caso, é mister salientar que o disposto no art. 399.º do CCom encontra-se, no essencial, revogado em função da proliferação de disposições diversas[502]. O que equivale a dizer que a regra geral do art. 681.º, n.º 1 deve ser integrada pelas disposições pertinentes da lei comercial para efeitos da válida constituição do penhor mercantil de direitos[503].

---

[500] GORLA, *Del pegno, delle ipoteche*, cit., pp. 128-129. Acrescenta GABRIELLI, *I negozi costitutivi di garanzie reali*, cit. p. 160, que o legislador italiano não demonstrou grande preocupação a propósito da constituição do penhor de créditos, tendo optado por dar mais atenção às condições necessárias para que possa operar a satisfação preferencial do credor. Assim, a eficácia do penhor de créditos será subordinada ao concurso de dois requisitos formais: (i) a existência de escrito com data certa, atestando a constituição do penhor de créditos e (ii) a notificação da constituição do penhor ao devedor do empenhador, o qual terá de aceitar, por escrito, tal constituição de penhor.

[501] No tocante às letras, o art. 19.º LULL estabelece que o quando o endosso contém a menção *"valor em garantia"*, *"valor em penhor"* ou qualquer outra menção que implique uma caução, o portador pode exercer todos os direitos emergentes da letra, mas um endosso feito por ele vale só como endosso a título de procuração. Neste particular, chama a atenção LUÍS MENEZES LEITÃO, *Garantias das Obrigações*, 2.ª ed., cit., p. 287 para o facto de, na prática, o penhor de títulos de crédito não passar por estabelecer um endosso em garantia, mas sim um endosso em pleno, fazendo constar a garantia de acto separado.

[502] A título de exemplo, citem-se o art. 19.º da LULL para o penhor de títulos de crédito, o artigo 23.º, número 3 e os artigos 81.º e 103 do CVM para o penhor de acções e de obrigações.

[503] ENGRÁCIA ANTUNES, *Manual dos Contratos Comerciais*, cit., p. 374.

4. Regime do penhor de créditos

Em termos de regime, é mister salientar que, logo que o penhor esteja constituído, o respectivo autor é obrigado a entregar ao credor pignoratício os documentos comprovativos do direito que estiverem na sua posse, em cuja conservação não tenha interesse específico (art. 682.º). Como é facilmente perceptível, a entrega de tais documentos por parte do devedor permite provar o título pelo qual age o credor. O que equivale a dizer que este é um meio que procura obviar a eventuais fraudes por parte do devedor[504].

Estamos, pois, perante um dever de cooperação[505]. Este dever de cooperação traduzido, essencialmente, na entrega dos documentos, também é sinónimo de uma obrigação de correcção e cooperação do devedor tanto na perspectiva das relações existentes com o credor pignoratício, quanto na das relações eventualmente existentes com terceiros[506]. Não obstante, julgamos não ser despiciendo acrescentar novamente que este dever de cooperação não influi na constituição propriamente dita do penhor.

Com efeito, o penhor constitui-se validamente com o acordo das partes, perfeccionando-se com a notificação ou com a aceitação do terceiro devedor[507]. Isto porque, conforme tivemos oportunidade de verificar no número anterior, as formas de constituição de penhor foram pensadas para perseguir a publicidade da situação do crédito, funcionando a obrigação de entrega dos documentos como prova da existência do crédito empenhado. Ademais, e à imagem do que sucede no penhor de coisas, o

---

[504] Salienta RUBINO, *La responsabilità patrimoniale: Il pegno*, 2.ª ed., cit., p. 233, que, contrariamente ao que se verifica no penhor de coisas, em sede de penhor de créditos o legislador apenas criou na esfera do empenhador o dever de entregar os documentos que confiram a disponibilidade do crédito, pelo que entende que estamos perante um mero efeito do contrato, que, aliás, é totalmente independente da notificação da constituição do penhor.

[505] Cumpre salientar que não podemos confundir este dever de cooperação que, no essencial, é uma decorrência do princípio da boa fé, com o fenómeno da cooperação gestória no cumprimento de actos jurídicos. Sobre esta, cfr., p. ex., LUMINOSO, *Mandato, Commissione, spedizione,* Milão: Giuffrè, 1984, pp. 1-8.

[506] RUSCELLO, *Il pegno sul credito. Costituzione e prelazione,* cit., pp. 162-163.

[507] REALMONTE, *Il pegno,* cit., p. 660.

credor pignoratício é obrigado a praticar os actos indispensáveis à conservação do direito empenhado e a cobrar os juros e demais prestações acessórias compreendidas na garantia (art. 683.º)[508].

Sublinhe-se o facto de um dos direitos atribuídos ao credor pignoratício ser o de cobrar o crédito logo que possível, dispondo o art. 685.º, n.º 1 que o credor pignoratício deve cobrar o crédito empenhado logo que este se torne exigível, passando o penhor a incidir sobre a coisa prestada em satisfação desse crédito. Estamos, pois, perante uma sub-rogação real, sendo o crédito automaticamente substituído pela coisa como objecto do penhor[509]. Trata-se de uma solução que em nada prejudica o credor pignoratício, visto ser de presumir que se ele tivesse recebido a prestação a entregaria em penhor, em lugar do crédito, ao credor pignoratício[510].

Conforme facilmente se compreende, esta sub-rogação funciona como forma de satisfação do crédito por parte do credor pignoratício, sendo que podemos igualmente considerar que, funcionalmente, estamos perante um sequestro, o qual não se converte em dano para o devedor, já que o legislador mais não fez do que atribuir um poder-dever de resgatar o crédito empenhado – e respectivos frutos, eventualmente – a par do dever de proceder à conservação e de exigir a própria prestação principal, i.e., o crédito empenhado[511].

Assim, o *ius exigendi*, no penhor de créditos, é atribuído para obviar a eventuais inconvenientes derivados do sequestro – ou penhora – do crédito levado a cabo por terceiros. Trata-se, pois, de um fenómeno que visa, acima de tudo, resolver questões de índole prática, i.e., permitir que o sujeito que tenha os documentos comprovativos da existência do crédito

---

[508] Note-se, neste particular, que temos presente o entendimento de GARCIA VICENTE, *La prenda de créditos*, cit. p. 48, autor segundo o qual não é necessário formular os requisitos próprios do penhor de créditos – realidade que valerá, julgamos, *mutatis mutandis* para o penhor de direitos – como equivalentes do disposto com carácter geral para o penhor de coisas, dado que estes últimos explicam-se em razão do tipo de objecto penhorado e das regras da sua circulação, não expressando, por conseguinte, regras imutáveis do penhor.

[509] VAZ SERRA, *Penhor* in BMJ 59, p. 212; LUÍS MENEZES LEITÃO, *Garantias das Obrigações*, 2.ª ed., cit., p. 285.

[510] PIRES DE LIMA/ANTUNES VARELA, *Código Civil Anotado*, 4.ª ed., Vol. I, cit., p. 703.

[511] GORLA, *Del pegno, delle ipoteche*, cit., pp. 122.

proceda à cobrança e, simultaneamente, evitar que uma eventual cobrança efectuada pelo empenhador possa tornar vãos os efeitos do penhor[512].

Destarte, podemos concluir que o *ius exigendi* pode ser reconduzido, nos seus efeitos, a uma actividade funcionalmente destinada a conservar o crédito recebido em garantia (*lato sensu*), dado que não é atribuído para que o credor pignoratício se satisfaça com o crédito onerado, mas sim para obviar os inconvenientes relativos às suas vicissitudes[513].

Note-se, porém, que este regime apenas rege nas situações em que não estejamos perante uma prestação pecuniária, porquanto, conforme estatui o art. 685.º, n.º 2, nessas situações, o devedor não pode realizá-la senão aos dois credores conjuntamente. Tal deve-se ao facto de a previsão legislativa procurar acautelar os interesses do empenhador, dado que nada obstaria a que o credor pignoratício pudesse dissipar dinheiro ou outras coisas fungíveis como forma de obviar o funcionamento da garantia[514]. Temos, pois, uma situação que sai dos moldes usuais das relações de crédito, dado que nem o titular do crédito, nem o credor pignoratício podem, por si, receber a prestação devida[515].

---

[512] CICARELLO, *Pegno (diritto privato)*, cit., p. 690 (1.ª coluna). De forma meramente descritiva, MONTEL, *Pegno (diritto vigente)*, cit., p. 790 (2.ª coluna), opta por falar numa situação jurídica complexa composta por uma relação de substituição substancial de um credor por outro no confronto com terceiros, sendo que tal relação, não obstante, não esgota o conteúdo desta situação jurídica complexa. Similarmente, já topávamos esta descrição junto de LORDI, *Pegno Civile*, cit., p. 632 (1.ª coluna).

[513] RUSCELLO, *Il pegno sul credito. Costituzione e prelazione,* cit., pp. 169.

[514] VAZ SERRA, *Penhor* in BMJ 59, p. 215. Neste particular, manifesta-se menos rígido o CCIt, dado que o art. 2803 do *Codice* limita-se a prever que se o penhor tiver por objecto dinheiro ou outras coisas fungíveis deve ser efectuado o seu depósito, a pedido (*"richiesta"*) do devedor, no local estabelecido através de acordo ou através de determinação da autoridade judiciária.

[515] Acrescentava PAULO CUNHA, *Da Garantia nas Obrigações,* II, cit., pp. 230-231, que este regime permitiria defender que (i) o penhor de créditos tem ínsita uma transmissão dos poderes do devedor, titular do crédito empenhado, transmissão essa que não seria plena, mas apenas relativa a alguns poderes, dando lugar à constituição do direito de crédito do credor pignoratício, ou que (ii) existem direitos sobre direitos, podendo os direitos subjectivos ser objecto de outros direitos subjectivos, acabando por preferir esta última solução, por ser mais consentânea com a noção de penhor.

5. A remissão para o regime da cessão de créditos

Decorre do art. 684.º que as relações entre o devedor e o credor pignoratício são construídas sobre o regime da cessão de créditos. Destarte, o devedor poderá opor ao credor pignoratício todas as excepções que poderia invocar contra o titular do crédito empenhado, com ressalva das que resultem de facto posterior ao conhecimento do penhor (art. 585.º)[516].

Não obstante, cumpre salientar que esta remissão para o regime da cessão de créditos não deixa de ser problemática[517]. Com efeito, há que atentar, antes do mais, no facto de o penhor de direitos, *maxime,* o penhor de créditos poder ser configurado em função desta remissão, *summo rigore,* não como um penhor propriamente dito, mas sim como uma cessão de créditos com escopo de garantia, ou, em alternativa, dir-se-ia que o penhor mais não é do que o *nomen iuris* do efeito produzido por uma cessão em garantia[518]. Na verdade, considerando que a notificação não é

---

[516] LUÍS MENEZES LEITÃO, *Garantias das Obrigações,* 2.ª ed., cit. p. 286. Sobre o regime da cessão de créditos, cfr., por todos, LUÍS MENEZES LEITÃO, *Cessão de Créditos,* cit., pp. 285-403.

[517] Para uma panorâmica relativa às várias teorizações do penhor de créditos enquanto cessão, cfr., STEINBACH, *Das Pfandrecht and Forderungen,* cit., p. 3-11.

[518] CARRASCO PERERA/ CORDERO LOBATO/ MARÍN LÓPEZ, *Tratado de los Derechos de Garantía,* cit., p. 862. Todavia, já não podemos seguir o entendimento propugnado pelos autores IDEM, *Ibidem,* cit., pp. 863-863, quando referem, à luz do ordenamento jurídico espanhol, que mediante a referida remissão se possa lograr obter para o penhor de direitos um regime bastante mais favorável e permissivo do que para o penhor de coisas, *maxime* no penhor com desapossamento, em virtude de poderem ser constituídos penhores que não estivessem sujeitos a requisitos de forma. Isto porque o artigo 1865.º do Código Civil espanhol dispõe que "O penhor não produzirá efeito contra terceiros se não constar de instrumento público a certeza da data" (tradução nossa. No original podemos ler: *"No surtirá efectos la prenda contra tercero si no consta por instrumento público la certeza de la fecha"*). Já DI PACE, *Il pegno dei crediti,* cit., p. 127, chama a atenção para o facto de o penhor de créditos ser parcialmente análogo ao contrato de mandato, dado que uma das partes – o mandatário e o credor pignoratício – está obrigado a realizar certos actos cujos efeitos se verificam na esfera alheia e, correspondentemente, impende sobre ela a obrigação de não colocar entraves ao desenvolvimento de tal actividade. Ademais, à imagem do mandato, o credor pignoratício deveria ser reembolsado pelas somas e/ou despesas em que tenha incorrido para praticar os actos necessários à conservação do crédito e, em geral, mantê-lo indemne das eventuais perdas em que tenha incorrido por força dos assuntos que tenha resolvido.

um elemento essencial da cessão de créditos, mas, apenas, um requisito de eficácia através do qual o devedor cedido fica vinculado perante o cessionário, poder-se-ia considerar que a notificação, no penhor de créditos, teria como efeito desdobrar a vinculação do devedor cedido perante o credor pignoratício (cedente), adicionando uma nova vinculação para com o credor pignoratício[519]. O que equivale a dizer que o penhor de créditos, em última análise, poderia ser considerado como uma cessão de créditos limitada.

Por este motivo, julgamos ser conveniente procurar dilucidar este aspecto de regime, o qual, indirectamente, permitirá igualmente efectuar alguns avanços no estudo da natureza jurídica do penhor de créditos.

Antes do mais, podemos assentar no seguinte aspecto: no penhor de créditos não opera qualquer transferência do crédito, apenas sendo atribuído ao credor pignoratício o *ius exigendi*, pelo que este não pode ceder o crédito empenhado, podendo apenas, na data do vencimento da obrigação garantida, cobrar o *quantum* devido[520]. Consequentemente, sempre que esteja em causa dinheiro ou outra coisa fungível, o devedor terá de pagar simultaneamente ao credor pignoratício e ao seu credor, conforme decorre do art. 685.º, n.º2, enquanto na cessão de créditos apenas tem de o fazer perante o cessionário[521]. Acresce ainda que há que ter em linha de conta o facto de, no penhor de créditos, a relação de garantia se encontrar numa posição acessória relativamente à relação garantida, enquanto na cessão em garantia existem duas relações obrigacionais contemporâneas, podendo o credor dirigir-se, indiferentemente, ao cedente ou ao cedido, bem como poderá exigir o pagamento ao cedido antes do vencimento da obrigação garantida, retendo a quantia cobrada e os juros

---

[519] AVILÉS GARCÍA, *Contratos de Garantía y Ampliación del Ámbito de aplicación de las prendas de créditos,* in AAVV, *Estudios jurídicos en homenaje al Profesor Luis Díez-Picaso,* Tomo II – *Derecho Civil. Derecho de Obligaciones,* Madrid: Thomson--Civitas, 2003, pp. 1435-1455 (p. 1453). Conforme refere o autor, nesta lógica, a notificação funcionaria como meio de provocar uma vinculação concorrente do devedor cedido com ambos os sujeitos em questão. Ademais, o autor chama ainda a atenção, correctamente, para o facto de esta tomada de posição não aceitar que a notificação desempenhe no penhor de créditos uma função semelhante à do desapossamento no penhor de coisas, limitando-se, pelo contrário, a reconhecer uma utilidade prática grande para o credor pignoratício.

[520] Assim, p. ex., MAIMERI, *Le garanzie bancarie "improprie",* cit., p. 35.

[521] Assim, p. ex., LUÍS MENEZES LEITÃO, *Cessão de créditos,* cit., p. 445.

do débito garantido, facto que, obviamente, não obsta a que o contrato de penhor esteja ligado funcionalmente a um qualquer outro contrato, como é o caso, p. ex., de um mútuo ou de uma abertura de crédito. Pense-se no caso assaz frequente de ser celebrado um contrato de abertura de crédito e, simultaneamente, serem empenhadas as acções da sociedade creditada.

Com efeito, esta teorização deve ser abandonada, já que a cessão de créditos em garantia é um negócio fiduciário, o que implica que sejam celebrados dois contratos distintos: (i) o contrato de cessão de créditos e (ii) o acordo de garantia, enquanto o penhor de créditos, para além de não ser dominado pelo esquema fiduciário, implica, apenas, a celebração de um único contrato: o contrato de penhor[522]. Não obstante, têm sido várias as tentativas de elaboração doutrinal que procuram ver no penhor de créditos uma cessão de créditos, mais propriamente uma cessão *pro solvendo* ou uma cessão com escopo de garantia[523].

Acresce ainda que o credor pignoratício apenas tem os poderes que a lei lhe confere e que se traduzem, na sua essência, no direito de satisfação preferencial pelo valor obtido com a venda do crédito. Ou seja, no penhor de créditos encontram-se excluídos os riscos que tradicionalmente são apontados ao negócio fiduciário[524]. Com efeito, a liberdade de trans-

---

[522] O autor salienta ainda que, em sede de execução, o credor terá de efectuar a venda judicial do penhor, enquanto na cessão o crédito lhe pertence exclusivamente.

[523] Sobre a cessão em garantia, cfr., entre nós, PESTANA DE VASCONCELOS, *A cessão de créditos em garantia e a insolvência,* cit., pp. 543 e segs e LUÍS MENEZES LEITÃO, *Cessão de créditos,* pp. 440-454. A este propósito, entende ARANDA RODRÍGUEZ, *La prenda de créditos,* Madrid: Marcial Pons, 1996, pp. 85-99, que estarmos perante um fenómeno através do qual o credor transferia para o credor pignoratício alguns dos poderes que detém sobre o crédito, constituindo, desse modo, o direito de crédito deste último, o que implicaria que o credor pignoratício adquire os seus direitos pelo simples efeito da decomposição ou, quando muito, pela duplicação dos poderes do credor. Já GARCIA VICENTE, *La prenda de créditos,* cit., p. 54, opta por uma solução compromissória, defendo ser necessário construir o regime do penhor de créditos combinando as normas que disciplinam a cessão em garantia e o penhor de créditos.

[524] PESTANA DE VASCONCELOS, *A cessão de créditos em garantia e a insolvência*, cit., p. 549-550. O autor argumenta ainda, com razão, que a cessão em garantia proporciona ao credor um meio mais expedito e célere para se satisfazer em caso de incumprimento do devedor da obrigação garantida do que o penhor, já que em caso de incumprimento, o cessionário poderá transaccionar de imediato o crédito, satisfazendo-se pela quantia obtida e devolvendo o remanescente ao cedente/fiduciante.

mitir o crédito permanece inalterada, dado que a titularidade do crédito permanece junto do empenhador, estando apenas o crédito afecto ao cumprimento da obrigação garantida[525]. Mais importante, para além de o penhor de créditos não importar a transferência da titularidade do crédito empenhado, em função do vínculo criado pelas partes, a entrega de eventuais documentos que provem a existência do direito reduz-se a uma mera exercitação funcionalizada do *ius exigendi* à conservação da garantia e à salvaguarda do interesse do empenhador[526].

No tocante à cessão *pro solvendo,* julgamos ser lícito afirmar que o penhor de créditos não pode ser confundido com esta, já que se o credor pignoratício fosse um cessionário, deveria agir directamente contra o devedor cedido e, apenas após ter operado a excussão do seu património, poderia agir sobre o crédito cedido. Diversamente, a partir do momento em que é constituído um penhor de créditos, as partes procuram conferir ao credor pignoratício um *ius distractionis*, motivo pelo qual ficará autorizado a proceder à execução do crédito empenhado em caso de incumprimento[527]. Dito de outro modo, o penhor apresenta a grande vantagem de permitir ao credor a satisfação do seu crédito por via executiva.

O penhor de créditos confere a faculdade de o credor pignoratício cobrar o crédito empenhado, pelo que, durante todo o período pelo qual vigore o penhor, não pode – tal como o credor comum – exigir o cumprimento da obrigação empenhada. Não obstante, tal não impede que, na eventualidade de a obrigação se vencer antes do penhor, o credor pignoratício possa cobrar o crédito empenhado, passando o penhor a incidir sobre a prestação recebida, circunstância que consubstancia, pois, um caso de sub-rogação, sendo que tal não se verificará nos casos em que

---

[525] STEFINI, *La cessione del credito com causa di garanzia,* cit., p. 200.

[526] ANELLI, *L'alienazione in funzione di garanzia,* Milão: Giuffrè, 1996, pp. 212--213. Todavia, o autor, IDEM, *Ibidem,* cit., pp. 215-216, acaba por salientar que com a cessão em garantia as partes acabam por conjugar os principais aspectos do penhor de créditos e da cessão de créditos, dado que a transferência da titularidade dos créditos cedidos cria um vínculo sobre os créditos, criando simultaneamente uma forma de execução que consiste na apropriação do objecto da garantia por parte do cessionário, sem haver a necessidade de respeitar as formalidades previstas na lei a propósito da execução do penhor, subtraindo o cessionário ao concurso de credores.

[527] LORDI, *Pegno Commerciale,* cit., p. 663 (1.ª coluna).

estejamos perante prestações pecuniárias ou de coisas infungíveis, pois, conforme referimos *supra,* nestes casos o art. 685, n.º 2 prevê que o devedor apenas poderá realizar a prestação aos dois credores conjuntamente.

De uma perspectiva meramente externa, o penhor apresentar-se-ia como algo similar à cessão *pro solvendo,* dado que o incumprimento da obrigação garantida permitiria a sua apropriação pelo credor pignoratício. Esta concepção, para além de ir directamente contra a proibição do pacto comissório[528], implicaria igualmente que a liberação do devedor ocorresse no momento em que o credor pignoratício lançasse mão do *ius exigendi,* o qual assegura ao cessionário a cobrança efectiva do crédito cedido[529]. Com efeito, mau grado a analogia existente entre ambos os institutos, há que ter em consideração a respectiva linha divisória: enquanto o penhor de créditos tem por função a garantia, ocorrendo a satisfação do credor com a disponibilização do crédito, a cessão *pro solvendo,* por seu turno, é um negócio solutório que implica a transmissão do crédito do património do cedente para o património do cessionário, indo para além da função de garantia, já que a transferência do crédito implica que o débito do cedente perante o cessionário seja subtraído à garantia comum dos credores[530].

Ademais, a cessão de créditos, mesmo que eventual e condicionada, é uma forma de transmissão do crédito de um património para outro, sendo que, por via de regra, com a cessão transfere-se imediatamente o crédito, enquanto com a constituição do penhor o credor pignoratício pretende fazer valer em seu benefício o crédito empenhado, o que implica

---

[528] RUI OLIVEIRA NEVES, *O penhor de créditos – Contributo para a compreensão da figura no contexto das garantias especiais das obrigações,* cit., p. 87.

[529] GIUSEPPE CLAPS, *Natura giuridica del pegno di crediti,* cit., p. 419.

[530] NAPOLETANO/BARBIERI/NOVITÀ, *I Contrati Reali,* cit., p.374. Acrescenta RUBINO, *La responsabilità patrimoniale: Il pegno,* 2.ª ed., cit., p. 209, que operar a equivalência entre o penhor de créditos e a cessão *pro solvendo* é um mero expediente através do qual se força um instituto a perseguir uma função diversa da sua função natural. Salienta ainda o autor que há igualmente que refutar desde logo a possibilidade de o penhor de créditos poder ser considerado uma sucessão constitutiva, dado que não é possível defender que sob a base do direito empenhado é criado um direito novo, o qual teria a mesma natureza do direito de penhor e, desse modo, estaríamos perante um crédito perante o empenhador. Tal teorização não poderá ser aceite, dado que não se logra alcançar qual o modo através do qual se pode fazer valer perante o devedor do crédito empenhado este crédito novo.

que se o penhor fosse uma verdadeira cessão de créditos, o credor pignoratício poderia actuar de imediato sobre o crédito empenhado[531].

Ora, no penhor de créditos, a simples cobrança, seguida do *ius exigendi,* não produz, *ipso iure,* a extinção do débito do empenhador. Esta dependerá sempre da actuação do credor pignoratício[532]. Adicionalmente, sempre se poderia dizer que estamos perante uma construção artificial, já que as construções em análise procuram distinguir o direito pessoal resultante de uma "cessão" limitada de créditos a favor do cessionário/credor pignoratício e os efeitos reais ligados a este direito real[533].

Aliás, no essencial, procurar equiparar o penhor à cessão de créditos redunda numa confusão de aspectos diversos. Efectivamente, há que não olvidar que a cessão de créditos opera uma transmissão de um crédito, enquanto no penhor de créditos, quando muito, é admitido um terceiro na sua contitularidade[534]. Contudo, *summo rigore,* não estamos sequer perante uma situação de contitularidade, dado que a constituição da garantia e, consequentemente, a atribuição da preferência na satisfação

---

[531] Similarmene, GIUSEPPE CLAPS, *Natura giuridica del pegno de crediti,* cit., p. 410.

[532] Neste particular, GIUSEPPE CLAPS, *Natura giuridica del pegno de crediti,* cit., p. 420 referia a necessidade de o credor pignoratício extinguir o crédito através do recurso a uma espécie de compensação, a *secum pensatio.* De acordo com TOMMASO CLAPS, *Del cosi detto pegno irregolare* in Archivio LVII (1896), pp. 454-516 (p. 483), a *secum pensatio* difere da compensação legal e da convencional pelo facto de ser uma compensação lucrativa e não uma compensação onde opera a extinção mútua de crédito e contracrédito, sendo que, ademais, a *secum pensatio* é uma compensação unilateral efectuada por quem recebeu o bem objecto da garantia.

[533] GARCIA VICENTE, *La prenda de créditos,* cit., p. 54. Apesar disso, ARANDA RODRÍGUEZ, *La prenda de créditos,* cit., p. 125 procura justificar a sua construção dogmática referindo que estamos perante um direito real impróprio ou um direito pessoal com eficácia real, procurando desse modo justificar a oponibilidade *erga omnes* do direito logo que verificados os requisitos da notificação do crédito empenhado. Similarmente, o penhor de bens distingue-se igualmente da cessão de bens aos credores, já que, conforme salienta DI PACE, *Il pegno dei crediti,* cit., p. 150, a cessão de bens aos credores permite a faculdade de dispor dos direitos com escopo de liquidação enquanto o penhor de créditos tal se verifica com um escopo de conservação. Trata-se, pois, de um critério que assenta no escopo/extensão dos institutos.

[534] Neste sentido, MARINO Y BORREGÓ, *La prenda de derechos,* cit., p. 2029. O autor acrescenta ainda que no penhor de créditos existem ainda direitos anteriores ao cumprimento da condição, como é o caso da garantia e da notificação.

do crédito visam colocar, apenas, o credor pignoratício numa situação de superioridade, *rectius*, de vantagem perante os restantes credores do empenhador.

Finalmente, a impossibilidade de equiparação entre o penhor de créditos e a cessão de créditos resulta igualmente da circunstância de o penhor se extinguir com a extinção da obrigação garantida[535] – naquela que é, como facilmente se vê, uma manifestação do princípio da acessoriedade – enquanto tal não se verifica na cessão de créditos, já que nesta a extinção da obrigação cedida leva a que o cessionário seja responsabilizado nos termos do art. 587.º. Isto porque, tal como entendemos o preceito em apreço, este implica que, mesmo nas hipóteses em que estejamos perante um crédito a prazo, a garantia de exigibilidade terá de se reportar ao tempo do vencimento[536].

Concluímos, pois, que a remissão para o regime da cessão de créditos visa apenas colmatar o regime gizado para o contrato de penhor e não, pelo contrário, procurar afirmar a sua natureza como cessão de créditos[537].

6. Transmissão do penhor de créditos

Como consequência do princípio da acessoriedade, com a cessão do direito de crédito são transferidos os direitos de garantia que não sejam

---

[535] Vide arts. 679.º, 677.º e 730.º, alínea a)

[536] Trata-se, pois, de uma interpretação que tem em consideração a teleologia do preceito.

[537] Relativamente à similitude com a cessão de créditos com escopo de garantia, salienta STEFINI, *La cessione del credito con causa di garanzia*, cit., p. 206, que tendo em consideração a circunstância de o penhor de direitos impor um vínculo real de destinação da garantia, temos um vínculo funcionalmente análogo na cessão de créditos com escopo de garantia, se bem que nesta situação seja acompanhada da transferência da titularidade do direito gravado com tal vínculo. Todavia, o regime do penhor de créditos não poderá ser aplicado à cessão de créditos com escopo de garantia, porquanto o seu regime é incompatível quer com esta transferência quer com a *ratio* da sua factiespécie. Acresce ainda que considerar o penhor de créditos como uma cessão de créditos não resolveria, em definitivo, a questão da sua natureza jurídica, dado que a cessão de créditos é um negócio neutro, porquanto a sua configuração depende ineluctavelmente da natureza do negócio que lhe subjaz. Isto porque a cessão de créditos é um conglomerado de efeitos e não um tipo negocial autónomo. Sobre este particular, cfr., por todos, LUÍS MENEZES LEITÃO, *Cessão de créditos,* cit., pp. 285-288 (*maxime* pp. 285-286).

inseparáveis da pessoa do cedente. A cessão do penhor redunda, pois, na transferência da afectação funcional da reserva de utilidade *ad nominis* para efeitos de satisfação preferencial, pelo valor do crédito de garantia, do credor pignoratício ordinário, assumindo este a posição jurídica de beneficiário de garantia em que aquele se encontrava[538].

Saliente-se que, neste caso, não estamos perante a figura do subpenhor, o qual pode ser entendido como um acto de disposição do crédito pignoratício relativo à garantia que recebeu. Efectivamente, neste caso não nos deparamos com uma sobreposição de contratos, dado que o credor pignoratício se limita, pura e simplesmente, a transmitir, *rectius,* a ceder a posição que tem no contrato de penhor[539].

Neste particular, somos do entendimento de que regerão as regras relativas à transmissão da hipoteca, salientando-se, *inter alia,* o facto de a garantia a ser transmitida não poder ser exclusivamente pessoal, sendo ainda necessário que estejamos perante outro credor do mesmo devedor. Adicionalmente, terão de ser observadas as regras relativas à cessão de créditos, pelo que, p. ex., será necessária obtenção do consentimento de terceiro, na eventualidade de este ser o autor da garantia, conclusão esta que resulta da aplicação conjugada do art. 578.º, n.º 1 e do art. 727.º.

Assim, é mister concluir que a transmissão do penhor de créditos não constitui a uma sub-rogação do novo credor pignoratício, já que o novo credor não se substitui na posição creditícia de garantia do anterior beneficiário do penhor por efeito do cumprimento da obrigação garantida, nem tão-pouco uma novação objectiva, porquanto não existe a extinção de qualquer obrigação, nem a exoneração do devedor[540]. Efectivamente, a cessão do penhor limita-se a operar a transmissão do crédito pignoratício, motivo pelo qual a sua cessão não poderá determinar o aumento do valor garantido, ou seja, o novo crédito garantido apenas goza de garantia nos precisos termos em que tal se verificava no crédito original, dado que o credor pignoratício, unilateralmente, carece de poderes para ampliar o objecto da garantia que recebeu do empenhador.

---

[538] RUI OLIVEIRA NEVES, *O penhor de créditos – Contributo para a compreensão da figura no contexto das garantias especiais das obrigações,* cit., p. 39.

[539] Conforme salienta ROMANO MARTÍNEZ, *O Subcontrato,* cit., p. 47, o subcontrato é incompatível com os negócios jurídicos de garantia, os quais admitirão a cessão da posição contratual e, quando muito, uma sucessão subsidiária.

[540] Neste sentido RUI OLIVEIRA NEVES, *O penhor de créditos – Contributo para a compreensão da figura no contexto das garantias especiais das obrigações,* cit., p. 39.

7. Extinção do penhor de créditos

Da aplicação conjugada dos arts. 679.º, 677.º e 730.º, resulta que o penhor de créditos pode extinguir-se pelas mesmas causas por que se extingue a hipoteca, com excepção da prescrição a favor de terceiro adquirente (art. 730.º, alínea b))[541].

Destarte, o penhor de créditos extingue-se logo que se extinga a obrigação a que serve de garantia. Assim, nas hipóteses em que o empenhador cumpra a obrigação a que se encontra adstrito, cessará o penhor de créditos, sendo que a garantia cessará igualmente nos casos em que se verifique alguma causa de caducidade do crédito dirigente.

O penhor extinguir-se-á igualmente por acordo das partes e por renúncia do credor pignoratício. Deste modo, o penhor extingue-se no caso de o credor pignoratício dar o seu assentimento a que o titular do direito empenhado receba a prestação devida. Trata-se, pois do regime vertido no art. 685.º, n.º 4. Resulta deste preceito que não se justifica manter a protecção garantística típica do penhor em face da renúncia abdicativa do credor pignoratício a essa tutela do crédito. Todavia, nos casos em que o titular do crédito venha a receber o crédito sem autorização do credor pignoratício, para além do incumprimento contratual, somos do entendimento que será aplicável, por interpretação extensiva, o disposto no art. 685.º, n.º 1, i.e., operará a sub-rogação real[542].

Não podemos deixar de salientar o facto de o penhor de créditos poder extinguir-se por confusão, na medida em que se reúnem na mesma pessoa as qualidades de credor e de devedor. Extingue-se, pois, o crédito

---

[541] De acordo com DI PACE, *Il pegno dei crediti*, cit., p. 128, o penhor de créditos extinguir-se-ia (i) como consequência do cumprimento do crédito garantido; (ii) por efeito da renúncia do credor pignoratício, (iii) por ter decorrido o prazo relativamente ao qual a garantia estivesse limitada, (iv) por efeito da satisfação processual, como consequência do inadimplemento do crédito garantido, (v) pelo expirar do crédito empenhado, e (vi) por efeito de confusão.

[542] Seguimos, nesta sede, a posição defendida por RUI OLIVEIRA NEVES, *O penhor de créditos – Contributo para a compreensão da figura no contexto das garantias especiais das obrigações*, cit., pp. 42-43. O autor chama a atenção para o facto de a disposição legal em causa conter uma norma injuntiva dirigida ao credor pignoratício que o insta a proceder à cobrança do crédito e, por outro lado, uma estatuição normativa em que se determina o efeito jurídico da cobrança consiste na continuidade do direito sobre o objecto da prestação.

principal e, em consequência, a garantia acompanha a sua sorte[543]. Todavia, é mister salientar que esse regime sofre uma excepção no caso de confusão, subsistindo, neste caso, o penhor independentemente da confusão, em tudo o que o exija o interesse do credor pignoratício, conforme resulta do art. 871.º, n.º 2[544], já que o legislador parece ter visado salvaguardar a eficácia *erga omnes* do penhor de créditos, de molde a evitar que a cumulação das posições de credor e devedor prejudiquem os direitos do credor pignoratício.

Cumpre, neste particular, distinguir as várias hipóteses possíveis. Nos casos em que se reúnam na mesma pessoa as qualidades de credor e devedor do crédito empenhado, é de crer que o penhor extingue-se, mas mantém-se a obrigação do empenhador relativamente ao credor pignoratício, porquanto a extinção da garantia não importa extinção da obrigação garantida. Já nos nos casos em que se reúnam na mesma pessoa as qualidades de credor pignoratício e de devedor do crédito empenhador, extingue-se o penhor, dado que, em função da actuação do princípio da acessoriedade, não se justifica a subsistência do penhor após a extinção do crédito empenhado[545].

8. *Cont.* A possibilidade de compensar créditos

Uma vez constituído o penhor de créditos, o credor pignoratício não fica titular de qualquer crédito, encontrando-se antes legitimado, em casos circunscritos, a agir sobre o crédito empenhado. Por este motivo, e

---

[543] DI PACE, *Il pegno dei crediti,* cit., p. 135. COLAÇO CANÁRIO, *O penhor de créditos e a eficácia externa das obrigações,* cit., p. 60, por seu turno prefere operar a destrinça entre algumas situações. Assim, nos casos em que se reúna na mesma pessoa a qualidade de empenhador e de credor pignoratício, o direito não tem razão de ser, pelo que se extingue. Todavia, nos casos em que se reúnam na mesma pessoa as qualidades de devedor da obrigação de credor, o devedor do direito de crédito sobre o qual o devedor constitui o penhor é a mesma pessoa que vai beneficiar da garantia oferecida pelo mesmo penhor, motivo pelo qual o penhor não pode subsistir. Finalmente, poder-se-ia dar uma terceira situação, que consistiria na reunião, na mesma pessoa, das qualidades de devedor da obrigação principal e de empenhador, facto que ditaria a extinção da obrigação principal e do crédito acessório, fruto da sua acessoriedade.

[544] LUÍS MENEZES LEITÃO, *Garantias das Obrigações,* 2.ª ed., cit. p. 286.

[545] Seguimos aqui os ensinamentos de JANUÁRIO DA COSTA GOMES, *Assunção fidejussória de dívida,* cit., pp. 1053-1055, a propósito das situações de confusão na fiança.

devido ao facto de o objecto da prestação ser representado por créditos, nada obstará, em princípio, a que o credor pignoratício possa declarar a compensação do crédito de que seja titular contra o empenhador nos casos em que estejam verificados os requisitos legais da compensação[546]. Ademais, pode dar-se a hipótese de, por qualquer motivo, o credor pignoratício ser titular de créditos contra o empenhador, situação que, como veremos de seguida, carece de algumas precisões e, sobretudo, de considerações adicionais, já que afigura-se premente aferir da eventual possibilidade de operar a compensação de créditos nestes casos, porquanto, em última análise, a compensação convencional visa eliminar contrastes ou superar dificuldades, de molde a atingir o *non solvere nec hinc nec inde*, cabendo à compensação legal dar cumprimento a um interesse geral que consiste em evitar a utilização de meios de pagamento desnecessários, bem como, eventualmente, evitar actividades executivas por parte do juiz[547].

É assaz comum no tráfego comercial encontrarmos convenções destinadas a permitir a compensação de créditos[548]. De um ponto de vista

---

[546] Similarmente, DI PACE, *Il pegno dei crediti,* cit., pp. 182-184.

[547] REDENTI, *La compensazione dei debiti nei nuovi codici* in *Scritti e discorsi giuridici di un mezzo secolo,* Vol. II, Milão: Giuffrè, 1962, pp. 21-56 (p. 21).

[548] Atento o escopo do presente estudo, não nos poderemos pronunciar sobre a compensação de forma aprofundada. Para uma primeira aproximação, cfr., VAZ SERRA, *Compensação* in BMJ 31 (1951), pp. 13-209, ANTUNES VARELA, *Das Obrigações em Geral,* Vol. II, cit., p. 195 e segs., ALMEIDA COSTA, *Direito das Obrigações,* 10.ª ed., cit., pp. 1099 e segs., MENEZES CORDEIRO, *Da compensação no Direito Civil e no Direito Bancário,* cit. Em termos gerais, acompanhando PETRONE, *La compensazione tra autotela e autonomia,* Milão: Giuffrè, 1997, p. 12, diremos que a compensação tem ínsita uma actuação da autotutela privada, dado que a compensação legal, ao atribuir ao devedor-credor a possibilidade de obviar a realização da prestação através da extinção da obrigação por mera declaração, configura uma autotutela unilateral executiva enquanto a compensação voluntária ou convencional representa uma autotutela consensual, dado que a satisfação do credor funda-se no consenso preventivo do outro sujeito da relação jurídica. Em qualquer caso, cumpre não olvidar que, conforme salientam FIKENTSCHER/ /HEINEMANN, *Schuldrecht,* 10.ª ed., Berlim: De Gruyter Recht, p. 170, a compensação é, simultaneamente, um sucedâneo do cumprimento e uma execução privada do crédito, pois pode operar contra a vontade da outra parte, o que não significa, porém, conforme alerta MEDICUS, *Schuldrecht I – Allgemeiner Teil,* 16.ª ed., Munique: Verlag C. H. Beck, 2005, p. 103, que se trate uma mera simplificação do cumprimento. Dito de outro modo, a compensação simplifica pagamentos, na medida em que evita pagamentos recíprocos e

meramente descritivo, tais convenções podem ser caracterizadas pela seguinte forma de actuação: um credor, geralmente um Banco, concede crédito a um seu cliente, convencionando a possibilidade de compensar o crédito garantido com os saldos ou depósitos que o cliente (o empenhador) tiver junto do referido Banco, sendo assaz comum que tal convenção permita a compensação de créditos mesmo que não estejam vencidos ou ainda não sejam exigíveis os créditos do cliente perante o Banco[549].

Estamos, assim, perante uma situação em que o Banco pode invocar eficazmente a compensação a partir da simples coexistência dos créditos, levando a que sua eficácia se retrotraia ao momento da celebração, i.e., ao momento em que tenha sido celebrada tal convenção, sendo que, no que diz respeito às garantias, a prioridade dependerá da data da sua constituição. Adicionalmente, é frequente convencionar-se a desnecessidade de os créditos compensandos não terem de reunir os requisitos plasmados pelo legislador no art. 847.º, ou seja, não será necessário que (i) estejamos perante créditos exigíveis judicialmente e que (ii) as obrigações em questão tenham por objecto coisas fungíveis da mesma espécie e qualidade[550].

A priori, nada obsta a que tal suceda, já que o princípio da liberdade contratual vertido no art. 405.º dá cobertura a estas actuações que procuram dispensar alguns dos requisitos da compensação legal[551]. Assim, poderá, p. ex., prescindir-se de benefícios de prazos ou de outras prerrogativas, bem como admitir a compensação de créditos que não sejam

---

garante pagamentos, uma vez que se o instituto não funcionasse, estaria sempre latente o risco de não se ser integralmente pago caso ocorresse a insolvência da contraparte. Neste sentido, PAULA PONCES CAMANHO, *Do Contrato de Depósito Bancário* (reimp.), Coimbra: Livraria Almedina, 2005, pp. 215-216.

[549] Paralelamente, esta poderá ser igualmente um dos dados que permitem defender que a compensação pode perseguir fins de garantia, já que, para além de facilitar a extinção dos créditos, assegura ao credor um meio supletivo de realização do seu crédito, já que este pode ser extinto não apenas pelo pagamento, mas através da declaração de compensação com o contra-crédito que sobre ele tem o devedor. Assim, LUÍS MENEZES LEITÃO, *Garantias das Obrigações*, 2.ª ed., cit. p. 315.

[550] Para uma análise destes requisitos, por todos, cfr., MENEZES CORDEIRO, *Da compensação no Direito Civil e no Direito Bancário*, Coimbra: Livraria Almedina, 2003, pp. 105-120.

[551] É lapidar GERNHÜBER, *Die Erfüllung un ihre Surrogate sowie das Erlöschen der Schuldverhältnisse aus anderen Gründen*, Tubinga: J.C.B. Mohr (Paul Siebeck), 1983, p. 297: *"Die Zulässigkeit von Aufrechnungsverträgen ist zu keiner Zeit bezweifelt worden."*

homogéneos, podendo mesmo ser dispensada a própria declaração de compensação, de molde a que esta opere automaticamente ou em função de quaisquer factores a que se apele[552].

Como é facilmente perceptível, a compensação convencional[553] é útil para o credor compensante já que, pelo seu exercício, faz uso de uma "preferência" ou "prioridade" no pagamento, que deriva da simples coexistência de créditos cruzados, sendo que tal coexistência, por via de regra, não é causal, mas tão-somente querida pelas partes[554], pelo que há que procurar balizar quais os limites ou requisitos para que esta possa ser oposta eficazmente perante os restantes credores[555]. Não obstante, e antes

---

[552] MENEZES CORDEIRO, *Da compensação no Direito Civil e no Direito Bancário*, cit., pp. 150-151.

[553] Esta modalidade de convenção é expressamente prevista pelo art. 1252 do CCIt, onde podemos ler:
"*Per volontà delle parti puo aver luogo compensazione anche se non ricorrono le condizione previste dagli articoli precedenti.*
Le parti possono anche stabilire preventivamente le condizioni di tale compensazione"
Sobre esta modalidade de compensação, cfr. PERLINGIERI, *Regolamento compensativo volontario e compensazione volontaria*, in *Scritti in onore di Salvatore Pugliatti*, vol. I, tomo II, Milão, Giuffrè, pp. 1729-1750.

[554] GARCIA VICENTE, *La prenda de créditos*, cit., p. 228. Não obstante, cumpre salientar igualmente que a compensação convencional permite igualmente que sejam compensados créditos que não poderiam ser objecto deste modo extintivo de obrigações. Com efeito, a compensação convencional permite que as partes possam celebrar um acordo através do qual sejam removidos os obstáculos que impediam a compensabilidade dos créditos. Trata-se, pois, de uma compensação *ex post*, dado que os créditos compensandos já existiam. A propósito desta modalidade, salienta REDENTI, *La compensazione dei debiti neo nuovi codici*, cit., p. 48 que não estamos perante uma dupla *datio in solutum*, mas tão-somente perante um negócio constitutivo que faz cessar as razões que levariam à exigência do pagamento dos dois créditos, i.e, do binómio débito-crédito, sendo que a extinção dos créditos, caso não existam cláusulas em sentido contrário no acordo gizado pelas partes, terá efeito *ex nunc*. Decorre, pois, do exposto que REDENTI considera que os efeitos da compensação convencional nesta hipótese estão directamente relacionados com a declaração de vontade das partes, através da modulação e/ou alteração das relações pré-existentes entre ambas, sendo que, por via de regra, tal modificação poderá configurar um acto de renúncia ou, em alternativa, uma liquidação convencional de um *quantum* que, por qualquer motivo, ainda é incerto.

[555] VAZ SERRA, *Penhor* in BMJ 59, cit., p. 210, entende que a compensação apenas pode ser declarada nos casos em que os requisitos dela existissem já antes de ao terceiro ser notificada, dado que após esse momento o empenhador não pode exigir o crédito em virtude de já se encontrar vinculado à garantia do crédito pignoratício.

do mais, cumpre salientar que sob o *nomen* "compensação convencional", são acolhidas situações estruturalmente distintas, a saber: (i) casos em que as partes prevêem a compensação para relações creditícias já existentes, (ii) situações em que as parte convencionam os termos e condições nos quais poderá ocorrer, no futuro, a compensação de créditos, sendo igualmente admissível, em teoria, (iii) o pacto através do qual, em sede de anticrese, as partes convencionam que os frutos sejam compensados com juros no todo ou em parte[556].

Antes do mais, saliente-se que na compensação convencional estamos perante um acordo que não está vocacionado directamente para tornar possível a efectivação da compensação legal, mas, outrossim, está vocacionado para prever a extinção imediata de créditos recíprocos, já que é, por via de regra, um contrato mediante o qual as partes regulam uma remissão de créditos recíproca[557]. Assim, em abstracto, a compensação convencional poderá permitir que as partes, uma vez verificada a existência de dois débitos contrapostos, os quais não têm os requisitos exigidos pela lei para efectuar a declaração de compensação, serão compensados em função do acordo das partes e, adicionalmente, as partes poderão igualmente estabelecer as qualidades que os débitos devem ter para que a compensação possa vir a operar[558]. Estamos, pois, perante uma situação em que a compensação ocorrerá por efeito da vontade das partes, sendo que, nesta sede, é configurável, em teoria, a possibilidade de serem previstas situações de compensação meramente facultativa, a qual ficará a depender da vontade da parte que dela pode lançar mão[559].

---

[556] PATTI, *La compensazione nei suoi aspetti giuridici*, Nápoles: Jovene Editore, 1983, p. 40.

[557] SCHLESINGER, *Compensazione (Diritto Civile)* in NssDI, tomo III, Turim: Unione Tipografico-Editrice Torinese, 1954, pp. 722-731 (p. 730, 1.ª coluna).

[558] DE LORENZI, *Compensazione* in DIGESTO – Sezione Civile, tomo III, Turim: Unione Tipografico-Editrice Torinese, pp.65-77 (p. 77, 2.ª coluna). A autora salienta que no primeiro caso a extinção dos créditos efectua-se *ex nunc* enquanto na segunda hipótese tal sucederá no momento em que se verifique a coexistência dos débitos recíprocos.

[559] Considera SCHLESINGER, *Compensazione (Diritto Civile)*, cit., p. 730 (1.ª e 2.ª colunas), que esta modalidade de compensação não deve ser autonomizada, dado que não se provoca uma extinção automática do crédito, sendo apenas criada a situação com base na qual, com um acto voluntário sucessivo de oposição à excepção, ocorrerá a extinção dos créditos. No mesmo sentido, DE LORENZI, *Compensazione*, cit., p. 77 (2.ª coluna), defendendo que a compensação facultativa é uma compensação legal com uma modalidade de actuação específica.

Em qualquer caso, cumpre ter em consideração o facto de, em alguns casos, a convenção de compensação poder reduzir-se a uma cláusula de vencimento antecipado futuro de um ou ambos os créditos correspectivos, pelo que, nestes casos, a compensação apenas terá eficácia contra terceiros a partir do momento em que, por efeito do vencimento da obrigação, se tenha produzido uma situação em tudo recíproca ao vencimento e exigibilidade de ambos os créditos[560]. Efectivamente, no caso de compensações que ocorram no futuro, estas apenas terão eficácia *ex tunc*, i.e., no momento em que o binómio débito-crédito com as características contratualmente previstas venha a existir[561].

Não obstante, cumpre ter em consideração que tais cláusulas são frequentes no tráfego bancário e que, por via de regra, incidem sobre depósitos e/ou saldos do cliente do Banco. Ou seja, contrariamente ao comum penhor de créditos onde, como vimos, temos três intervenientes distintos, nestes penhores apenas lidamos com dois sujeitos: o cliente/ /empenhador e o Banco/credor pignoratício, pelo que há que aferir se esta circunstância implica alguma alteração estrutural em sede de penhor.

Nos casos de penhor de conta bancária[562], é comum ser acordado um efeito geral e antecipado de compensação, independentemente do momento em que se produza a situação futura de compensabilidade, efeito esse que pode ficar na dependência do seu exercício. Deste modo, na eventualidade de vir a ser acordada uma convenção deste teor, seria de entender, à partida, que o penhor de créditos seria redundante e desnecessário, já que seria obtida uma garantia a ele em tudo similar, pois

---

[560] CARRASCO PERERA/ CORDERO LOBATO/ MARÍN LÓPEZ, *Tratado de los Derechos de Garantía*, cit., p. 869. Neste particular, entende ROJO AJÚRIA, *La compensación como garantia,* Madrid: Editorial Civitas, 1992, p. 161, que a compensação convencional tem uma eficácia garantística fraco, dado que só produziria efeitos a partir do momento em que é declarada, sem retroagir ao momento em que a convenção de compensação foi acordada, pelo que não seria oponível aos credores e cessionários que tivessem adquirido direitos antes da data em que a compensação foi declarada.

[561] REDENTI, *La compensazione dei debiti neo nuovi codici,* cit., p. 49. O autor salienta ainda que, para tornar os créditos compensáveis, será necessário recorrer aos critérios de modificação ou de conversão dos termos e do objecto, conforme acordados previamente pelas partes.

[562] Saliente-se que o que ora vai dito terá de ser coadunado com a tomada de posição relativa ao penhor de conta bancária *infra* Capítulo III,§ 1, Número 7.

a declaração de compensação procede à extinção imediata dos créditos compensandos[563].

Todavia, em qualquer caso, haverá que entender que estas convenções de compensação apenas poderão ser consideradas um penhor de créditos desde que as partes tenham procurado produzir um bloqueio do crédito com efeitos retroactivos até ao momento da celebração da convenção. O que equivale a dizer que a simples automaticidade ou a simples faculdade de proceder à compensação de contas não pode ser considerada imediatamente um penhor, já que neste último caso poderá valer apenas, p, ex., como um acordo de vencimento antecipado com efeitos futuros[564]. Tudo dependerá, pois, da interpretação do acordo que, em concreto, tenha sido gizado pelas partes. Não obstante, é mister salientar que, nos casos em que haja, pura e simplesmente, um cativo bancário, tal situação não configurará um penhor de créditos, dado que (i) não é conferido ao credor pignoratício qualquer meio para este executar a garantia e (ii) a intenção das partes é, pura e simplesmente, bloquear uma determinada conta bancária.

De qualquer modo, e procurando compatibilizar ambos os institutos, podemos afirmar que o penhor sobre um depósito bancário é a origem da preferência na satisfação do crédito pelo Banco perante os demais credores do empenhador, cabendo à compensação convencional a tarefa de legitimar a compensação/dedução operada pelo Banco em caso de incumprimento por parte do empenhador[565].

---

[563] Precisamente por este motivo, entendem CARRASCO PERERA/ CORDERO LOBATO/ MARÍN LÓPEZ, *Tratado de los Derechos de Garantía*, cit., p. 869 que as partes celebraram não uma convenção de compensação, mas sim um verdadeiro e próprio contrato de penhor de créditos, dado que é de presumir que pretenderam uma garantia mais enérgica e forte do que a simples compensação. Para o efeito, salientam que carece de sentido negar que a autonomia da vontade seja suficiente para criar direitos reais com privilégios creditícios através de convenções de compensação

[564] Neste particular, julgamos serem assaz avisadas as palavras de GARCIA VICENTE, *La prenda de créditos,* cit., p. 231, quando refere que a função de garantia da convenção de compensação repousa na expectativa do credor de que não poderia ser cobrado através da compensação com o crédito principal. Ademais, caso estejamos perante um mero acerto de saldos e/ou contas, não estaremos perante um caso de compensação (*"Aufrechnung"*), mas sim de dedução (*"Anrechnung"*).

[565] FÍNEZ RATÓN, *Garantías reales sobre cuentas y depósitos bancarios – La prenda de créditos,* Barcelona: José Maria Bosch Editor, 1994, p. 123.

Em qualquer caso, permitimo-nos salientar que esta conclusão é provisória, dado que o objecto deste penhor é dinheiro e, por conseguinte, pode configurar um penhor irregular, conforme procuraremos demonstrar *infra* no Capítulo III, onde procuraremos expender algumas considerações acerca do penhor de bens fungíveis.

§ 4. ALGUMAS NOTAS A PROPÓSITO DA EXECUÇÃO DO PENHOR

1. Razão de Ordem

Conforme tivemos oportunidade de verificar, a proibição do pacto comissório impede que o credor pignoratício faça seu o bem empenhado, pelo que, em caso de incumprimento da obrigação garantida pelo devedor, não restará outra alternativa que não seja proceder à venda do bem empenhado. Isso mesmo resulta do art. 675.º, n.º 1, que prevê que, uma vez vencida a obrigação, o credor adquire o direito de se pagar pelo produto da venda executiva da coisa empenhada.

Ademais, o mesmo preceito prevê ainda, no seu n.º 2, que nada obsta a que as partes convencionem que a coisa empenhada seja adjudicada ao credor pelo valor que o tribunal fixar. Destarte, nas páginas que se seguem procuraremos descrever, de forma sumária, o modo pelo qual se processará a fase executiva do penhor, fase essa que, como é perfeitamente perceptível, apenas surgirá numa fase patológica do contrato celebrado entre as partes. Neste particular, aliás, cumpre ter em consideração o facto de este breve excurso justificar-se igualmente pelo facto de, apesar de no plano legal existirem várias possibilidades colocadas à disposição do credor pignoratício, este, por via de regra, recorrerá ao produto da venda da coisa empenhada para satisfazer o seu crédito[566].

---

[566] Isto porque, tendencialmente, ou o empenhador não disporá de dinheiro em depósito ou o credor pignoratício não estará na disposição de aceitar uma dação *pro solvendo*. Assim, ALBERTO DOS REIS, *Processo de execução*, Vol. II, Coimbra: Coimbra Editora, 1954, p. 318. Ademais, cumpre não olvidar que, atenta a impossibilidade de o credor pignoratício fazer sua a coisa empenhada, o recurso à acção executiva será o principal meio colocado à sua disposição para satisfazer o seu crédito. ALBERTO DOS REIS, *Processos especiais* (reimp.), Vol. I, Coimbra: Coimbra Editora, 1982, p. 287-288. Com efeito, o Autor salientava ainda, à guisa de justificação, que, por via de regra,

Em qualquer caso, permitimo-nos reiterar novamente que o facto de o credor pignoratício ter de lançar mão da acção executiva não é sinónimo de o penhor poder ser reconduzido na íntegra a um instituto processual, pelo que não podemos reputar como correcta a concepção de CARNELUTTI, que, a propósito da hipoteca – e em termos perfeitamente extensíveis ao penhor – considera que ao credor seria atribuída, apenas, a possibilidade de, para garantia do seu crédito, alienar o bem objecto da hipoteca em processo executivo e através de uma especial acção hipotecária[567]. Trata-se, com efeito, de uma perspectiva errónea, dado que faz incidir a sua atenção apenas na fase patológica do direito de garantia, olvidando o facto de a garantia, para além de servir de meio compulsório de cumprimento e, simultaneamente, de reforço da segurança da possibilidade de cumprimento por parte do empenhador[568]. Dito de outro modo, a vertente processual é, passe a expressão, um reverso da medalha da faceta da realidade do penhor.

Finalmente, e à guisa de conclusão, é mister salientar o facto de, também em sede executiva, a proibição do pacto comissório se fazer sentir. Todavia, tal não significa que este tenha um fundamento processual, dado que, para além do mais, é colocada à disposição do credor pignoratício a possibilidade de vender o bem empenhado fora do processo. Com efeito, a proibição do pacto comissório releva em sede processual devido ao facto de permitir a realização/execução da garantia à margem do livre arbítrio do credor pignoratício, tutelando assim o interesse do devedor, plasmado na sua integridade patrimonial, e o interesse dos restantes credores, na eventualidade de, com a execução, ser obtido um valor que exceda o montante máximo garantido pelo penhor[569].

---

quando se dá um objecto em penhor para obter o empréstimo de determinada quantia, o devedor/empenhador encontrava-se em estado de necessidade, pelo que a faculdade de apropriação poderia significar, em último grau, um locupletamento abusivo, dado que poderia obter-se um objecto com um valor três ou cinco vezes superior à quantia em dívida.

[567] *Natura giuridica dell'ipoteca,* in RDPC XVI, Parte I (1939), pp. 3-21 (*maxime* pp. 6-9). Note-se, aliás, que o próprio CARNELUTTI, *Processo di esecuzione,* Vol. I, Milão: CEDAM, 1929, pp. 192-193, afirmava que a construção do penhor e da hipoteca como direitos reais mais não seria do que um simples resíduo histórico.

[568] MONTEL, *Garanzia (Diritti reali di),* cit, p. 744, 1.ª coluna.

[569] FÍNEZ RATÓN, *Garantías reales: imperatividad de las normas de ejecución* versus *pacto comisorio,* in AAVV, *Estudios jurídicos en homenaje al Profesor Luis Díez-Picaso,*

O que equivale a dizer que ambos os instrumentos movem-se em âmbitos distintos. Enquanto o processo de execução (*lato sensu*) permite ao credor pignoratício obter unilateralmente a satisfação do seu crédito através do exercício do *ius distrahendi*, o pacto comissório releva como limite externo, funcionando como limite inquebrantável da autonomia privada, *maxime* do livre arbítrio do credor pignoratício[570].

2. Venda no processo

Com a reforma da lei processual civil que entrou em vigor em 1 de Janeiro de 1997, foi alterada a disciplina do processo especial de venda e adjudicação do penhor, em função da sua revogação[571]. Tal revogação foi motivada por dois motivos distintos: (i) procurou-se a simplificação das normas processuais e, ademais (ii) procurou-se a unificação da tramitação das acções judiciais. Assim, o credor pignoratício que seja detentor de um título executivo passou a poder fazer uso da acção executiva para pagamento de quantia certa, à imagem do que já sucedia para a execução da hipoteca e da consignação de rendimentos[572].

Tomo III – *Derecho Civil. Derechos Reales, Derecho de la Familia,* Madrid: Thomson--Civitas, 2003, pp. 3829-3839 (p. 3836).

[570] Em sentido similar, CARVALHO FERNANDES, *Lições de Direitos Reais,* 6.ª ed., p. 157, salientando o facto de, também na fase executiva, a proibição do pacto comissório se fazer sentir.

[571] Pronunciando-se sobre o antigo processo especial de venda e adjudicação do penhor, ALBERTO DOS REIS, *Processos especiais,* Vol. I, cit., pp. 299-300, sintetizava-o do seguinte modo: uma vez fixado o valor do penhor, podiam dar-se três situações distintas, a saber: (i) o valor era igual ao montante das custas e da dívida, pelo que logo que fossem pagas as custas o bem seria adjudicado ao credor pignoratício, (ii) excedendo o valor o montante da dívida, logo que pagas as custas, o credor pignoratício teria de embolsar o empenhador na importância correspondente à diferença entre o valor atribuído ao penhor e o quantitativo pedido na acção somado com o montante das custas, e (iii) sendo o valor menor ao montante peticionado, logo que pagas as custas, a coisa empenhada seria adjudicada ao credor pignoratício, que teria direito de promover a penhora de outros bens do devedor, como credor comum, de molde a poder ser pago pelo remanescente da quantia em dívida.

[572] Atente-se no facto de, antes da entrada em vigor da reforma da lei processual civil, o CPC prever, nos arts. 1008.º e seguintes o processo especial de venda e adjudicação do penhor, o qual permitiria obter, de forma célere, a venda do penhor, de

Atendendo ao disposto no art. 675.º, n.º 1, que prevê expressamente a possibilidade de ser convencionada a venda extraprocessual da coisa ou do direito empenhado[573], resulta inegável a possibilidade de recurso a soluções mais céleres e expeditas. Adicionalmente, deixou, *summo rigore*, de fazer sentido proceder à destrinça entre venda judicial e venda extrajudicial, já que ambas estão englobadas na venda executiva[574]. Trata-se de uma situação que encontra a sua justificação na circunstância de o procedimento executivo ser sempre levado a cabo pela mesma entidade: o agente de execução nos casos em que tenha havido lugar à desjudicialização da venda executiva[575].

No regime anterior, a venda judicial era efectuada mediante propostas em carta fechada e levada a cabo em tribunal[576]. Tal não sucede no regime actual, em que, para além de ter sido alargado o leque de modalidades de venda colocados à disposição do exequente, topamos com o avultar da figura do agente de execução. Efectivamente, a venda iniciar-se-á com uma decisão sobre os seus aspectos essenciais, ou seja: modalidade, valor dos bens e eventual formação dos lotes, cabendo tal decisão ao agente de execução, sendo tal determinação precedida da audição do exequente, do executado e dos credores com garantia sobre os bens a vender[577].

Todavia esta hipótese não será observada nos casos em que seja imposta uma modalidade de venda, como é o caso da venda em bolsas

---

molde a que pudesse satisfazer o seu crédito. Perante esse cenário, discutia-se se, na falta de convenção sobre a venda extrajudicial do penhor, seria obrigatório recorrer ao processo especial ou se, pelo contrário, seria possível o recurso à execução para pagamento de quantia certa. Neste sentido, manifestava-se ALBERTO DOS REIS, *Processos especiais,* Vol. I, cit., pp. 292-293.

[573] Na redacção anterior apenas era referido o acordo entre o empenhador e o credor pignoratício.

[574] *Vide* Art. 886.º, n.º 1 CPC.

[575] RUI PINTO, *A acção executiva depois da reforma,* Lisboa: JUS, 2004, p. 189. Similarmente, PAULA COSTA E SILVA, *A reforma da acção executiva,* 3.ª ed., Coimbra: Coimbra Editora, 2003, p. 124 refere-se a uma transferência de competências para o agente de execução.

[576] Sobre este regime, cfr., p. ex., MIGUEL TEIXEIRA DE SOUSA, *Acção executiva singular,* Lisboa: Lex, 1998, pp. 362-364.

[577] LEBRE DE FREITAS, *A acção executiva – depois da reforma,* 5.ª ed., Coimbra: Coimbra Editora, 2009, pp. 327-328.

de capitais ou de mercadorias[578]. Aliás, acresce que o próprio agente de execução tem a faculdade de, oficiosamente ou a requerimento de um dos interessados, realizar as diligências que entender necessárias à determinação do valor do mercado, como é o caso da avaliação por peritos prevista no art. 886.º-A, n.º 3, sendo a sua decisão notificada ao exequente, executado e demais interessados com garantia real sobre os bens, havendo lugar a reclamação da decisão para o juiz, de cuja decisão não cabe recurso (art. 886.º-A, n.º 5 do CPC)[579].

Assim, actualmente, a venda dos bens móveis poderá fazer-se, em alternativa, através de venda em depósito público ou venda directa, caso exista um direito real de aquisição, de venda por negociação particular, caso seja frustrada a venda em depósito público, ou caso o exequente ou o executado proponham um comprador e um preço, aceite pela contraparte e pelos restantes credores, ou, finalmente, se houver urgência na realização da venda. Ademais, a venda poderá ser efectuada através de venda em estabelecimento de leilão, após proposta do exequente, executado ou de credor reclamante (caso exista), contanto que não haja oposição dos restantes intervenientes e desde que se tenha em consideração as características do bem. Finalmente, a venda poderá ser efectuada em bolsas para certos títulos de crédito e para certas mercadorias[580].

À laia de conclusão, saliente-se que, na hipótese de a dívida não ser paga integralmente pelo produto da venda do penhor, o credor poderá demandar o devedor para o obter o pagamento do remanescente, devendo, nesta hipótese, recorrer aos institutos gerais.

3. Venda extrajudicial

Parece claro que a venda extrajudicial do bem empenhado é bastante mais vantajosa para as partes. Com efeito, ela apresenta, desde logo, a vantagem de se obviarem a morosidade e as despesas da venda efectuada

---

[578] Artigo 886.º-A, em conjugação com os arts. 902.º 903.º, todos do CPC.
[579] Na expressão de RUI PINTO, *A acção executiva depois da reforma*, cit., p. 192, são estes os princípios comuns à venda executiva.
[580] RUI PINTO, *A acção executiva depois da reforma*, cit., pp. 190-191. Sobre os regimes específicos da venda executiva, IDEM, *Ibidem*, cit., pp. 199-208, PAULA COSTA E SILVA, *A reforma da acção executiva*, 3.ª ed., cit. pp. 125-128.

no âmbito de um processo judicial. Não obstante, cumpre não olvidar que esta modalidade de venda pode não oferecer todas as garantias colocadas à disposição das partes no âmbito da venda efectuada no processo.

Na verdade, basta atentar na circunstância de não se conseguir obter um preço justo do bem empenhado ou de, p. ex., dar-se o caso em que o credor venha a proceder à alienação do bem empenhado antes de se dar o vencimento da obrigação garantida, ficando o proprietário com o encargo adicional de ter de accionar o credor pignoratício com uma pretensão indemnizatória. Finalmente, nos casos em que estejamos perante um penhor sem desapossamento, será necessário, igualmente, recorrer à intermediação judicial nos casos em que o devedor não proceda à entrega voluntária do bem empenhado.

Neste particular, cumpre ter em consideração o facto de a venda extraprocessual, por oposição à venda executiva, significar que é realizada fora do processo[581], o que aponta para a circunstância de o credor não ter de recorrer à interposição de uma acção executiva para se fazer pagar pelo produto da venda do crédito, podendo, pelo contrário, nos casos em que as partes tenham acordado previamente, realizar directamente a venda do bem empenhado nos termos do art. 674.º, n.º 1[582].

---

[581] Note-se que na redacção anterior à entrada em vigor da reforma executiva, o CPC previa expressamente a distinção entre venda judicial e venda extrajudicial. Ensinava ALBERTO DOS REIS, *Processo de execução*, Vol. II, cit., p. 320, que a expressão "venda extrajudicial" devia ser entendida em termos hábeis, já que as vendas referidas pelo CPC eram, em bom rigor, vendas judiciais, uma vez que eram consequência do processo judicial, sendo ordenadas por juiz. Todavia, o que permitia operar a distinção entre ambos era o facto de a venda extrajudicial ser efectuada fora do juízo, enquanto a venda judicial era efectuado em juízo perante o juiz. Similarmente, à luz do actual regime, refere LEBRE DE FREITAS, *A acção executiva – depois da reforma*, 5.ª ed., cit., p. 325, que a distinção entre a venda judicial e a venda extrajudicial deixou de ser expressa, salientando, não obstante, que estamos perante um acto executivo.

[582] Saliente-se que também no penhor efectuado a prestamistas é prevista a possibilidade de venda extrajudicial do bem. Efectivamente, o art. 20.º do Decreto-Lei n.º 365//99, de 17 de Setembro prevê que, nos casos de mora por período superior a três meses, o credor pode vender a coisa dada em penhor, quer por propostas em carta fechada quer em leilão, quer directamente a entidades que, por determinação legal, tenham competência para adquirir determinados bens, não podendo, contudo, o valor base de licitação ser inferior à avaliação da coisa efectuada aquando da celebração do contrato.

Note-se, todavia, que nos casos em que se recorra à venda por propostas em carta fechada ou em leilão, é obrigatória a prévia publicação de anúncios, nos termos do disposto no art. 19.º do Decreto-Lei n.º 365/99.

Assim, julgamos permanecerem inteira e plenamente válidas – se não mesmo reforçadas – as observações de ALBERTO DOS REIS ao abrigo do anterior regime vertido no CPC e entretanto revogado, quando defendia ser lícita a previsão de uma cláusula prevendo a venda extrajudicial do penhor ou, em alternativa, prevendo a possibilidade de o empenhador ficar com a coisa empenhada mediante o recurso a avaliação feita por louvados de comum acordo[583].

4. Adjudicação

Sob a égide do Código de Seabra era permitida a venda extrajudicial do penhor ou, em alternativa, que o credor se fizesse pagar com o penhor de acordo com a avaliação feita por louvados nomeados por comum acordo, estabelecendo o art. 864.º do referido Código que eram consideradas lícitas duas convenções: (i) a convenção que permitia a venda extrajudicial do bem empenhado, e (ii) a convenção que autorizava o credor a ficar com a coisa dada em penhor mediante avaliação feita por louvados nomeados de comum acordo.

No Direito vigente, o legislador exige como requisito de licitude da convenção de adjudicação da coisa empenhada ao credor que a avaliação seja feita em tribunal e que o bem seja atribuído ao credor pelo valor que o tribunal fixar. Trata-se, pois, de procurar evitar o torneamento da proibi-

---

[583] *Processos especiais* (reimp.), Vol. I, cit., pp. 287-288. Aliás, ALBERTO DOS REIS, IDEM, *Ibidem*, cit., pp. 289-290, apenas contestava o entendimento de CUNHA GONÇALVES, autor para quem seria possível que o credor fizesse sua a coisa empenhada no caso de ser convencionada no acto de constituição uma quantia que fixasse o seu valor. Fiel ao seu pensamento, tal atitude era justificada pelo facto de, no momento do empréstimo, o empenhador se encontrar em estado de necessidade, pelo que haveria que recusar quer a nomeação de perito na dependência económica do credor pignoratício, quer avaliações feitas ou impostas por este. Similarmente, CATARINA PIRES CORDEIRO, *Do pacto comissório (ao pacto marciano): entre a eficiência e a Justiça comutativa nas relações creditícias*, cit., p. 14 (nota 48), salientando o facto de um entendimento contrário brigar com a proibição do pacto comissório. Conforme salienta a autora, os problemas suscitados pela venda particular não se resumem ao perigo da diminuição da garantia patrimonial comum dos credores, mas sim também a tutela do devedor, em função de a proibição do pacto comissório se fazer sentir igualmente nesta sede.

ção do pacto comissório, já que se a avaliação fosse feita pelo próprio credor ou por qualquer pessoa por si escolhida, o devedor ficaria sujeito aos perigos e inconvenientes que a proibição do pacto comissório visa acautelar[584].

Atendendo ao seu regime geral, a adjudicação de bens penhorados distingue-se por dois aspectos específicos, a saber: (i) tem lugar a partir da proposta de compra do bem penhorado, formulada pelo exequente ou por um credor com garantia real sobre esse bem, por conta do respectivo crédito, em requerimento que indique o preço oferecido (art. 875.º, n.ᵒˢ 1 a 3 CPC), e (ii) constitui preferência pelo preço oferecido a favor do requerente, a quem o bem será atribuído se não surgirem propostas de compra por preço superior[585].

Finalmente, é mister salientar que, supletivamente, o art. 672.º prevê a possibilidade de acoplado ao penhor o pacto de anticrese, circunstância que permite que o credor pignoratício vá sendo pago com os frutos percebidos da coisa empenhada, ocorrendo, assim, uma amortização progressiva da dívida.

5. *Ex professo*. Venda antecipada

Cumpre ainda ter em consideração o teor do art. 674.º, o qual prevê que sempre que haja fundado receio de que a coisa empenhada se perca ou deteriore, tem o credor pignoratício, bem como o empenhador, a faculdade de proceder à venda antecipada da coisa empenhada. Adicionalmente, é mister salientar que esta faculdade atribuída ao credor pignoratício não tem natureza contenciosa, consubstanciando, outrossim, um poder de autotutela do credor pignoratício[586]. Destarte, não se trata de uma faculdade enquadrável no âmbito do processo de execução, devendo, outrossim, aproximar-se dos procedimentos cautelares[587].

---

[584] ANDRADE DE MATOS, *O Pacto Comissório,* cit., p. 131.
[585] LEBRE DE FREITAS, *A acção executiva – depois da reforma,* 4.ª ed., cit., p. 331.
[586] NAPOLETANO/BARBIERI/NOVITÀ, *I Contrati Reali,* cit., p. 403.
[587] RUBINO, *La responsabilità patrimoniale: Il pegno,* 2.ª ed, cit., p. 257.

Nesta sede, é mister salientar que o preceito ora em análise não impõe qualquer obrigação ao credor pignoratício, limitando-se a outorgar-lhe uma faculdade discricionária que será exercida conforme julgar vantajoso para os seus interesses. Ademais, o legislador estabelece que o poder de promover a venda cabe quer ao credor pignoratício quer ao empenhador, pelo que não se vislumbra qualquer motivo que obrigue o credor pignoratício, no interesse do empenhador, a praticar um acto que está igualmente autorizado a efectuar. Ora, sucede que, por via de regra, os bens estarão em poder do credor pignoratício que, consequentemente, estará numa posição mais privilegiada para aferir do perigo de eventual deterioramento do bem empenhado[588].

Deste modo, é mister indagarmos um pouco mais sobre os motivos que podem determinar o exercício desta faculdade. Com efeito, à partida é de crer que serão irrelevantes as meras oscilações do valor de mercado do bem empenhado[589], sendo que, em algumas circunstâncias, o interesse das partes será digno de tutela quando o estado de deterioramento não importe um perigo de insuficiência da garantia ou quando a diminuição de valor dependa apenas de uma baixa do mercado[590]. Assim, vigorará o princípio da boa fé, que impõe o dever de avisar o empenhador do risco de deterioramento, de molde a que este possa igualmente estar em posição de decidir acerca do exercício desta faculdade.

Como estamos perante uma situação em que ocorre uma venda antecipada, o credor não pode fazer-se pagar pelo produto da venda, nem a própria coisa está adstrita ao cumprimento da obrigação, pelo que o credor ficará com os mesmos direitos que tinha sobre a coisa empenhada, ou seja o produto resultante da venda. Tal solução justifica-se pelo facto de, tratando-se de dinheiro e este poder desaparecer facilmente, ser conferida ao tribunal a faculdade de ordenar que ele esteja depositado, sem que este depósito lhe retire a natureza de penhor[591].

---

[588] ALMEIDA COSTA, *Ilicitude na guarda da coisa penhorada; venda antecipada*, cit., pp. 25-26.
[589] REALMONTE, *Il pegno*, cit., p. 667.
[590] GORLA, *Del pegno, delle ipoteche*, cit., p. 93.
[591] PIRES DE LIMA/ANTUNES VARELA, *Código Civil Anotado*, 4.ª ed., Vol. I, cit., p. 694.

Note-se, porém, que esta faculdade pode ser paralisada se o empenhador oferecer outra garantia real idónea, sendo que, a *ratio* do preceito valerá igualmente nos casos em que o empenhador deposite a soma devida, já que, desse modo, fica assegurado o montante em dívida e, por conseguinte, não aumenta o risco de incumprimento por parte do empenhador[592]. *Rectius,* cessa o risco de o credor pignoratício ver a garantia de que é beneficiário privada de efeito, em virtude de ser assegurada, por via alternativa, a garantia inicialmente constituída.

---

[592] GORLA, *Del pegno, delle ipoteche,* cit., p. 93.

CAPÍTULO III
Algumas questões em torno do objecto do penhor

§ 1. O Penhor Irregular

1. Considerações gerais

Conforme tivemos a oportunidade de verificar *supra*, no capítulo I, a garantia real procurou o seu desenvolvimento atendendo à segurança da relação com a própria coisa – conforme sucede, sobretudo, na *fiducia* – ou no seu valor – casos do penhor e da hipoteca. Ora, por vezes, estas duas vertentes concentram-se na mesma figura. Tal é o que se verifica, paradigmaticamente, nos casos em que é empenhado dinheiro[593].

A *priori,* nestes casos, o intérprete depara-se com um bem ao qual é exigido, do ponto de vista económico-social, uma extrema facilidade de

---

[593] Viñas Mey, *La prenda irregular* in RDP XII (1925), pp. 342-350 (p.342). Saliente-se que, na doutrina nacional, a principal referência expressa a esta modalidade de penhor encontra-se em Cunha Gonçalves, *Comentário ao Código Comercial Português,* Vol. II, cit., p. 468, quando referia que a obrigação de restituir a coisa empenhada implicava, necessariamente, que esta era fungível. No caso de títulos de dinheiro ou de títulos de crédito poderia convencionar-se que o credor teria o direito de dispor das coisas, restituindo outras equivalentes, naquilo que seria uma convenção que alterava a forma normal do penhor. Trata-se, pois, do penhor irregular. Similarmente, Chironi, *Tratatto dei privilegi,* Vol. I, cit., pp. 499-500, defendia que, como consequência da transferência da propriedade e consequente nascimento de um direito de crédito, estaríamos perante um penhor irregular, que consistiria na confusão de património e, acima de tudo, na concretização de um direito de crédito especial do empenhador contra o credor pignoratício.

circulação, decorrente da sua absoluta fungibilidade – ou, se se preferir, da sua hiper-fungibilidade – e, em consequência, a adversidade derivada da sua eventual mistura, *rectius,* confusão no seio de uma massa global em que cada objecto, na falta de um qualquer elemento distintivo, deixa de poder ser concretamente identificado[594].

Estamos perante uma figura com algum relevo prático[595]. Com efeito, lidamos com algumas hipóteses da vida prática que tendem a ser englobadas no penhor irregular, como é o caso das cauções prestadas pelos inquilinos, mas, também, as cauções prestadas no âmbito de empreitadas de obras públicas, bem como o chamado "penhor de garrafas" (*"Flaschenpfand"*), que consiste no negócio através do qual se garante a devolução das garrafas utilizadas pelos clientes de cervejeiros e hoteleiros no âmbito da sua actividade, mediante a entrega, a título de penhor, de pequenas quantias em dinheiro[596].

---

[594] VÍTOR NEVES, *A protecção do proprietário desapossado de dinheiro* in ASSUNÇÃO CRISTAS/MARIANA FRANÇA GOUVEIA/VÍTOR PEREIRA NEVES, *Transmissão da propriedade e contrato,* Coimbra: Livraria Almedina, 2001, 141-250 (p. 156). Seguindo VAZ SERRA, *Penhor,* in BMJ 59, p. 102, o penhor sobre dinheiro pode ser um verdadeiro direito de penhor, desde que incida sobre o dinheiro na sua individualidade – pense-se no caso em que Caio dá em penhor a Tício certa quantidade em dinheiro contida num sobrescrito fechado – e pode ser um penhor irregular, em que se transfere para o credor a propriedade do dinheiro, ficando este obrigado a restituir uma importância igual. É sobre esta última modalidade que nos debruçaremos.

[595] A este propósito, salientava TOMMASO CLAPS, *Del cosi detto pegno irregolare,* pp. 461-462, que o penhor irregular representava um curioso fenómeno de um instituto que, apesar de ser uma importante relação jurídica, não encontrava eco junto dos estudos efectuados pela doutrina. Similarmente, CRUZ MORENO, *La prenda irregular,* Madrid: Centro de Estudios Registrales, 1995, p. 87, fazendo uso do mesmo argumento acrescenta que a figura tende a ser confundida com o mútuo, o depósito irregular e, por vezes, a própria fidúcia.

[596] GORLA, *Del pegno, delle ipoteche,* cit., p. 26. O autor dá ainda como ex. de penhor irregular o sinal. Relativamente ao penhor de garrafas, considera DAMRAU, *Anotação ao §1204 BGB,* Nm. 8 in *MÜNCHENER,* cit., que este não é um penhor irregular, mas sim um misto de compra e venda e negócio fiduciário sobre o dinheiro e as garrafas, dado que o credor não está obrigado, por via de regra, à devolução das garrafas, o que obsta à qualificação do contrato como mútuo e, ademais, o credor apenas estará autorizado a utilizar o dinheiro, pelo que não será seu proprietário e, consequentemente, não haverá lugar a qualquer penhor irregular. Para mais ex., veja-se WERNER MEYER, *Das irreguläre Pfandrecht,* Vestefália: Heinrich & J, Lechte, 1931, p. 1.

Nesta sede, e em termos absolutamente perfunctórios, podemos avançar que o penhor irregular é um contrato restituitório que, à imagem do depósito irregular, implica a obrigação de restituição do *tantundem eiusdem generis* por parte do credor pignoratício[597], pelo que, como facilmente se intui, teremos, entre outros aspectos, de aferir se esta modalidade de penhor é admissível no nosso ordenamento jurídico, já que, à partida, parece brigar com a proibição do pacto comissório.

Cumpre salientar que, à imagem do Direito alemão, o Direito pátrio não prevê expressamente a figura do penhor irregular. Não obstante, no que ao Direito alemão diz respeito, tem sido apontada a validade e a licitude do penhor irregular (*"Irregulares Pfandrecht"*), sendo-lhe aplicável os § 1229, 1223 e 1252 do BGB[598] ou, eventualmente, os § 1204, 1213 e 1214 BGB[599].

Já o Direito italiano, por seu turno, prevê expressamente, no art. 1851 CCit, o penhor irregular, que vem regulado no âmbito da antecipação bancária. Nele podemos ler: *"Se, em garantia de um ou mais créditos, estão vinculados depósitos de dinheiro, mercadorias ou títulos que não tenham sido individualizados ou através dos quais tenha sido conferida ao banco a faculdade de dispor dos mesmos, o banco deve restituir apenas a soma de dinheiro ou a parte das mercadorias ou títulos que excedam o montante dos créditos garantidos. O excesso* [do montante dos créditos garantidos] *é determinado em relação ao valor dar mercadorias ou dos títulos aquando do vencimento dos créditos"*[600]

---

[597] Similarmente, CICARELLO, *Pegno (diritto privato)*, cit., p. 687 (2.º coluna). No ordenamento alemão, WOLF, *Sachenrecht*, 23.ª ed., cit., Nm. 803, refere a existência, junto do penhor em geral, de um penhor especial de títulos de crédito (*"Wertpapieren"*) no âmbito de contratos de antecipação bancária (*"Lombardkredit"*). Trata-se, manifestamente, do penhor irregular.

[598] DAMRAU, *Anotação ao §1204 BGB*, Nm. 9 in MÜNCHENER, cit.,

[599] Assim, MÜHL, *Anotação ao § 1204 BGB*, Nm. 29 in SOERGEL, cit., dando como ex. a caução de dinheiro (*"Barkaution"*) e o "penhor de garrafas".

[600] Tradução nossa. No original podemos ler: "*Se, a garanzia di uno o più crediti, sono vincolati depositi di danaro, merci o titoli che non siano stati individuati o per i quali sia stata conferita alla banca la facoltà di disporre, la banca deve restituire solo la somma o la parte delle merci o dei titoli che eccedono l'ammontare dei crediti garantiti. L'eccedenza è determinata in relazione al valore delle merci o dei titoli al tempo della scadenza dei crediti".*

Esta norma vem integrada no seio das normas relativas a um dos contratos bancários previstos pelo CCIt: a antecipação bancária (o *Lombardgeschäft* alemão) que, entre nós, é um contrato atípico e inominado[601]. No que toca ao regime plasmado no CCIt, a antecipação bancária pode ser caracterizada como um contrato de crédito marcado pela presença de dois elementos essenciais: (i) a constituição de um penhor de títulos ou mercadorias em garantia do crédito concedido pelo banco e a constante proporcionalidade da soma antecipada com o valor dos bens dados em garantia.

Note-se, porém, que a expressão antecipação bancária é utilizada, na prática bancária, com referência a duas operações distintas. De um lado temos a antecipação simples ou a termo fixo, a qual importa a dação efectiva, da parte do banco, de uma soma de dinheiro com a obrigação de o outro contraente restituir, no termo fixado pelas partes, mas com faculdade de o outro contraente restituir, total ou parcialmente a soma adiantada antes do termo do prazo. De outra banda temos a antecipação em conta corrente a qual importa a colocação à disposição pelo banco de uma soma, com a faculdade de o outro contraente a poder utilizar uma ou mais vezes, sendo que deve reconstituir o montante original através de depósitos. Aquando do termo do contrato, o outro contraente está obrigado a restituir as somas de que seja devedor no confronto com a banca[602].

---

[601] Sobre a antecipação bancária, entre nós, cfr. LUÍS POÇAS, *Antecipação Bancária e Empréstimo sobre penhor no Âmbito das Operações Bancárias*, Porto: Almeida & Leitão, Lda., 2007 e ENGRÁCIA ANTUNES, *Manual dos Contratos Comerciais*, cit., pp. 508-510.

[602] Assim, FERRI, *Anticipazione bancaria*, in ED, tomo II, Milão: Giuffrè, 1958, pp. 523-529 (p. 523, 2.ª coluna). Já SERRA, *Anticipazione bancaria* in DIGESTO – Sezione Commerciale, tomo I, Turim: Unione Tipografico-Editrice Torinese, 1987, pp. 123-135 (p. 129, 1.ª coluna), chama a atenção para o facto de a antecipação bancária ser uma figura negocial dotada de um função autónoma, o financiamento de uma operação sobre títulos ou mercadorias, embora nada obste a que disciplina do CCIt e a *praxis* não prevejam – ou consintam na elaboração – outros esquemas idóneos a procurar ao interessado um financiamento baseado no penhor de títulos ou mercadorias. Pelo contrário, sempre que tal resultado possa ser conseguido através da atribuição do poder de retirar total ou parcialmente os bens dados em garantia antes do termo do contrato, tal fim será logrado, primacialmente, com a figura da antecipação bancária. Procedendo à destrinça dos tipos de antecipação bancária, salienta SOTGIA, *Anotação ao art. 1851.º* in *Commentario al Codice Civile*, diretto da D'AMELIO e FINZI – Vol. II, Parte II – *Dei Contratti Speciali*, Florença, 1949, p. 164, que a antecipação bancária pode ser própria

De um ponto de vista meramente descritivo, o penhor irregular funciona nos seguintes termos: um sujeito entrega a um credor uma determinada quantidade de dinheiro, bens ou títulos não individualizados, sendo atribuída a faculdade de o *accipiens* poder dispor deles, prevendo-se que, em caso de adimplemento da obrigação garantida, o credor deverá restituir ao devedor o *tantundem eiusdem generis*. Por outro lado, nos casos de inadimplemento do devedor, o credor apenas deverá restituir o *tantundem* que exceda o valor das coisas recebidas aquando da constituição da garantia[603].

Avançando um pouco mais, poderemos dizer que, à partida, o penhor irregular apresenta a particularidade de o credor adquirir a propriedade sobre a quantia objecto do penhor no próprio momento em que é constituído, ou, em termos mais latos, do qual virá a ser empossado. Por conseguinte, o credor assume, de um lado, a obrigação condicional de restituir a soma empenhada se for pago, enquanto, de outra banda, a falta de pagamento ditará que tal soma seja imputada ao crédito a que terá

---

nos casos em que exista um penhor regular, bem como imprópria, caso em que é constituído um penhor irregular, ficando o antecipante obrigado a restituir o *tantundem eiusdem generis*.

Note-se, porém, que não é pacífico o entendimento relativamente à natureza jurídica da antecipação bancária, já que MESSINEO, *Anticipazione bancaria*, in NssDI, tomo I, Turim: Unione Tipografico-Editrice Torinese, 1957, pp. 647-654 (p. 653, 1.ª e 2.ª colunas), considera que a antecipação bancária é uma modalidade de abertura de crédito com garantia real mobiliária, já que, estruturalmente, a antecipação tem elementos específicos – *maxime* o adiantamento de somas quantias pecuniárias – mas também elementos gerais, *in casu*, os do contrato de abertura de crédito, já que o elemento da proporcionalidade constante é o resultado de uma norma relativa ao contrato de abertura de crédito. Sobre a antecipação bancária veja-se, ainda, para uma primeira aproximação, o estudo de PAVONE LA ROSA, *L'anticipazione bancaria nella disciplina del nuovo codice civile* in RTDPC XIII (1959), pp. 81-130. Para uma destrinça entre antecipação bancária e a abertura de crédito, cfr. SPINELLI/GENTILE, *Diritto Bancario*, 2.ª ed., Pádua: CEDAM, 1991, p. 280- -283. Pronunciando-se sobre a formulação utilizada pelo CCIt, entende DALMARTELLO, *Il pegno irregolare (o cauzione in senso stretto)* in BBTC XIII (1950), Parte Prima, pp. 315-347 (p. 317), que o legislador sofreu uma influência considerável do meio bancário, dado que a factiespécie do penhor irregular é pautada por um tecnicismo apurado, já que são acoplados aos efeitos bancários, por um lado, a entrega da coisa empenhada a título de penhor irregular como depósito vinculado e, do outro, o vínculo é o que resulta da função de garantia a que o depósito visa acorrer no confronto com o crédito do banco depositário (a antecipação).

[603] ANELLI, *L'alienazione in funzione di garanzia*, cit., p. 236.

direito, considerando-se já ter sido pago com o montante de que se apropriou[604].

Aliás, poderíamos ir um pouco mais longe – isto, obviamente, sem prejuízo de virmos a aferir posteriormente da correcção desta tomada de posição preliminar – afirmando que o penhor irregular constitui um contrato inominado de garantia real, que se distingue quer do penhor de direitos, quer do penhor constituído sobre coisas individualmente determinadas, se bem que, deste último contrato retira alguns dos seus elementos típicos, a saber: (i) tem como objecto uma coisa móvel, (ii) verifica-se a tradição da coisa empenhada e (iii) esta coisa é dada com o objectivo de garantir um crédito. Temos, porém, como elemento de estraneidade a transmissão da propriedade do bem empenhado[605].

Acresce igualmente que o penhor constituído em presença de um crédito ou do seu surgimento visa reforçar a garantia patrimonial, eliminando o perigo de insatisfação do crédito, *rectius*, o risco de incumprimento por parte do empenhador. Assim, como teremos oportunidade de verificar[606], no penhor irregular não estamos perante uma garantia de créditos futuros, mas sim perante uma garantia de cumprimento de uma obrigação existente actualmente, sendo que, perante, o incumprimento do devedor, o credor terá ao seu alcance não só a própria responsabilidade patrimonial, sobretudo, a faculdade de apropriação dos bens empenhados, o que consubstancia um reforço daquela [607].

---

[604] NAVARRINI, *In tema di pegno irregolare* in RDCo XI (1913), pp. 523-527 (p. 526). Similarmente, e de modo praticamente coincidente, já LA LUMIA, *Pegno irregolare e sconto* in RDCo XII (1914), pp. 509-518 (pp. 511-512), salientava que a diferença entre o penhor irregular e o penhor regular assenta, apenas, na fungibilidade ou infungibilidade do objecto, sendo que a transmissão da propriedade que se verifica no penhor irregular mais não seria do que uma decorrência da obrigação de custódia que incumbe ao credor. Dito de outro modo, é, apenas, o resultado do carácter altamente fungível do seu objecto.

[605] TOMMASO CLAPS, *Pegno Irregolare o cauzione in contanti,* in NDI, tomo XVII, Turim: Unione Tipografico-Editrice Torinese, 1939, pp. 677-683 (p, 679, 2.ª coluna). O autor acrescenta ainda que, em contraste com o que sucede no penhor de créditos, não estamos perante um direito real *in re aliena*. Já LEGEAIS, *Sûretés et Garanties du Crédit,* cit., p. 340, limita-se a referir que a qualificação, nestes casos, do penhor como irregular é o resultado da análise tradicional levada a cabo pela doutrina.

[606] § 2 do presente capítulo.

[607] Similarmente, MARTORANO, *Cauzione e pegno irregolare,* in RDCo LVIII (1960), pp. 94-130 (p. 97).

Não obstante, é mister salientar que apesar da vantagem ditada pelo facto de o credor pignoratício adquirir a propriedade dos bens empenhados, o penhor irregular não está isento de inconvenientes. Efectivamente, o empenhador estará impossibilitado de dar instruções ao credor pignoratício relativamente à gestão dos bens empenhados e, adicionalmente, ficará exposto ao risco de o credor pignoratício, findo o contrato, não proceder à restituição do *tantundem,* ou seja, ao eventual incumprimento do crédito de restituição[608].

Para finalizar o presente número, diremos ainda que, de um ponto de vista estritamente funcional, são evidentes as semelhanças existentes entre o penhor irregular e a caução, *maxime,* a caução prestada por via de contrato de depósito. Na verdade, um dos modos mais comuns para prestar caução é o depósito de dinheiro junto de uma instituição de crédito ou, em alternativa, a vinculação de um depósito já existente, a título de garantia, relativamente a uma qualquer obrigação[609].

Ademais, podemos igualmente afirmar que neste negócio, à imagem do contrato regular com o qual partilha o nome, o mecanismo de garantia está previsto para a realização directa de uma função de garantia, enquanto, simultaneamente, dada a fungibilidade das coisas dadas em garantia, realiza-se igualmente a satisfação de um interesse do credor pignoratício relativamente ao consumo ou à alienação das coisas recebidas, sendo que tal satisfação deve considerar-se acessória relativamente à função de garantia, a qual permanece inalterada. Ou seja, a transferência da propri-

---

[608] REALMONTE, *L'oggetto del pegno: vechi e nuovi problemi,* cit., p. 12.

[609] Neste particular, salienta ainda TOMMASO CLAPS, *Pegno Irregolare o cauzione in contanti,* cit., p. 677, 2.ª coluna, que o próprio penhor pode ser considerado um depósito efectuado com escopo de garantia em benefício do credor. Em qualquer caso, defende SIMONETTO, *Los contratos de crédito* (trad. de MARTÍNEZ VALENCIA e notas de Direito espanhol por FUENTES LOJO), Barcelona: Bosch, 1958, pp. 434-435, que no depósito caucional, *rectius* no penhor irregular, a causa realiza-se através da estreita vinculação entre o negócio principal e o negócio acessório, subordinando-se os fins do segundo aos fins do primeiro, existindo, assim, uma pré-ordenação de um crédito aos fins de garantia e de compensação, enquanto o depósito irregular está vinculado por um *pacto de non petendo.* No caso de depósitos já constituídos, considera DALMARTELLO, *Pegno Irregolare* in NssDI, tomo XII, 1966, pp. 798-807 (p. 799-800, 1.ª coluna), que opera a conversação da relação pré-existente de depósito no novo esquema negocial do penhor irregular, através do qual o banco passará a ser devedor do dinheiro, mercadorias ou títulos, não a título de depósito, mas de penhor irregular.

edade das coisas dadas em garantia ocorre para possibilitar a realização da garantia[610].

2. Constituição de penhor irregular

Por via de regra, o penhor irregular, para ser validamente constituído, exige o desapossamento do empenhador. Todavia, nas hipóteses em que as coisas dadas em garantia já estejam na posse do credor pignoratício – pense-se, como exemplo paradigmático, nos casos de depósito irregular – este constituir-se-á por mera declaração ou pela entrega dos documentos e/ou títulos que confiram ao credor a faculdade de dispor da coisa empenhada[611].

Nesta sede, julgamos serem aplicáveis *in toto* as conclusões a que chegámos *supra*[612]: a função de garantia, no penhor, realiza-se, primacialmente, com a subtracção da disponibilidade do bem objecto da garantia da esfera jurídica do empenhador, pelo que esta função de garantia pode ser conseguida através do recurso a técnicas contratuais diversas, contanto que estas logrem alcançar o escopo do penhor, i.e. a subtracção do poder de disposição do empenhador. Assim, somos do entendimento de que, a partir do momento em que esteja subtraído o poder de disposição do empenhador, o penhor irregular está validamente constituído[613].

---

[610] SIMONETTO, *Los contratos de crédito,* cit., pp. 425-426.

[611] DALMARTELLO, *Pegno Irregolare,* cit., pp. 803-804. Não muito longe deste entendimento andará WERNER MEYER, *Das irreguläre Pfandrecht,* cit., p. 24, que, em consequência de configurar o penhor irregular como uma figura híbrida onde concorre uma transferência da propriedade em função da constituição de uma relação de mútuo e um penhor sobre o cumprimento dessa relação derivada do mútuo, entende que o penhor irregular se constitui com o nascimento do contrato de mútuo em que o credor pignoratício figura como mutuante e o empenhador é mutuário.

[612] Capítulo II, § 2, número 2.

[613] Similarmente, à luz do Direito italiano, SERRA, *Anticipazione bancaria,* cit., p. 130, 2.ª coluna, entende que a garantia deve ser constituída na observância dos princípios que regem a matéria, i.e., o penhor, coordenados com a particular natureza dos bens objecto da garantia. Pronunciando-se sobre o regime da antecipação bancária do CCIt, defende SPINELLI, *Contributo allo studio dell'anticipazione bancaria* in BBTC XII (1949), Parte Prima, pp. 205-242 (p. 233), que o negócio de garantia tem natureza real, dado que, pela sua própria natureza, é exigida a entrega da coisa, já que, se esta não ocorrer, o negócio de crédito continuará a ser um mútuo comum que não revestirá as qualidades da antecipação bancária.

Ora, essa subtracção é efectuada, primacialmente, através do depósito de coisas fungíveis[614]. O que equivale a dizer que temos de estar perante coisas relativamente às quais seja possível uma restituição em género, sendo que deve entender-se que são coisas fungíveis aquelas que, de acordo com os usos do comércio, são consideradas substituíveis e, consequentemente, são fungíveis objectivamente[615]. Todavia, saliente-se que a substituibilidade não é uma característica das coisas fungíveis, sendo,

---

[614] A expressão coisas fungíveis ("*res fungibiles*") tem origens romanas, tendo sido introduzida no século XVI por ZASIUS, a propósito de um texto de PAULO relativo ao contrato de *mutui datio*. Assim MENEZES CORDEIRO, *Tratado de Direito Civil Português*, I *Parte Geral*, Tomo II, p. 151 e RAÚL VENTURA, *O Contrato de compra e venda no Código Civil* in ROA 43 (1983), pp. 587-643 (p. 599). O CC decidiu definir no art. 207.º as coisas fungíveis afirmando que *"São coisas fungíveis as que se determinam pelo seu género, qualidade e quantidade, quando constituam objecto de relações jurídicas"*. Trata-se de uma definição que tem vindo a ser criticada pela doutrina, especialmente no que diz respeito à referência ao seu último segmento. Assim, tem sido considerado que a formulação é infeliz, sendo que procura significar que não coisas fungíveis por natureza, dependendo tal categoria de cada negócio que tenha sido celebrado pelas partes. Assim, p. ex., RAÚL VENTURA, *O Contrato de compra e venda no Código Civil*, cit., pp. 599--600, MENEZES CORDEIRO, *Tratado de Direito Civil Português*, I *Parte Geral*, Tomo II, p. 153 e HÖRSTER, *A Parte Geral do Código Civil Português*, cit., p. 186. CARVALHO FERNANDES, *Teoria Geral do Direito Civil*, Vol. I, cit, p. 693, refere que a expressão utilizada pelo legislador não pode ser tomada à letra, sob pena de o preceito não ter sentido útil, defendendo que se pretende assinalra o carácter relativo do conceito de fungibilidade, fazendo-o depender da posição ocupada pela coisa na relação jurídica. Já OLIVEIRA ASCENSÃO, *Teoria Geral do Direito Civil*, Vol. I, cit., p. 366 salienta que estamos perante uma formulação incompreensível, salientando que as coisas são o que são, independentemente de serem ou não objecto de relações jurídicas, motivo pelo qual entende que o preceito é incapaz de abarcar a infungibilidade convencional, dado que é a autonomia privada que permite obter esse fim, não havendo, nessas situações, qualificação de coisas. Noutro prisma, de cariz meramente filosófico-especulativo, e saliente-se o escrito de VON WAHLENDORF, *Le droit et les choses (les biens) Matière et matérialité, «objectivité» et «realité» dans la perspective du droit*, in APD 24 (1979), pp. 273-281, no qual procura apreender a materialidade do Direito, recorrendo, para o efeito, à coisa como exemplo paradigmático. Saliente-se, p. ex., que o autor, IDEM, *Ibidem*, cit. p. 274 salienta que o Direito é uma liberação (*"dégagement"*) de relações que aprecia e julga, pelo que, por conseguinte, a coisa, a causa do direito, será a relação entre as coisas que são definidas por tais relações, sendo esse o objecto do Direito. Ademais, tais coisas deverão ser susceptíveis de ser apreendidas pela razão, de molde a que sejam expostas e sejam objecto de um juízo de valor.

[615] CARRESI, *Brevi notte sul contratto di mutuo*, in RTDPC I (1947), pp. 331-351 (pp. 332-333).

logicamente, reflexo da identidade económico-social que caracteriza esta categoria de coisas[616].

Acresce ainda que temos de estar perante bens susceptíveis de serem avaliados a qualquer momento[617]. Para esta circunstância concorre o facto de estarmos no âmbito da fungibilidade, fungibilidade essa que é fundada na consideração social que se faz das coisas em termos físicos, já que não existem duas coisas corpóreas absolutamente iguais. Assim, do prisma desta valoração, existirá fungibilidade quando para os sujeitos envolvidos no negócio seja indiferente deter uma ou outra coisa da mesma espécie[618].

Dando um passo mais, diremos que os bens objecto de penhor irregular devem responder à exigência de terem um valor de mercado ou corrente e, sobretudo, de serem aptos a, pelo menos potencialmente, consentirem uma realização fácil e pronta do seu valor, ou seja, serem facilmente alienáveis. Assim, de um ponto de vista substancial, devemos estar perante bens que tenham um mercado amplo, no sentido de a procura ser de tal modo ágil que absorva qualquer oferta[619].

---

[616] Neste sentido, BIONDI, *Cosa fungibile e non fungibile,* in NssDI, tomo IV, Turim: Unione Tipografico-Editrice Torinese, 1954, pp. 1019-1021 (p. 1020, 1.ª coluna). Similarmente, JOSÉ ALBERTO VEIRA, *Direitos Reais,* Coimbra: Coimbra Editora, 2008, p. 186, acentua o facto de a fungibilidade estar associada a uma ideia de substituição ou de subrogação.

[617] DALMARTELLO, *Pegno Irregolare,* cit., p. 805, 1.ª coluna. Com efeito, o dinheiro cumpre de forma cabal com o requisito formulado, dado que é fungível por excelência e a sua avaliação é sempre fácil. Tratando-se de mercadorias, é de crer que, dado que se trata de coisas destinadas ao mercado, estas recebem uma avaliação constante. Finalmente, no caso dos títulos também estes são susceptíveis de avaliação em mercado. Seguindo FERRI, *Anticipazione bancaria,* cit., p. 527, 1.ª coluna, podemos afirmar que na categoria dos títulos estão compreendidos os títulos de massa, i.e, acções ou obrigações, bem como títulos individuais, como é o caso de títulos representativos de mercadorias, letras de câmbio ou livranças. Já na categoria das mercadorias estão compreendidas todas aquelas que sejam objecto de contratação em mercado e que tenham um mercado relativamente amplo, de molde a garantir que têm um preço corrente ou de mercado.

[618] LACERDA BARATA, *Ensaio sobre a natureza jurídica do Contrato de Depósito Bancário,* (polic) Lisboa, 1993, p. 174. Acrescenta ainda BIONDI, *Cosa fungibile e non fungibile,* cit., p. 1020 (2.ª coluna). Por seu turno, GETE-ALONSO Y CALERA, *Función y estructura del tipo contratual,* Barcelona: Bosch, 1979, p. 360, considera que o conceito de fungibilidade é um conceito estritamente jurídico que assenta, na maioria dos casos, num critério essencialmente económico.

[619] FIORENTINO, *Contratti Bancari* in *Commentario del Codice Civile (a cura di Antonio Scialoja e Giuseppe Branca),* Bolonha: Nicola Zanichelli Editore, 1962, p. 412-571 (p. 499).

Neste particular, o dinheiro avulta como exemplo paradigmático de fungibilidade, já que, com o desenvolvimento da economia, passou a ser entendido como valor, *rectius*, como denominador comum de valores, pelo que se atende não às espécies singulares – como as notas ou as moedas – mas também, e sobretudo, à sua quantidade[620]. Dito de outro modo, a obrigação pecuniária acaba por ser concebida como um débito de quantia monetária, centrando-se o nosso interesse não tanto na coisa em si, mas no seu valor considerado em abstracto[621], já que nos casos em que é empenhado dinheiro não existe qualquer interesse na devolução do dinheiro – *scilicet*, das moedas e notas entregues ao credor pignoratício – dado em garantia[622].

Mais precisamente, temos de estar perante um depósito irregular. Na verdade, somos do entendimento que a transferência da propriedade – que é, como se sabe, o principal efeito do depósito irregular – só assim se justificará[623]. Efectivamente, o vínculo que o depósito origina encontra tradução na indisponibilidade das quantias depositadas, pelo que não podem ser admitidas operações de levantamento antecipado de tais quantias por parte do devedor ou de terceiro[624].

Indo um pouco mais longe, podemos alargar o nosso horizonte utilizando como exemplos de coisas fungíveis – à imagem do que sucede no Direito italiano – dinheiro, mercadorias e títulos[625]. O recurso a estas

---

[620] JOSÉ TAVARES, *Os princípios fundamentais do Direito Civil*, Vol. I, cit., p. 363.
[621] LACERDA BARATA, *Ensaio sobre a natureza jurídica do Contrato de Depósito Bancário*, cit., p. 177.
[622] WERNER MEYER, *Das irreguläre Pfandrecht*, cit., p. 2.
[623] DALMARTELLO, *Pegno Irregolare*, cit., p. 799, 1.ª coluna. Já não parece ser de subscrever a opinião do autor IDEM, *Ibidem*, cit.. p. 799, 2.ª coluna quando refere que nos casos em que estamos perante a constituição de um vínculo através de um depósito pré-existente não estamos perante a figura do penhor irregular, mas sim, tão-somente, perante a figura do penhor de créditos. Note-se, porém, que o entendimento do autor é expresso tendo na linha do horizonte a regulamentação do contrato de antecipação bancária.
[624] GRISI, *Il deposito in funzione di garanzia*, cit., p. 467.
[625] Não podemos deixar de salientar que nos reportamos, acima de tudo, ao Direito Civil, motivo pelo qual não temos em mente, conforme avançámos logo no início do presente trabalho, as questões relativas aos Valores Mobiliários. Não obstante, permitimo-nos salientar o regime vertido no art. 100.º do CVM, cujo n.º 1 prevê que a titularidade sobre os valores mobiliários titulados depositados não se transmite para a entidade depositária, nem esta pode utilizá-los para fins diferentes dos que resultem do contrato de depósito, salientando o n.º 2 que, em caso de falência da entidade depositária, os valores

coisas como objecto de penhor irregular justifica-se pelo facto de ser fácil calcular o seu valor, i.e. o preço corrente ao qual será efectuada a sua compensação, *rectius,* a imputação do seu valor em caso de incumprimento imputável ao empenhador. Com efeito, a partir do momento em que se recorra a outras coisas para figurarem como objecto de penhor irregular, iludiríamos, provavelmente, a proibição do pacto comissório. Em qualquer caso, julgamos ser possível que as partes dêem e recebam coisas individualizadas com o fito de constituir penhor irregular. Todavia, nestes casos, terá de se prever que o credor terá a faculdade de devolver a mesma coisa ou outra do mesmo género e de retê-la em caso de incumprimento do devedor[626]. Com efeito, julgamos ser lícito afirmar que a irregularidade do penhor não é absolutamente concebível quando a coisa empenhada seja infungível, mas, pelo contrário, não se pode fazer decorrer da natureza fungível do bem a qualificação automática do penhor como irregular, pelo que esta será, assim, um mero indício para efeitos de qualificação do contrato, dado que o seu elemento essencial prende-se com a colocação à disposição do credor pignoratício do objecto da garantia[627].

---

mobiliários não podem ser apreendidos para a massa falida, assistindo aos titulares o direito de reclamar a sua separação e restituição. Sobre a fungibilidade de valores mobiliários, numa primeira aproximação, cfr. MIGUEL GALVÃO TELES, *Fungibilidade de Valores Mobiliários e Situações Jurídicas Meramente Categoriais* in AAVV, Direito dos Valores Mobiliários, Vol. IV, Coimbra: Coimbra Editora, pp. 167-215.

[626] Estamos, pois, no âmbito da fungibilidade convencional. Similarmente, SIMONETTO *Los contratos de crédito* cit., p. 426. Note-se, todavia, que, nestes casos, a admissibilidade de um penhor irregular deste calibre envolveria que as regras relativas à avaliação do bem empenhado fossem muito precisas, não podendo, p. ex., ser avaliada uma serigrafia de JÚLIO POMAR por um euro. Aliás, um negócio deste tipo configurará, obviamente, um exemplo flagrante de negócio usurário ou de negócio simulado. Ademais, estas dificuldades fazem sentir-se igualmente nas hipótese de estamos a falar de conjuntos de serigrafias sequenciais e de o credor pignoratício estar obrigado à devolução de uma serigrafia, igualmente da autoria de JÚLIO POMAR e pertencente ao mesmo conjunto temático. Efectivamente, atendendo ao facto de, por via de regra, cada obra de arte ser única (mesmo num conjunto sequencial de serigrafias), é de crer que a fungibilidade convencional, em sede de penhor irregular, conhecerá fortes limites. Daí que, como contrapeso, tenham de ser previstos pactos marcianos muito precisos e, acima de tudo, capazes de lograr efectuar avaliações justas da coisa empenhada, pelo seu valor de mercado, de molde a procurar evitar que acabe por ser torneada a proibição do pacto comissório.

[627] MAGGIORE, *Natura del pegno e volontà delle parti,* in BBTC LX (2007), Parte Seconda, pp. 167-188 (p. 173).

Tendo em atenção que no penhor irregular se pressupõe a existência de um depósito irregular, é mister salientar o facto de o carácter da fungibilidade dos bens ser um simples pressuposto de facto do efeito translativo da propriedade nos negócios restituitórios irregulares, na medida em que torna indiferente, relativamente ao interesse de quem, inicialmente, executou a *traditio*, a individualidade dos bens que vêm a ser transferidos sucessivamente em cumprimento da obrigação de restituição, pelo que o *accipiens* pode dispor dos bens recebidos, tendo apenas de proceder à restituição de uma quantidade idêntica[628].

Finalmente, resulta óbvio que, de molde a que o penhor irregular seja validamente constituído, o credor pignoratício deverá subtrair a disponibilidade da coisa ao empenhador. Por via de regra, tal será efectuado através do desapossamento[629], mas, obviamente, nada obsta a que o penhor se constitua mediante a entrega de documentos comprovativos do direito. Em qualquer caso, cumpre salientar que, uma vez que se pressupõe a existência de um depósito irregular, dá-se a saída de um bem do património do *tradens* para o património do *accipiens*, ou seja, o desapossamento dá-se com a celebração do contrato[630].

---

[628] ANELLI, *L'alienazione in funzione di garanzia,* cit., p. 243. Salienta CARRESI, *Brevi notte sul contratto di mutuo,* cit., pp. 338, que o elemento real no contrato de mútuo consiste na transferência da propriedade das coisas consignadas, característica que o distingue de outros contratos reais, nos quais o *accipiens* não obtém mais do que a detenção – como no caso do comodato e do depósito – ou a posse – como sucede no contrato de penhor. Relativamente ao negócio fiduciário, no qual opera a transferência da propriedade, a diferença consistiria na natureza do objecto, já que no mútuo é um objecto *in genere* e no negócio fiduciário é constituído por uma coisa infungível.

[629] Neste particular, a *Corte di Cassazione,* em acórdão de 25 de Maio de 1993 in BBTC LVIII (1995), Parte Seconda, pp. 30-34 (p. 31), considera que o desapossamento deve ser efectivo, estando na origem da indisponibilidade material da coisa móvel por parte do devedor, salientando que a antecipação bancária não pode realizar-se sem que tal se verifique. No caso *sub judice,* o tribunal entendeu que o certificado de origem de veículos automóveis não poderia constituir um contrato de antecipação bancária garantido por penhor irregular, em virtude de esses documentos não impedirem o devedor de dispor dos bens.

[630] Conforme acentua OSCARIZ-MARCO, *El contrato de depósito,* Barcelona: José Maria Bosch, Editor, 1997, pp. 32-33, o depósito típico implica apenas a tradição possessória, contrariamente a outras modalidades de contrato, como é o caso do depósito irregular, que transferem o domínio sobre a coisa, seja pela função atribuída pelo ordenamento, seja pelo facto de o contrato ter por objecto coisas fungíveis.

No tocante à forma, somos do entendimento que o contrato de penhor irregular não está sujeito a qualquer prescrição de forma[631]. Com efeito, o contrato ficará perfeito com a entrega do bem, sendo que, também aqui, haverá que interpretar de forma hábil a noção de "entrega", não sendo necessário o desapossamento do devedor, mas tão-somente que, por qualquer meio, lhe seja retirada a disponibilidade material sobre a coisa[632].

Não obstante, cumpre tecer algumas considerações adicionais sobre a constituição do penhor irregular. Efectivamente, basta pensar nas hipóteses em que, por qualquer motivo, o credor garantido já estaria na posse dos bens a empenhar. Neste particular, cremos poder recorrer à análise efectuada a propósito do mútuo, porquanto esta relação pode estabelecer-se sucessivamente se o mutuário é o devedor inicial da obrigação restitutória dos bens fungíveis especificados, tal qual como se estivéssemos perante uma obrigação de entrega dos bens fungíveis tratados como tal[633].

Mais simplesmente, somos do entendimento de que estamos perante um fenómeno que pode ser designado como *traditio brevi manu* imprópria, já que, nestes casos mais não se faz do que substituir a entrega efectiva por um simples acordo, através do qual aquele que deveria adquirir certos bens fungíveis acaba por proceder à entrega dos bens ao

---

[631] DALMARTELLO, *Pegno Irregolare,* cit., p. 804, 1.ª coluna. Neste particular, julgamos não serem importáveis, para esta sede, as tomadas de posição de algum sector doutrinário que, no tocante à garantia autónoma, considera ser necessário que esta deve ser reduzida a escrito, fruto da sua perigosidade. Assim, LARENZ/CANARIS, *Lehrbuch des Schuldrechts,* cit., p. 77, tendo como fundamento na maior perigosidade da garantia autónoma, defendem a aplicação analógica do § 766 BGB sujeitando a garantia autónoma à forma da fiança. Similarmente, no direito pátrio, LUÍS MENEZES LEITÃO, *Garantias das Obrigações,* 2.ª ed., cit., p. 145, defende a necessidade de ser exigida a forma escrita para a declaração do vinculado à garantia autónoma.

[632] Tendo em mente os casos em que ocorre a conversão de um depósito irregular em penhor irregular, salienta DALMARTELLO, *Pegno Irregolare,* cit., p. 800 (1.ª e 2.ª colunas), que existe uma inversão no título da situação possessória, dado que o *accipiens* deixa de deter o bem como depositário, *id est,* no interesse do *accipiens,* para passar a detê-lo como credor pignoratício, ou seja, também no seu próprio interesse, verificando-se igual alteração na obrigação restitutória, a qual deixará de ser feita *ad nutum* e mediante simples exigência do depositante, para passar a ser efectuada apenas quando for devida em cumprimento do penhor irregular, ou seja, quando o crédito em garantia do qual o penhor é constituído estiver satisfeito.

[633] SIMONETTO, *Los contratos de crédito,* cit., p. 426 fornece uma explicação recorrendo aos mecanismos da compensação e da novação, que apelida como entrega ideal.

"transmitente"[634]. Dito de outro modo, trata-se de uma figura que visa aferir da possibilidade de constituição de um penhor irregular sobre um depósito já efectuado, sem que haja necessidade de proceder à retransmissão da propriedade.

3. A transferência da propriedade dos bens empenhados

Ora, apesar desta indiferença relativamente aos bens, o que é certo é que o penhor irregular persegue uma função de garantia. Aliás, essa função é ainda mais intensa se comparada com o penhor regular. Com efeito, a partir do momento em que as partes entregam e recebem coisas consumíveis e fungíveis, prevendo a restituição não das coisas recebidas, mas sim de coisas do mesmo género e qualidade, as partes manifestam a vontade de querer realizar um negócio com escopo de garantia e não de gozo discricionário, característica que, como é consabido, está presente no contrato de mútuo[635]. Ademais, e conforme procuraremos demonstrar, a transferência da propriedade, contrariamente ao que se verifica no mútuo, é efectuada com escopo de garantia, motivo pelo qual não existirá uma obrigação pura e simples das quantias recebidas, mas sim, pelo contrário, uma obrigação condicional de restituição em caso de cumprimento por parte do empenhador[636].

---

[634] CRUZ MORENO, *La prenda irregular*, cit., p. 209. Similarmente, DALMARTELLO, *Pegno Irregolare*, cit., 799 (2.ª coluna)-800 (1.ª coluna) refere que com a constituição do penhor irregular opera a conversão do depósito pré-existente, o qual é absorvido, *rectius*, substituído pelo penhor irregular. Do mesmo modo, CICARELLO, *Pegno (diritto privatto)*, cit., p. 688 (1.ª coluna), afirma estarmos perante uma alteração voluntária do título do débito de restituição, que passa a ser uma restituição em vez de um cumprimento do crédito pré-existente e exaurido pelo depósito, por força da intervenção sucessiva do penhor irregular.

[635] DE SIMONE, *I negozi Irregolari*, cit., pp. 83-84. Neste particular, entende FINOCHIARO, *La teoria del "pegno irregolare"* in DCom XI (1919), pp. 14-24 (p. 20), que o escopo de garantia perseguido pelo contrato de penhor irregular não faz parte do negócio concluído, dado que, no seu entender, o escopo prático da relação que une os contraentes é diferente do escopo de garantia perseguido pelo penhor regular, dado que a coisa não é dada ao credor para que este realize o seu crédito através da execução do bem, mas sim porque a coisa é transmitida imediatamente para que a faça sua, motivo pelo qual a razão económico-jurídica do negócio deixaria de ser a garantia de um crédito.

[636] CLAPS, *Pegno Irregolare o cauzione in contanti*, cit., p. 680, 1.ª coluna.

Antes do mais, é mister salientar que, *a priori,* a transferência da propriedade poderia ser recondutível à falta de individualização dos bens empenhados[637]. Efectivamente, a partir do momento em que se proceda à identificação dos bens empenhados, já não estaremos perante a característica da infungibilidade e, como tal, estaremos perante um contrato de penhor regular[638]. Neste particular, é assaz importante procurar delimitar as fronteiras entre uma simples determinação genérica das coisas dadas em garantia e a fungibilidade que as mesmas devem ter.

Destarte, a fungibilidade deriva da valoração social feita sobre as coisas, enquanto a determinação genérica deriva, apenas, de considerações individuais, dado que, por via de regra, trataremos de coisas que são consideradas idênticas por quem cumpre as obrigações a que está adstrito, motivo pelo qual este conceito diz respeito ao modo pelo qual a coisa

---

[637] Neste particular, não resistimos a chamar à colação o regime do usufruto de coisas consumíveis, previsto no art. 1451, o qual prevê que nos casos em que o usufruto tenha por objecto coisas consumíveis, pode o usufrutuário servir-se delas ou aliená-las, ficando obrigado a restituir o seu valor, findo o usufruto, no caso de as coisas terem sido estimadas; se tal não ocorrer, deverá a restituição ser feita pela entrega de outras do mesmo género, qualidade ou quantidade, ou do valor destas na conjuntura em que findar o usufruto (n. º1). Em qualquer caso, o usufruto de coisas consumíveis não importa transferência da propriedade para o usufrutuário (n.º 2). Perante esta figura, entende OLIVEIRA ASCENSÃO, *Direitos Reais,* 5.ª ed., cit., p. 451, que estamos perante um usufruto anómalo, direito real em que o titular tem o poder de consumir a coisa.

Não obstante, atendendo ao facto de, em sede de usufruto, não se operar a transmissão do direito de propriedade, poderíamos dizer, por maioria de razão, que tal não se verifica igualmente no penhor irregular. Neste sentido, RUI OLIVEIRA NEVES, *O penhor de créditos – Contributo para a compreensão da figura no contexto das garantias especiais das obrigações,* cit., p. 26, brandindo o argumento da integridade do sistema. Ora, se é certo que tal argumento é atendível, cumpre ter em consideração que apenas procede nos casos em que exista a mesma *ratio decidendi*. Ora, no caso do penhor irregular, à imagem do que sucede no depósito irregular, é a própria fungibilidade do objecto, traduzida na confundibilidade com o património do *accipiens* que dita a transmissão da propriedade. Esta opera com a celebração do contrato, enquanto no usufruto de coisas consumíveis estamos perante uma situação em tudo idêntica até ao momento em que a coisa é consumida. Aliás, a semelhança com o penhor irregular é notória após tal momento, já que a partir do consumo existe uma obrigação compensatória ou uma restituição de coisa com semelhantes características. Acresce ainda que o escopo de ambas é diferente: o penhor irregular persegue fins de garantia e o quase usufruto visa oferecer o gozo da coisa. A própria natureza das coisas dita regimes diferentes.

[638] MARTORANO, *Cauzione e pegno irregolare,* cit., p. 100.

pode ser deduzida numa particular relação jurídica[639]. Precisamente por este motivo, em sede de incumprimento, caso a prestação tenha por objecto coisas fungíveis, o devedor está obrigado a restituir coisas equivalentes, enquanto nas situações em que estejamos perante casos de determinação genérica, a lei, por via de regra, impõe a obrigação de fornecer coisas de qualidade não inferior à média[640].

Fechando este breve parêntese, diremos que o penhor irregular justifica-se como um contrato inominado de garantia real, que visa a assegurar a segurança de um crédito. Numa primeira aproximação, diremos que se trata de *datio* condicionada ao adimplemento do devedor, situação em que deve ser restituída a quantia recebida[641]. O que equivale a dizer que, de um prisma puramente causal, pelo facto de ser assumida uma obrigação de restituir o *tantundem* das coisas originariamente recebidas – aliás, nesta óptica, o penhor irregular não diverge substancialmente do mútuo e do depósito irregular – o penhor irregular, para além de garantir um crédito, redunda numa *causa solvendi*, em virtude de ser transferida a propriedade com o objectivo de, em caso de incumprimento, ser imputado o valor do crédito[642]. Efectivamente, não é a natureza fungível das coisas

---

[639] BIONDI, *Cosa fungibile e non fungibile*, cit., p. 1021 (1.ª coluna).

[640] Veja-se, p. ex., o art. 1210.º, n.º 2 a propósito do contrato de empreitada.

[641] Similarmente, TOMMASO CLAPS, *Pegno Irregolare o cauzione in contanti*, cit., p. 680, 1.ª coluna. Salienta PAVONE LA ROSA, *L'anticipazione bancaria nella disciplina del nuovo codice civile*, cit., p. 124 que a função de garantia cessa com o cumprimento do devedor, considerando que a possibilidade de realizar a garantia fora desse pressuposto representa uma anomalia relativamente ao conteúdo normal do penhor ou da garantia *in genere*.

[642] DALMARTELLO, *Pegno Irregolare*, cit., p. 801, 2.ª coluna. O autor, aliás, salienta que a natureza fungível das coisas objecto do penhor irregular não justifica *per se* a figura em causa. Tal justifica-se pela manifestação de vontade das partes, mesmo que seja manifestada com o facto concludente de não ter adoptado procedimentos tendentes à individualização das coisas dadas em garantia. Similarmente, MARTORANO, *Cauzione e pegno irregolare*, cit., p. 107 considera que a transferência da propriedade é efectuada de acordo com a vontade das partes que constituem o penhor irregular e não de um acto unilateral do credor. Em sentido contrário pronuncia-se ANELLI, *L'alienazione in funzione di garanzia*, cit., p. 244 salientando que o legislador italiano previu expressamente a transferência da propriedade dos bens para o credor pelo que deduz que, acaso não existisse uma previsão tão explícita do efeito translativo, este não poderia derivar, pura e simplesmente, da qualidade intrínseca dos bens consignados. Pelo contrário, ocorreria a atribuição negocial a favor do *accipiens* da faculdade de dispor dos bens, à imagem do que se verifica noutras factiespécies de contratos restituitórios qualificados como irregulares.

empenhadas que justifica a transmissão da sua propriedade, mas sim a combinação do acto de vontade das partes com o facto concludente de não se ter efectuado um qualquer procedimento de individualização das coisas empenhadas[643].

Todavia, somos do entendimento que não é possível afirmar que, à imagem do penhor regular[644], no penhor irregular persegue-se igualmente uma actividade de conservação dos bens empenhados, i.e. a sua custódia. De acordo com DE SIMONE, nos casos em que o objecto do contrato é uma coisa fungível, a actividade de conservação a cargo do credor pignoratício é explicada através da circunstância de procurar impedir que as coisas se percam ou deteriorem, enquanto nas situações em que deve curar do *tantundem eiusdem generis et qualitatis* bastará que, em caso de cumprimento do devedor, proceda à restituição das coisas recebidas, *id est,* se tiver disponível o *tantundem*[645]. Ora, uma vez que o penhor irregular persegue, primacialmente, uma função de garantia, que é reforçada pela transmissão da propriedade dos bens empenhados, resulta difícil afirmar a existência de uma obrigação de custódia nestes casos e, ademais, parece-nos forçado erigir a necessidade de restituição do *tantundem* a reflexo da obrigação de custódia, dado que o *tantundem,* pelo contrário, é, apenas, o corolário da fungibilidade dos bens depositados. Assim,

---

[643] Neste particular, DALMARTELLO, *Pegno Irregolare,* cit., p. 802, 2.ª coluna precisa que, no caso da caução, a causa justificativa de tal atribuição pode ser configurada de modos diversos. Assim, pode ser enquadrada como uma assunção de uma obrigação do *accipiens* de restituir em *tantundem* as coisas originariamente recebidas a título de propriedade, sendo que, sob este prisma, o perfil do penhor irregular não diferiria em muito do mútuo e do depósito irregular, no tocante à justificação do efeito translativo. De outro lado, poderia ainda ser configurada como liberação prévia e pré-acordada do *tradens* da obrigação para cuja garantia a caução foi constituída e que, por conseguinte, a caução acabaria por extinguir-se com o próprio cumprimento. Teríamos, assim, uma *causa credendi* no primeiro caso e no segundo uma *causa solvendi.* Uma análise crítica da natureza solutória do penhor irregular à luz do direito italiano pode ser encontrada em ABBADESSA, *Pegno irregolare a garanzia di debito scaduto* in BBTC LI (1998), Parte Seconda, pp. 212-219 (pp. 213-215).

[644] No Direito italiano, tendo em consideração, principalmente, o acolhimento expresso do penhor irregular, a doutrina tende a configurar o penhor irregular como um subtipo do contrato de penhor. Neste sentido, DE SIMONE, *I negozi Irregolari,* cit., p. 104, GORLA, *Del pegno, delle ipoteche,* cit., p. 19-20, RUBINO, *La responsabilità patrimoniale: Il pegno,* 2.ª ed., cit., p. 217, REALMONTE, *Il pegno,* cit., p. 634.

[645] DE SIMONE, *I negozi Irregolari,* cit., pp. 86-87.

podemos concluir que a diferença entre a garantia regular e a garantia irregular reduz-se à modalidade de actuação do poder de execução coactiva do bem: no penhor irregular o credor tem a faculdade de dispor da coisa e, para tal, não está obrigado a recorrer ao processo executivo de cariz judicial[646].

Contrariamente ao que sucede no penhor regular, *maxime* nos casos de penhor rotativo, carece de qualquer interesse, em sede de penhor irregular, aferir a possibilidade de se operar a substituição dos bens dados em garantia, dado que a constituição do penhor irregular implica, como vimos, a transferência da propriedade para o empenhador, pelo que apenas será necessário que, aquando da constituição do penhor irregular, sejam identificados (i) a espécie dos bens empenhados e (ii) o montante máximo garantido pelo penhor[647].

Em qualquer caso, não podemos deixar de concluir que o penhor irregular tem este *nomen iuris* devido ao facto de, na sua essência, englobar uma das características essenciais do penhor: o direito à restituição da coisa empenhada. Sucede que, por força da singularidade do bem empenhado, não pode ser dotado de natureza real – e, por conseguinte, não disporá da característica da sequela – pelo que se reduzirá, em princípio, a um simples direito de crédito, dirigido pela necessidade de restituição do *tantundem*, i.e., o equivalente em quantidade e género dos bens que foram empenhados[648]. Efectivamente, a noção de preferência na satisfação do crédito é estranha ao penhor irregular, porquanto a propriedade do bem objecto da garantia é transferida directamente para o credor pignoratício com exclusão dos restantes credores do empenhador[649].

---

[646] ANELLI, *L'alienazione in funzione di garanzia,* cit., 1996, pp. 258.-259. Similarmente, GATTI, *Pegno Irregolare e fallimento del debitore* in RDCo XCVIII (2000), pp. 111-132 (p. 116) salientando que o penhor irregular actua reforçando a posição do credor garantido através de um instrumento negocial pré-disposto *ab origine* para realizar plenamente o seu interesse sem ter de recorrer ao processo executivo, bem mais longo e penoso, previsto para o penhor regular.

[647] Similarmente, MAGGIORE, *Natura del pegno e volontà delle parti,* cit., p. 175.

[648] TOMMASO CLAPS, *Pegno Irregolare o cauzione in contanti,* cit., p. 681, 2.ª coluna.

[649] LOIACONO/CALVI/BERTANI, *Il trasferimento in funzione di garanzia tra pegno irregolare, riporto e diritto di utilizzazione,* Suplemento do n.º 6 de BBTC LVIII (2005), p. 36. Na expressão de MARTORANO, *Cauzione e pegno irregolare,* cit., p. 128, a transferência da propriedade é um corolário lógico da fungibilidade do objecto e da confusão

Cumpre salientar que esta transmissão de propriedade, em alguns casos, pode apresentar-se como um paradoxo aparente. Com efeito, nos casos em que é dado em penhor o saldo de uma conta bancária, i.e., nos casos em que o depósito irregular existe previamente à constituição da garantia, poderíamos dizer que estaríamos perante uma conversão da obrigação de restituição que impende sobre o depositário – por via de regra, um Banco – que deixaria de ser necessária e incondicional, para passar a ser meramente eventual, dado que estaria condicionada ao cumprimento por parte do empenhador[650].

Tal entendimento não pode ser acolhido, porquanto dita, passe a expressão, o apagamento do contrato de depósito e, simultaneamente, não logra explicitar o meio pelo qual o depósito voltará a surgir no caso de cumprimento da obrigação garantida, i.e., nos casos em que o penhor é extinto. Com efeito, ao invés de apontarmos a via da conversão/convolação do contrato de depósito em contrato de penhor irregular, somos do entendimento que, nos casos em que uma determinada quantia, *maxime,* um saldo de conta bancária, é dado em penhor, estaremos perante uma justaposição de contratos.

Na verdade, estamos perante uma união de contratos, sendo que haverá que curar de procurar identificar o nexo que liga os contratos em questão. Assim, colocado perante um cenário em que são convocados dois contratos distintos, *in casu* o depósito – depósito irregular no caso de ser empenhado dinheiro – e o penhor, o intérprete deve procurar individualizar a relação construída pelas partes, delimitando os seus limites para, posteriormente, passar ao exame da estrutura e dos traços caracterizadores do negócio coligado, distinguindo os casos em que há um nexo maior ou menor de intensidade[651], sendo que, nos casos de união de contratos, é decisivo que exista um nexo de carácter funcional que

---

no património do *accipiens*, motivo pelo qual é impossível a permanência da propriedade junto do devedor, sendo, por conseguinte, o direito do credor pignoratício uma limitação indirecta da obrigação de restituição do *tantundem*.

[650] MARANO, *Sul pegno (irregolare) del saldo di conto corrente*, in BBTC LIII (2000), Parte Seconda, pp. 610-616 (p. 611), defende que se trata de uma novação. Saliente-se desde já que para tal conclusão concorre o facto de o depósito continuar – ou pode continuar – a produzir efeitos após a extinção do penhor. Retomaremos este ponto no número 7 do presente §, a propósito penhor de conta bancária.

[651] DI NANNI, *Collegamento negoziale e funzione complessa* in RDCo LXXV (1975), Parte Prima, pp. 279-343 (pp. 288-289).

desempenha um papel fundamental, pois são imputados efeitos ou consequências jurídicas novas e diferentes daquelas que são próprias de cada um dos contratos unidos entre si[652]. O que equivale a dizer que a união de contratos consubstancia a tradução material da necessidade que as partes tiveram para alcançar o fim pretendido[653].

Efectivamente, na união de contratos, contrariamente ao que se verifica no contrato misto, em que as partes desejam operar um regulamento negocial mais amplo do que os regulamentos oferecidos pelos contratos individualmente considerados, realizando, assim, a fusão de vários negócios típicos num só, em função da indissociabilidade do nexo causal que os liga[654], os contratos mantêm-se diferenciados, conservando cada um a sua individualidade, dado que os contratos se cumulam. O que equivale a dizer que a união de contratos apenas ocorre com o concurso e a cooperação de vários negócios jurídicos, produzindo cada um os efeitos que lhes são peculiares, embora estando todos destinados à realização da função complexa visada pelas partes[655].

---

[652] A este propósito, salienta PINTO DUARTE, *Tipicidade e aticipicidade contratual,* cit., p. 54, que o critério da unidade de contratos é o único problema dogmático real entre os normalmente versados a propósito da união de contratos.

[653] DI NANNI, *Collegamento negoziale e funzione complessa,* cit., pp. 325-326.

[654] Salienta JORDANO, *Contratos mixtos y unión de contratos,* in ADC 1951, pp. 321-339 (pp. 335-336), que o contrato misto distingue-se da união de contratos através da elevação do fim (subjectivo) real e concreto das prestações recíprocas de cada uma das partes contrates ao fim (objectivo) abstracto e genérico do contrato no seu conjunto, sendo que nesse momento ou se descortina uma pluralidade de causas, sinal de que sob um contrato existem vários contratos, ou uma causa mista e complexa, resultante da combinação das causas correspondentes da combinação aos elementos de dois ou mais negócios típicos ou atípicos, que justifique a unidade do contrato, mau grado a pluralidade de prestações.

[655] DI NANNI, *Collegamento negoziale e funzione complessa,* cit., pp. 337-338. Referindo-se igualmente a uma vontade genérica de coligar e um nexo objectivo entre os contratos, DI SABATTO, *Unitá e pluralitá di negozzi (Contrtibuto alla dottrina del collegamento negoziale)* in RDC V (1959), pp. 412-438 (p. 433) siustenta que a coligação pode ser de dois tipos. De um lado teríamos a coligação prevalentemente material em que, independentemente de uma particular influência da vontade de coligação sobre a determinação do preceito negocial, o negócio fáctico entre a situação sobre a qual opera um negócio e sobre a qual opera o outro é de tal ordem que uma das situações fica subordinada à existência da outra e, de outro lado, teríamos a coligação de conteúdo materialmente perceptivo em que a coligação não depende de factos externos, mas, tão-somente, da vontade das partes em determinar tal coligação.

Em qualquer caso, não podemos deixar de salientar que a transmissão da propriedade tem efeitos particulares nas relações entre as partes. Com efeito, em virtude dessa transmissão, deixará de se verificar a necessidade de executar judicialmente o penhor e, não menos importante, a obrigação de conservação da coisa empenhada deixa de ser uma obrigação do credor pignoratício, para passar a ser uma manifestação do interesse do proprietário. Acresce que, por força de o credor pignoratício passar a ser proprietário dos bens empenhados, cessa igualmente a obrigação de restituição do dinheiro recebido, surgindo, assim, uma espécie de compensação entre o débito garantido e o crédito[656].

Adicionalmente, cumpre ter em consideração o próprio *quid* restituitório. Assim, na falta de acordo em contrário, regerá igualmente o art. 672.º, pelo que os frutos da quantia empenhada – *maxime,* juros – serão abatidos no capital devido. Tal deve-se ao facto de o penhor irregular ser um subtipo do penhor regular[657].

Aliás, cumpre ter em atenção que podemos ter de lidar com situações de "fungibilidade convencional", dado que caso o empenhador dê o seu assentimento, o credor pignoratício poderá utilizar o objecto (ou o direito) empenhado, onerando-o ou utilizando-o. Tudo dependerá, pois, da existência de uma avaliação justa do valor do bem[658] empenhado para que, nos casos em que não estejamos perante bens fungíveis, possamos afirmar a validade do penhor irregular. De qualquer modo, cumpre salientar que a autonomia privada não poderá considerar fungível uma coisa que, por natureza, seja infungível, sendo que nada obsta a que possa ser atribuída natureza infungível a determinados bens fungíveis, atribuindo relevância a características individuais que, no plano da valoração social e de acordo com uma *praxis* objectivada, seriam secundárias e irrelevantes[659].

Retomando o nosso raciocínio, é imperioso salientar que, em virtude desta transmissão da propriedade, é mister indagar se o penhor irregular constitui uma figura de penhor especial, i.e., apurar se estamos perante um verdadeiro e próprio penhor. Com efeito, atendendo ao facto de este penhor ter por objecto bens fungíveis, resulta facilmente verificável que,

---

[656] MESSINEO, *Anticipazione bancaria,* cit., p. 651, 2.ª coluna.
[657] Cfr. o número 9 do presente §.
[658] Utilizamos o termo bem de modo a englobarmos quer coisas quer direitos.
[659] Neste sentido, LENZI, *Responsabilità patrimoniale e rilevanza della funzione nel deposito di beni fungibile,* Milão: Giuffrè, 2007, pp. 46-47.

como consequência da sua fungibilidade[660], tais bens têm tendência a confundir-se com o património do credor pignoratício e, consequentemente, resulta dificilmente concebível que coexistam em separado a propriedade do empenhador e o penhor sobre os bens empenhados[661]. Na verdade, se tivermos em mente o caso do dinheiro, resulta facilmente perceptível que é sobremaneira difícil manter a identidade material das moedas (ou notas) dadas em penhor. Ademais, aquando da restituição, o empenhador não sofrerá qualquer dano pelo simples facto de receber o *tantundem eiusdem generis*.

Saliente-se igualmente que, em sede de penhor irregular, o art. 671.º, alínea b) não será aplicável, porquanto, com a celebração do contrato de penhor irregular, o credor pignoratício adquire a propriedade dos bens empenhados e, por conseguinte, carece de sentido afirmar que o credor pignoratício não poderá, nestes casos, não usar a coisa empenhada sem o consentimento do empenhador, dado que no penhor irregular o credor irregular apenas está obrigado à restituição do *tantundem* caso haja adimplemento por parte do empenhador. De igual modo, e conforme avançámos anteriormente, também não existirá aqui qualquer obrigação de custódia.

Cumpre ainda ter em consideração o facto de a irregularidade do penhor poder ser diminuída em função da própria fungibilidade dos bens empenhados. Basta pensar nos casos em que, pura e simplesmente, são empenhados bens especificados:

> Caio, proprietário de uma importante colecção de sestércios romanos, dá de penhor a Tício uma colecção constituída por 45 sestércios datados de 145 d.C. como garantia de um contrato de mútuo no montante de um milhão de euros.

Nestes casos, estamos perante um penhor de coisas comuns, porquanto há uma perfeita especificação das coisas a dar em garantia[662].

---

[660] Temos em mente, sobretudo, os casos do penhor de moeda.
[661] CHIRONI, *Tratatto dei privilegi*, Vol. I, cit., p. 499. O autor considera que é esta confusão no património do devedor que justifica a faculdade de o credor pignoratício de dispor as coisas empenhadas e, aquando da restituição, devolver bens de igual valor.
[662] Entende PUIG BRUTAU, *Fundamentos de Derecho Civil*, 3.ª ed., cit. pp. 24-25 que a afirmação, num caso concreto, da celebração de um contrato de penhor regular ou

Todavia, cumpre não olvidar que o princípio da autonomia privada pode mitigar a própria fungibilidade do penhor irregular. Basta pensar na hipótese em que se restringe a possibilidade de devolver o *tantundem*. Basta pensar nos casos – certamente raríssimos nos dias que correm – em que se prevê a necessidade de operar a restituição de moedas do mesmo metal ou com o mesmo tipo de cunhagem[663].

Ora, o certo é que, tirando estes casos de rara verificação, o penhor irregular redundaria num penhor de créditos. Efectivamente, se é certo que o empenhador não pode conservar o direito real sobre os bens entregues ao credor, acaba por ser credor do seu valor. O que equivale a dizer que o penhor converte-se num penhor de créditos[664]. Com efeito, basta atentar no facto de, à imagem do que se verifica no depósito irregular, a obrigação de devolução não ter em consideração a individualidade da coisa entregue, mas sim o género em que se integra, pelo que este penhor, se bem que incida indirectamente sobre uma coisa – o dinheiro – incide primacialmente no seu valor, que será o objecto do penhor. Em qualquer caso, a atribuição do direito de disposição briga com esta recondução ao penhor de créditos, motivo pelo qual não pode ser seguida.

Uma vez verificada a transferência da propriedade, para além de ficar verdadeiramente constituída a relação derivada do penhor irregular, surgirão, ainda, uma série de efeitos relacionados com esta. À cabeça, avulta a transferência do risco do perecimento das coisas, nos termos do disposto no art. 796.º, pelo que nos casos em que ocorra a perda da coisa empenhada por motivo imputável ao credor pignoratício, este não se poderá considerar exonerado, mantendo-se, nos precisos termos em que foi acordada, a obrigação de restituição, restituição essa que terá em consideração não a individualidade da coisa entregue, mas sim o género em que se integra, em função de estarmos perante uma obrigação que tem em conta não só a coisa, mas, sobretudo, o seu valor.

---

de um contrato de penhor irregular depende, sobretudo, da própria interpretação do contrato e, também, das circunstâncias que concorreram para a sua celebração, sendo que, nos casos em que tenha havido lugar a entrega de coisas sem cobertura ou data, será provável que as partes tenham tido em vista os efeitos do penhor irregular.

[663] CHIRONI, *Tratatto dei privilegi*, Vol. I, cit., p. 501. Nesta situação estamos perante aquilo que o autor designa como fungibilidade restrita.

[664] FINOCHIARO, *La teoria del "pegno irregolare"*, cit., p. 17.

Acresce ainda, que, em virtude da transferência da propriedade, o credor pignoratício transforma-se em proprietário pleno e absoluto das quantias recebidas, podendo dispor delas a seu bel-prazer. Nesta sede, julgamos serem aplicáveis as observações de SENA a propósito dos contratos irregulares em geral: a obrigação restituitória será modulada em função do acordo das partes, pelo que poderá haver obrigação de manter o *tantundem* no próprio património durante todo o tempo em que a relação vigore, para efeitos de poder operar a sua restituição aquando do cumprimento do crédito garantido, como poderá, outrossim, existir uma obrigação que consista em proceder à administração prudente do património[665].

Ainda como decorrência da transferência da propriedade, somos do entendimento de que, nos casos em que, por algum motivo, o crédito garantido não venha a nascer, o credor pignoratício deverá proceder à devolução do *tantundem*[666], sendo que, em caso de incumprimento do crédito garantido, *rectius*, da obrigação garantida, actuará o mecanismo de satisfação próprio do penhor irregular, estando o credor pignoratício obrigado a restituir o *tantundem* correspondente ao eventual excesso de valor. Trata-se da matéria que versaremos no número seguinte.

4. O mecanismo de satisfação da garantia

Atendendo à sua particular natureza, um dos pontos que mais dúvidas colocou aos intérpretes foi o do mecanismo de satisfação do credor pignoratício existente no penhor irregular[667]. Antes do mais, cumpre salientar que estamos perante um crédito restituitório eventual, dado que apenas nasce no caso de o crédito garantido se extinguir de modo diverso do mecanismo destinado a assegurar a satisfação da garantia[668], pelo que,

---

[665] *Contratti di credito, contratti di custodia, contratti di disponibilità*, in RTDPC X (1956), pp. 488-541 (p. 532 e p. 538)
[666] CRUZ MORENO, *La prenda irregular*, cit., p. 216.
[667] Para uma apreciação das várias soluções propostas, veja- se CRUZ MORENO, *La prenda irregular*, cit., pp. 216-232.
[668] Neste particular, salientam LOIACONO/CALVI/BERTANI, *Il trasferimento in funzione di garanzia tra pegno irregolare, riporto e diritto di utilizzazione*, cit. p. 34, que a função económica típica do penhor irregular é criar a liquidez imediata da garantia a

antes de nos debruçarmos sobre o mecanismo propriamente dito, faremos uma breve resenha da argumentação expendida a propósito da teorização da figura, para, a final, tomarmos posição.

Destarte, à partida parece ser de afastar a hipótese de estarmos perante um caso de compensação, dado que a atribuição inicial não poderia funcionar para proceder à extinção do crédito, salvo se considerarmos que foi constituída uma *datio in solutum* condicionada[669]. Efectivamente, julgamos que o penhor irregular não pode ser concebido como *datio in solutum*. Se é certo que a transferência inicial da propriedade se produz como uma espécie de *datio in solutum* antecipada do crédito garantido, por vezes são acordadas condições resolutivas da própria *datio*, mormente o não cumprimento da prestação objecto do crédito garantido. Assim, podemos afirmar que esta teorização tem o mérito de encontrar um título apto a justificar a transmissão da propriedade, mas acaba por não conseguir justificar a finalidade de garantia que a figura persegue[670], porquanto não centra a sua atenção nos dois aspectos fulcrais do penhor irregular: a transmissão da propriedade dos bens empenhados e o próprio mecanismo de satisfação da garantia, dado que se afigura altamente duvidoso admitir que um pagamento condicional extinga uma obrigação, mormente quando a verificação de tal condição depende de um facto do empenha-

---

favor do beneficiário, enquanto o penhor regular destina-se a criar um direito de preferência sobre o bem, permanecendo a propriedade sobre este com o empenhador. Note-se que os autores baseiam essa sua conclusão na diferente inserção sistemática de ambas as figuras no CCIt. Salientava ainda FINOCHIARO, *La teoria del "pegno irregolare"*, cit., p. 18-19, que, nos casos em que é celebrado um contrato de penhor irregular, ficciona-se a existência da coisa dada em garantia, de molde a contornar as regras relativas ao penhor regular, que prevêem que o credor pignoratício não pode dispor da coisa empenhada em caso de incumprimento do empenhador, sendo que se exigiria, ainda, que o credor pignoratício tivesse disponível o *tantundem* não só aquando do vencimento da obrigação garantida, mas, também, durante a vigência do contrato, de modo a demonstrar que conserva os bens empenhados.

[669] CRUZ MORENO, *La prenda irregular,* cit., p. 234.

[670] DALMARTELLO, *Il pegno irregolare (o cauzione in senso stretto),* cit., p. 334. Em sentido contrário, TOMMASO CLAPS, *Del cosi detto pegno irregolare,* cit., p. 680 refere que, contrariamente ao mútuo, a passagem de propriedade no penhor irregular é efectuada com escopo de garantia, pelo que, consequentemente, tal escopo, à imagem do mútuo, não acompanha a obrigação de restituição pura e simples, mas sim uma obrigação condicionada da restituição em caso de cumprimento, dado que, em caso contrário, o credor pignoratício teria um direito de aquisição da imputação.

dor. Mais importante: não se logra justificar a realização da prestação objecto da relação garantida[671].

Ademais, no penhor irregular, à imagem dos demais negócios de crédito, realiza-se o mecanismo da entrega-restituição, que visa, primordialmente, uma função de garantia, a qual é realizada caso o credor garantido tenha de restituir, em caso de incumprimento da obrigação garantida, apenas a soma ou a parte das mercadorias ou dos títulos que excedam a quantia do crédito garantido e não pago[672]. Dito de outro modo, a concepção do penhor irregular como um negócio *solvendi causa* peca pela sua artificiosidade, pois, conforme salienta DALMARTELLO, (i) um pagamento – situação aplicável, *mutatis mutandis,* à *datio in solutum* – não pode ter uma função extintiva da obrigação quando o devedor ainda tem a faculdade de anular, accionando um evento do qual depende a resolução e a caducidade do acto, e (ii) resulta uma incongruência lógica afirmar que o empenhador pode obter o direito à restituição do *tantundem* cumprindo, já que o seu débito – garantido pelo penhor irregular – é o próprio débito que fundamenta o postulado fundamental desta construção teórica[673].

Ante o soçobrar desta teorização, foi avançada uma teorização *credendi causa*, a qual assenta na consideração de o penhor irregular procurar satisfazer o interesse do credor garantido no consumo ou alienação dos bens recebidos. Avançando um pouco mais, afirma-se que a propriedade das coisas transfere-se de molde a obter a realização da garantia com o mecanismo característico do penhor irregular, i.e, a compensação do crédito de restituição com o crédito garantido[674]. Adicionalmente, o nascimento do crédito restitutório tem lugar com a entrega dos bens, não

---

[671] CRUZ MORENO, *La prenda irregular,* cit., p. 181.
[672] CRUZ MORENO, *La prenda irregular,* cit., p. 184. Similarmente, GATTI, *Pegno Irregolare e fallimento del debitore,* cit., p. 115, salientando que, no momento do reembolso, o valor das coisas dadas em garantia deve ser determinado tendo por referência o momento do vencimento do crédito e não o momento da entrega das coisas.
[673] *Il pegno irregolare (o cauzione in senso stretto),* cit., pp. 335-336.
[674] SIMONETTO *Los contratos de crédito* cit., pp. 425-426. Mais explicitamente, o autor, IDEM, SIMONETTO, *Sulla natura della cauzione,* in BBTC XVII (1954), Parte Seconda, pp. 292-300 (pp. 296-297), afirma expressamente que é indiferente o facto de ser o *tantundem* individualizado a responder em sede de accionamento da garantia, já que o credor da obrigação garantida paga, simplesmente, o seu débito de restituição apenas na observância dos limites do excesso relativamente ao valor do seu crédito garantido.

ficando condicionado ou sujeito a qualquer condição resolutiva, existindo ainda um *pactum de non petendo* que é resolvido no momento do vencimento do crédito garantido, pelo que, se nesse momento o crédito não se satisfaz, o credor garantido poderá proceder à compensação com o crédito restituitório que o empenhador tem contra si[675].

Contrariamente à sua congénere *solvendi causa*, esta teoria tem a virtualidade de explicar de forma clara o fenómeno do penhor irregular. Pura e simplesmente, esgota-se nessa função, já que mais não é do que o somatório de figuras certas e conhecidas com o fito de explicar um instituo complexo e algo nebuloso. Ademais, esta concepção traz algumas perplexidades, sobretudo se tivermos em consideração que, mau grado a sua designação, defende a todo o momento que a causa do contrato é a função de garantia[676]. Todavia, o principal óbice colocado a esta teoria é o de o *pactum de non petendo* pressupor a existência de um crédito exigível, que surgirá de um acordo de substituição, o qual *summo rigore,* mais não é do que uma camuflagem da inexistência do *pactum de non petendo*[677].

Ora, de modo a aquilatarmos do fenómeno que subjaz a este contrato, teremos, forçosamente, de nos centrar no acordo das partes. Mais importante, teremos de nos centrar no próprio crédito restituitório, o qual é um elemento central desta operação[678]. Nestes termos, mais do que um me-

---

[675] SIMONETTO *Los contratos de crédito* cit., pp. 428-429.

[676] Em qualquer caso, é conveniente não olvidar o facto de o conceito "causa" não exprimir mais do que uma certa ideia de relação, sendo que as suas variáveis dependem, essencialmente, dos termos através dos quais se vai poder realizar ou ser instituída. Assim, p. ex., REDENTI, *La causa del contratto secondo il nostro Codice* in RTDPC IV (1950), pp. 894-914 (p. 896). Assim, em termos puramente descritivos, salienta o autor, IDEM, *Ibidem,* cit., p. 904, que a causa é o interesse das partes – configurado pela lei pactícia em quanto e por quanto puderem encontrar a sua satisfação (realização) nas prestações, *rectius,* no resultado complexivo, objecto da lei pactícia – determinado em função de tal escopo.

[677] CRUZ MORENO, *La prenda irregular,* cit., pp. 190-191.

[678] Trata-se de um elemento não negado pelos autores que abordam a figura. WERNER MEYER, *Das irreguläre Pfandrecht,* cit., p. 32, p. ex., ao debruçar-se sobre as obrigações emergentes do contrato de penhor irregular, defende que o credor pignoratício, para além de ter direito a receber juros pelo mútuo – situação que, tendencialmente, só se verificará nos casos em que estejamos perante uma caução de valor económico significativo – tem o dever de restituir o *tantundem*.

canismo de satisfação, o penhor irregular funciona como uma actuação específica do dever de indemnizar, em virtude da responsabilidade pelo incumprimento do contrato, facto que, de um ponto de vista meramente económico, apenas pode justificar-se pela atribuição de um valor[679]. Logo, a partir do momento em que se verifique um dano, teremos que não se verificará o nascimento definitivo do crédito restituitório – na estrita medida do dano – e, concomitantemente, actuará de forma imediata a responsabilidade, através de uma "compensação" ideal do dano com o valor do *tantundem*[680]. *Summo rigore,* dado que não estamos perante uma verdadeira autonomia dos créditos em questão, estaremos perante uma compensação anómala que, no essencial, redunda numa operação contabilística[681].

Summo rigore, estaremos perante a figura da dedução, a qual consiste em abater ao montante de um crédito, para o reduzir à sua justa expressão numérica a importância de certos factores, dado que, nestas circunstâncias, contrariamente ao que sucede nos casos de compensação, não existem dois créditos recíprocos que se extingam mutuamente, mas tão- -somente um crédito cujo montante tem de ser diminuído de certas dívidas[682]. Trata-se, aliás, de uma definição que sói ser adoptada no espaço jurídico alemão, onde é comum operar-se a distinção entre a *Aufrechnung* e a *Anrechnung*, a qual, por vezes, é designada por compensação imprópria, dado que nesta figura estamos perante, aquando do acerto do crédito

---

[679] Para além das construções referidas, saliente-se ainda ALLORIO, *Limitti d'efficacia del patto "solve et repete",* in RDCo XXXV (1937), Parte Seconda, pp. 321-224 (p. 322), que considera o penhor irregular como um depósito irregular, em função de o *accipiens* assumir, como contrapartida da transferência da propriedade, a obrigação de restituição do *tantundem*. Julgamos ser certeira a observação de DALMARTELLO, *Il pegno irregolare (o cauzione in senso stretto),* cit., p. 345, quando refere que esta teorização é manifestamente insuficiente, já que implicaria que a caução (leia-se, o penhor irregular) não só poderia ser reconductível às figuras em análise, como não se distinguiria das mesmas por qualquer modo.

[680] CRUZ MORENO, *La prenda irregular,* cit., p. 236.

[681] GATTI, *Pegno Irregolare e fallimento del debitore,* cit., p. 117.

[682] Assim, p. ex., ANTUNES VARELA, *Das Obrigações em Geral,* vol. II, cit, p. 199 e ISABEL FIGUEIREDO, *A compensação como garantia de cumprimento das obrigações* in *O Direito* 139 (2007), pp. 380-437 (p. 387).

– *scilicet*, a sua determinação final – um crédito independente que será deduzido para determinar o valor final do crédito "compensado"[683].

Avançando um pouco mais, diremos que este mecanismo de satisfação obedece aos princípios que gizam as traves mestras das garantias reais. Com efeito, do mesmo modo que em sede de execução do penhor, o credor pignoratício pode requerer que a coisa lhe seja adjudicada para efeitos de pagamento, no penhor irregular o credor pignoratício pode fazer suas, a título de satisfação do crédito, as coisas empenhadas, devendo reembolsar o empenhador no montante que eventualmente exceda o montante do crédito diferente. Ou seja, a única diferença entre ambas as modalidades de penhor reside no facto de no penhor irregular não ser necessário recorrer à intermediação judicial para que o credor possa ver o seu crédito satisfeito[684].

Posto isto, cumpre indagar se esta configuração teórica do penhor irregular briga, de algum modo, com a proibição do pacto comissório[685].

---

[683] Assim, p. ex., SCHLÜTTER, *Anotação ao § 387 BGB* in Münchener, 4.ª ed., Munique: C. H. Beck, 2003, Nm. 50.

[684] BOVE, *In tema di pegno irregolare e di mandato irrevocabile all'incasso nel fallimento* in BBTC LXI (2008), Parte Seconda, pp. 473-485 (p. 476). Similarmente, GRISI, *Il deposito in funzione di garanzia*, cit., p. 490, salientando que a fungibilidade da prestação permite que o credor pignoratício, em consequência do incumprimento do empenhador, possa satisfazer-se com os bens no mercado, com celeridade e imediateza, *id est*, sem recorrer ao juiz, para satisfazer o seu crédito através da disposição dos bens recebidos em garantia.

[685] Julgamos igualmente que, pese embora a sua similitude com o que vai dito no texto, não deve ser seguida a proposta avançada por DALMARTELLO, *Il pegno irregolare (o cauzione in senso stretto)*, cit., pp. 337-338, que considera que o penhor irregular consiste numa união das duas relações – a relação principal e a de garantia – numa única obrigação facultativa, sendo que haveria uma cláusula penal – a apropriação do *tantundem* – por incumprimento da obrigação principal. É que, conforme refere SIMONETTO, *Sulla natura della cauzione*, cit., p. 299, esta argumentação cai em contradição, dado que se se tratasse de um pagamento antecipado, a compensação verificar-se-ia por vontade do devedor da relação garantida, explicando assim os seus efeitos *ex tunc*, no momento do vencimento ou do nascimento do débito garantido, verificando-se a coexistência de duas relações distintas.

5. Penhor irregular e proibição do pacto comissório

Decorre do que vai exposto que o penhor irregular é um penhor que incide sobre uma coisa corpórea, sendo que – em comparação com o penhor de coisas típico – se encontra alterado em dois momentos culminantes: (i) o da efectividade do direito do credor pignoratício, reforçado pela transferência da propriedade sobre os bens empenhados e (ii) o da disponibilidade do devedor relativamente à coisa, em virtude de os bens empenhados ficarem afectos à garantia através da já referida transferência de propriedade[686].

Ora, no que à função de garantia diz respeito, somos do entendimento que ela, *per se,* fornece a justificação idónea para esta transferência de propriedade e, consequentemente, implica que, no período que se segue à constituição da garantia e o cumprimento da obrigação assegurada, exista uma *iuxta causa,* que consente que o credor possa dispor dos bens recebidos em garantia. Ademais, o escopo perseguido pelas partes dá origem a uma obrigação de restituição e, pelo contrário, não determina a extensão da garantia, já que, em caso de cumprimento da obrigação principal, cessa a faculdade de disposição das coisas atribuída ao credor pignoratício[687].

Quid iuris, relativamente às situações de incumprimento da obrigação garantida? Antes do mais, é mister salientar que poderia considerar-se o obstáculo representado pelo pacto comissório como meramente aparente, já que, com a transferência da propriedade no momento constitutivo do penhor irregular, resulta óbvio que não configuramos a admissibilidade de um pacto que subordine a passagem da propriedade da coisa empenhada em função do incumprimento do devedor[688]. Na verdade, neste cenário

---

[686] Similarmente, VIÑAS MEY, *La prenda irregular,* cit., p. 346.

[687] ANELLI, *L'alienazione in funzione di garanzia,* cit., p. 256. Conforme salienta o autor, IDEM, *Ibidem,* cit., p. 267 com a constituição do penhor irregular as partes acordaram uma modalidade particular de garantia e de satisfação coactiva para o caso de não se verificar uma função solutória, que se realiza mediante a estabilização da aquisição dos bens consignados pelo devedor, nos limites necessários para proceder à extinção do crédito. Todavia, este efeito extintivo é programado para o momento do vencimento deste e não como consequência imediata da *traditio* dos bens, acto que tem como efeito principal constituir uma situação de titularidade da propriedade em função da garantia.

[688] DALMARTELLO, *Pegno Irregolare,* cit., p. 802, 1.ª coluna. Conforme salientava BARBERO, *Sistema del Diritto Privato Italiano,* Vol. II – *Obbligazione e contratti,*

estamos perante uma modalidade de pacto comissório comummente designada como pacto comissório *in continentii*, que tende a ser geralmente proscrito, porquanto é no momento em que o devedor tem necessidade de obter a prestação do credor que se encontra numa posição mais fragilizada e, como tal, de maior perigo face às pressões do credor[689]. Efectivamente, cumpre não olvidar que o pacto comissório é a manifestação de um princípio geral que visa evitar a sujeição convencional do devedor perante um poder de autotutela e de auto-satisfação por parte do credor[690].

Não obstante, há que entender que o penhor irregular é executado mediante declaração de compensação por parte do credor em caso de incumprimento do devedor[691], *rectius,* mediante dedução dos valores afectos à garantia constituída pelo empenhador. Efectivamente, como consequência da constituição do penhor irregular, o credor vê-se inves-

---

Succezioni per causa di morte, cit., p. 163 a proibição do pacto comissório mantém-se inalterada. Todavia, para que tal seja possível, teria de ser diverso o objecto da obrigação – o objecto devido – e não poderia ser dinheiro, sob pena de estamos perante um cumprimento antecipado (no mínimo, parcial).

[689] ISABEL ANDRADE DE MATOS, *O Pacto Comissório,* cit., p. 89. Entende MARTORANO, *Cauzione e pegno irregolare,* cit., p. 118 que o interesse general de evitar que a celebração de pactos comissórios se transforme numa cláusula de estilo tem carácter meramente instrumental, já que as consequências da aplicação da proibição do pacto comissório devem circunscrever-se apenas a lesões de interesses privados.

[690] BETTI, *Su gli oneri e i limiti dell'autonomia privata in tema di garanzia e modificazione di obbligazioni* in RDCo XXIX (1939), Parte Seconda, pp. 689-715 (p. 699).

[691] SIMONETTO, *Sulla natura della cauzione,* cit. p. 299 salienta que a verificação da compensação de créditos não exclui a mora e os danos relativos à relação garantida e, em geral, não exclui igualmente os efeitos do incumprimento. Em sentido contrário pronuncia-se VIÑAS MEY, *La prenda irregular,* cit., pp. 346-347 que considera que é erróneo o pensamento que vê no penhor irregular dois créditos distintos: o do credor pignoratício relativamente à prestação principal e o crédito do devedor da garantia à restituição do *tantundem.* Isto porque, de acordo com o autor, no momento em que se verifica a imputação dos créditos, o crédito do empenhador já estará extinto por força do incumprimento da dívida assegurada, pelo que só sobreviveria o crédito do credor pignoratício. VAZ SERRA, *Penhor,* in BMJ 59, cit., p. 109-110 chama a atenção para o facto de a concepção da compensação ser errada, dado que a obrigação não se vence na data do cumprimento. Não obstante, refere que se trata de uma compensação, embora não seja em tudo conforme com a disciplina legal típica desta, servindo a compensação para explicar a solução equitativa da determinação do valor.

tido no direito de propriedade sobre os bens empenhados e tem o dever de, uma vez vencido o depósito que subjaz à operação negocial, restituir as quantias recebidas. Ora, em caso de incumprimento imputável ao empenhador, essa obrigação pode ser objecto de declaração de compensação, a qual incidirá sobre o valor das coisas recebidas, ficando, desse modo, saldada a operação garantida[692]. Isto porque o objecto do contrato é uma soma de dinheiro ou coisas fungíveis da mesma espécie e valor, pelo que, em caso de incumprimento pelo empenhador, o credor pignoratício poderá deduzir os valores afectos à dívida, saldando a operação garantida.[693]

Adicionalmente, cumpre salientar que o direito ao *tantundem* não pode ser concebido como uma simples condição suspensiva, porquanto a sua existência revela suficientemente as manifestações próprias do contrato de mútuo[694]. Em qualquer caso, retirando as conclusões lógicas deste raciocínio, julgamos poder afirmar que o penhor irregular transcen-

---

[692] GATTI, *Pegno Irregolare e fallimento del debitore*, cit., p. 117. Não obstante, o Ac. do STJ de 23 de Setembro de 1997, Proc. N.º 97B133 (*apud* http://www.dgsi.pt/) decidiu que tendo os autores renunciado por escrito à faculdade de em qualquer momento movimentarem livremente certo depósito bancário, que fizeram, constituíram assim um penhor irregular, pelo que a entidade bancária não se pode fazer pagar por ele pelos créditos que detém sobre o depositante. Salvo o devido respeito, conforme decorre do que vai no texto, tal decisão é contrária à natureza do penhor irregular. Não se podendo o Banco fazer pagar com o depósito pelos créditos que detém sobre o depositante – obviamente, por declaração de compensação – cumpre perguntar como poderá fazer valer os seus créditos? Certamente que o pode fazer pela via judicial, mas a compensação é, manifestamente, o meio mais expedito.

[693] Similarmente, DE SIMONE, *I negozi irregolari*, cit., p. 119. Note-se, não obstante, que temos em mente, apenas, os casos em que as partes não prevêem mecanismos de compensação convencional.

[694] SIMONETTO *Los contratos de crédito* cit., p. 428. O autor sublinha que a principal destas manifestações é o percebimento de juros, que têm a virtualidade de revelar a presença de uma relação obrigacional susceptível de produzir uma vantagem para o devedor.

[695] Neste sentido veja-se o sumário do Ac. da Relação do Porto, de 4 de Maio de 2004, Proc. N.º 0220779 (*apud* http://www.dgsi.pt/), que considera o "penhor de aplicações financeiras" como um penhor irregular, salientando igualmente que a cláusula "havendo lugar à execução do penhor fica, desde já autorizado O Banco...., SA por força do presente instrumento a utilizar do saldo resgatado as importâncias necessárias para o pagamento das responsabilidades asseguradas", não constitui qualquer pacto comissório, não sendo, por isso, nula.

de a aplicação da proibição do pacto comissório[695], dado que repousa sobre uma obrigação de restituição do excesso relativamente ao valor do crédito no momento do seu vencimento, facto que, para além de abrir a porta à validade da figura para além dos meandros das garantias bancárias, permite igualmente considerar inderrogável tal obrigação de substituição[696].

Todavia, caso assim não se entenda, é mister salientar que o funcionamento do penhor irregular é em tudo similar ao do pacto marciano, porquanto o credor, em caso de incumprimento, tem direito a fazer seus os bens que, conforme tivemos oportunidade de referir, têm de ser susceptíveis de avaliação[697]. Ora, com efeito, os perigos de desproporção no penhor irregular não podem existir, *rectius*, serão muito menores, em virtude de a imputação do dinheiro recebido como penhor equivaler ao preço da alienação do objecto no penhor comum – i.e. ao valor que as partes lhe atribuem[698]. Com efeito, o valor do penhor comum está ligado ao próprio valor do crédito, de molde a proceder ao cômputo de ambos e, a final, proceder à satisfação do credor em caso do incumprimento[699].

Nesta sede, afigura-se conveniente, ainda, tecer algumas considerações adicionais. O penhor irregular dá lugar a uma relação de execução

---

[696] MARTORANO, *Cauzione e pegno irregolare,* cit., p. 120. Note-se que nos referimos às garantias bancárias, dado que, por via de regra, o penhor irregular encontrará o seu campo de aplicação por excelência no meio bancário.

[697] BIANCA, *Patto Commissorio,* cit., p. 718, 2.ª coluna.

[698] Conforme salienta LUÍS POÇAS, *Antecipação Bancária,* cit., pp. 110-111, a propósito da actividade de empréstimos sobre penhor, o art. 19.º, n.º 1 do Decreto-Lei n.º 365/99 exige a divulgação da venda e de exposição das coisas objecto da mesma, o que confere transparência ao processo e permite que possam aceder à mesma todos os interessados, o que redundará, em teoria, numa maior concorrência entre licitantes e numa mais justa determinação do preço de adjudicação. Ademais, para além de a venda ser pública nos termos do disposto no art. 20.º, n.º 1 Decreto-Lei n.º 365/99, o art. 29.º, n.º 1 do mesmo diploma estabelece expressamente que a diferença entre o preço de adjudicação e os valores em dívida pertence ao devedor, situação que demonstra que a antecipação bancária é dominada por aquilo que o autor designa como "lógica marciana".

[699] VIÑAS MEY, *La prenda irregular,* cit., p. 349. Conforme salienta MÜHL, *Anotação ao § 1229 BGB,* Nm. 6 in SOERGEL, cit., a propósito da *Barkaution,* nestes casos não se verificam os riscos que o pacto comissório visou precaver, dado que o negócio tem dinheiro por objecto e o credor pignoratício apenas está obrigado a efectuar uma imputação de valores (*"Ruckzahlung"*).

diferida. Com efeito, a relação entre o valor da caução, *rectius* da quantia empenhada e o valor da prestação específica, que tem uma determinada expressão aritmética na sua origem, pode vir a sofrer alterações ao longo do desenrolar da relação, acabando por ter uma expressão aritmética aquando do vencimento da obrigação de restituição. Tratando-se de oscilações que entrem no risco normal do negócio, é de presumir que o "câmbio" deverá tê-las em consideração aquando do vencimento. Todavia, nas circunstâncias que ultrapassem esses riscos normais, designadamente porque se verificam acontecimentos extraordinários e imprevisíveis, haverá que proteger o empenhador, que poderia, em última análise, ser alvo de uma onerosidade excessiva superveniente[700]. Dito de outro modo, terá de existir uma relação de equivalência entre o valor do crédito garantido e o valor do bem transferido, a qual é assegurada pela obrigação de restituição do eventual excesso, calculado ao preço de mercado no momento do vencimento dos créditos garantidos[701]. Essencial é, no nosso entender, que a avaliação do bem seja efectuada por um terceiro que seja isento e imparcial e, sobretudo, que tal avaliação tenha na sua base critérios objectivos de avaliação[702].

---

[700] DALMARTELLO, *Il pegno irregolare (o cauzione in senso stretto)*, cit., p. 344.

[701] Salienta MINITTI, *Garanzia e alienazione*, cit., p. 105, que a referência à equivalência de valores mais não é do que uma tentativa de superação que a doutrina sói usar para poder obstar à aparente contradição entre a apropriação do bem objecto da garantia no penhor irregular e a proibição do pacto comissório. Acrescenta o autor, IDEM, *Ibidem*, cit., pp. 109-110, que no penhor irregular não existe qualquer violação da proibição do pacto comissório em virtude de a operação que lhe subjaz ter em consideração não só a fungibilidade dos bens dados em garantia, mas, sobretudo, o seu valor e a sua colocação ágil no mercado, situação que determina a impossibilidade de violação, fruto da equivalência de valores.

[702] Salienta ANA MORAIS ANTUNES, *O contrato de locação financeira restitutiva*, Lisboa: Universidade Católica Portuguesa, 2008, p. pp. 41-42, que o pacto marciano poderá não passar de uma mera garantia formal nas situações em que a avaliação realizada seja preordenada à declaração de uma identidade de valor, concluindo que apesar de o pacto marciano restabelecer ou poder restabelecer o equilíbrio sinalagmático das prestações, não acautela a posição dos demais credores nem o respeito pelo processo de execução das garantias das obrigações, deverá ser alvo de um juízo de ilicitude negocial. Já CATARINA PIRES CORDEIRO, *A alienação em garantia no Direito Civil português*, (polic.), Lisboa: 2006, pp. 343-344, salienta que o pacto marciano será válido desde que respeite dois requisitos: (i) o beneficiário da garantia deverá restituir ao prestador o excesso apurado entre o valor do bem e o valor da dívida, caso exista, sendo que esta obrigação

Note-se, porém, que nos casos em que seja constituído um penhor irregular após o vencimento da obrigação garantida há que entender que a proibição do pacto comissório vigorará plenamente. Apesar de não existir um princípio que obste à possibilidade de serem constituídas garantias para débitos já vencidos – o que, no caso do penhor irregular, implica que, em abstracto, não fossem levantados quaisquer óbices à compensação convencional de dívidas, porque, em último recurso, o credor é livre de decidir, perante incumprimentos (*lato sensu*) do devedor, como e quando lançará mão de realizar coactivamente a prestação[703] – há que entender que este acto é proibido.

Na verdade, sob pena de ser frustrado o intento seguido pelo legislador e, sobretudo por uma questão de coerência a propósito do entendimento da *ratio* da proibição do pacto comissório, entende-se que, nestes casos, há que estender a proibição a situações em que o credor pudesse extorquir o consentimento do devedor para uma operação prejudicial a este, com a ameaça do recurso às vias judiciais para promover a execução da dívida[704].

Todavia, ainda no âmbito do tema da proibição do pacto comissório, é mister determo-nos um pouco mais a propósito da interpenetração entre penhor irregular e pacto comissório autónomo, i.e., um pacto comissório não associado a uma garantia real prevista no ordenamento jurídico e que tanto pode revestir a natureza de uma condição suspensiva – em que se prevê que, na hipótese de o devedor não cumprir, o credor poderá apropriar-se de certo e determinado bem do devedor – como a natureza de uma condição resolutiva – caso em que é acordado que, se o devedor

---

pode resulta de norma jurídica legal ou contratual, podendo ser retirada implicitamente do negócio jurídico, e (ii) deve existir uma determinação verdadeira da existência de um valor a devolver ao prestador da garantia, caso se apure excessivo em relação ao montante da dívida. Ademais, salienta a autora que o pacto marciano, enquanto pacto apropriativo, opera mediante uma declaração do credor ao devedor e não *ipso iure,* dado que é uma solução mais garantística, sendo igualmente a solução que melhor se harmoniza nos quadros do sistema (art. 848.º, n.º 1, a propósito da compensação).

[703] ABBADESSA, *Pegno irregolare a garanzia di debito scaduto*, cit., pp. 217-218
[704] ANTUNES VARELA, *Das obrigações em geral,* Vol. II, cit., p. 555. ISABEL ANDRADE DE MATOS, *O Pacto Comissório,* cit., pp. 92-93 salienta que o que se proíbe nestas situações é o pacto que preveja a transmissão da coisa para o caso de o devedor não cumprir, não estando vedado que devedor e credor acordem na transmissão da coisa para o credor em pagamento, extinguindo-se a obrigação do devedor por dação em cumprimento.

cumprir, o bem transferido para o credor voltará a ingressar no património do devedor[705].

No Direito Italiano, pronunciando-se expressamente sobre a disciplina da antecipação bancária, GIGLIOTTI defende que a disciplina da proibição do pacto comissório (autónomo) não encontra a sua raiz na exigência de impedir a retenção do eventual excesso do valor da coisa dada em garantia, porquanto, no caso específico do penhor irregular, não se colocaria a exigência de salvaguardar o conteúdo típico da garantia real – i.e, a preferência na fase executiva da garantia – pelo que seria consentida a apropriação por parte do credor garantido[706].

Efectivamente, nas situações em que as partes desejem operar a transferência dos bens, esta poderá, de um ponto de vista estritamente jurídico, realizar-se, não se afigurando correcto hipotizar situações em que estejamos perante uma frustração da proibição do pacto comissório, porquanto a função económico-social perseguida pelas partes acaba por colocar em segundo plano uma eventual função de garantia que seja perseguida[707]. Destarte, julgamos ser lícito salientar que estamos perante um obstáculo meramente aparente[708]. Efectivamente, uma vez que concluímos que a

---

[705] ANDRADE DE MATOS, *O pacto comissório,* cit., pp. 78-79.

[706] *Patto comissorio autonomo e liberta dei contraenti,* Nápoles: Edizione Scientifiche Italiane, 1997, pp. 176-177. Note-se que o autor, Idem, *Ibidem,* cit., p. 110 e segs., defende que a proibição de um pacto comissório acessório de um penhor ou de uma hipoteca seria simplesmente a expressão de uma incompatibilidade lógica entre o pacto comissório e as garantias reais típicas. O que equivale a dizer que a proibição do pacto comissório limita-se a evitar que seja desfigurado o conteúdo próprio das garantias reais.

[707] GIGLIOTTI, *Patto comissorio autonomo e liberta dei contraenti,* cit., p. 180.

[708] O que não significa que, p. ex., seja respeitada a natureza das coisas. Efectivamente, saliente-se o facto de o Code Civil, na redacção dada pela *Ordonnance* n.º 2006--346, de 23 de Março de 2006, no art. 2341 prever que, nos casos em que o contrato de penhor, dispense o credor pignoratício de separar as coisas empenhadas nas situações em que sejam empenhadas coisas fungíveis, este adquirirá a propriedade das coisas empenhadas, ficando obrigar a restituir coisas da mesma quantidade e espécie. Adicionalmente, o art. 2342 prevê expressamente que o credor pignoratício poderá alienar as coisas empenhadas contanto que o contrato de penhor preveja a obrigação de substituir as coisas empenhadas por outras da mesma quantidade e espécie.

Trata-se, pois, de uma redacção algo confusa já que, conforme foi salientado ao longo do texto, quando coisas fungíveis são empenhadas, estas confundem-se com o património do credor pignoratício, motivo pelo qual este adquire a propriedade sobre elas e fica obrigado a restituir o *tantundem*.

transmissão da propriedade do bem empenhado ocorre no momento constitutivo do penhor irregular, é manifesto que não estamos perante um pacto que subordine a passagem da propriedade da coisa empenhada ao incumprimento da obrigação garantida[709].

Assim, à guisa de conclusão, julgamos ser lícito concluir que, de um ponto de vista prático, a diferença existente entre a garantia regular – i.e., o penhor na sua configuração típica – e a garantia irregular prende-se com o facto de, nesta última, o poder de execução coactiva sobre o bem redundar na faculdade de disposição do bem, não sendo necessário recorrer ao procedimento executivo por via judicial. Esta autotutela operará, por via de regra, através da declaração de compensação[710], *rectius* de dedução.

Efectivamente, no momento do vencimento do crédito garantido, em caso de incumprimento, verifica-se um fenómeno de dedução que implica a extinção *pro concurrente qualitate* da obrigação garantida e do débito de restituição que impende sobre o credor pignoratício, sendo que a eventual falta, p. ex., de homogeneidade entre os dois créditos permitirá, em princípio, a qualificação deste fenómeno como uma modalidade de compensação convencional[711].

Assim, a dedução tornar-se-á efectiva mediante simples declaração de uma das partes à outra, podendo ser feita extrajudicialmente sem dependência de forma – nos termos dos arts. 217.º e 219.º – se bem que não haja qualquer impedimento a que se recorra a uma declaração judicial avulsa, nos termos do disposto no art. 821.º do CPC. Destarte, uma vez

---

[709] DALMARTELLO, *Pegno Irregolare,* cit., p. 803, 1.ª coluna. Em sentido contrário pronuncia-se JANUÁRIO DA COSTA GOMES, *Assunção fidejussória de dívida,* cit., p. 94, dado que entende que a sanção da nulidade estabelecida no artigo 694.º não pode ficar acantonada aos quadros estritos das garantias típicas, valendo igualmente paras os casos em que a transferência de propriedade esteja programada para o caso de incumprimento. Em igual sentido pronuncia-se REMÉDIO MARQUES, *Locação financeira restitutiva (sale and lease-back),* cit., p. 598, quando afirma que a proibição do pacto comissório é susceptível de aplicação a todos os tipos de garantias atípicas, como forma de evitar situações de fraude à lei, bem como JÚLIO GOMES, *Sobre o âmbito da proibição do pacto comissório, o pacto autónomo e o pacto marciano,* cit., pp. 68-69.

[710] Sobre a compensação, cfr., por todos, MENEZES CORDEIRO, *Da compensação no Direito Civil e no Direito Bancário,* cit.

[711] MARTORANO, *Cauzione e pegno irregolare,* cit., pp. 128-129, SIMONETTO, *Sulla natura della cauzione,* cit. p. 279.

desencadeada a dedução, considera-se que os créditos estão extintos a partir do momento em que seriam dedutíveis. Deste modo, uma vez recebida a declaração de compensação – já que esta é uma declaração recipienda, conforme resulta do art. 224.º, n.º 1 – os créditos extinguem-se.

Ademais, nada obstará a que, aquando da celebração do contrato de penhor irregular, as partes, com base no disposto no art. 405.º, prevejam hipóteses de compensação convencional, de molde a que seja dispensada a observância de alguns dos requisitos da compensação[712], bem como do próprio mecanismo de imputação de créditos, *rectius,* de dedução inerente ao penhor irregular. Com efeito, somos do entendimento que, por via de regra, será esta a situação mais comum: estamos perante uma compensação convencional, dado que a mesma actua subordinada à verificação de certas circunstâncias, indicadas na convenção, e, por via de regra, subordinadas ao incumprimento da relação garantida. Destarte, a possibilidade de obter-se automaticamente este resultado depende essencialmente da natureza das coisas e da vontade das partes que realizaram a transferência da propriedade dos bens dados em penhor[713].

Em qualquer caso, saliente-se que o recurso à dedução é um direito meramente potestativo, nada obstando a que o credor pignoratício continue a preferir o cumprimento da prestação devida, oferecendo a restituição do *tantundem* recebido a título de penhor irregular, já que, em algumas circunstâncias, a preferência pelo cumprimento da prestação devida pode ser digna de tutela em face dos interesses em questão[714].

---

[712] Conforme refere MENEZES CORDEIRO, *Da compensação no Direito Civil e no Direito Bancário,* cit., p. 150, os requisitos a ser dispensados podem ser (i) a reciprocidade, desde que todas as entidades envolvidas dêem o seu assentimento, (ii) a exigibilidade, nada obstando a que as partes prescindam de benefícios de prazos ou de outras prerrogativas, dispensando igualmente excepções de Direito material, ou (iii) a homogeneidade, dado que as partes podem admitir a extinção recíproca de débitos não-homogéneos.

[713] SIMONETTO *Los contratos de crédito* cit., p. 432.

[714] MARTORANO, *Cauzione e pegno irregolare,* cit., pp.129-130. O autor exemplifica com os casos em que o débito tenha por objecto a entrega de uma coisa certa e determinada que se encontra na posse do empenhador e que, por conseguinte, é susceptível de execução.

6. Penhor irregular e tipicidade dos direitos reais

Conforme tivemos oportunidade de verificar, o penhor irregular dá lugar à constituição do direito de propriedade sobre as coisas empenhadas, sendo que, em caso de cumprimento por parte do empenhador, o credor terá de proceder à restituição do *tantundem*. Temos, assim, de encarar a potencial qualificação deste negócio como negócio fiduciário, mas, em primeiro lugar, em sede de tipicidade de direitos reais.

Como é consabido, o art. 1306.º estabelece que não é permitida a constituição, com carácter real, de restrições ao direito de propriedade ou de figuras parcelares deste direito, senão nos casos previstos por lei, sendo que toda a restrição resultante de negócio jurídico que não respeite estas condições apenas terá natureza obrigacional[715].

Em primeiro lugar, cumpre salientar que a lei apenas reservou um monopólio quanto à criação de direitos reais, impedindo que os particulares criem figuras de natureza real que não seja normativamente prevista. Ademais, o princípio da tipicidade não dita a existência da tipicidade dos factos constitutivos, já que até por negócio inominado podem ser criados novos direitos reais[716]. Com efeito, a referência ao facto de a restrição na constituição de direitos reais se limitar aos particulares deve--se a uma infelicidade na redacção do preceito, pois o legislador situou--se no plano da constituição negocial, quando o seu objectivo consistia na limitação do número dos direitos reais em si considerados[717].

Ora, conforme tivemos oportunidade de verificar, o credor pignoratício é investido na propriedade plena dos bens empenhados, sendo, por conseguinte, proprietário pleno e estando apenas obrigado, de um ponto de vista meramente obrigacional, a restituir o *tantundem* em caso de

---

[715] Conforme refere COSTANZA, *Il contratto atipico*, Milão: Giuffrè, 1981, pp. 119--122. o princípio da tipicidade dos direitos reais encontra a sua justificação histórica no facto de proteger o cidadão contra o Estado, sobretudo como forma de evitar o renascimento de muitos dos privilégios feudais, sendo que, não obstante, tal princípio pode igualmente representar um obstáculo à utilização total de todos os frutos que a terra, considerada no século XIX como a maior fonte de riqueza de qualquer cidadão, pode dar. Destarte, o princípio da tipicidade dos direitos reais, no século XIX, configurava uma afirmação da liberdade da individualidade do cidadão, mas, também, uma limitação à liberdade da autonomia privada das partes.

[716] OLIVEIRA ASCENSÃO, *Direito Civil – Reais*, 5.ª ed., cit., pp. 156-157.

[717] OLIVEIRA ASCENSÃO, *A tipicidade dos Direitos Reais*, Lisboa, 1968, p. 168.

cumprimento do devedor[718]. Deste modo, não estamos perante um caso de propriedade temporária, pelo que o único facto digno de registo é, pois, o circunstancialismo de este direito de propriedade ser constituído através de um contrato inominado: o contrato de penhor irregular.

Para além destes aspectos, acresce ainda outro que não é despiciendo: no penhor irregular a transferência da propriedade dos bens cumpre a mesma função que a constituição dos correspondentes direitos reais limitados sobre os bens objecto da garantia, pelo que se trata, acima de tudo, de procurar justificar a própria transmissão da propriedade, em vez de procurar impedi-la com base num princípio que carece de aplicação[719]. Bem vistas as coisas, mais do que uma questão de tipicidade dos direitos reais, estamos perante matéria relativa à função sócio-económica do contrato.

Finalmente, em favor da sua admissibilidade, acresce que o penhor irregular não confere qualquer preferência ao credor na satisfação do seu crédito, facto que, aliás, seria tautológico, em virtude de os bens empenhados passarem a fazer parte do património do credor pignoratício.

7. Penhor de conta bancária como penhor irregular

No tocante ao enquadramento dogmático do penhor de conta bancária, reveste lugar central o Ac. da Relação do Porto, de 3 de Outubro de 1996. Com efeito, no aresto em questão foi decidido que constituía fiança e não penhor de conta bancária a garantia prestada sobre determinado depósito bancário, em virtude de ter considerado que para existir penhor de conta bancária seria necessário que a disponibilidade do depósito pertencesse em exclusivo ao banco e, por outro lado, que a garantia prestada se destinava a assegurar a obrigação de pagamento ao Banco de qualquer garantia devida pelas sociedades em que o autor era sócio, o que desempenharia a função típica da fiança, na qual o fiador se compromete a pagar a dívida de outrem[720]. Isto porque o tribunal entendeu que o

---

[718] CIPRIANI, *Patto Commissorio e Patto Marciano. Proporzionalità e Legitimità delle garanzie,* cit., p. 93. O autor acrescenta ainda que a natureza fungível dos bens dados em garantia é suficiente, *per se,* para excluir o interesse do devedor na devolução dos mesmos bens que deu em garantia, já que se bastará, apenas, com a restituição da mesma quantidade em bens de género semelhante.
[719] CRUZ MORENO, *La prenda irregular,* cit., p. 163.
[720] In CJ, 1996, tomo IV, pp. 213-216.

penhor se destinava, essencialmente, a assegurar o cumprimento das obrigações das sociedades, existindo uma garantia pessoal – ainda que delimitada pelo acerco patrimonial afectado – o que constituiria a função típica da fiança[721].

Ora, cumpre salientar que, de um ponto de vista doutrinário, posição similar foi explanada por MENEZES CORDEIRO. Assim, no seu entendimento, o penhor de conta bancária[722] é uma figura negocial corrente, que se caracteriza pelos seguintes traços essenciais: (i) determinados depósitos ficam afectos ao pagamento de certas dívidas, (ii) os depositantes obrigam-se a não os movimentar, enquanto subsistirem as dívidas garantidas, e (iii) os depositantes autorizam o banco a debitar, na conta dos depósitos em causa, as dívidas garantidas vencidas[723]. Atendendo a estas características, conclui o autor que o impropriamente designado penhor de conta bancária não é um verdadeiro penhor, no sentido de se tratar de um direito real de garantia, mas sim, pelo contrário, de uma garantia pessoal dobrada pela autorização de debitar determinadas importâncias.

O que equivale a dizer que, no fundo, – e se bem entendemos o pensamento do autor – estamos perante uma garantia atípica próxima da fiança que, como tal, não deverá ficar sujeita ao regime dos arts. 666.º e segs., nomeadamente à proibição do pacto comissório[724].

Perante o teor do aresto acabado de sumarizar, considerou JANUÁRIO GOMES que o tribunal deu um salto lógico, já que partiu do princípio de

---

[721] Note-se, porém, que o mesmo Tribunal, no Ac. da Relação do Porto de 4 de Maio de 2004, Proc. N.º 0220779 (*apud* http://www.dgsi.pt Acesso: 26 de Julho de 2007) decidiu de forma diversa em questão similar. Perante um contrato de penhor sobre conta de depósitos à ordem para garantia das obrigações de pagamento de todas as quantias assumidas pelas sociedades, foi decidido que tratar-se de um penhor de direitos na modalidade de penhor de aplicações financeiras, na medida em que a sua disponibilidade pertence inteiramente ao banco credor, sem que, por outro lado, se afecte a rentabilidade para o devedor, cliente da aplicação efectivada, que só será mobilizada antecipadamente pelo banco em caso de incumprimento.

[722] Sobre o penhor de conta bancária veja-se TAPIA HERMIDA, *Pignoración de saldos de depósitos bancários*, in AAVV, *Tratado de Garantias en la Contratación Mercantil, Tomo II, Garantias Reales,* Vol. I – *Garantías Mobiliarias,* Madrid: Editorial Civitas, 1996, pp. 853-915.

[723] MENEZES CORDEIRO, *Manual de Direito Bancário,* 3.ª ed., Coimbra: Livraria Almedina, 2006, p. 611.

[724] MENEZES CORDEIRO, *Manual de Direito Bancário,* 3.ª ed., pp. 612. No mesmo sentido, pronuncia-se CALVÃO DA SILVA, *Direito Bancário,* Coimbra: Livraria Almedina, 2001, p. 416

que os depositantes puseram à disposição do credor um determinado bem para este se satisfazer no caso de cumprimento por terceiro, o que implicaria uma assunção fidejussória de dívida. Com efeito, as garantias constituídas pelo "pôr à disposição" do banco num depósito bancário não só não podem ser presumidas como garantias pessoais, *maxime* fianças, como deverão ser antes presumidas como correspondendo ao figurino desenhado pelo banco e aceite pelos prestadores de garantia, i.e. um penhor[725].

Ademais, cumpre ter em consideração o facto de a função económico-social do penhor de conta bancária ser em tudo similar à do penhor, pelo que seria difícil sustentar a inaplicabilidade àquele contrato do regime da garantia real mobiliária, facto corroborado pelo teor do art. 666.º, n.º 2[726]. Finalmente, o facto de se ter procurado a recondução do penhor de conta bancária aos quadros da fiança parece ter sido motivada apenas pelo objectivo único de evitar a proibição do pacto comissório[727].

Perante este dados, cumpre salientar que há que discordar frontalmente do aresto em causa. Na verdade, o que distingue o penhor da fiança é o modo como a função garantística actua: enquanto o penhor se caracteriza pela afectação de uma reserva de utilidade constituída por um determinado bem que permite a satisfação creditícia, na fiança não coloca à disposição do credor o objecto da satisfação, mas, pelo contrário, assume-se como devedor.

Temos, pois, que o penhor de conta bancária é um penhor irregular, na medida em que o depositário é proprietário da quantia entregue, assumindo este último a obrigação de restituir quantidade igual do mesmo género[728-729]. Não obstante, cumpre concretizar esta afirmação. Assim,

---

[725] *Assunção fidejussória de dívida*, cit., pp. 48-52.
[726] *Assunção fidejussória de dívida*, cit., p. 50.
[727] *Assunção fidejussória de dívida*, cit., p. 51.
[728] VAZ SERRA, *Penhor* in BMJ 58, cit., p. 192. Note-se que o autor considera que é de presumir que quando se dá dinheiro como penhor sem que ele esteja acautelado contra o risco de confusão com outro que as partes querem constituir um penhor irregular. Em sentido contrário, TAPIA HERMIDA, *Pignoración de saldos de depósitos bancários*, cit., pp. 876- 879, afasta a qualificação como penhor irregular por considerar que o efeito translativo da propriedade se dá por efeito do contrato de depósito e não pela constituição de penhor, pelo que estaríamos perante um verdadeiro penhor de créditos.
[729] Em sentido similar, quanto ao regime jurídico, cfr. Ac. do STJ de 7 de Junho de 2005, Proc. N.º 05A1774 (*apud* http://www.dgsi.pt/) considerando que o penhor de conta bancária que incida sobre determinado objecto, i.e., o saldo de uma determinada conta

nos casos em que é dado em penhor o saldo de uma conta bancária, i.e., nos casos em que o depósito irregular existe previamente à constituição da garantia, estamos, conforme tivemos oportunidade de demonstrar, perante uma união de contratos, em função da justaposição do contrato de penhor irregular e do contrato de depósito.

Cumpre, ainda, determinar qual o regime deste penhor. Ora, neste particular, há que atentar, antes do mais, que estamos perante um regime específico de funcionamento, reflectido através da cativação do saldo em conta, facto que se justifica pelo facto de a conta bancária implicar uma representação escritural do crédito do depositante[730]. À partida, estaríamos perante um penhor que se regeria pelas regras que disciplinam o penhor de créditos, dado que o objecto do penhor incide sobre o crédito que o depositante é titular sobre o mesmo Banco e que ele se vincula a manter através do provisionamento da conta[731].

Tal posição não pode ser seguida, dado que, de um ponto de vista dogmático, tal penhor deverá ser qualificado como penhor irregular, porquanto ocorreu a transmissão da propriedade sobre o bem empenhado. *In casu*, o saldo da conta e, portanto, a propriedade sobre o dinheiro depositado junto do Banco, sendo que esta garantia, conforme tivemos oportunidade de verificar, se caracteriza por ter um particular mecanismo de satisfação da garantia. Com efeito, a "compensação" que opera em virtude do contrato de penhor irregular não é uma autêntica compensação,

---

bancária, é admissível no nosso ordenamento jurídico, configurando-se como uma verdadeiro direito real de garantia oponível *erga omnes*.

[730] LUÍS MENEZES LEITÃO, *Garantia das Obrigações*, 2.ª ed., cit., p. 289, CONCEIÇÃO NUNES, *Depósito e conta*, in AAVV, *Estudos em homenagem ao Professor Doutor Inocêncio Galvão Teles*, Vol. II, Coimbra: Livraria Almedina, 2002, pp. 67-88 (pp. 87-88).

[731] LUÍS MENEZES LEITÃO, *Garantia das Obrigações*, 2.ª ed., cit., p. 289. AVILÉS GARCÍA, *Contratos de Garantía y Ampliación del Ámbito de aplicación de las prendas de créditos*, cit., p. 1449. Já ENGRÁCIA ANTUNES, *Manual dos Contratos Comerciais*, cit., p. 543-544, referindo-se ao penhor de depósito bancário, considera estarmos perante um penhor especial ou atípico. Informa GATTI, *Pegno Irregolare e fallimento del debitore*, cit., p. 120 que, em Itália, a orientação jurisprudencial dominante qualifica como penhor irregular o vínculo através do qual se coloque na disponibilidade de um banco uma determinada soma de dinheiro. Adicionalmente, é considerado admissível o penhor irregular de coisa futura consubstanciado no saldo credor líquido derivado da cobrança de um título que será creditado na conta corrente do devedor, sendo que tal penhor constitui-se por acordo das partes e perfecciona-se com a existência da coisa empenhada e com a consequente entrega ao credor

funcionando, pelo contrário, como uma mera dedução que, em conjunto com a obrigação restituitória, desempenha a função de limite externo da transmissão da propriedade[732]. É, pois, um mecanismo de imputação de créditos.

Note-se, porém, que cumpre distinguir dois casos distintos. Assim, em alguns casos, os depósitos de dinheiro serão recebidos a título de penhor irregular por parte do depositante, sendo que, aqui, regerão, efectivamente, as regras do penhor de créditos que não briguem com a natureza irregular do contrato, dado que, fruto da transferência da propriedade sobre o dinheiro depositado, nasce um crédito restituitório que consiste na restituição do *tantundem* e que, em última análise, é o objecto deste penhor.

No entanto, pode dar-se o caso em que o penhor seja constituído não a favor do credor pignoratício, mas sim a favor de um terceiro distinto do depositário. Ora, enquanto no primeiro caso temos o desapossamento a favor do credor pignoratício, ficando este proprietário das quantias depositadas, no segundo caso, pelo contrário, o credor pignoratício não terá acesso directo aos fundos na posse do terceiro, pelo que na hipótese em que este se aproprie dos bens depositados, o credor pignoratício terá de lançar mão de uma acção declarativa de restituição da posse[733].

8. Extinção do penhor

Atendendo ao figurino do contrato de penhor irregular, resulta óbvio que este se extinguirá em caso de cumprimento, sendo que, nesse

---

[732] CRUZ MORENO, *La prenda irregular*, cit., p. 277.

[733] AVILÉS GARCÍA, *Contratos de Garantía y Ampliación del Ámbito de aplicación de las prendas de créditos*, cit., pp. 1449-1450. Seguindo VIGO, *Anotação à sentença da Corte di Appelo di Milano de 2 de Fevereiro de 1993*, in BBTC LVII (1994), Parte Seconda, pp. 418-424 (p. 423), o Banco e o cliente podem (i) constituir um penhor regular sobre o crédito resultante da conta corrente, (ii) constituir um penhor irregular sobre o saldo da conta corrente e (iii) podem estipular um *pactum de non petendo* sobre o saldo de conta corrente. Nesta última hipótese, o *pactum de non petendo* não leva à aquisição de um penhor nem, sequer, à criação de um direito de preferência na satisfação do crédito relativamente a terceiros. Todavia, está na origem da aquisição de uma garantia que tem por objecto a manutenção dos pressupostos sobre a compensação dos créditos recíprocos.

momento, o credor pignoratício está obrigado a restituir o *tantundem*, pelo que, caso tal não se verifique, haverá lugar a responsabilidade civil contratual. Já nos casos em que se verifique o incumprimento por parte do devedor, o credor pignoratício, mediante simples declaração, poderá deduzir os seus créditos[734].

Na verdade, a função de garantia perseguida pelo contrato de penhor irregular cessa com o cumprimento da obrigação principal, i.e, com o cumprimento da obrigação garantida, pelo que a possibilidade de efectuar a garantia fora deste pressuposto representa uma anomalia ao conteúdo normal do contrato de penhor ou, em termos gerais, de qualquer contrato de garantia[735], já que, no que tange ao penhor irregular, este tem natureza acessória[736].

Em qualquer caso, afigura-se essencial que o credor pignoratício esteja sempre em posição de poder restituir os bens recebidos a título de penhor irregular aquando do cumprimento do devedor[737]. Mas, ademais, haverá ainda que determinar se, em caso de cumprimento, o credor pignoratício estará obrigado a devolver juros nos casos em que o objecto do penhor seja dinheiro, ou frutos, nos casos em o objecto do penhor incida sobre mercadorias ou títulos. Ora, a resposta terá de ser, em princípio, negativa[738], porquanto apenas haverá lugar a retribuição se tal for acordado pelas partes, como é o caso, p. ex. e prototipicamente, de operações

---

[734] Não obstante, salienta TOMMASO CLAPS, *Del cosi detto pegno irregolare,* cit. p. 495 que o crédito restituitório é uma obrigação genérica, com função restitutória e com função limitativa da utilidade que o credor garantido pôde obter da transferência inicial da propriedade, que não se encontra garantida, mas tal não obsta que possa ser objecto de uma contra-caução.

[735] PAVONE LA ROSA, *L'anticipazione bancaria nella disciplina del nuovo codice civile,* cit., p. 124. Saliente-se que o autor, tendo em mente o artigo 1851.º do CCIt considera que se deve excluir a possibilidade de ser facultada ao devedor a possibilidade de substituir o bem originalmente empenhando, readquirindo, desse modo, a disponibilidade sobre os bens dados em garantia. Isto porque a partir do momento em que o Banco adquire a propriedade sobre as coisas dadas em garantia não é obrigada a restituir o *tantundem*, mas deve entregar apenas a parte dos títulos ou das mercadorias que excede o montante dos créditos garantidos.

[736] WERNER MEYER, *Das irreguläre Pfandrecht,* cit., p. 43.

[737] Neste sentido pronuncia-se FINOCHIARO, *La teoria del "pegno irregolare",* cit., p. 18.

[738] DALMARTELLO, *Pegno Irregolare,* cit., p. 806, 1.ª e 2.ª colunas.

bancárias. Com efeito, o dinheiro não produz juros, enquanto relativamente a outros bens, em virtude de estes passarem para a propriedade do credor pignoratício e de este, no hiato temporal compreendido entre a celebração do contrato de penhor irregular e o momento do cumprimento (ou incumprimento) do devedor, poder vir a aliená-los, tal não é sinónimo de existência de uma obrigação de transmitir frutos ao devedor, nem muito menos uma possibilidade de controlo relativamente à percepção de tais frutos.

Finalmente, o penhor irregular poderá extinguir-se nas situações em que se verifique a confusão, i.e., nos casos em que uma das partes no contrato reúna as qualidades de empenhador e de credor pignoratício[739]. Adicionalmente, o penhor irregular cessará no momento em que o credor pignoratício, por qualquer meio, proceda à restituição do *tantundem*[740].

9. A irregularidade contratual

Por via de regra, a cada espécie contratual reconhecida pelo CC corresponde um conceito de cuja formulação o próprio legislador se encarrega, apresentado assim determinado contrato como uma realidade "acabada" e rígida[741], já que a desconformidade entre um negócio concreto e

---

[739] VIÑAS MEY, *La prenda irregular*, cit., p. 348 salienta ainda que nas situações em que o devedor paga ao credor pignoratício tendo conhecimento da percepção do dinheiro e o credor aceita esse pagamento, estaremos perante uma renúncia ao penhor irregular. CRUZ MORENO, *La prenda irregular*, cit., pp. 263-264 levanta ainda a hipótese de ser sido acordado um novo penhor irregular, no qual o credor garantido, agora cedente, assumiria as funções de depositário das relações derivadas do depósito irregular com fins de garantia. Estaríamos, pois, perante um penhor irregular com relações trilaterais, constituído mediante um depósito irregular com fim de garantia, o qual seria constituído mediante uma *traditio brevi manu* imprópria que extinguiria o anterior penhor irregular.

[740] Já SPINELLI, *Contributo allo studio dell'anticipazione bancaria*, cit., p. 234-235, opta por salientar que o penhor cessará igualmente se ocorrer a perda da posse, quer nos casos em que é voluntária – através, p. ex., da restituição da coisa empenhada ao devedor – quer nos casos em que é involuntária.

[741] Veja-se o caso do penhor: *"O penhor confere ao credor o direito à satisfação do seu crédito, bem como dos juros, se os houver, com preferência sobre os demais credores, pelo valor de certa coisa móvel, ou pelo valor de créditos ou outros direitos não susceptíveis de hipoteca, pertencentes ao devedor ou a terceiro"*. Se é certo que se optou por uma formulação meramente descritiva, que implicará afirmar que o preceito

cada um dos conceitos legais redundaria no reconhecimento de um contrato atípico, em função da divergência com as espécies típicas.

Ora, o tipo, enquanto forma de pensamento, apresenta a vantagem de ser mais concreto, dado que é mais próximo da realidade a que se reporta[742], sendo, consequentemente, insusceptível de ser encerrado numa definição, porque a sua descrição não indica de forma rígida os elementos tipificadores[743] e, mais importante, contrariamente aos conceitos, que se pautam por ser rígidos e definíveis, os tipos só podem ser descritos[744]. Daí que seja mais concreto do que o conceito e, simultaneamente, mais abstracto do que o caso concreto[745].

Com efeito, o tipo tem sido construído pela doutrina, tendo por referência o conceito, sendo que é comummente salientado que este último é acusado de artificiosidade e desfasamento da realidade[746], já que é a soma de um determinado conjunto de elementos característicos, enquanto o tipo, pelo contrário, é mais do que um mero somatório das partes, dado que o procedimento no qual é individualizado coloca a tónica não nos elementos caracterizantes, mas num quadro complexo[747].

---

impõe um mínimo de reelaboração, dado que contém uma definição implícita. Aliás, conforme nota BELVEDERE, *Il problema delle definizione nel Codice Civile*, Milão: Giuffrè, cit., p. 119, salienta, ainda, que o processo de reconstrução objectiva corre o risco de, muitas vezes, ser de utilidade diminuta.

[742] OLIVEIRA ASCENSÃO, *A tipicidade dos Direitos Reais,* cit., pp. 22, 32 e 34, GETE-ALONSO Y CALERA, *Función y estructura del tipo contratual,* cit., pp. 14 e 16.

[743] DE NOVA, *Il tipo conttratuale,* Pádua: Cedam, 1974, p. 128.

[744] Assim, p. ex., ISABEL RIBEIRO PARREIRA, *Algumas reflexões sobre o tipo, a propósito dos tipos legais contratuais* in *Homenagem ao Prof. Doutor André Gonçalves Pereira,* Coimbra: Coimbra Editora, 2006, pp. 981-1007 (p.990).

[745] OLIVEIRA ASCENSÃO, *O Princípio da tipicidade dos Direitos Reais,* cit., p. 36. Conforme salienta PAIS DE VASCONCELOS, *Contratos atípicos,* Coimbra: Livraria Almedina, 2002 (reimp. da ed. de 1995), p. 37, os tipos não são formados por abstracção, dado que a realidade referida ou designada é aglomarada, enquadrada, sem abstracção incomum, porquanto nos tipos a parecela de realidade designada mantém-se íntegra sem ser amputada do diferente. Ou seja, os tipos juntam o comum e o incomum em torno de algo que constitui o critério de tipificação e que dá coerência ao conjunto. Já DE NOVA, *Il tipo conttratuale,* cit., p. 126 entende que o processo de elaboração de um tipo é uma forma de abstracção, já que, à imagem do conceito, é dotado de abstracção, sendo que os elementos característicos do tipo vêm evidenciados em função de um quadro complexo colhido mediante a intuição e renunciando à máxima de que estão presentes em todos os tipos todos os elementos de um dado grupo.

[746] Assim, p. ex., DE NOVA, *Il tipo conttratuale,* p. 125.

[747] DE NOVA, *Il tipo conttratuale,* cit., pp. 126-127.

Adicionalmente, *id quod plerumque accidit*, por trás de uma definição legal, existe um tipo, sendo que, apesar da abstracção de que este é dotado, pode ser concretizado em termos que permitam ao intérprete considerar a existência de um ou mais tipos menores[748]. Com efeito, as noções têm a sua origem dos *essentialia negotii*, que são as características necessárias e suficientes de um determinado tipo contratual, sendo que apenas na presença de todos os *essentialia negotii* de um tipo este, por assim dizer, existirá[749]. Avançando um pouco mais, diremos que o legislador não recebeu directamente tipos abertos da *praxis*, tendo-se limitado a cristalizá-los através de uma definição, colocando em evidência alguns aspectos e organizando-os numa definição[750]. O que equivale a dizer que o tipo legal procura corresponder à normalidade das coisas, ao *id plerumque accidit*[751]. Com efeito, nada obsta a que exista um tipo legal sem tipo social, sendo que, nestes casos, o tipo social assume maior relevo, dado que há que procurar definir a sua tipicidade a partir de dados

---

[748] OLIVEIRA ASCENSÃO, *A tipicidade dos Direitos Reais*, cit., p. 24 e 56. A propósito do fenómeno da tipicidade no direito dos contratos, salienta PAIS DE VASCONCELOS, *Contratos atípicos*, cit., pp. 22-23, que este é consequência de uma certa inércia e de algum conservadorismo no modo de ser dos juristas, dando como exemplo a tendência para manter fórmulas e sistemas que dão bons resultados ou o próprio recurso a tipos contratuais para finalidades diferentes das suas próprias.

[749] Para uma apreciação crítica da teoria dos *essentialia negotii* no âmbito da qualificação contratual, cfr. PINTO DUARTE, *Tipicidade e atipicidade dos contratos*, Coimbra: Livraria Almedina, 2000, pp. 79-90.

[750] PAIS DE VASCONCELOS, *Contratos atípicos*, cit., p. 21, salientando que a maioria dos tipos contratuais tem origem extralegal, e DE NOVA, *Il tipo conttratuale*, pp. 132-136. Salienta LARENZ, *Metodologia da Ciência do Direito*, (tradução do alemão *Methodenlehre der Rechtswissenschaft* por JOSÉ LAMEGO), 3.ª ed., Lisboa: Fundação Calouste Gulbenkian, 1994, p. 425, que existem tipos por detrás das fixações conceptuais da lei, o que se manifesta pelo facto de poderem associar-se elementos de vários contratos, que dão lugar ao surgimento de tipos mistos.

[751] GAZZONI, *Atipicità del contratto, giuridicità del vincolo e funzionalizzazione degli interessi*, in RDC XXIV (1978), pp.52-105 (pp. 74-75), ancorado em SACCO, salienta que o legislador procura oferecer aos privados uma série de modelos jurídicos idóneos à realização dos interesses e conformes às exigências que recaem com mais incidência sobre os privados, sendo que, substancialmente, os tipos legais são a continuação dos tipos romanos, com a adição de uma série de tipos socialmente caracterizados. Adicionalmente, a tipicidade procuraria resolver-se no reconhecimento presuntivo da dignidade da tutela do interesse.

meramente factuais, o que implica, por via de regra, a observância de manifestações de direito consuetudinário[752].

Dito de outro modo, desde que seja mantida a imagem global de um determinado tipo, a especificação ou complexificação de alguns dos seus elementos identificativos não confrontará o intérprete com um tipo *a se*, dado que operará um fenómeno de recondução ao tipo global, pois existe apenas uma variabilidade de efeito – a transferência da propriedade – já que, no caso dos negócios irregulares, estamos perante situações em que os negócios têm por objecto coisas consumíveis ou fungíveis, sem que tal equivalha a excluir a sua pertença a um determinado tipo[753]. Com efeito, através da interpretação negocial, procura operar-se a qualificação jurídica definitiva, com base nos resultados da interpretação, tendo em conta as circunstâncias conhecidas e o próprio sistema jurídico, de modo a determinar se determinado negócio jurídico é enquadrável num determinado tipo negocial ou se, pelo contrário, estaremos perante um negócio atípico ou inominado[754].

---

[752] Assim, p. ex., ISABEL RIBEIRO PARREIRA, *Algumas reflexões sobre o tipo, a propósito dos tipos legais contratuais*, cit., p. 996.

[753] DE SIMONE, *I negozi Irregolari*, cit., p. 107. Conforme salienta DE NOVA, *Il tipo conttratuale*, cit., p. 138 os traços caracterizadores do tipo, contrariamente ao conceito, não constituem um número fechado, podendo mesmo faltar alguns deles, sem que tal signifique que se saia do âmbito de um determinado tipo. Logo, enquanto o conceito é definitivo, o tipo é descritivo e enquanto no conceito se faz uso de um raciocínio subsuntivo, no tipo faz-se uso de uma operação de recondução. Neste particular, salienta FERRI, *Causa e tipo nella teoria del negozio giuridico,* Milão: Giuffrè, 1966, p. 133 que a causa, a par do tipo, pertence ao procedimento lógico pelo qual as regras contratuais privadas adquirem eficácia jurídica. Enquanto a causa diz respeito a avaliação de tais regras, o tipo refere-se ao momento da qualificação. O que equivale a dizer que a causa tem por função designar o interesse perseguido pelas partes, cabendo ao tipo designar a estrutura através da qual tal interesse é realizado.

[754] SANTOS JÚNIOR, *A interpretação dos negócios jurídicos,* Lisboa: AAFDL, 1989, pp. 72-73. Conforme refere DE NOVA, *Il tipo conttratuale,* pp. 84-110, a identidade dos tipos depende do facto de serem levados em consideração vários elementos, como sejam o conteúdo, a qualidade das partes, a natureza dos bens objecto do contrato, o factor tempo e o modo de formação. Já GETE-ALONSO Y CALERA, *Función y estructura del tipo contratual,* cit., p. 48 e segs., refere que existem dois índices do tipo: os índices gerais, os quais incluem o consentimento, o objecto, a causa e a forma, e os índices especiais, compostos pela actividade a desenvolver e por factores económicos concretos que subjazem a determinado conceito.

Avançado um pouco mais, cumpre procurar ligar as breves noções acabadas de expor com a temática nos negócios irregulares. Note-se, antes do mais, que esta terminologia pode ser entendida num sentido duplo, dado que tanto abrange as relações contratuais de facto[755], como os contratos que, pela natureza do seu objecto, implicam a transferência da propriedade, produzindo efeitos irregulares[756].

Apenas esta segunda vertente nos interessa. Assim, numa primeira aproximação, os contratos irregulares podem ser definidos como os negócios em que, excepcionalmente, ocorre a transferência da propriedade e a obrigação de restituir o *tantundem*[757]. Atendendo a esta obrigação, é possível considerar que estamos perante um contrato que produz um efeito anómalo, motivo pelo qual podemos considerar estar perante um contrato com efeito irregular[758], dado que apesar de se moldar num

---

[755] Sobre estas, entre nós, cfr. MENEZES CORDEIRO, *Da boa fé no Direito Civil*, cit., pp. 641-648.

[756] MESSINEO, *Il Contratto in genere,* tomo I, Milão: Giuffrè, 1973, p. 156. Conforme facilmente se percebe, uma destas acepções redunda nos contratos de facto ou, se se preferir, na doutrina das relações contratuais de facto.

[757] Assim, p. ex., CARIOTA-FERRARA, *Il negozio giuridico nel diritto privatto italiano*, A. Morano Editore, 1940, p. 397. Conforme refere MESSINEO, *Contrato irregolare (di fatto) e ad effeto irregolare,* in ED, tomo X, Milão: Giuffrè, 1962, pp. 111-116 (p. 114, 2.ª coluna), esta visão corresponde a um segundo sentido de contrato irregular, já que, num primeiro sentido, IDEM, *Ibidem,* cit. p. 114 (1.ª coluna) o contrato irregular poderá consistir numa situação de inobservância de forma. Em sentido contrário, SANTARELLI, *La categoria dei contratti irregolari. Lezioni di Storia del Diritto,* cit., p. 10 entende que o adjectivo "irregular" deve ser entendido como pertencente a um tipo distinto de um outro convencionalmente acordado pelas partes. Aliás, cumpre salientar desde já, seguindo CRUZ MORENO, *La prenda irregular,* cit., p. 144, que os contratos irregulares não podem ser assimilados ao negócio fiduciário, dado que enquanto os negócios fiduciários versam sobre bens determinados, que terão de ser restituídos na sua individualidade, os negócios irregulares referem-se a bens fungíveis considerados como tais, pelo que apenas se opera a restituição de bens da mesma espécie e qualidade. Ademais, a transferência da propriedade nos negócios fiduciários está limitada obrigacionalmente, enquanto nos negócios irregulares a transferência é plena, completa e irrevogável, comportando a faculdade de alienar ou consumir os bens a que se reporta. Trata-se, aliás, conforme refere SIMONETTO, *Los contratos de crédito* cit., p. 85, de uma faculdade natural ao negócio irregular.

[758] MESSINEO, *Il Contratto in genere,* tomo II, p. 82.

tipo base, produz um efeito que lhe é estranho. Por via de regra, a transmissão da propriedade[759].

Avançamos desde já que entendemos que o penhor irregular é um subtipo do contrato de penhor, pois consideramos que os negócios irregulares satisfazem as mesmas necessidades sociais dos negócios respectivos negócios regulares. Para tal conclusão concorre decisivamente o facto de os negócios irregulares cumprirem a mesma função prático--social que caracteriza o correspondente negócio irregular e que, simultaneamente, permite operar a distinção relativamente a qualquer outro tipo negocial[760].

Ademais, esta conclusão é reforçada pela própria natureza do objecto do contrato. Com efeito, a não individualização de coisas, excepto com a sujeição a critérios gerais, provoca a confusão com coisas de igual espécie e qualidade que estiverem no património, sendo que dessa confusão ou integração da coisa no novo património haverá lugar à perda do direito do *tradens*, pelo que, consequentemente, o titular do novo património adquire o direito de propriedade sobre a coisa[761].

Desta situação resulta um regime jurídico concreto de dupla vertente: obrigacional, redundado no nascimento ou extinção de um direito de crédito, e real, fruto da perda ou da aquisição da propriedade sobre o bem

---

[759] Ensaiando uma análise de teor estrutural, SIMONETTO *Los contratos de crédito* cit., p. 153 salienta que os negócios irregulares têm quatro obrigações típicas: a obrigação de dar, a obrigação de restituir, a obrigação de dar prazo e a obrigação de pagar juros, funcionando a transmissão da propriedade como a origem do nascimento do crédito restituitório, que teria por objecto o equivalente dos bens recebidos pelo *tradens*, sendo que ambas as realidades – *scilicet,* a transmissão da propriedade e o crédito restituitório – permitem que as partes possam conceder prazo, sendo este um sacrifício de carácter duradouro, que é compensado/mitigado pela obrigação de pagar juros que impende sobre o beneficiário do negócio.

[760] DE SIMONE, *I negozi Irregolari,* cit., p. 106. Não muito longe deste entendimento, CRUZ MORENO, *La prenda irregular,* cit., p. 121, salienta que os negócios irregulares são similares aos negócios regulares restituitórios, já que ambos tutelam a satisfação de interesses limitados, recorrendo a uma estrutura que apenas coincide em dois aspectos: a transferência da posse sobre bens móveis e a obrigação de proceder à sua restituição quando a referida finalidade temporalmente limitada cesse.

[761] GETE-ALONSO Y CALERA, *Función y estructura del tipo contratual,* cit., pp. 364-365.

objecto do contrato[762]. Isto porque o objecto do contrato, em abstracto, cumpre uma função interpretativa de exigência primária de uma representação comum das partes contratantes, sendo que, no caso de coisas fungíveis, estamos perante uma função tipificadora legal directa, já que a condição específica estatuída à coisa objecto do contrato determinou a sua tipificação legal, sendo que também tem uma função essencialmente reguladora, derivada das qualidades que acompanham uma determinada categoria de coisas[763].

Assim, uma vez que entendemos que o negócio irregular é, na sua essência, um subtipo do negócio regular sobre o qual é construído o seu regime jurídico, este contrato será regido pelas regras que disciplinam o respectivo negócio regular, com excepção daquelas que exijam que o *tradens* mantenha a propriedade do objecto do contrato, já que, nos negócios irregulares, a transferência da propriedade é um negócio extra--típico, e, como tal, é um efeito incompatível – *rectius,* estranho ao tipo base – com as normas do concreto negócio regular e, simultaneamente, qualificativo relativamente ao subtipo a que o negócio irregular pertence[764].

Dando um passo mais na procura da concretização da categoria dos negócios irregulares, há que procurar verificar se estes dão lugar a negócios mistos, i.e, o contrato que reúne em si regras de dois ou mais contratos total ou parcialmente típicos, assumindo-se dessa forma como um

---

[762] GETE-ALONSO Y CALERA, *Función y estructura del tipo contratual,* cit., p. 367. Aliás, a autora, IDEM, *Ibidem,* cit., p. 369. Indo um pouco mais longe, dando guarida à noção de fungibilidade, caso ocorra uma fixação do objecto do contrato como fungível, verificar-se-á uma tipificação directa da figura, mas, também, uma regulação do tipo contratual, derivada, exclusivamente, da referida caracterização.

[763] GETE-ALONSO Y CALERA, *Función y estructura del tipo contratual,* cit., pp. 389--390. Não estamos, pois, perante uma situação de atipicidade. A este propósito, julgamos correcta a observação de PINTO DUARTE, *Tipicidade e atipicidade dos contratos,* cit., p. 43 quando afirma que o grau de exactidão das fronteiras entre o típico e o atípico depende das características formais que se atribuam à própria noção de tipo: quanto maior for a rigidez com que se definam os tipos, tanto maior será a facilidade em traçar as linhas de fronteira.

[764] DE SIMONE, *I negozi Irregolari,* cit., p. 109. Em sentido totalmente não coincidente, TOMMASO CLAPS, *Del cosi detto pegno irregolare,* cit., pp. 455-458, considera que um negócio é irregular quando, por vontade das partes, não está presente um elemento natural característico.

contrato atípico, por não corresponder integralmente a nenhum tipo contratual regulado por lei[765].

Conforme tivemos oportunidade de verificar, a irregularidade contratual resulta, sobretudo, da natureza do objecto do contrato sobre que recai. Efectivamente, não seria necessária, p. ex., a previsão legislativa referente ao depósito irregular, para poder levar a cabo a sua qualificação. Mas, mais importante, se é certo que no contrato misto lidamos com uma unidade contratual[766], encontramos igualmente, por via de regra, uma causa atípica, já que o contrato misto tende a resolver um particular interesse que os tipos contratuais legais são insusceptíveis de resolver[767]. Ora, tal não se verifica nos contratos irregulares, já que, conforme referimos, estes visam satisfazer o mesmo interesse que o tipo legal sobre o qual assenta o concreto negócio regular, pelo que há que concluir que não estamos aqui perante uma questão de atipicidade contratual, porquanto não existe qualquer concurso ou mistura de causas, resultante da combinação das causas relativas aos negócios típicos, que é comummente exigida em sede de negócios mistos.[768]

---

[765] Seguindo ANTUNES VARELA, *Contratos Mistos,* in BFD XLIV (1968), pp. 143--168 (pp. 156), os contratos mistos podem ser: (i) contratos combinados, em que um dos contraentes se obriga a várias prestações principais, correspondentes a diferentes tipos de contrato e o outro contraente se obriga a uma prestação unitária, (ii) contratos de tipo duplo, em que o conteúdo total do contrato se enquadra em dois tipos diferentes de contrato, havendo, portanto, um conteúdo que se revela como sendo, ao mesmo tempo, de dois contratos, e (iii) os contratos mistos em sentido estrito, em que a estrutura própria de um tipo contratual é utilizada como meio ou instrumento e é afeiçoado de modo a que o contrato sirva, ao lado da função que lhe compete, a função própria de um outro contrato.

[766] Assim, p. ex. VAZ SERRA, *União de contratos,* in BMJ 91, pp. 11-145 (p. 13), PAIS DE VASCONCELOS, *Contratos atípicos,* cit., p. 216. Acrescenta JORDANO, *Contratos mixtos y unión de contratos,* cit., p. 328-329, que convém ter em consideração o facto de nos casos em que existe verdadeiramente uma combinação de negócios e se conclua que existe uma prestação principal e outra subordinada, não estamos perante um verdadeiro contrato misto, mas sim perante um negócio puro correspondente à prestação preponderante.

[767] Similarmente, DE SIMONE, *I negozi Irregolari,* cit., p. 103. Por este motivo, salienta SACCO, *Autonomia contrattuale e tipo,* in RTDPC XX (1966), pp. 785-808 (p. 793), que não se deve confundir o contrato misto com a figura do contrato complexo, dado que o primeiro resulta da unificação de efeitos de contratos típicos, considerados no seu elemento global, enquanto o segundo resultará da reunificação de cláusulas contratuais de vários contratos típicos.

[768] DE SIMONE, *I negozi Irregolari,* cit., p. 103, salienta ainda que obsta à caracterização dos negócios irregulares como contratos mistos, o facto de o legislador expres-

10. Penhor irregular como negócio fiduciário

Por comodidade de exposição, esta questão será devidamente enquadrada no capítulo IV, onde procuraremos não só qualificar o penhor irregular, bem como proceder à interligação entre o contrato de penhor e a categoria do negócio fiduciário.

§ 2. PENHOR IRREGULAR E DEPÓSITO

1. Razão de Ordem

É assaz frequente na *praxis* bancária o recurso à figura de um terceiro depositário, a quem é confiada a guarda dos bens dados em penhor. Adicionalmente, e conforme tivemos oportunidade de verificar no parágrafo precedente, podem dar-se casos em que opera a, passe a expressão, transformação de um contrato de depósito (irregular) num contrato de penhor irregular. Por esse motivo, na presente secção curaremos de procurar estudar os meios pelos quais o penhor, mormente o penhor irregular, e o depósito se coadunam, de modo a satisfazer os interesses das partes.

Para que estejamos em posição de estudar a interpenetração de ambas as figuras, faremos, apenas, uma brevíssima descrição do contrato de depósito no nosso ordenamento, com o objectivo de podermos interligar o seu funcionamento com o do penhor, *maxime* nos casos de depósito caucional, casos esses que, conforme teremos oportunidade de demonstrar, serão recondutíveis, por via de regra, a contratos de penhor irregular.

Efectivamente, basta atentar na possibilidade de operar um cruzamento entre ambos os contratos, já que o próprio legislador, no art. 666.º, n.º 2, considera que deve ser considerado como penhor o depósito efectuado a título de caução. Facto que é curioso, dado que um dos principais traços que permite operar a destrinça entre o contrato de penhor e o contrato de depósito é o facto de aquele ser um contrato acessório e de

---

samente prever algumas figuras. Trata-se de uma argumento que não pode ser seguido, já que a particular natureza do objecto dos negócios irregulares leva à existência de um regime legal próprio.

a coisa ser entregue com escopo de garantia, enquanto o depósito é um contrato autónomo[769].

Assim, procuraremos determinar a influência da transmissão de propriedade no depósito irregular[770], já que é cada vez mais frequente, por um lado, o penhor de contas bancárias em operações de financiamento e, por outro, trata-se de matéria prevista expressamente no recente Decreto-Lei n.º 105/2004 relativo aos acordos de garantia financeira, motivo pelo qual julgamos ser conveniente proceder ao estudo desta matéria, sendo que a matéria relativa ao penhor financeiro será analisada em secção autónoma.

2. O contrato de depósito – considerações gerais

De acordo com o disposto no CC, o depósito é uma modalidade de contrato de prestação de serviços[771], caracterizada pela verificação de três elementos essenciais, a saber: c (i) a entrega de uma coisa móvel ou imóvel, (ii) a obrigação de guarda e (iii) a obrigação de restituição.

O contrato de depósito é um contrato real *quoad constitutionem*, o que implica que a entrega dos bens ao depositário é *conditio sine qua non* para que se verifique a perfeição do negócio jurídico[772]. Neste particular, é mister salientar que a entrega da coisa não é sinónimo da transmissão

---

[769] FIORENTINO, *Del deposito* in *Commentario del Codice Civile (a cura di Antonio Scialoja e Giuseppe Branca)*, Bolonha: Nicola Zanichelli Editore, 1962, p. 54-136 (p. 65).

[770] Facto que permitirá igualmente, cremos, proceder ao apartar das águas entre esta modalidade de depósito e o penhor irregular.

[771] Arts. 1154.º e 1155.º.

[772] Assim, p. ex., PIRES DE LIMA/ANTUNES VARELA, *Código Civil Anotado*, 4.ª ed., Vol. II., 1997, Coimbra: Coimbra Editora, p. 928, PAULA CAMANHO, *Do contrato de depósito bancário (reimp.)*, cit., p. 117, FERREIRA DE ALMEIDA, *Contratos*, 2.ª ed., Coimbra: Livraria Almedina, 2003, pp. 119-123. ALFREDO e GIUSEPPE GALASSO, *Deposito* in DIGESTO – Sezione Civile, tomo V, Turim: Unione Tipografico-Editrice Torinese, 1989, pp. 253-274 (p. 255, 2.ª coluna), MEDICUS, *Schuldrecht II – Besonderer Teil*, 13.ª ed., cit., p. 166. Note-se, porém, se tem vindo a admitir a celebração de contratos de depósito consensual, por mero acordo das partes. Neste sentido, MENEZES CORDEIRO, *Manual de Direito Bancário*, 3.ª ed., Coimbra: Livraria Almedina, p. 472 e IDEM, *Tratado de Direito Civil*, Vol. I, tomo I, 3.ª ed., Coimbra: Livraria Almedina, 2000, p. 465 e segs.

da propriedade da coisa depositada para o depositário, dado que o depósito regular é um contrato com efeitos obrigacionais e não reais.[773] Não obstante, apesar de tal transmissão da propriedade não ocorrer, o depositante deve ter a disponibilidade efectiva da coisa objecto do contrato[774], situação que inculca que a entrega, para além de pertencer ao momento constitutivo do contrato, é igualmente um momento da própria actuação da relação contratual[775].

Todavia, nada impede que, ao abrigo da liberdade contratual, sejam celebrados contratos de depósito atípicos, em que a entrega da coisa seja relegada para a fase da execução do contrato[776]. Temos, assim, que a *traditio* – material ou simbólica – assume, no depósito típico, o papel de mero elemento na formação do contrato, acrescendo ao mero consenso e integrando a própria estrutura negocial[777].

---

[773] Contrariamente ao que se verifica nas situações de depósito irregular, uma vez que o legislador prescreve que nas situações em que o depósito tiver por objecto dinheiro ou outras coisas fungíveis, estas se tornam propriedade do depositário com a entrega (*vide* arts. 1206.º e 1144.º).

[774] NATOLI, *I contratti reali,* cit., p. 78.

[775] DE MARTINI, *Deposito (Dirito Civile)* in NssDI, tomo V, Turim: Unione Tipografico-Editrice Torinese, 1957, pp. 497-527 (pp. 498, 2.ª coluna – p. 499, 1.ª coluna). O autor acrescenta que trata-se de estabelecer, por um lado o elemento substancial do contrato, em função do ser conteúdo e, de outro lado, permitir determinar se a sua inclusão no tipo negocial serve para apurar a sua perfeição e/ou validade ou apenas proceder á qualificação do tipo legal, de molde a permitir distingui-lo de formas atípicas, nas quais a entrega não está presente.

[776] LACERDA BARATA, *Ensaio sobre a natureza jurídica do Contrato de Depósito Bancário,* cit., p. 121. DALMARTELLO/PORTALE, *Deposito (diritto vigente)* in ED, tomo XII, Milão: Giufrè, 1964, pp. 236-274 (pp. 253, 1.ª e 2.ª colunas) consideram possível ser celebrado um contrato de depósito no qual a *datio rei* pertença ao momento executivo do contrato, em vez do momento constitutivo. Similarmente, ALFREDO e GIUSEPPE GALASSO, *Deposito,* cit., p. 256 (2.ª coluna) referem que a partir do momento em que seja ultrapasso o juízo de defira a necessidade de tutela do contrato celebrado pelas partes (o que vale, obviamente, para o depósito consensual), serão aplicáveis as normas aplicáveis ao contrato de depósito, com a consequência de o sinalagma contratual vir a ser enriquecido com uma prestação ulterior. Já FIORENTINO, *Del deposito,* cit., p. 61 entende ser possível celebrar contrato preliminar de onde derivaria a obrigação de celebrar um contrato de depósito definitivo, considerando ser duvidoso poder admitir-se um contrato consensual e definitivo de depósito.

[777] LACERDA BARATA, *Contrato de depósito bancário* in AAVV, *Estudos em Homenagem ao Professor Doutor Inocêncio Galvão Telles,* Vol. II Coimbra: Livraria Almedina, 2002, pp. 7-64 (p. 30). Similarmente, ALFREDO e GIUSEPPE GALASSO, *Depo-*

A principal obrigação decorrente da celebração do contrato de depósito consiste no dever de guarda a cargo do depositário. É a sua obrigação fundamental[778], tratando-se de uma obrigação de pura diligência[779], de conteúdo flexível e maleável, uma vez que varia em função das circunstâncias do caso, nomeadamente em função do objecto depositado[780]. Esta obrigação de guarda compreende uma vertente positiva e uma vertente negativa, já que pressupõe a prática, pelo depositário, de um conjunto de actos e o desenvolvimento de uma actividade contínua com vista a assegurar a conservação e a manutenção da coisa – vertente positiva – os quais são completados por um conjunto de proibições impostas ao depositário no interesse do depositante – vertente negativa[781].

Tudo se resume, pois, a uma actividade a cargo do depositário que visa garantir a conservação material da coisa recebida em depósito, i.e. mantê-la no estado em que foi recebida, defendendo-a dos perigos de subtracção, destruição ou danificação[782]. Ademais, convém não olvidar que a própria diligência inerente ao depositário variará em função, p. ex., do facto de este receber depósitos como profissão habitual, caso em que deverá ser avaliada tendo em consideração os meios e os comportamentos normalmente adoptados na actividade em questão[783].

---

sito, cit., p. 257 (2.ª coluna) salientam que, contrariamente ao penhor, a entrega não assume uma função de publicidade, pelo que concluem que no contrato de depósito vigora em pleno o princípio da liberdade de forma, pelo que poderá ser prevista uma forma convencional para operar a transmissão.

[778] ALFREDO e GIUSEPPE GALASSO, *Deposito*, cit., p. 266 (2.ª coluna).

[779] Assim, GOMES DA SILVA, *O dever de prestar e o dever de indemnizar*, Vol. I, Lisboa, 1944, p. 206.

[780] LACERDA BARATA, *Contrato de depósito bancário,* cit., p. 31. Conforme salientam DALMARTELLO/PORTALE, *Deposito (diritto vigente)*, cit., p. 258, 1.ª coluna), a obrigação de custódia não pode ser definida em termos rígidos, mas sim maleáveis, atendendo, designadamente às circunstâncias do caso concreto, bem como à natureza do objecto depositado. DE MARTINI, *Deposito (Dirito Civile)*, cit., p. 513 (2.ª coluna), precisa que a obrigação de custódia, para além da noção de custódia em sentido estrito, compreende igualmente as actividades que possam ser consideradas como acessórias, sendo que também entrarão na noção de custódia as actividades de conservação da coisa o que, em última análise, poderá ser sinónimo de trabalhos – limitados – de administração.

[781] MORAIS ANTUNES, *Do contrato de depósito escrow*, cit., p. 24.

[782] FIORENTINO, *Del deposito*, p. 55.

[783] ALFREDO e GIUSEPPE GALASSO, *Deposito*, cit., p. 268 (2.ª coluna).

Deste modo, julgamos ser lícito afirmar, em termos meramente perfunctórios, que a obrigação de custódia compreende a prestação de custódia *stricto sensu*, bem como as actividades que lhe sejam instrumentais. Assim, avulta sobre as restantes a obrigação de o depositário deter a coisa, mas, também, a prossecução de actividades instrumentais, como sejam a destinação de um espaço apto a receber a coisa.

Note-se, porém que para que possamos falar de depósito, será essencial que a obrigação de custódia assuma um carácter causalmente determinante[784]. Dito de outro modo, tal actividade terá de constituir o escopo exclusivo ou, no mínimo, principal, do contrato[785]. Isto porque no contrato de depósito a custódia tem um carácter final, na medida em que visa satisfazer o interesse contratual específico do depositante[786]. Dando um passo mais, julgamos poder afirmar que o contrato de depósito é caracterizado pela função de conservação da coisa depositada no interesse de outrem[787]. Isto porque a custódia constitui uma actividade instrumental a esse fim de conservar a coisa e poder proceder à sua restituição, dado que o depositário conserva a coisa, *rectius*, exerce a obrigação de custódia para satisfazer a exigência de segurança *lato sensu* que é o escopo perseguido pelo contrato de depósito[788].

---

[784] Conforme precisam DALMARTELLO/PORTALE, *Deposito (diritto vigente)*, cit., p. 250 (2.ª coluna), a categoria dos contratos de custódia compreende duas espécies distintas, a saber: (i) os contratos que não compreendem outra obrigação que não seja a prestação pura e simples de custódia, e (ii) uma subespécie mais circunscrita que se encarrega da vigilância da coisa que é objecto do dever de guarda, sendo nesta subespécie que entra o contrato de depósito.

[785] FIORENTINO, *Del deposito*, cit., pp. 57-58. Na expressão de ALFREDO e GIUSEPPE GALASSO, p. 253, 1.ª coluna, a entrega, a custódia e a restituição são elementos qualificadores do contrato de depósito. Uma vez que a entrega e a restituição de uma coisa móvel são elementos neutros e que são recorrentes noutros contratos – como o comodato, a locação ou o mútuo – a causa do contrato de depósito terá de ser caracterizada pela custódia.

[786] Daí que os conceitos de guarda e uso não sejam incompatíveis, podendo coexistir desde que não seja desvirtuado o tipo contratual do depósito, ou seja, desde que o uso da coisa seja permitido em termos meramente secundários relativamente à prestação principal de guarda. Assim, LACERDA BARATA, *Contrato de depósito bancário*, cit., pp. 31-32. Em sentido contrário, MENEZES CORDEIRO, *Direitos Reais*, cit., p. 705.

[787] Neste sentido, GRISI, *Il deposito in funzione di garanzia*, cit., p. 256.

[788] LENZI, *Responsabilità patrimoniale e rilevanza della funzione nel deposito di beni fungibile*, cit., pp. 34-35.

Assim, a obrigação de custódia implicará a prática de actos destinados a evitar o perecimento da coisa, mantendo-a disponível para o credor. Em qualquer caso, julgamos ser conveniente salientar o facto de o conceito de disponibilidade não ser isento de críticas e que, por esse motivo, deverá ser entendido *cum grano salis*. Deste modo, a expressão não significará mais do que a referência a uma situação relativa ao cruzamento entre débito e crédito, visando salientar o facto de o depositante poder exigir a qualquer tempo a restituição da coisa depositada, sem necessidade de ter de decretar a resolução do contrato[789].

Finalmente, o terceiro elemento essencial do contrato de depósito prende-se com a restituição[790] do bem dado em depósito, obrigação que não nasce *ex lege* de uma ilegitimidade do depositário deter a coisa, mas sim do próprio contrato de depósito[791]. Cumpre salientar que esta obrigação conhece algumas particularidades no que respeita, designadamente, ao regime do vencimento. Nesse particular, rege o art. 1194.º que estatui que, na ausência de fixação de um prazo para a restituição, o mesmo tem-se por estabelecido a favor do depositante, o que é uma clara excepção ao estatuído no art. 779.º.º[792].

---

[789] SIMONETTO, *Deposito Irregolare* in DIGESTO – Sezione Civile, tomo V, Turim: Unione Tipografico-Editrice Torinese, 1989, pp. 279-299 (p. 287, 2.ª coluna). Já LENZI, *Responsabilità patrimoniale e rilevanza della funzione nel deposito di beni fungibile*, cit., p. 36, entende que do contrato de depósito resulta a cargo do depositário uma obrigação de assegurar ao depositante o resultado desejado, i.e., a conservação da coisa, o qual será obtido através de uma prestação de custódia tipicamente prevista, cujo conteúdo está limitado a um mero exercício diligente. O que equivale a dizer que o autor configura a obrigação de conservação a cargo do depositário como uma verdadeira e própria obrigação de resultado, o que implica que a falta de conservação da integralidade da coisa – i.e., a sua devolução no estado em que foi recebida – implicará a responsabilidade do depositário.

[790] Em qualquer caso, cumpre salientar, seguindo NATOLI, *I contratti reali*, cit., p. 24, que os contratos reais não se identificam com os contratos restituitórios, em virtude de a entrega determinar a produção dos efeitos típicos dos contratos reais, já que a restituição, o mais das vezes, é indicada explicitamente como um dos efeitos dos contratos, mas não é uma obrigação típica de todos os contratos reais.

[791] LACERDA BARATA, *Contrato de depósito bancário*, cit., p. 28, MENEZES CORDEIRO, *Manual de Direito Bancário*, 3.ª ed., cit., p. 474.

[792] Note-se que, na eventualidade de não ter sido fixado um prazo para a restituição da coisa, o depositante, ao abrigo do disposto no art. 1185.º, pode exigi-la a qualquer momento, tal como o depositário se pode exonerar da sua obrigação a qualquer momento

Como é facilmente perceptível, a obrigação de restituição – para além de permitir enquadrar o contrato de depósito na categoria dos contratos restituitórios – encontra-se funcionalmente ligada à obrigação de custódia, dado que é o depositante quem se encontra numa posição privilegiada para controlar o exacto cumprimento de tal obrigação de custódia[793]. O que equivale a dizer que a obrigação de restituir, mais do que constituir a contrapartida da entrega da coisa, uma vez que é efectuada em função de uma actividade que o *accipiens* deve desenvolver relativamente ao bem para satisfazer uma necessidade do *tradens*. Ou seja, o interesse na restituição é o reflexo negativo do interesse na custódia, devendo ser determinado, para o depositante, pela necessidade de custódia e, para o depositário, pelo interesse em libertar-se da obrigação de custódia[794]. Ademais, a obrigação de restituição, para além de incidir sobre a coisa recebida, dá origem a um débito de valor nos casos em que a perda da coisa ocorra por causa imputável ao depositário[795].

3. Da transferência de propriedade no contrato de depósito irregular

Pela natureza das coisas, o depositário não pode consumir a coisa depositada, uma vez que, a partir daí, já não seria possível operar a sua restituição. Todavia, desde a Antiguidade, tem-se verificado a transposição linguística e, posteriormente, conceptual das categorias de depósito para os casos em que o depositário recebe algo com o dever, apenas, de restituir o equivalente[796]. Trata-se do depósito irregular[797].

(art. 1201.º), excepto se o depósito tiver sido celebrado, também, em interesse de terceiro, caso em que está vedada ao depositário a possibilidade de realizar a sua prestação, sem obter, previamente, o consentimento do terceiro (art. 1193.º).

[793] ALFREDO e GIUSEPPE GALASSO, *Deposito*, cit., p. 271 (1.ª coluna). Na expressão de DALMARTELLO/PORTALE, *Deposito (diritto vigente)*, cit., p. 237, no depósito não se deve guardar porque se deverá restituir, mas deverá proceder-se à restituição porque se assumiu a obrigação de guardar a coisa depositada.

[794] DALMARTELLO/PORTALE, *Deposito (diritto vigente)*, cit., p. 263 (1.ª coluna).

[795] ALFREDO e GIUSEPPE GALASSO, *Deposito*, cit., p. 271 (2.ª coluna).

[796] MENEZES CORDEIRO, *Manual de Direito Bancário*, 3.ª ed., cit., p 475.

[797] Notam FIKENTSCHER/HEINEMANN, *Schuldrecht*, 10.ª ed., cit., p. 646, que as regras relativas ao mútuo são aplicáveis como consequência da impossibilidade de devolver os bens depositados. Ademais, acrescenta MEDICUS, *Schuldrecht II – Besonderer Teil*,

Neste particular, regem expressamente os arts. 1205.º e 1206.º, cabendo ao primeiro a tarefa de definir o depósito irregular como aquele que tem por objecto coisas fungíveis[798], enquanto o segundo manda aplicar ao depósito irregular, na medida do possível, as regras do mútuo. O depósito irregular é, deste modo, um contrato real *quoad effectum* já que se verifica a transferência da propriedade (arts. 1206.º e 1144.º), em virtude de, na esfera jurídica do depositante, o direito de propriedade ser substituído por um direito de crédito à devolução, sendo que esta devolução é feita pela restituição do equivalente (arts. 1206.º e 1142.º *in fine*).

A restituição pelo equivalente é facilmente perceptível. Basta atentar no facto de ser indiferente para o depositante receber as moedas – ou notas – depositadas ou moedas diversas, dado que o depositante, com a celebração do contrato, assegura a restituição a qualquer altura das quantias depositadas[799]. Ou seja, a fungibilidade dos bens depositados implica a indiferença relativamente aos bens a serem restituídos, já que, acima de tudo, é assegurada a restituição de um valor. Com efeito, atendendo à natureza das coisas depositadas, facilmente se percebe que, no depósito irregular, em virtude de as coisas serem fungíveis e consumíveis, em vez de assumir a obrigação de custódias das mesmas, o depositário passa a ser seu proprietário, ficando obrigado não à restituição *in natura*, mas sim à restituição do *tantundem eiusdem generis et qualitatis*[800].

Conforme facilmente se verifica, o depósito irregular é um contrato real *quoad effectum*, dado que opera a transferência da propriedade. Consequentemente, transfere-se igualmente o risco de perecimento, pelo que o depositário não ficará exonerado da devolução do *tantundem* nos casos em que ocorra a perda da coisa depositada.

13.ª ed., cit., pp. 168-169, que a possibilidade de o depositário restituir o *tantundem* leva a que corra por sua conta o risco de perecimento da coisa (*"Sachgefahr"*).

[798] Nota MENEZES CORDEIRO, *Manual de Direito Bancário*, 3.ª ed., cit., p 475-476, que estamos perante uma definição deficiente, porquanto as partes podem celebrar um depósito comum relativo a coisas fungíveis: nessa altura o depositário não as poderá consumir, devendo restituir precisamente o que recebeu, de acordo com as regras normais do depósito.

[799] FERRI, *Deposito bancario* in ED, tomo XXI, Milão: Giuffrè, 1964, pp. 278-285 (p. 279).

[800] DALMARTELLO/PORTALE, *Deposito (diritto vigente)*, cit., p. 269 (1.ª e 2.ª coluna).

É mister salientar que os efeitos inerentes ao depósito irregular são o resultado, apenas, da natureza fungível da coisa depositada. Ora, dado que se verifica a transferência da propriedade, o depósito irregular figura no elenco dos contratos irregulares, i.e., aqueles que produzem efeitos irregulares – *scilicet,* anómalos – em relação ao esquema típico em que se enquadram[801]. Com efeito, mau grado a norma de determinação de regime[802] plasmada no art. 1206.º que remete, parcialmente, para as regras do mútuo aplicáveis, quando compatíveis com o depósito irregular, somos do entendimento de que o depósito irregular é um subtipo do contrato de depósito[803].

No depósito irregular o interesse dos contraentes, para além da função natural de conservação, procura obter a restituição do *tantundem* que, para o depositante, tem precisamente o mesmo valor que as coisas entregues, sendo que o depositante não tem qualquer interesse no uso e/ou no consumo da coisa por parte do depositário[804].

---

[801] Sobre o contrato irregular, cfr. DE SIMONE, *I negozi irregolari, passim*, MESSINEO, *Contrato irregolare (di fatto) e ad effeto irregolare, passim* e SANTARELLI, *La categoria dei contratti irregolari. Lezioni di Storia del Diritto,* cit. e CRUZ MORENO, *La prenda irregular,* cit., pp. 87-156.

[802] LACERDA BARATA, *Contrato de depósito bancário,* cit., p. 46. Similarmente LENZI, *Responsabilità patrimoniale e rilevanza della funzione nel deposito di beni fungibile,* cit., p. 61, referindo que o depósito irregular será regido pela disciplina do contrato de depósito, na observância dos limites de aplicabilidade das normas relativas ao mútuo.

[803] De acordo com a sistematização propugnada por DE SIMONE, *I negozi irregolari,* cit., pp. 108-109 e p. 119 segs e de MESSINEO, *Contrato irregolare (di fatto) e ad effeto irregolare,* cit., pp. 115, 2.ª coluna-116, 1.ª coluna, os contratos irregulares têm a seguinte disciplina jurídica: (i) a transferência da propriedade a favor do *accipiens* opera por força da estipulação do contrato e não como consequência de um facto ou acto sucessivo; (ii) de molde a poder transmitir validamente, o *tradens* deve ser proprietário do bem objecto do contrato; (iii) o contrato irregular constitui, em algumas factiespécies (penhor, quase--usufruto, dote) um acto de administração extraordinária; (iv) o possível objecto do contrato irregular consiste em bens consumíveis ou fungíveis, podendo a fungibilidade ser convencional; (v) o objecto da restituição é o *tantusdem eiusdem generis,* embora nada exclua a possibilidade de ser restituído o *idem corpus*; (vi) a restituição é devida incondicionalmente, porquanto a restituição é em género e o género não perece; (vii) a restituição é feita ao *tradens,* o qual tem apenas um mero direito pessoal à restituição, o que obsta a que sejam intentadas acções de reivindicação; e (viii) o crédito de restituição relativo ao *tradens* pode ser compensado com o seu eventual débito para com o *accipiens.*

[804] LENZI, *Rapporti tra titolarità e funzione,* cit., p. 60. O autor concretiza salientando que o efeito translativo constitui apenas o meio técnico que a norma individualiza

Na verdade, quer no contrato de depósito regular quer no contrato de depósito irregular, o escopo visado pelas partes consiste na custódia, enquanto o contrato de mútuo visa assegurar, primacialmente, uma função de crédito. Efectivamente, enquanto o mútuo se destina atribuir ao mutuário o gozo discricionário da coisa mutuada (dinheiro ou coisas fungíveis), o depósito irregular visa acorrer a uma necessidade de segurança e de conservação daquele que recebe as coisas depositandas, assumindo um papel meramente secundário o uso que o depositário possa vir a fazer das coisas fungíveis[805].

4. O depósito no interesse de terceiro

Conforme tivemos oportunidade de ver[806], é possível recorrer a um terceiro depositário em certas situações, pelo que julgamos oportuno, nesta sede, tratar com um pouco mais de profundidade o regime que disciplinará esta situação, *maxime* a sua destrinça relativamente ao depósito no interesse de terceiro.

Com efeito, no essencial, estamos, aparentemente, perante um caso de depósito no interesse de terceiro, previsto no art. 1193.º do CC, que dispõe que se a coisa for depositada também no interesse de terceiro e esse comunicou a sua adesão, o depositário não poderá exonerar-se restituindo a coisa ao depositante sem o consentimento do terceiro. Trata-se, pois, de uma situação que pode ser exemplificada com os seguintes casos:

i. Tício vende a Caio um imóvel sob condição suspensiva, sendo que as partes acordam que, na pendência da condição, Caio deverá depositar

---

para permitir a realização da faculdade de uso, facto que se manifesta com maior intensidade no caso de coisas consumíveis.

[805] DE SIMONE, *I negozi irregolari,* cit., pp. 80-81. Em sentido negativo pronuncia-se, p. ex., FIORENTINO, *Del deposito,* cit., p. 97 salientando que o depósito irregular, mau grado não ser um mútuo, também não é um depósito em sentido técnico, dado que lhe faltam os seus pressupostos lógicos, a saber, a obrigação de restituir *in natura* e a permanência da propriedade da coisa na esfera jurídica do depositante. Já SIMONETTO, *Deposito Irregolare,* cit., p. 282, 1.ª coluna, refere que a norma em questão aceitou a qualificação ditada pela *praxis* e a existência de uma função determinada do negócio operada pelo comércio, sendo que a *praxis* entende o negócio em causa como um depósito e não como um mútuo.

[806] Capítulo II, § 2, número 4.

uma soma equivalente ao preço da venda, a qual, por questões de segurança, ficará confiada a um terceiro, como, p. ex., um notário.[807].

ii. Caio mutua a Tício cinquenta mil euros, contra a entrega, a título de penhor, dos negativos originais de *Trás-os-Montes*, de ANTÓNIO REIS e MARGARIDA CORDEIRO. Para evitar a sua eventual deterioração, as partes depositam os negativos nos cofres de uma instituição crédito, que não os poderá devolver a Tício enquanto este não for notificado por Caio do cumprimento efectivo e integral das obrigações derivadas do contrato de mútuo.

A priori, um terceiro pode estar interessado no destino da coisa em várias situações como (i) o dono do negócio relativamente a um depósito efectuado pelo seu mandatário ou pelo seu gestor de negócios, (ii) com o terceiro num contrato de depósito efectuado em seu favor e (iii) com o co-devedor solidário do depositante que efectua um depósito em favor do credor, com vista à extinção da dívida[808]. Todavia, salientemo-lo desde já, julgamos que o exemplo avançado em ii) não poderá ser considerado um depósito no interesse de terceiro.

---

[807] Trata-se de um caso avançado por MAJELLO, *Il deposito nell'interesse del terzo* in BBTC XXIV (1961), Parte Prima, pp. 311-352 (p. 316) e qualificado como depósito no interesse de terceiro. Pronunciando-se sobre este caso, GRASSETTI, *Deposito a scopo di garanzia e negozio fiduziario* in RDC XXXIII (1941), pp. 97-110 (p. 100-101) refere que este caso não pode ser tratado no âmbito do contrato de depósito, dado que estamos perante uma alteração dúplice do esquema do contrato de depósito, dado que pressupõe a intervenção de três sujeitos distintos e, sobretudo, porque o escopo de garantia perseguido pelas partes implica que o depositário pudesse – e devesse – restituir a coisa depositada sem o consentimento da parte interessada na manutenção do depósito. Com efeito, o autor, IDEM, *Ibidem*, cit., p. 107 considera que este caso deve ser reconduzido à figura do negócio fiduciário, já que o terceiro se torna *dominus* do preço, assumindo a obrigação de restituir a soma recebida ao comprador ou ao vendedor, dependendo tal facto da verificação da condição suspensiva que informa o concreto negócio. Ou seja, para GRASSETTI, a circunstância de não ser perseguido o fim típico do contrato de depósito, aliado ao facto de o notário ser o *dominus* do preço implica a qualificação do negócio como fiduciário. Todavia, haverá, sobretudo, que apurar qual o verdadeiro significado da actuação enquanto *dominus*, dado que, p. ex., a quantia pode ser entregue a título de caução, mas, sobretudo, não é o facto de o dinheiro ficar na posse do terceiro que dita, por si só, o carácter fiduciário do negócio.

[808] MORAIS ANTUNES, *Do contrato de depósito escrow,* cit., p. 72.

Com efeito, só existirá, em princípio, um depósito no interesse de terceiro nas situações em que este poderá obstar à restituição da coisa depositada. Na verdade, este interesse não pode ser interpretado no sentido de ser aplicável apenas aos casos em que o depositante age por conta do terceiro[809], sendo que também a mera existência de um interesse de facto do terceiro em que a coisa permaneça depositada junto do depositário não é igualmente suficiente para qualificar a situação como contrato de depósito no interesse de terceiro[810]. Efectivamente, o interesse do terceiro na operação terá de ter sido expressamente atribuído aquando da celebração do contrato. Ou seja, a faculdade de impedir a restituição ao *tradens, a priori,* terá de ser expressamente acordada entre o depositante e o depositário[811], sendo que nada obsta a que tal interesse possa ser relevado pelas circunstâncias em que o contrato foi celebrado.

Em qualquer caso, cumpre salientar que o mero facto de o terceiro poder obstar à restituição da coisa depositada, mais não é do que um indício da existência de depósito no interesse de terceiro, podendo ser, aliás, mera consequência do contrato celebrado entre as partes. Dito de outro modo, é imperioso procurar caracterizar o interesse em questão. Antes do mais, somos do entendimento que ddevemos procurar um ponto de apoio no regime do mandato conferido no interesse de terceiro, uma vez que, em sede de depósito no interesse de terceiro, o art. 1193.º limita-se a declarar a perfeita compatibilidade entre esta figura negocial e o contrato de depósito, não fornecendo nenhum elemento adicional sobre a disciplina desta relação jurídica[812].

À partida, e pese embora a fórmula *"no interesse"* ou *"agir no interesse"* ser susceptível de exprimir os mais diversos significados[813], podemos assentar que, no que nos interessa, nesta modalidade de depósito o interesse do terceiro passará pela próprio cumprimento contrato, sendo que a conclusão pela existência de um interesse de pessoa diversa do depositante terá de basear-se num critério estrutural que, recorrendo à

---

[809] MAJELLO, *Il deposito nell'interesse del terzo,* cit., p. 313.

[810] MAJELLO, *Il deposito nell'interesse del terzo,* cit., p. 314-315.

[811] PIRES DE LIMA/ANTUNES VARELA, 4.ª ed., vol II. cit., p. 847, MAJELLO, *Il deposito nell'interesse del terzo,* cit., p. 315.

[812] MORAIS ANTUNES, *Do contrato de depósito escrow,* cit., p. 72.

[813] LUMINOSO, *Mandato, Commissione, spedizione,* p. 8, JANUÁRIO DA COSTA GOMES, *Em tema de revogação no mandato civil,* Coimbra: Livraria Almedina, 1989, p. 95.

indagação da existência de um direito subjectivo, permita afirmar a existência de um verdadeiro interesse jurídico[814]. Conforme tivemos a oportunidade de avançar, não é necessário que o interesse do terceiro transpareça no próprio contrato de depósito, visto que o direito subjectivo conferido ao terceiro nesta modalidade de depósito pode não ter na sua génese o próprio contrato de depósito, podendo ser explicada pela relação existente com o depositante, sendo que tal relação poderá constituir a justitficação ou a explicação para a concreta configuração do contrato celebrado[815].

Saliente-se que este tipo contratual é utilizado, por via de regra, nas situações em que é controversa, incerta, ou meramente hipotética, a existência de uma determinada obrigação entre o depositante e uma terceira pessoa, pelo que, nestas situações, o depositante, por sua iniciativa ou actuando em função de acordo prévio, deposita junto de um terceiro uma coisa, fungível ou infungível, ficando assente que esta só poderá ser restituída ao depositante mediante a verificação alternativa de uma das seguintes situações: (i) o consentimento expresso do terceiro ou (ii) a verificação da inexistência da obrigação garantida[816], sendo que, fora destes casos, o terceiro – que será o credor garantido – pode obstar à restituição ao depositante, já que, com a adesão ao contrato, adquire o direito de ser interpelado pelo depositário antes de a coisa ser restituída ao depositante[817].

Ademais, dando um passo mais, atente-se que este factor de incerteza, por um lado, e o facto de perseguir uma função de garantia, por outro, permitirão aproximar este tipo contratual da prestação de caução[818]. Não

---

[814] JANUÁRIO DA COSTA GOMES, *Contrato de Mandato* in MENEZES CORDEIRO (coordenação), *Direito das Obrigações*, 3.º vol. 3, Lisboa: AAFDL, 1991, pp. 265-408 (p. 281). Não muito longe deste entendimento andará DURVAL FERREIRA, *Do Mandato Civil e Comercial*, 2.ª ed., Porto, 1972, p. 59, quando afirma que um mandato apenas pode ser qualificado como mandato no interesse de terceiro quando este tem interesse no que é a essência dele mesmo, ou seja, se têm interesse na faculdade de criar algo para o outro, no poder ou direito de modelação da esfera alheia.

[815] Similarmente, a propósito do mandato no interesse de terceiro, JANUÁRIO DA COSTA GOMES, *Em tema de revogação no mandato civil*, cit., pp. 150-152.

[816] MORAIS ANTUNES, *Do contrato de depósito escrow*, cit., p. 76.

[817] GRISI, *Il deposito in funzione di garanzia*, cit., pp. 261-262.

[818] Neste particular, DALMARTELLO, *Il pegno irregolare (o cauzione in senso stretto)*, cit., p. 320 considera, em *obiter dictum*, que o depósito com função de garantia é um derivado da prestação de caução.

obstante, cumpre indagar da possibilidade de conceber uma situação em estejamos perante um penhor irregular no qual as quantias empenhadas sejam depositadas junto de um terceiro.

Trata-se de uma situação que rejeitamos desde já, porquanto o penhor irregular pressupõe a coincidência subjectiva do credor pignoratício e do empenhador, vedando o recurso a terceiros. Efectivamente, se o objectivo das partes é criar uma auto-regulação de interesses que persiga uma função de garantia análoga ou equivalente à do penhor irregular, esta não poderá ser realizada de outro modo que não seja a atribuição *ab origine* da propriedade do bem empenhado ao sujeito garantido[819]. Acresce ainda que, atendendo à natureza dos bens empenhados, no caso ii) *supra* não estaremos perante um contrato de penhor irregular, mas, outrossim, perante um penhor de coisas, em função da infungibilidade do bem objecto da garantia.

5. Depósito e caução

Na sua configuração prototípica, o contrato de depósito tende a satisfazer uma necessidade prática de custódia-conservação de uma determinada coisa no interesse de outrem. Todavia, com a evolução do tráfego jurídico, o contrato de depósito foi sendo aproveitado para perseguir outras finalidades, como é o caso do "depósito com funções de garantia"[820]. Nesta sede, aliás, o próprio CC dá-nos um exemplo disso mesmo a propósito da prestação de caução.

Com efeito, decorre do art. 666.º, n.º 2 que é havido como penhor o depósito a que se refere no art. 623.º, n.º 1. Ora, este é o resultado de uma contenda doutrinal instalada na vigência do Código de Seabra opondo GUILHERME MOREIRA, JOSÉ GABRIEL PINTO COELHO e PAULO CUNHA[821]. A questão ficou resolvida em sede legislativa, sobretudo, graças à inter-

---

[819] GRISI, *Il deposito in funzione di garanzia*, cit., p. 540.

[820] Sobre o depósito com funções de garantia, entre nós, veja-se MORAIS ANTUNES, *Do contrato de depósito escrow*, cit., pp. 44-158. Para a ligação desta figura ao negócio fiduciário, veja-se o clássico estudo de GRASSETTI, *Deposito a scopo di garanzia e negozio fiduziario* in RDC XXXIII (1941), pp. 97-110, bem como GRISI, *Il deposito in funzione di garanzia*, cit.

[821] Fizemos referência a esta contenda *supra*, Capítulo I, número 3.

venção decisiva de VAZ SERRA, para quem o depósito-caução deve ser qualificado como um penhor – que será regular ou irregular consoante o depositário adquira ou não a propriedade do dinheiro entregue – dado que a intenção das partes é, nestas situações, a de dar ao credor o direito de se fazer pagar sobre o dinheiro depositado caso se venha a constituir a obrigação garantida e o devedor a não cumpra[822].

Na verdade, julgamos que algumas situações tipicamente consideradas como depósito com função de garantia, no essencial, redundam em prestações de caução, *rectius* em depósitos caucionais. Pensemos num caso clássico, já avançado no parágrafo precedente:

> Tício vende a Caio um imóvel sob condição suspensiva, sendo que as partes acordam que, na pendência da condição, Caio deverá depositar uma soma equivalente ao preço da venda, a qual, por questões de segurança, ficará confiada a um terceiro[823].

Não obstante a soma ser confiada, *rectius*, depositada junto de um terceiro, somos do entendimento de que, no caso de se verificar um incumprimento, e tendo em consideração a vinculação dada à quantia depositada, i.e., atendendo ao escopo visado pelas partes, não poderá ser considerada como penhor irregular, dado que este pressupõe a coincidência subjectiva do credor pignoratício e do empenhador, vedando o recurso a terceiros.

Todavia, antes do mais, julgamos ser adequado tecer algumas considerações sobre a prestação de caução[824]. Antes do mais, cumpre salientar

---

[822] VAZ SERRA, *Penhor* in BMJ 59, pp. 108-109. Cumpre salientar que não estamos perante uma solução desconhecida, já que o BGB, no § 233, determina que com a realização de um depósito em dinheiro ou de títulos de crédito (*Hinterlegung von Geld oder Wertpapieren*) constitui-se um penhor sobre ou dinheiro ou sobre os títulos depositados.

[823] Trata-se de um caso avançado por MAJELLO, *Il deposito nell'interesse del terzo*, cit., p. 316 e qualificado como depósito no interesse de terceiro.

[824] Cumpre ter em linha de consideração que o termo *cautio* (derivado do verbo *cavere*) sempre teve o significado genérico e omnicompreensivo de cautela ou garantia, i.e. de instrumento com o qual se torna seguro quem está exposto a um prejuízo ou se assegura o cumprimento de um obrigação, se bem que futura ou eventual. Todavia, esta "linearidade" da função de garantia tem vindo a ser obliterada pela adopção de regras que prevêem funções e significados diversos para a caução. Assim, TUCCI, *Cauzione* in Digesto

o facto de, com a evolução da linguagem, ter-se operado um distanciamento gradual do termo "caução", que passou de uma acepção amplíssima, para outra mais estrita que, no essencial, redundará no fenómeno do penhor irregular[825]. Aliás, nesta sede, é mister ter em consideração o facto de o termo "caução" ser polissémico. Seguindo PAULO CUNHA, diremos que, num sentido amplo, a expressão caução abrange toda a matéria de garantia das obrigações, enquanto num sentido restrito destina-se a assegurar especialmente o cumprimento de obrigações emergentes de responsabilidade cuja verificação é eventual e cuja extensão é variável, correspondendo, assim, a uma garantia especial das obrigações[826]. Na verdade, as finalidades a que a caução pode acorrer são múltiplas e variadas, podendo ser, em alguns casos, uma verdadeira obrigação imposta a um determinado sujeito, enquanto noutras situações pode funcionar como um requisito para o exercício de certas faculdades ou para impedir o exercício de faculdades que impendem sobre a parte contrária[827].

No essencial, a prestação de caução visa assegurar uma de duas finalidades, a saber: (i) assegurar o cumprimento de uma obrigação puramente eventual e (ii) prevenir o adimplemento de uma obrigação que, sendo certa, é de montante indeterminado[828]. Efectivamente, a caução

---

– Sezione Civile, tomo II, Turim: Unione Tipografico-Editrice Torinese, 1987, pp. 255--268 (p. 257, 1.ª coluna)

[825] DALMARTELLO, *Il pegno irregolare (o cauzione in senso stretto)*, cit., p. 319. O autor, IDEM, *Ibidem*, cit., p. 320 vai ao ponto de considerar que já não é possível falar da caução enquanto instituto jurídico, dado que não se trata de uma categoria homogénea do ponto de vista jurídico, mas de formas negociais diversas que, por força de um critério híbrido de reagrupamento baseado em critérios funcionais e económicos – i.e., extrajurídicos – tornam difícil, se não mesmo impossível, a possibilidade de procurar uma configuração jurídica unitária.

[826] *Da Garantia nas Obrigações*, cit., Vol. II, pp. 5-6. Salienta JANUÁRIO DA COSTA GOMES, *Assunção fidejussória de dívida*, cit., p. 45 (nota 166) que esta caução é frequentemente utilizada para cobrir danos de empreitadas de obras públicas e de outros concursos públicos, sendo frequentemente assegurada através de fianças bancárias, garantias bancárias autónomas ou de seguros-caução, em detrimento dos modos "clássicos" de entrega de dinheiro, títulos ou jóias.

[827] OERTMANN, *Introducción al Derecho Civil* (trad. da 3.ª ed. de *Recht des Bürgerlichen Gesetzbuches* por LUIS SANCHO SERAL), Barcelona-Buenos Aires: Editorial Labor, 1933, p. 379.

[828] ROMANO MARTÍNEZ/ FUZETA DA PONTE, *Garantias de cumprimento*, 5.ª ed., cit., pp. 74-75. Ademais, chama a atenção ALMEIDA COSTA, *Direito das Obrigações*, 10.ª ed.,

tem como principal utilidade para o credor o facto de se satisfazer com o valor das coisas recebidas, evitando o risco dúplice da diminuição do património do devedor e do concurso dos outros credores, pelo que se trata de um reforço da garantia patrimonial com a atribuição de um direito de preferência que em pouco se diferencia das garantias reais típicas e, em particular, nos casos em que a caução tem por objecto bens móveis, do penhor[829]. Aliás, um sinal de evolução do instituto da caução prende-se com o facto de, actualmente, existir uma tendência para ser dada preferência à técnica do depósito vinculado de um bem, sendo que, em alternativa é conferida a faculdade de constituir uma caução pessoal[830].

Atendendo ao disposto no art. 623.º, n.º 1, a prestação de caução pode ser imposta ou autorizada por lei, sendo que pode resultar igualmente de acordo entre as partes, conforme decorre do art. 624.º, n.º 1. Com efeito, no direito pátrio, a caução surge como um conceito-quadro, dado que pode ser prestada por várias formas, sendo as partes livres, em princípio, de escolher a espécie que melhor se coaduna com os seus interesses[831].

Tendo em consideração a variedade de situações que abrange, podemos proceder à destrinça entre cauções pessoais, prestadas através de garantias pessoais, *maxime* através de fiança e as cauções reais, prestadas, sobretudo, através da constituição de penhor e de hipoteca[832]. Deste modo,

---

cit., p. 884, para o facto de a caução poder ser prestada igualmente para assegurar o exercício de um direito ou para impedir a atribuição de um determinado direito à contraparte.

[829] MARTORANO, *Cauzione (diritto civile)* in ED, tomo VI, Milão: Giuffrè Editore, 1960, pp. 652-654 (p. 653, 1.ª coluna).

[830] GRISI, *Il deposito in funzione di garanzia*, cit., p. 443.

[831] O que não impede que louvemos o poder de concisão do legislador pátrio, sobretudo se tivermos no nosso horizonte a previsão manifestamente mais analítica do § 232 (1) BGB. Sobre a caução, entre nós, cfr. JANUÁRIO DA COSTA GOMES, *Assunção fidejussória de dívida*, cit., p. 44 (nota 166). Saliente-se que, atendendo à ambiguidade que a prestação de caução pode revestir, entende TUCCI, *Cauzione,* cit., p. 260, 1.ª e 2.ª colunas, que a caução, à imagem do contrato irregular, eleva essa ambiguidade a qualidade intrínseca.

[832] Seguimos, neste particular, a classificação avançada por CEDRANGOLO, *Contributo alla dottrina delle cauzioni nel diritto privato italiano* in AAVV, *Studi in onore di Mariano d'Amelio*, Vol. I, Roma: Società Editrice del "Foro Italiano", 1933, pp. 268-290 (p. 276). Não obstante, refere GRISI, *Il deposito in funzione di garanzia*, cit., p. 445-446 que a prestação de garantia real ou pessoal idónea é assimilada à oferta de uma cautela suficiente. Isto porque o autor pressupõe a equivalência entre caução e cautela de molde

não nos parece ser despicienda a observação de GRISI quando afirma que a caução vê ofuscada – e praticamente anulada – a sua valência conceptual específica, dado que redunda na tradução, em termos jurídicos, de um conteúdo poliédrico que resulta da expressividade de um reagrupamento híbrido, tendo por base critérios funcionais e económicos, i.e. extra--jurídicos, de formas negociais diversas e distintas entre si e, portanto, irredutíveis por definição, a uma configuração jurídica unitária[833].

Centrando-nos, apenas, no depósito caucional – aliás, é mister assinalar que existem cauções que não encontram actuação no âmbito do depósito. É o que sucede, p. ex., nas cauções pessoais – somos do entendimento de que, no Direito vigente, o regime e os efeitos desta modalidade de depósito tendem a confundir-se com o regime e os efeitos do contrato de penhor[834]. *Rectius,* a entrega de uma coisa móvel a título de prestação de caução integra todos os elementos da factiespécie do penhor – a transmissão da posse, a função de garantia e a restituição do bem empenhado após o exaurimento de tal função – pelo que, forçosamente, ser-lhe-ão aplicáveis igualmente os aspectos típicos da realidade do penhor[835]. Indo mais longe, o depósito caucional não merece qualquer dignidade de tratamento autónomo por contraposição ao penhor irregular, dado que existe uma relação de perfeita identidade entre ambos[836].

---

a concluir que existe uma tendência para reconduzir à cautela um conteúdo cada vez mais genérico e indistinto relativamente à garantia, a qual não estará associada aos qualificativos real ou pessoal.

[833] *Il deposito in funzione di garanzia*, pp. 442-443.

[834] ROMANO MARTÍNEZ/ FUZETA DA PONTE, *Garantias de cumprimento*, 5.ª ed., cit., p. 79 MORAIS ANTUNES, *Do contrato de depósito escrow*, cit., pp. 105-106. Indo um pouco mais longe, entende MARTORANO, *Cauzione e pegno irregolare,* cit., pp. 95-96, que, a par da falta de unidade estrutural do ponto de vista do objecto da relação derivada da prestação de caução, esta carece igualmente de autonomia do ponto de vista da função em comparação com as garantias reais típicas, *maxime* com o penhor.

[835] NICOLÒ, *Deposito cauzionale – Effeto traslativo* in RDC XXXI (1939), pp. 371--373 (p. 371). Note-se que o próprio PINTO COELHO, *Da Hipoteca (lições compiladas por C.F. Martins Souto e J. Agostinho de Oliveira),* s.d., salientava que existiam hipotecas mobiliárias, dando como exemplo o depósito em caução, em que os direitos do credor se reduziam à preferência de uma certa ligação do crédito com os próprios bens que, por assim dizer, se consideravam logo alienados, sendo pelo seu valor que o seu crédito se realiza e efectiva na falta de pagamento pelo devedor.

[836] GRISI, *Il deposito in funzione di garanzia,* cit., pp. 456-457. LOIACONO/CALVI/ /BERTANI, *Il trasferimento in funzione di garanzia tra pegno irregolare, riporto e diritto di utilizzazione,* cit., p. 32. Os autores chamam igualmente a atenção para o facto de não

Com efeito, mau grado a estrutura da caução não ser unitária, somos do entendimento de que esta tem por objecto coisas individualizadas especificamente. Ademais, aquele que recebe a caução vê-se investido com um direito de garantia e, consequentemente, terá a possibilidade de proceder à venda coactiva dos bens em caso de incumprimento por parte do devedor[837]. Nesta perspectiva, a caução funciona como meio adicional para acentuar a pressão sobre o *tradens,* de modo a que este evite lesar um interesse da contraparte[838]. Não obstante, cumpre não olvidar que equiparámos a caução ao penhor irregular, motivo pelo qual, *summo rigore,* aquele que recebe a caução não tem, necessariamente, de recorrer à venda coactiva, podendo, pura e simplesmente, fazer seu o objecto da caução, nos termos em que analisámos *supra* a propósito do penhor irregular.

Com efeito, tendo a maioria dos depósitos dinheiro por objecto, a natureza particular da *res deposita* leva a que, com a entrega, esta passe a ser propriedade do depositário garantido, que fica obrigado à restituição do *tantundem,* sendo que, em caso de incumprimento, lhe é conferida a faculdade de se satisfazer com o bem, mediante a apropriação definitiva do mesmo[839]. Destarte, temos que nos casos em que sejam entregues ao

---

existir qualquer diferença no elemento estrutural do penhor irregular e do depósito irregular, que assentam na transferência da propriedade. Todavia, existe um vínculo de destinação que distingue ambas as figuras, dado que no penhor irregular os bens são entregues para garantia de uma obrigação.

[837] FEDERICO MARTORANO, *Cauzione (diritto civile),* cit., p. 653, 1.ª coluna. O autor, IDEM, *Ibidem,* cit., p. 65, 2.ª coluna salienta ainda que o crédito garantido pela caução mais não é do que o crédito para o ressarcimento do dano derivado do incumprimento de uma obrigação actualmente existente. Conforme teremos oportunidade de ver adiante, Capítulo III, § 1, o mais das vezes estas situações redundarão em casos de penhor irregular.

[838] Em qualquer caso, nota ANELLI, *L'alienazione in funzione di garanzia,* cit., p. 273 que a caução não segue, propriamente, uma função de garantia em sentido técnico, dado que não assegura um meio de satisfação coactiva do interesse do credor, funcionando outrossim como uma sanção de carácter ressarcitório, em função da possibilidade de o credor se poder apropriar do dinheiro entregue. Em sentido contrário pronunciava-se NICOLÒ, *Deposito cauzionale – Effeto traslativo,* cit., p. 372 para quem o depósito caucional mais não faz do que reforçar a garantia de uma obrigação actual que, em virtude da infungibilidade do seu conteúdo se resolve após o incumprimento de uma obrigação de indemnização. Salientava o autor que, caso o penhor fosse idóneo a garantir apenas obrigações pecuniárias, poder-se-ia duvidar da assimilação do depósito caucional ao penhor.

[839] GRISI, *Il deposito in funzione di garanzia,* cit., p. 455.

credor dinheiro ou outras coisas fungíveis, aquele adquire automaticamente a propriedade de tais coisas, devendo imputar o seu crédito, caso este se venha a vencer, através do valor das coisas depositadas, ou caso tal não se verifique, a restituí-las ao depositante[840]. Isto porque, no nosso entendimento, a vinculação do depósito, i.e., o facto de este ficar afecto a determinado fim, mormente para fins de garantia, mais não é do que a tradução da indisponibilidade das quantias depositadas, ou seja, redunda na celebração de um contrato de penhor irregular[841].

Cumpre, agora, tratar de forma mais detida a situação em que o dinheiro é depositado junto de um terceiro (uma instituição de crédito, p. ex.). Nesta situação, o depositário adquire imediatamente a propriedade das coisas depositadas, sendo-lhe vedado restituir as referidas somas ao credor ou ao depositante isoladamente. Caso o crédito se vença e não seja cumprido, obriga-se a entregar o *tantundem* ao credor e, finalmente, se a obrigação é cumprida – ou se por outra causa se extingue ou não chega, sequer, a nascer – obriga-se a restituir o *tantundem* ao depositante[842].

Quid iuris caso o depositário não cumpra a sua obrigação? Ora, à partida poderíamos afirmar que nesta situação o incumprimento do depositário não faz com que desapareça a obrigação de pagamento do preço que impende sobre o comprador, pelo que, uma vez cumprida tal obrigação, extinguem-se os direitos do vendedor-depositante, sendo que a relação derivada do contrato de depósito sofrerá uma alteração, não em virtude de uma nova causa de aquisição, mas pelo facto de, em consequência da extinção da obrigação primária, a ligação existente entre a venda e o depósito se extnguir, recuperando este último a sua eficácia normal[843].

Trata-se, de uma solução que temos por iníqua. Com efeito, nos casos em que o depósito é efectuado em cumprimento de uma obrigação já

---

[840] VAZ SERRA, *Penhor* in BMJ 59, pp. 110-111, MORAIS ANTUNES, *Do contrato de depósito escrow*, cit., p. 107.

[841] Similarmente, GRISI, *Il deposito in funzione di garanzia*, cit., pp. 466-468.

[842] VAZ SERRA, *Penhor* in BMJ 59, p. 112, MORAIS ANTUNES, *Do contrato de depósito escrow*, cit., p. 107. Nesta sede, entende SIMONETTO, *Sulla natura della cauzione*, cit., p. 294, que o recurso à satisfação substitutiva em substituição da via normal configura uma faculdade alternativa do devedor, pelo que, caso não realize a prestação principal, terá de se considerar que estamos perante um inadimplemento que lhe é imputável.

[843] Solução aventada por NICOLÒ, *Deposito in funzione di garanzia e inadempimento del depositario* in *Raccolta di scritti*, Tomo I, Milão: Giuffrè, 1980, pp. 477-489 (p. 488).

existente entre o depositante e o beneficiário do depósito, há que entender que este último deverá suportar o risco do incumprimento. Mais do que corresponder ao "cumprimento" de uma obrigação garantida nos termos e para os efeitos do art. 762.º, n.º 1[844], trata-se de uma solução que encontra o seu fundamento no facto de impedir *ab origine* situações de enriquecimento injustificado[845].

6. Confronto com o sinal e a cláusula penal

Decorre do número anterior que, da interligação entre o regime do depósito e da prestação de caução, temos, no que diz respeito às garantias reais, um penhor[846]. Ademais, verificámos ainda que, de um ponto de vista meramente externo, o funcionamento de tal regime poderia assemelhar-se ao do sinal, motivo pelo qual no presente número procuraremos delimitar ambas as figuras, sendo que, para o efeito, julgamos ser igualmente oportuno proceder a um breve confronto com a figura da cláusula penal[847].

Não obstante, encontram-se, por vezes, algumas orientações doutrinais que procuram insistir na bipartição terminológica entre a caução e o penhor, colocando a tónica no facto de a caução dizer respeito a um crédito que é incerto, relativamente ao qual a caução garantiria a obrigação secundária de ressarcimento do dano derivado do incumprimento,

---

[844] MORAIS ANTUNES, *Do contrato de depósito esccrow*, cit., p. 234.

[845] Aliás, a haver enriquecimento sem causa, estaríamos perante uma modalidade de enriquecimento pela prestação. Obviamente, não ignoramos que a obrigação de restituir o enriquecimento é, por força do disposto no art. 474.º, subsidiária, i.e., o último recurso a utilizar pelo empobrecido, estando vedada a sua utilização na hipótese de se poder lançar mão de outro fundamento para a acção de restituição. Sobre este aspecto, por todos, cfr., a dissertação de LEITE DE CAMPOS, *A subsidiariedade da obrigação de restituir o enriquecimento*, Coimbra: Livraria Almedina, 1974.

[846] Indo um pouco mais longe, entende VAZ SERRA, *Penhor* in BMJ 59, p. 108, que o depósito com funções de garantia é, substancialmente, um penhor, pois o que se pretende é dar ao credor um direito de penhor sobre o dinheiro depositado, penhor que será regular ou irregular consoante o depositário fique sendo ou não o proprietário do dinheiro depositado.

[847] Sobre esta, cfr., por todos, PINTO MONTEIRO, *Cláusula Penal e indemnização*, Coimbra: Livraria Almedina, 1990.

pelo que a caução teria como função primacial acentuar a pressão sobre o *tradens* para que se verifique o adimplemento ou para que procure evitar a lesão de um interesse da contraparte, facto que obstaria à afirmação de que prossegue uma função técnica de garantia, já que, no essencial, seria uma sanção de carácter ressarcitório[848].

Neste particular, julgamos ser útil ter no nosso horizonte o sinal confirmatório[849-850]. Como é consabido, através da constituição de sinal, confirma-se a celebração do contrato, *rectius*, fornece-se uma prova (*signum*) da sua conclusão, sendo que o sinal envolve, ainda, uma antecipação de cumprimento, representando, também, em caso de incumprimento, uma sanção contra o faltoso, dado que o contraente fiel pode optar por fazer seu o sinal ou exigir à contraparte a restituição do sinal em dobro, consoante o incumprimento for imputável a quem o constitui ou a quem o recebeu, sem necessidade de provar o montante a que ascendem os danos sofridos, nem sequer ter de provar a existência e/ou verificação de tais danos[851].

---

[848] MORI apud ANELLI, *L'alienazione in funzione di garanzia*, cit., pp. 272-273.

[849] Conforme refere CALVÃO DA SILVA, *Cumprimento e Sanção Pecuniária Compulsória*, cit., p. 281-282 é determinar se estamos perante um sinal confirmatório ou penitencial é uma questão de interpretação. Todavia, defende o autor que, em caso de dúvida, o sinal deve ter-se como de natureza confirmatória, fazendo-se valer do princípio *pacta sunt servanda*, vertido no art. 406.º, n.º 1, salientando também que seria anormal dar prevalência ao sinal penitencial num sistema jurídico que consagra a irrenunciabilidade prévia ao direito de pedir o cumprimento.

[850] Note-se que nos abstemos de nos pronunciar em detalhe a propósito da questão da natureza jurídica do sinal no Direito pátrio. Sobre esta, veja-se, p. ex., NUNO PINTO OLIVEIRA, *Ensaio sobre o sinal*, Coimbra: Coimbra Editora, 2008, IDEM, *Cláusulas Penais, Cláusulas Penitenciais e Sinal: crítica da concepção unitária de sinal do Código Civil Português* in *Cláusulas Acessórias ao Contrato – Cláusulas de exclusão e de limitação do dever de indemnizar; Cláusulas Penais*, 2.ª ed., Coimbra: Livraria Almedina, 2005, pp. 176-195 e ANA COIMBRA, *O Sinal: contributo para o estudo do seu conceito e regime*, in *O Direito* 122 (1990), tomos III-IV, pp. 621-671.

[851] Assim, p. ex., PINTO MONTEIRO, *Cláusula Penal e indemnização*, cit., p. 164. Na tripartição proposta por D'AVANZO, *Caparra*, in NssDI, tomo II, Turim: Unione Tipografico-Editrice Torinese, 1957, pp. 893-896 (p. 894, 2.ª coluna), função originária do sinal consistiria na confirmação da convenção estipulada, tendo ainda como funções adicionais (i) antecipar a prestação da parte que procede à entrega e (ii) funcionar como prevenção do eventual inadimplemento ou da mora no cumprimento da obrigação. Daí que seja usual a distinção entre sinal confirmatório, sinal penal e sinal penitencial. Sobre esta distinção veja-se, p. ex., TRIMARCHI, *Caparra (Diritto Civile)*, in ED, Tomo VI,

Ora, de um ponto de vista estritamente funcional, esta faculdade mostra que resulta difícil negar uma função de garantia à relação obrigacional derivada da constituição do contrato, dado que tal equivaleria a duvidar da função das garantias típicas, reais ou pessoais, já que seriam colocadas a garantir um crédito *ex contractu* para uma prestação que teria carácter não pecuniário, hipótese na qual, em última análise, estariam a garantir o crédito do contraente ao ressarcimento do dano no caso de incumprimento do contrato[852].

Na verdade, julgamos ser lícito afirmar que ambas as figuras apresentam uma dimensão de garantia, dado que pré-dispõem antecipadamente o instrumento para a satisfação do *accipiens* em sede de autotutela, mas, também, uma dimensão de pré-determinação do *quantum* da obrigação ressarcitória, desenvolvendo, desse modo, uma função análoga à da cláusula penal[853].

Acresce igualmente que pode configurar-se a entrega de dinheiro ou bens – a título de caução ou de sinal[854] – não como instrumento de

---

Milão: Giuffrè, 1960, pp. 191-204 (p. 192, 1.ª e 2.ª colunas). Pronunciando-se sobre o sinal confirmatório, salienta BELLANTE, *La Caparra,* Milão: Giuffrè, 2008, p. 5, que este tem uma extrema versatilidade, dado que persegue as seguintes funções: (i) tutela da parte diligente da relação e rápida composição do incumprimento contratual, mediante determinação preventiva e *à forfait*, (ii) garantia dos danos judicialmente liquidados, (iii) antecipação parcial da prestação e (iv) prova da conclusão do contrato principal.

[852] ANELLI, *L'alienazione in funzione di garanzia,* cit., pp. 275-276.

[853] ANELLI, *L'alienazione in funzione di garanzia,* cit., p. 286. O autor salienta ainda que não resulta decisivo para obviar à aplicação analógica da regra da *reductio ad aequitatem* o facto de a realidade do sinal exigir uma tutela menos intensa em função de o *tradens* suportar um sacrifício patrimonial imediato.

[854] Conforme refere ANA COIMBRA, *O Sinal: contributo para o estudo do seu conceito e regime,* cit., p. 622, o regime do sinal vertido no CC não tem o mérito de esclarecer que tipo de entrega (ou entrega de que tipo de coisa) pode ser considerada sinal, mas possui a indiscutível vantagem de clarificar que certa entrega, i.e., a de coisa que coincida, parcial ou totalmente, com a prestação a que fica adstrito aquele que a efectua, não é, em princípio, havida como sinal. Apenas o será nos casos em que as partes pretendam atribuir-lhe tal carácter. Aliás, cumpre salientar que nada obsta a que o sinal tenha necessariamente dinheiro ou outras coisas fungíveis por objecto. Com efeito, tal afirmação tende a resultar de uma confusão de duas questões diversas: (i) a admissibilidade – ou possibilidade legal ou natural, e (ii) a utilidade prática, ou funcionalidade, dado que, na ausência de proibição legal expressa, o respeito pela autonomia privada aconselha um entendimento permissivo, segundo o qual pode constituir objecto do sinal coisa de qualquer género ou espécie e não obrigatoriamente fungível. Assim, nos casos em que o sinal

segurança da satisfação de uma obrigação já determinada no seu montante (à imagem do que sucede, conforme vimos, com o penhor irregular), mas tão-somente como um critério de determinação da obrigação de ressarcimento do dano. Ademais, a diversidade do objecto entre a prestação devida *ex contractu* e a atribuição com escopo de garantia não implicam a transformação da dação em garantia numa mera forma de prestação sancionatória sobre o credor, destinada a solicitar, *rectius,* a compelir o cumprimento. Ora, sob este prisma, quer a caução, quer o sinal partilham uma dimensão que é própria da cláusula penal[855]: o problema da aplicação analógica das regras correctivas da autonomia privada impostas pelo legislador. Tal é o que sucederá, primacialmente, nas cláusulas penais de natureza real[856].

Como é consabido, a cláusula penal[857] é a estipulação negocial segundo a qual o devedor, se não cumprir a obrigação, ou não cumprir exac-

---

tenha por objecto uma coisa infungível, a aplicação do ditame do art. 442.º CC leva a que, nos casos em que a lei manda restituir em dobro, proceder-se-á à restituição da coisa infungível entregue, juntamente com o seu valor. IDEM, *Ibidem,* cit., p. 654, CALVÃO DA SILVA, *Cumprimento e Sanção Pecuniária Compulsória,* cit., p. 283 (nota 513).

[855] Não ignoramos que a própria cláusula penal, na sua conformação comum, tem a eficácia prática de uma cláusula de agravamento da responsabilidade do devedor, o que justifica a sua concepção funcional como sendo uma garantia do cumprimento ou reforço da obrigação principal. Assim ANA PRATA, *Cláusulas de exclusão e limitação da responsabilidade contratual* (reimp.), Coimbra: Livraria Almedina, 2005, p. 52. Já ANA COIMBRA, *O Sinal: contributo para o estudo do seu conceito e regime,* cit., p. 642 vai um pouco mais longe, considerando que o sinal funciona a um termo como cumprimento antecipado e como cláusula penal. No tocante à função de garantia do sinal, é expresso DE NOVA, *Caparra,* in DIGESTO – Sezione Civile, tomo II, Turim: Unione Tipografico-Editrice Torinese, 1988, pp. 240-242, (p. 241, 1.ª coluna), afirmando que tal função é visível pela circunstância de o contraente adimplente poder retê-lo em caso de cumprimento da contraparte.

[856] Mas não só, obviamente, dado que o art. 812.º será aplicável a toda e qualquer cláusula penal, de molde a corrigir cláusulas penais de valor exagerado.

[857] A propósito da comparação entre o sinal e a cláusula penal, salienta NUNO PINTO OLIVEIRA, *Ensaio sobre o sinal,* cit., p. 78, que a função da cláusula penal coincide com a função do sinal confirmatório, enquanto a função da cláusula penitencial coincide com a função do sinal penitencial, em virtude de a cláusula penal e o sinal confirmatório-penal reforçarem o direito do credor ao cumprimento e de a cláusula penitencial e o sinal penitencial o enfraquecerem, salientando ainda que, em termos de dissemelhanças, contrapõe-se a realidade do sinal à consensualidade da cláusula penal. Para mais desenvolvimentos, cfr. IDEM, *Ensaio sobre o conceito de sinal,* cit., p. 79-88.

tamente nos termos devidos, *maxime* no tempo fixado, será obrigado, a título de indemnização, ao pagamento ao credor de uma quantia pecuniária[858]. Com efeito, através da estipulação de uma cláusula penal é dada às partes a faculdade de identificarem de imediato o "restauro" em relação ao credor que não viu a prestação realizada, por efeito do incumprimento (*lato sensu*). Assim, por via de regra, a cláusula penal não persegue uma função ressarcitória, mas sim uma função de satisfação do interesse do credor. Trata-se, por assim dizer, de um bem sucedâneo em relação à prestação[859].

Em qualquer caso, esta última afirmação deve ser entendida *cum grano salis,* porquanto não adoptamos um modelo unitário da cláusula penal, assente na sua dupla função, ou seja: (i) função indemnizatória ou de liquidação prévia do dano e (ii) função sancionatória ou compulsória. Com efeito, conforme defende, entre nós, PINTO MONTEIRO, existem diversas espécies de cláusulas penais, cabendo à interpretação negocial a tarefa de determinar qual a modalidade com que nos deparamos, havendo que distinguir entre a cláusula de fixação antecipada do dano, a cláusula penal em sentido estrito e a cláusula penal puramente compulsória[860]. Assim, a cláusula de fixação antecipada da indemnização é aquela em que as partes, ao estipulá-la, visam, apenas, liquidar antecipadamente, de modo *ne varietur,* o dano futuro. Trata-se do tipo de cláusula penal expressamente previsto no art. 810.º, sendo que as restantes serão admíssiveis com base no princípio da liberdade contratual. Já a cláusula penal em sentido estrito visa compelir o devedor ao cumprimento, sendo que a pena substitui a indemnização. Ou seja, esta modalidade de cláusula penal visa compelir o devedor ao cumprimento, ao mesmo tempo que leva à satisfação do seu interesse. Finalmente, a cláusula penal puramente coercitiva caracteriza-se pelo facto de ser acordada com um *plus*, i.e., algo que acresce à execução específica da prestação ou à indemnização pelo não cumprimento.

Não obstante, julgamos, ainda, ser oportuno expender algumas considerações acerca da hipótese de ser constituída uma cláusula penal de

---

[858] *Id quod plerumque accidit,* obviamente.
[859] GRISI, *Il deposito in funzione di garanzia,* cit., p. 455.
[860] PINTO MONTEIRO, *Cláusula Penal e indemnização,* cit., pp. 282-283, pp. 497 e segs e pp. 601-646.

natureza real. Por via de regra, o principal obstáculo que se colocará a uma cláusula deste teor residirá na proibição do pacto comissório. Em qualquer caso, sempre diremos que não vislumbramos qualquer motivo para considerar que a *cautio* antecipada de dinheiro – ou de outra quantidade de bens fungíveis e divisíveis – seja considerada como um obstáculo à *reductio ad aequitatem*.

Com efeito, o juiz que considere estarem verificados os requisitos que ditam a aplicação desta redução, determinará a devolução de uma determinada quantia em dinheiro, ordenando, assim, a devolução de um montante já prestado. Ora, a ser assim, não se vê qualquer obstáculo para admitir a constituição de cláusulas penais de natureza real, sendo que, nos casos em que verifique ser necessário operar a redução da cláusula penal, uma aplicação, passe a expressão, adaptada do preceito implica que beneficiário seja condenado a devolver o montante economicamente equivalente do excesso que prestou[861]. Refira-se que nos reportámos a uma aplicação, passe a expressão "adaptada". Tal deve-se ao facto de o poder conferido pelo art. 812.º ser uma forma de controlar o exercício do direito à pena, impedindo actuações abusivas do credor, pelo que, ainda que tenha sido estipulada em termos razoáveis, será abusivo exigir o cumprimento integral de uma pena que as circunstâncias presentes mostram ser manifestamente excesssivas, ofendendo, assim, a equidade[862]. Dito de outro modo, uma aplicação estrita do art. 812.º depende do preenchimento de requisitos de ordem objectiva e de ordem subjectiva, dado que, por um lado, é necessário que estejamos perante uma pena que, de acordo com a equidade, seja manifestamente excessiva, ainda que por causa superveniente, tenha a obrigação sido ou não parcialmente cumprida. Assim, caberá ao tribunal a tarefa de de ponderar determinados factores, para aferir se e em que medida a pena constituti um excesso e traduz um exercício abusivo pelo credor do direito à pena, o que leva igualmente a que seja necesssário apurar a finalidade com que a pena foi estipulada[863].

---

[861] GRISI, *Il deposito in funzione di garanzia*, cit., p. 511.
[862] PINTO MONTEIRO, *Cláusula Penal e indemnização*, cit., pp. 724-725. Conforme salienta o Autor, trata-se de conciliar o respeito devido à autonomia privadacom superiores ditames de justiça material, *maxime,* o princípio da boa fé.
[863] PINTO MONTEIRO, *Cláusula Penal e indemnização*, cit., pp. 739-740.

Ora, nos casos de cláusulas penais reais, e atenta a necessidade de ter em consideração a materialidade subjacente, somos do entendimento que a aplicação da *ratio* do art. 812.º implica que o credor seja condenado a devolver o montante economicamente equivalente do excesso que prestou. Não obstante, e à imagem do que decorre do critério de redução plasmado no art. 812.º, tal devolução terá de ser precedida da interpretação da operação negocial levada a cabo pelas partes, *maxime* da finalidade da própria cláusula penal acordada.

Adicionalmente, resulta do confronto entre o art. 440.º e 442.º, a existência de uma lacuna, dado que o art. 440.º – contrariamente ao que se verifica no art. 1385.º do CCIt[864] – não formula qualquer restrição à constituição de entrega de coisas não fungíveis, enquanto o art. 442.º não enuncia qualquer referência relativa às consequências da entrega de coisas não fungíveis, motivo pelo qual será necessário integrar tal lacuna de acordo com os ditames do art. 10.º. Assim, se o sinal consistir em coisa fungível, a contraente que o constituiu terá a faculdade de exigir a entrega do dobro do que prestou, nos termos do disposto no art. 442.º, n.º 2; pelo contrário, se o sinal consistir numa coisa não fungível, o contraente que entregou o sinal teria a faculdade de exigir a entrega da coisa e do seu valor[865].

Assim, resulta inegável que o sinal, de um ponto de vista meramente externo, pode ser configurado como uma cláusula penal "real", porquanto a faculdade de apropriação da coisa (seja ela dinheiro ou outra) dada a título de sinal funciona, da parte do *accipiens*, como um sucedâneo de ressarcimento do dano[866]. Deste modo, bem vistas as coisas, o próprio penhor irregular funciona igualmente como uma "sanção privada" do incumprimento, motivo pelo qual terão de ser convocados, sempre que possível, os mesmos argumentos que, em algumas situações, ditarão a possibilidade de ser decretada a redução judicial de uma cláusula penal. Com efeito, convém ter em linha de conta que o interesse primário a ser tutelado pelo sinal é bifronte, dado que de uma lado lidamos com o

---

[864] Sobre o sinal, no Direito italiano, cfr, BELLANTE, *La Caparra,* cit.

[865] Assim, p. ex., NUNO PINTO OLIVEIRA, *Ensaio sobre o sinal,* cit., pp. 23-24.

[866] Externo, i.e., do ponto de vista de um mero observador, porquanto, como é óbvio, existe uma diferença estrutral de monta entre ambas as figuras: o sinal é um negócio real, enquanto a cláusula penal não.

interesse de poder obter a resolução do contrato sem ser necessário recorrer ao juiz, enquanto, de outra banda, deparamos com uma compensação (*hoc sensu,* ressarcimento) que visa computar, antecipadamente, o dano sofrido pelo interessado[867].

Aliás, é esta possibilidade de operar a *reductio ad aequitatem* a pedra-de-toque que permite afirmar, sem qualquer problema, a licitude da cláusula penal quando colocada frente a frente com a proibição do pacto comissório, dado que tal licitude reside na previsão *ex lege* de uma regra de controlo da adequação da prestação penal que operará em função do incumprimento (*lato sensu*), já que essa regulação impede, em abstracto, que a regulação contratual gizada pelas partes tenha um carácter definitivo aquando da fase patológica da relação obrigacional[868].

Não obstante, os institutos em questão são susceptíveis de ser distinguidos, porquanto a cláusula penal, de um ponto de vista meramente funcional, funciona como uma sub-rogação do ressarcimento judicial dos danos – pensamos, sobretudo, na cláusula penal de fixação antecipada da indemnização –, enquanto no caso do sinal a sua previsão não é sinónimo da renúncia à tutela ressarcitória e, de igual modo, não coloca à disposição do contraente um remédio *in toto* alternativo e incompatível em relação ao referido ressarcimento[869]. Ou seja, caso nos debrucemos sobre a estrutura de cada uma destas figuras, temos que a cláusula penal se

---

[867] GRISI, *Il deposito in funzione di garanzia,* cit., p. 516. Aliás, a propósito da sua faceta indemnizatória, mormete na hipótese de decretamento judicial, o juiz, tendo de pronunciar-se sobre quem é o contraente inadimplente terá de fazê-lo segundo os critérios adoptados para efeitos de resolução. Assim, DE NOVA, *Caparra, cit.,* p. 241, 2.ª coluna.

[868] ANELLI, *L'alienazione in funzione di garanzia,* cit., p. 285. O autor acrescenta ainda que o motivo que justifica a licitude da cláusula penal, no confronto com o pacto comissório, reside no facto de existir uma previsão *ex lege* de uma regra de controlo da adequação da prestação, impedindo, pois, que a regulação prevista pelas partes tenha carácter definitivo. Ademais, conforme nota CATARINA PIRES CORDEIRO, *Do pacto comissório (ao pacto marciano): entre a eficiência e a Justiça comutativa nas relações creditícias,* cit., pp. 9-10, enquanto o pacto comissório é acessório de um negócio garantia e incide sobre o bem dado em garantia, tal limitação não serve a cláusula penal, que, por seu turno, está sujeita à possibilidade de redução judicial, por contraposição ao pacto comissório, que radica numa lógica de concessão de benefícios injustificados ao credor. Sobre o controlo da cláusula penal, cfr. PINTO MONTEIRO, *Cláusula Penal e indemnização,* cit., pp. 717 e segs.

[869] GRISI, *Il deposito in funzione di garanzia,* cit., pp. 518-519.

constitui com o acordo dos contraentes, enquanto o sinal apenas se constitui com a *datio* da coisa, o que leva a concluir que a cláusula penal é sempre uma cláusula acessória de natureza consensual, sendo o sinal sempre uma cláusula acessória de natureza real[870].

Retomando a relação existente entre a caução e o sinal, reafirmamos que cumpre ter em consideração o facto de ambas as figuras terem uma dimensão de garantia (tal como a própria caução), porquanto regulam antecipadamente o instrumento através do qual poderão operar, através da autotutela, a satisfação do crédito do *accipiens*, mas, também, uma pré-determinação da medida da obrigação ressarcitória, pelo que desenvolvem igualmente uma função liquidatória análoga à da cláusula penal, motivo pelo qual não poderão ser descartados, *a priori*, princípios gerais do ordenamento jurídico destinados a assegurar a proporcionalidade das relações havidas entre as partes, *maxime* a possibilidade de operar a *reductio ad aequitatem*, mormente nos casos em que esta se revelar mais expedita para promover a solução do caso concreto, em vez de aplicar, sem mais, a regra da proibição do pacto comissório.

7. Depósito caucional como modalidade de depósito fiduciário

Em virtude de no capítulo IV termos como intuito proceder à abordagem da natureza jurídica do penhor, *maxime*, do penhor irregular, permitimo-nos remeter para esse momento a eventual qualificação desta modalidade de contrato de depósito como negócio fiduciário, uma vez que procedemos à equiparação da caução e do depósito caucional ao penhor irregular.

§ 3. O PENHOR FINANCEIRO

1. Considerações gerais

Tendo em vista proceder à transposição da Directriz Comunitária n.º 2002/47/CE, de 6 de Junho, o Decreto-Lei n.º 105/2004, de 8 de Maio,

---

[870] Assim, p. ex., NUNO PINTO OLIVEIRA, *Ensaio sobre o sinal*, cit., p. 79.

consagrou no ordenamento jurídico pátrio o regime jurídico dos acordos de garantia financeira, matéria que reveste importância inegável para o sector bancário e que corresponde a uma tendência de uniformização do Direito Bancário no espaço europeu.

Tal uniformização poderá ser explicada pelo facto de as garantias financeiras assegurarem às entidades financeiras credoras uma cobertura de riscos segura e eficiente, submetida ao simples acordo das partes, oferecendo igualmente vantagens para os devedores, em virtude de facilitarem o acesso ao crédito em melhores condições, o que explicará a sua utilização tendencialmente generalizada[871]. Com efeito, este regime legal visa proteger a validade dos acordos de garantia financeira baseados na transferência da plena propriedade da garantia financeira, por exemplo através da eliminação da «requalificação» desses acordos de garantia financeira (incluindo os acordos de recompra) como penhores de títulos[872], sendo que introduz um direito de disposição no caso dos acordos de garantia financeira com constituição de penhor, facto que, tendencialmente, procurará aumentar a liquidez nos mercados em resultado da reutilização dos títulos empenhados[873].

Estamos perante um regime que denota uma influência manifesta das práticas jurídico-bancárias, as quais estão patentes na rapidez de execução que levou à (falsa) consagração da possibilidade de celebração de pactos comissórios, bem como à consagração da propriedade fiduciária[874]. Na verdade, as medidas adoptadas na Directriz (e, consequentemente, no Decreto-Lei interno) visaram simplificar e agilizar significativamente o regime da prestação de garantias em acordos financeiros,

---

[871] FERNANDO ZUNZUNEGUI, *Una aproximación a las garantías financieras (Comentarios al capítulo segundo del Real Decreto-ley 5/2005)* in AAVV, AAVV, *Garantias reales mobiliarias en Europa,* Madrid: Marcial Pons, 2006, pp. 415-429 (p. 416)

[872] Considerando 13 da Directriz Comunitária n.º 2002/47/CE.

[873] Considerando 19 da Directriz Comunitária n.º 2002/47/CE. Aliás, neste particular podemos acrescentar a observação de RÖVER, *Vergleichender Prinzipien dinglicher Sicherheiten – Eine Stude zur Methode der Rechtsvergleichung,* Munique: C. H. Beck, 1999, p. 128, quando acentua que, numa economia de mercado, a função das garantias de evitar o risco, bem como a sua função de informação, são importantes na relação de confiança necessária para o financiador (*"Kreditgeber"*) conceder crédito.

[874] JOANA PEREIRA DIAS, *Mecanismos convencionais da Garantia do Crédito: Contributo para o Estudo da Garantia "Rotativa" Mobiliária no Ordenamento Jurídico Português,* cit., p. 160.

contribuindo, igualmente, para a certeza do Direito aplicável a estas garantias plurilocalizadas o que, em última análise, acaba por assegurar uma utilização mais eficaz das garantias financeiras nas operações transfronteiriças[875]. Trata-se, por conseguinte, de um diploma que visa uniformizar as várias legislações nacionais referentes às garantias financeiras. Em qualquer caso, tal circunstância, poderá vir a ter como efeito subtrair as garantias financeiras a certas regras das várias legislações nacionais que, por via de regra, as envolvem num clima de alguma insegurança jurídica que, por via de regra, as envolvem num clima de alguma insegurança jurídica[876]. De outro prisma, sempre se ditá que esta subtracção tem como principal intuito a uniformização do direito aplicável a estas operações transfronteiriças.

Efectivamente, cumpre ter em consideração o facto de a grande maioria dos sujeitos abrangidos por este diploma, por via de regra, não utilizar as garantias financeiras para reduzir o risco do crédito, mas sim para tornar mais fluidas as relações entre as partes aquando da resolução dos contratos, designadamente através do recurso a uma cláusula de compensação (*"close out netting"*) nos contratos por si celebrados[877].

Na verdade, este normativo terá visado, antes do mais, reduzir os riscos de incumprimento de uma das partes do contrato financeiro. Com

---

[875] ANDRADE DE MATOS, *O pacto comissório*, cit., p. 141. Na síntese da autora, IDEM, *Ibidem*, cit., pp. 142-143, o legislador comunitário visou (i) criar uma regulamentação clara e eficaz para as garantias financeiras, (ii) reconhecer uma protecção especial aos contratos de garantia financeira, em face das disposições em matéria de insolvência, (iii) atribuir valor legal e eficácia aos contratos de garantia financeira transfronteiriça que tenham por objecto uma garantia financeira, e (iv) reduzir as formalidades de constituição, estipulação e execução dos contratos de garantia financeira, bem como os seus custos. No mesmo sentido, GROSSI, *La Direttiva 2002/47/CE sui contratti di garanzia finanziaria* in *Europa e Diritto Privato*, 2004, pp. 249-271 (pp. 252-253).

[876] Similarmente, CALVÃO DA SILVA, *Banca, Bolsa e Seguros – Direito Europeu e Português*, tomo I *Parte Geral*, 2.ª ed., Coimbra: Livraria Almedina, 2007, pp. 212-213.

[877] I.e., uma cláusula que prevê que no momento da verificação de determinados acontecimentos, a execução do contrato experimentará uma espécie de aceleração, traduzida no vencimento antecipado das obrigações e que determina o vencimento antecipado do crédito, com a faculdade de o beneficiário da garantia poder liquidar os bens objecto da garantia e proceder à compensação dos créditos. Neste sentido, ALBINA CANDIAN, *La directiva Núm. 2002/47 en matéria de Garantías Financieras: el futuro de las garantías reales mobiliarias en Europa?* in AAVV, *Garantías reales mobiliarias en Europa*, Madrid: Marcial Pons, 2006, pp. 231-236 (p. 231).

efeito, se a substituição sem qualquer custo do devedor original por outro com as mesmas características do ponto de vista creditício-financeiro comporta custos, *maxime* em virtude da mutação das condições económicas dos mercados financeiros, com a garantia financeira procura-se, sobretudo, garantir a recuperação de tais custos derivados do risco de substituição. O que equivale a dizer que o risco de incumprimento e de substituição concorrem na identificação do risco da contraparte[878].

Adicionalmente, cumpre, ainda, salientar que este regime procurou conduzir à imunização do regime das garantias a nível insolvencial, dado que o objectivo do legislador é obstar à existência de disposições que sejam susceptíveis de suscitar incertezas em relação à validade das técnicas utilizadas pelos mercados, tal como a compensação bilateral com vencimento antecipado, a prestação de garantias complementares a substituição de garantias[879].

2. O contrato de garantia financeira. Crítica

É mister salientar que o legislador não curou de definir o que devemos entender por "garantia financeira". Não obstante, tendo por base o disposto nos arts. 3.º a 7.ª do Decreto-Lei n.º 105/2004, podemos definir a garantia financeira como aquela que é concluída entre uma instituição de crédito ou entidade para o efeito equiparada e uma pessoa colectiva (art. 3.º)[880], visando assegurar quaisquer obrigações cuja prestação consista numa liquidação pecuniária ou na entrega de instrumentos financei-

---

[878] MASTROPAOLO, *La nuova normativa europea sui contratti di garanzia finanziaria (direttiva 2002/47/CE del 6 Giugno 2002)* in RDCo CI (2003), pp. 519-536 (pp. 519-520)

[879] PESTANA DE VASCONCELOS, *O Contrato de garantia financeira. O dealbar do Direito Europeu das Garantias* in AAVV, *Estudos em Honra do Professor Doutor José de Oliveira Ascensão*, Vol. II, Coimbra: Livraria Almedina, pp. 1274-1305 (p. 1277).

[880] A este propósito, entende PATRÍCIA FONSECA, *O Penhor financeiro – Contributo para o estudo do seu regime jurídico*, (polic.), Lisboa, 2005, p. 19, que decorre do regime legal que rege o penhor financeiro que este tem por base um critério de distinção em função dos sujeitos, pelo que, sempre que uma das partes seja uma pessoa singular e, desde que verificados os demais requisitos, estaremos perante um penhor de conta bancária e não perante um penhor financeiro, dado que este diploma não é aplicável a pessoas singulares. Assim,. Neste particular, PAOLO CARRIÈRE, *La normativa sui contratti di garanzia finanziaria. Analisi critica*, in BBTC LVIII (2005), Parte Prima, pp. 184-196, (pp. 195-196), sugere que o âmbito subjectivo limitado da legislação referente aos acor-

ros (art. 4.º), que recaiam sobre numerário ou instrumentos financeiros (art. 5.º) e que as partes tenham decidido submeter a um regime especial de desapossamento (arts. 6.º e 7.º)[881]. Aliás, neste particular, é mister ter em consideração o facto de este desapossamento não poder ser tomado em termos puramente técnicos, dado que não estão em causa necessariamente coisas corpóreas[882].

---

dos de garantia financeira poderá ser discriminatório, em virtude de determinar um tratamento diferente relativamente aos credores de natureza financeira e aqueloutros que não sejam alvo de tal qualificação, e de o regime em questão consubstanciar um regime de favor, mormente ao nível falimentar. Com efeito, basta atentar no facto de o art. 3.º, número 1 do Decreto-Lei n.º 105/2004 exigir que o prestador e o beneficiário da garantia sejam: (i) entidades públicas, (ii) Banco de Portugal e outros bancos centrais, (iii) instituições sujeitas a supervisão prudencial, (iv) câmaras de compensação ou equivalentes, (v) pessoas colectivas que actuem na qualidade de fiduciário ou representante de outrem, e (vi) pessoas colectivas desde que a outra parte no contrato pertença a uma das categorias anteriormente referidas, com excepção das referidas em (v).

Destarte, atendendo a esta exigência cumulativa relativamente às partes dos contratos de garantia financeira, não podemos acompanhar LUÍS MENEZES LEITÃO, *Garantias das Obrigações*, 2.ª ed., cit., p. 289, quando refere que o penhor de conta bancária passou a ser considerado penhor financeiro regulado pelo Decreto-Lei n.º 105/2004. Basta pensar na hipótese em que, p. ex., Caio, aposentado, deposita junto do Banco Tício a quantia de € 100.000, constituindo penhor sobre a mesma. Conforme refere PATRÍCIA FONSECA, *O Penhor financeiro – Contributo para o estudo do seu regime jurídico*, cit., pp. 8-9, a exclusão das pessoas singulares do âmbito de aplicação do diploma é facilmente compreensível, na medida em que podem ser consideradas consumidores nos termos da legislação nacional e comunitária, pelo que teriam de ser equacionados outros factores, como seja o caso do direito à informação e das especiais cautelas que a execução da garantia devia revestir. No mesmo sentido, ANDRADE DE MATOS, *O pacto comissório*, cit., p. 145. Em qualquer caso, não será demais salientar, na esteira de MASTROPAOLO, *La nuova normativa europea sui contratti di garanzia finanziaria (dirrettiva 2002/47/CE del 6 Giugno 2002)*, cit., p. 526, que a exclusão das pessoas físicas não é absoluta, limitando-se, apenas, aos fins visados pela Directriz comunitária (e, por maioria de razão, diremos, pelo Decreto-Lei interno), dado que o regime ora analisado não cobre toda a actividade sobre os mercados regulamentados em que os investidores individuais agem. Similarmente, FERNANDO ZUNZUNEGUI, *Una aproximación a las garantías financieras*, cit., p. 420, refere que esta distinção não viola o princípio da igualdade, porquanto as garantias financeiras visam manter a solvências das instituições de crédito, sendo que para essas instituições os incumprimentos dos devedores típicos têm muito mais importância do que para outras instituições.

[881] JOANA PEREIRA DIAS, *Mecanismos convencionais da Garantia do Crédito: Contributo para o Estudo da Garantia "Rotativa" Mobiliária no Ordenamento Jurídico Português*, cit., p. 162.

[882] Assim MENEZES CORDEIRO, *Manual de Direito Bancário*, 3.ª ed., Coimbra: Livraria Almedina, p. 621, considerando a expressão sugestiva.

A principal crítica a que o legislador abre o flanco prende-se com o facto de, com a expressão "contratos de garantia financeira", ter adoptado um neologismo legislativo críptico, que mais não é do que a tradução da expressão inglesa *financial collateral arrangement*, pelo que é imperioso considerar que o legislador tem em vista o contrato de penhor ou o contrato de cessão de créditos ou de transferência da propriedade com função de garantia. De qualquer modo, há que atentar que a expressão utilizada, *rectius,* anglicismo que lhe serve de base, na sua origem (direito-anglo-saxónico), compreende quaisquer contratos constitutivos de garantias reais que tenham por objecto a garantia de obrigações pecuniárias[883]. Em qualquer caso, cremos, é de entender que esta tendência expansiva da utilização do neologismo *collateral* reportar-se-á, essencialmente, à necessidade sentida pelos agentes no tráfego jurídico de procurar atenuar o risco do crédito[884].

Convém ter em linha de consideração que, na *praxis* internacional, a expressão *financial collateral arrangement* diz respeito a técnicas negociais complexas através das quais, no âmbito de negociações tendo por objecto instrumentos financeiros, tende-se a conter o risco das contrapartes através da constituição de margens de garantia, fazendo-se valer de garantias reais sobre dinheiro ou instrumentos financeiros sobre mecanismos de *outright title transfer,* pelo que se afigura lícito concluir que o

---

[883] PAOLO CARRIÈRE, *La normativa sui contratti di garanzia finanziaria. Analisi critica,* cit., p. 185. Ademais, cumpre igualmente ter em consideração o facto de os objectos das garantias financeiras serem moldados, sobretudo, pelo pensamento jurídico anglo-saxónico. Com efeito, conforme refere GARDELLA, *La legge applicabile alle garanzie finanziarie tra localizzazione e autonomia privata: una prima ricognizione dopo l'attuazione della direttiva 2002/47/CE* in BBTC LVIII (2005), Parte Prima, pp. 583-625 (pp. 583-584), as garantias consistem, principalmente, em numerário (*"cash"*) ou em títulos de grande liquidez e segurança, como é o caso dos títulos emitidos por estados. Assim, as garantias vêm assumidas a título de alienação da propriedade com função de garantia (*"title transfer"*) ou de penhor (*"security interest"*), segundo modalidades de cariz anglo-americano, subordinadas, por via de contrato, ao Direito inglês ou do Estado de Nova Iorque. Já LOIACONO/CALVI/BERTANI, *Il trasferimento in funzione di garanzia tra pegno irregolare, riporto e diritto di utilizzazione,* cit., pp. 5-11, optam por fazer a análise comparatística entre esta definição e a *outright title transfer* anglo-saxónica.

[884] Daí advém, também, o uso da expressão *"collateralization"* ou a sua "nacionalização": "colateralização". Similarmente, GROSSI, *La Direttiva 2002/47/CE sui contratti di garanzia finanziaria,* cit., p. 251.

legislador, ao invés de se fundar em expressões já existentes, optou por neologismos desnecessários[885].

Entrando no objecto das garantias financeiras, este é, de acordo com o disposto no Decreto-Lei n.º 105/2004, o saldo disponível de uma conta bancária ou créditos similares que confiram direito à restituição de dinheiro (alínea a) do art. 5.º) ou valores mobiliários, instrumentos do mercado monetário e créditos ou direitos relativos a quaisquer dos instrumentos referidos (alínea b) do art. 5.º). Neste particular, afigura-se conveniente ter em consideração o facto de o âmbito de aplicação objectiva do diploma ser restrito, dado que se reporta apenas a uma modalidade de créditos, porquanto (i) o seu devedor será sempre um banco e (ii) trata-se de créditos decorrentes de depósitos à ordem[886].

Note-se, porém, que a garantia financeira apenas se constituirá se o objecto tiver sido efectivamente prestado, ou seja, se tiver sido entregue, transferido, registado ou que de outro modo se encontre na posse ou sob o controlo do beneficiário da garantia ou de uma pessoa que actue em nome deste, incluindo a composse ou o controlo conjunto com o proprietário (art. 6.º, n.ᵒˢ 1 e 2 do Decreto-Lei n.º 105/2004)[887].

Apesar de o art. 7.º, n.º 1 do Decreto-Lei n.º 105/2004 não declarar expressamente a necessidade de sujeição a forma escrita, acaba por refe-

---

[885] Acrescenta CARRIÈRE, *La normativa sui contratti di garanzia finanziaria. Analisi critica*, cit., p. 190-193, que, o mais das vezes, tais neologismossão igualmente crípticos. Entre várias críticas, o autor chama a atenção, por exemplo, para o facto de o legislador italiano ter recorrido ao termo "obrigações financeiras" (*"obbligazioni finanziarie"*) que, em bom rigor, vem absorver e ser coincidente com o conceito geral e "clássico" de obrigação pecuniária.

[886] PESTANA DE VASCONCELOS, *O Contrato de garantia financeira. O dealbar do Direito Europeu das Garantias*, cit., p. 1283. O autor, IDEM, *Ibidem,* cit., p. 1284, acrescenta ainda que se trata de créditos dotados de grande liquidez, dado que o credor pode exigir a entrega das quantias seu objecto a qualquer momento, e de grande segurança, atendendo à pessoa do devedor.

[887] Conforme refere JOANA PEREIRA DIAS, *Mecanismos convencionais da Garantia do Crédito: Contributo para o Estudo da Garantia "Rotativa" Mobiliária no Ordenamento Jurídico Português*, cit., p. 163, o universo dos meios de desapossamento consagrado no diploma parece, à primeira vista, mais alargado do que o universo previsto no CC, porquanto este, no art. 669.º, n.º 2, prevê que a entrega pode consistir na simples atribuição da composse ao credor, se essa atribuição provar o autor do penhor da possibilidade de dispor materialmente da coisa.

rir a susceptibilidade de o contrato poder ser provado por escrito. Estamos, pois, perante um dos momentos centrais do regime, já que está no centro da necessidade de satisfazer as exigências de simplificação e celeridade perante as quais o diploma procura reagir, procurando igualmente ter em consideração a tutela de credores e de terceiros em geral[888].

Ora, indo um pouco mais além, somos do entendimento de que o contrato de garantia financeira terá de ser reduzido a escrito. Efectivamente, conforme salienta MENEZES CORDEIRO, uma interpretação correctiva do art. 8.º do Decreto-Lei n.º 105/2004 leva a concluir que os contratos de garantia financeira devem ser aperfeiçoados por meio escrito ou equivalente e que, para além disso, é necessário proceder ao registo do desapossamento do objecto prestado pelo garante por meio escrito, de modo a poder identificá-lo. Tratar-se-á, cremos, de uma formalidade *ad probationem* e não de formalidade *ad substantiam*[889].

Ademais, o diploma ora em análise, prevê que os contratos de garantia financeira são contratos reais, dado que o objecto da garantia tem de ser entregue, transferido, registado ou, em alternativa, encontrar-se na posse ou sob o controlo do beneficiário da garantia ou de uma pessoa que actue em nome deste, circunstância que inclui a composse ou o controlo conjunto com o proprietário (art. 6.º, n.º 2 do Decreto-Lei n.º 105//2004). A lei faz, pois, apelo às formas de constituição do penhor de coisas, pelo que nos abstemos de tecer ulteriores considerações sobre a constituição destas garantias.

---

[888] ANNUNZIATA, *Verso una disciplina commune delle garanzie finanziarie,* cit., p. 204.

[889] *Manual de Direito Bancário,* 3.ª ed., *cit.,* p. 622. JOANA PEREIRA DIAS, *Mecanismos convencionais da Garantia do Crédito: Contributo para o Estudo da Garantia "Rotativa" Mobiliária no Ordenamento Jurídico Português,* cit., p. 164. Similarmente, CALVÃO DA SILVA, *Banca, Bolsa e Seguros – Direito Europeu e Português,* tomo I *Parte Geral,* 2.ª ed., cit. pp. 218-219 entende que estamos perante um contrato real *quoad constitutionem* no qual se verifica a presença de formalidades *ad probationem.* Não obstante, é imperioso salientar que este desapossamento é encarado na sua acepção funcional, ou seja como situação susceptível de permitir relevar a subtracção da garantia ao empenhador. Neste sentido, ANNUNZIATA, *Verso una disciplina commune delle garanzie finanziarie,* cit., p. 205.

[890] Isto porque, conforme salienta ANNUNZIATA, *Verso una disciplina commune delle garanzie finanziarie,* cit., p. 197 apenas entram no campo de aplicação da Directriz (e, consequentemente, do regime interno) as garantias contratuais, ficando afastadas as garantias constituídas por título diverso. *Ex lege,* p. ex.

3. Modalidades do contrato de garantia financeira

Cumpre salientar que o legislador não forneceu um elenco rígido de contratos de garantia financeira. Efectivamente, limitou-se a indicar, a título exemplificativo, a alienação fiduciária em garantia e o penhor financeiro, os quais, nos termos do disposto no art. 2.º, n.º 2 do Decreto--Lei n.º 105/2004, de 8 de Maio, se distinguem consoante tenham, ou não, por efeito a transmissão da propriedade com função de garantia. Em qualquer caso, trata-se de um regime manifestamente marcado por uma aproximação funcionalizada à autonomia contratual[890].

Procurando identificar um traço comum a estas modalidades de contratos de garantia financeira, julgamos que ela radica no facto de ocorrer a transferência do direito de propriedade sobre os objectos da garantia, seja através da criação de uma garantia real a favor do beneficiário, seja através da conservação da plena propriedade sobre o objecto da garantia, a qual pode ser limitada pela atribuição do direito de disposição ao beneficiário[891].

Note-se, porém, que, para além de terem de ser observados alguns requisitos de índole subjectiva[892] de modo a que o Decreto-Lei n.º 105/

---

[891] Similarmente, MASTROPAOLO, *La nuova normativa europea sui contratti di garanzia finanziaria (dirretiva 2002/47/CE del 6 Giugno 2002)*, p. 523.

[892] De acordo com o art. 3.º, n.º 1 do Decreto-Lei n.º 105/2004, este é aplicável a: a) Entidades públicas, incluindo os organismos do sector público do Estado responsáveis pela gestão da dívida pública ou que intervenham nesse domínio e os autorizados a deter contas de clientes; b) Banco de Portugal, outros bancos centrais, Banco Central Europeu, Fundo Monetário Internacional, Banco de Pagamentos Internacionais, bancos multilaterais de desenvolvimento nos termos referidos no Aviso do Banco de Portugal n.º 1/93 e Banco Europeu de Investimento; c) Instituições sujeitas a supervisão prudencial; d) Uma contraparte central, um agente de liquidação ou uma câmara de compensação; e) Uma pessoa que não seja pessoa singular, que actue na qualidade de fiduciário ou de representante por conta de uma ou mais pessoas, incluindo quaisquer detentores de obrigações ou de outras formas de títulos de dívida, ou qualquer instituição tal como definida nas alíneas a) a d); f) Pessoas colectivas, desde que a outra parte no contrato pertença a uma das categorias referidas nas alíneas a) a d). Trata-se, pois, conforme salienta GROSSI, *La Direttiva 2002/47/CE sui contratti di garanzia finanziaria*, cit., p. 259 de entidades que têm como mínimo denominador comum o facto de estarem sujeitas a supervisão. Mais correctamente, como assinala ANNUNZIATA, *Verso una disciplina commune delle garanzie finanziarie – Dalla Convenzione dell'Aja alla* Collateral Directive *(Dirrettiva 2002/47/CE)* in BBTC LVI (2003), Parte Prima, 177-223 (p. 195), trata-se um regime legal destinado ao sector financeiro *qua tale*.

/2004 seja aplicável, também é necessário que as partes, em alguns aspectos, prevejam expressamente o regime que regulará a sua relação, sob pena de, em caso contrário, ser aplicável o regime geral[893]. Com efeito, no que tange ao direito de utilização, é mister salientar que este não surge automaticamente, mas sim, pelo contrário, terá de ser objecto de um acordo específico entre as partes, o qual, conforme teremos oportunidade de ver de seguida, terá de regular de forma assaz precisa o modo de exercício da garantia[894].

Finalmente, saliente-se que a nossa análise, conforme decorre do título da presente secção, apenas incidirá sobre os principais aspectos do regime do penhor financeiro, não obstante o inegável interesse que o estudo do instituto da alienação fiduciária em garantia reveste[895].

4. Utilização do penhor financeiro

À partida, é digno de realce, desde logo, o facto de o legislador ter previsto o direito de disposição do objecto da garantia por parte do beneficiário do penhor financeiro, contanto que tal tenha sido conven-

---

[893] Similarmente, PATRÍCIA FONSECA, *O Penhor financeiro – Contributo para o estudo do seu regime jurídico,* cit., p. 20, salientando que o penhor financeiro constitui um regime especial face às demais modalidades de penhor, o que significa que não só tem regras próprias de constituição, como decorrem ainda do seu regime jurídico diversas especificidades que constituem excepções ao regime geral, como é o caso da protecção conferida em matéria de insolvência, pelo que é de recusar a aplicação automática do regime do penhor financeiro. Já FERNANDO ZUNZUNEGUI, *Una aproximación a las garantías financieras,* cit., p. 419, refere que a remissão para conceitos jurídico-civis pode ser enganadora, já que as alterações introduzidas pelo normativo das garantias financeiras são de tal modo significativas, que não pode falar-se noutro instituto que não seja um subtipo especial de penhor com fisionomia própria.

[894] Neste particular, TAROLLI, *Le Garanzie Finanziarie: il diritto di utilizzazzione dell'oggetto della garanzia* in GCo 32.6 (Novembro-Dezembro de 2005), I, pp. 872-882 (p. 872), salienta que, para além desta necessidade de expressa previsão das partes, o penhor financeiro pode substanciar-se na eventual constituição de um direito real de garantia em favor do credor pignoratício, bem como na legítima decisão de transmitir a propriedade objecto da garantia financeira a terceiros.

[895] A propósito desta modalidade de contrato de garantia financeira, nota SANTOS JUSTO, *Direitos Reais,* cit., p. 488, que assistimos ao regresso da antiga figura romana da *fiducia cum creditore.*

cionado pelas partes. Destarte, o beneficiário poderá alienar ou onerar o objecto empenhado, conseguindo um efeito similar ao das garantias rotativas[896], sendo que o legislador pecou por alguma imprecisão, dado que deveria ter dito "titular" e não "proprietário", visto que o objecto do penhor financeiro, por via de regra, será um direito, nomeadamente de crédito[897].

Saliente-se, também, que a pactuição deste direito tem vantagens para ambas as partes, dado que o credor poderá recorrer a esse bem para, dentro do período de tempo balizado pela data de vencimento da obrigação garantida, o utilizar, transformando-o em liquidez através de uma venda ou, eventualmente, dando-o em garantia, sendo que o empenhador, em princípio, receberá uma quantia como contrapartida da atribuição desse direito ou, em alternativa, logrará obter condições de concessão de crédito mais favoráveis[898].

Note-se, porém, que decorre do art. 10.º do Decreto-Lei 105/2004 que o exercício do direito de disposição deve dar-se até à data convencionada pelas partes, cabendo ao seu beneficiário: (i) restituir ao prestador objecto equivalente em substituição da garantia prestada, ou, em alternativa e desde que tenha sido previsto pelas partes, (ii) entregar: (a) quantia em dinheiro correspondente ao valor em que seja avaliado o objecto da garantia na data do vencimento da obrigação de restituição, segundo critérios comerciais razoáveis, ou (b) compensar a obrigação de restituição do objecto equivalente ao objecto da garantia original com o montante das obrigações financeiras garantidas. A este propósito, saliente-se que, nos termos do disposto no art. 13.º do Decreto-Lei n.º 105/2004, consi-

---

[896] Entende PATRÍCIA FONSECA, *O penhor financeiro – contributo para o estudo do seu regime jurídico,* cit., p. 29, que o exercício do direito de disposição implica que o beneficiário aja na qualidade de mandatário sem representação do devedor, dado que o convencionamento da faculdade de disposição implica que o credor pignoratício disponha de poderes para, caso este assim o entenda, onerar ou alienar os bens que se encontram na sua disponibilidade. Note-se, porém, que, tratando-se de mandato sem representação, o contrato produzirá efeitos na esfera do mandatário, ficando este obrigado, através do negócio alienatório específico, a transferir para o mandante os direitos adquiridos na execução do mandato.

[897] PESTANA DE VASCONCELOS, *O Contrato de garantia financeira. O dealbar do Direito Europeu das Garantias,* cit., 1287.

[898] PESTANA DE VASCONCELOS, *O Contrato de garantia financeira. O dealbar do Direito Europeu das Garantias,* cit., 1287.

dera-se objecto equivalente i) no caso de numerário, um pagamento do mesmo montante e na mesma moeda e ii) no caso de instrumentos financeiros, instrumentos financeiros do mesmo emitente ou devedor, que façam parte da mesma emissão ou categoria e tenham o mesmo valor nominal, sejam expressos na mesma moeda e tenham a mesma denominação, ou outros instrumentos financeiros, quando o contrato de garantia financeira o preveja, na ocorrência de um facto respeitante ou relacionado com os instrumentos financeiros prestados enquanto garantia financeira original

No âmbito de um contrato de garantia financeira poderá, ainda, prever-se que o valor dos bens dados em garantia deverá manter uma proporção relativamente ao valor da obrigação garantida, por exemplo, que o valor de acções dadas em garantia seja superior a 125 por cento do valor do mútuo garantido, pelo que nos casos em que seja superada a margem prevista, o garante ficará obrigado a empenhar activos até ser alcançado novamente o equilíbrio inicialmente gizado pelas partes[899].

Finalmente, sublinhe-se o facto de este direito de disposição apenas ser previsto para o penhor financeiro[900]. Efectivamente, nos casos de alienação fiduciária em garantia, que pressupõem a transferência do direito de propriedade sobre o objecto da garantia para o beneficiário, não existe qualquer justificação para existirem regras específicas sobre o direito de disposição do objecto da garantia, dado que esta faculdade é inerente à sua estrutura[901].

Destarte, parece ser lícito concluir que a distinção operada pelo legislador é meramente heurística, dado que a disciplina material das garantias não é alterada, uma vez que, no caso do penhor financeiro, o credor pignoratício pode exercer um direito de utilização dos instrumentos dados em garantia, mesmo que vá proceder à sua reconstituição original, sem haver lugar à perda do benefício conferido pela data da constituição do penhor, faculdade que é igualmente conferida ao beneficiário de uma

---

[899] Trata-se de uma cláusula relativamente frequente em contratos de mútuo garantidos por valores mobiliários.

[900] Salienta GROSSI, *La Direttiva 2002/47/CE sui contratti di garanzia finanziaria*, cit., p. 265, que este direito de utilização pode, em última análise, configurar uma derrogação do princípio *par condictio creditorum* e do *numerus clausus* das causas de preferência na satisfação do crédito.

[901] ANDRADE DE MATOS, *O pacto comissório*, cit., p. 149, FERNANDO ZUNZUNEGUI, *Una aproximación a las garantías financieras*, cit., p. 425.

alienação fiduciária em garantia, já que nos casos em que haja lugar à execução da garantia, o credor garantido poderá proceder à sua alienação *ex iure proprietatis*[902].

5. Execução do penhor financeiro

Como pudemos verificar, o penhor regular confere ao credor pignoratício o direito de se fazer pagar pelo valor de certo bem, sendo que, de acordo com o disposto no art. 675.º, tal direito se encontra dependente do vencimento da obrigação, devendo ser exercido judicialmente, salvo convenção em contrário das partes.

Já no penhor financeiro, no tocante à execução do penhor, o art. 8.º do Decreto-Lei n.º 105/2004 estabelece que, sem prejuízo do acordado pelas partes, a execução da garantia pelo beneficiário não está sujeita a nenhum requisito, nomeadamente a notificação prévia ao prestador da garantia da intenção de proceder à execução. Temos que daqui resulta que (i) foi deixado ao arbítrio das partes a decisão sobre o modo como se processará a execução, (ii) o legislador não impõe a observância de qualquer procedimento específico para executar o penhor financeiro e (iii) no silêncio das partes, a execução do penhor financeiro deverá efectuar-se mediante a utilização de mecanismos que permitam uma execução rápida e eficaz, sem sujeição a formalidades especiais[903].

Ademais, há que concluir que, no silêncio do legislador relativamente aos mecanismos de execução da garantia a que o credor pode recorrer, é mister entender que foi dada preferência à autonomia das partes, as quais serão livres para definir os respectivos mecanismos de execução[904].

---

[902] CANDIAN, *La directiva Núm. 2002/47 en matéria de Garantías Financieras: el futuro de las garantias reales mobiliarias en Europa?*, cit., p. 233.

[903] ANDRADE DE MATOS, *O pacto comissório*, cit., pp. 150-151.

[904] PATRÍCIA FONSECA, *O penhor financeiro – contributo para o estudo do seu regime jurídico*, cit., p. 42. A autora refere ainda que tal definição deve ser efectuada tendo em consideração os limites impostos pelos princípios vigentes no nosso ordenamento jurídico, como é o caso da boa fé. Ora, num contexto tão vago, não vislumbramos qual o alcance desta remissão para um princípio estruturante do ordenamento e que, em princípio, apenas deve ser invocado de forma subsidiária, i.e, quando não exista outra explicação/solução à mão do intérprete.

Ora, no que à execução da garantia diz respeito, revela-se fundamental o disposto no art. 11.º do Decreto-Lei n.º 105/2004, que, por comodidade, transcrevemos:

"Artigo 11.º
Pacto comissório
1. No penhor financeiro, o beneficiário da garantia pode proceder à sua execução, fazendo seus os instrumentos financeiros dados em garantia:
 a) Se tal tiver sido convencionado pelas partes;
 b) Se houver acordo das partes relativamente à avaliação dos instrumentos financeiros.

2. O beneficiário da garantia fica obrigado a restituir ao prestador o montante correspondente à diferença entre o valor do objecto da garantia e o montante das obrigações financeiras garantidas.

3. O disposto na alínea b) do n.º 1 não prejudica qualquer obrigação legal de proceder à realização ou avaliação da garantia financeira e ao cálculo das obrigações financeiras garantidas de acordo com critérios comerciais razoáveis."

Conforme facilmente se intui, a previsão da faculdade de apropriação do bem empenhado constitui o meio mais célere de execução da garantia. A *priori,* são conformes ao normativo das garantias financeiras as seguintes modalidades de execução: (i) cláusula de liquidação *(close-out netting),* a qual permite que a realização do crédito seja reduzida a uma operação de cálculo e consequente pagamento do saldo líquido, uma vez verificado o acontecimento que desencadeou a execução da garantia; (ii) Execução da garantia equivalente, caso em que o credor pignoratício deve proceder à reconstituição da garantia prestada pelo devedor, podendo proceder à venda ou à apropriação da mesma, nos termos acordados pelas partes, contanto que, em ambos os casos, não seja excedido o valor da obrigação garantida. Trata-se, pois, de cláusulas que visam limitar ao mínimo o risco de crédito.[905]

---

[905] TAROLLI, *Le Garanzie Finanziarie: il diritto di utilizzazzione dell'oggetto della garanzia,* cit., p. 879-880.

Todavia, há que aquilatar se estamos perante um verdadeiro e próprio pacto comissório ou se, pelo contrário, estamos perante um pacto marciano, já que o legislador faz referência expressa à avaliação efectuada pelas partes. Trata-se, efectivamente, de um pacto marciano[906], contrariamente à afirmação constante do preâmbulo do referido diploma, onde se pode ler: "(...) *Outra das novidades mais significativas deste diploma respeita ainda ao contrato de penhor financeiro e corresponde à aceitação do pacto comissório, em desvio da regra consagrada no art. 694.º do Código Civil(...)*"

Assim, de modo a garantir a licitude da cláusula prevendo a apropriação dos bens dados em garantia, reveste especial importância a concretização dos termos através dos quais irá operar a avaliação. Neste particular, somos do entendimento que esta só pode ser alcançada se forem observados determinados pressupostos, designadamente (i) que no contrato de penhor financeiro sejam claramente identificados os critérios a que deve obedecer a avaliação e os prazos dentro dos quais a mesma deverá realizar-se, (ii) que tais critérios sejam objectivos e conformes com os ditames da boa fé, e (iii) que o credor só possa exercer o seu direito de apropriação até ao montante das obrigações financeiras garantidas que se encontre em dívida[907].

Ademais, a verificação destes pressupostos visa igualmente salvaguardar os interesses do devedor e de terceiros, pelo que quer a liquidação por compensação, quer a própria avaliação das garantias deve ser

---

[906] PATRÍCIA FONSECA, *O penhor financeiro – contributo para o estudo do seu regime jurídico,* cit., p. 34, ANDRADE DE MATOS, *O pacto comissório,* cit., pp. 156-157, JOANA PEREIRA DIAS, *Mecanismos convencionais da Garantia do Crédito: Contributo para o Estudo da Garantia "Rotativa" Mobiliária no Ordenamento Jurídico Português,* cit., 172-173, ROMANO MARTÍNEZ/FUZETA DA PONTE, *Garantias de cumprimento,* 5.ª a ed., cit., p. 186. Em sentido contrário, considerando estarmos perante a admissão expressa do pacto comissório, ATHAYDE MATTA, *Da garantia fiduciária no âmbito do sistema financeiro,* in AAVV. *Garantia das Obrigações,* Coimbra: Livraria Almedina, 2007, pp.525-564 (pp. 559-560).

[907] Seguimos, neste particular, ANDRADE DE MATOS, *O pacto comissório,* cit., p. 154. Sentindo a necessidade de acautelar os interesses do prestador da garantia, defende CALVÃO DA SILVA, *Banca, Bolsa e Seguros – Direito Europeu e Português,* tomo I, 2.ª ed., cit., pp. 227, a possibilidade de o prestador da garantia intentar uma acção judicial destinada a controlar *a posteriori* o exercício dos poderes do beneficiário da garantia ou a devolver-lhe os montantes que sejam resultado de um enriquecimento injustificado.

efectuada de uma forma comercialmente correcta, havendo, assim, a necessidade de as valorações terem de se ajustar ao valor de mercado dos instrumentos dados em garantia no momento em que se procederá à sua execução, sem prejuízo do concreto acordo existente no contrato de garantia[908].

Note-se igualmente que esta faculdade de alienação é configurada no âmbito do direito de utilização dos bens empenhados, sendo que, ademais, não é uma decorrência legal imediata, tendo de ser expressamente prevista pelas partes[909]. Cumpre salientar que a modalidade de execução da garantia dependerá da natureza dos bens dados em garantia. Com efeito, tratando-se de instrumentos financeiros, o beneficiário da garantia poderá proceder à execução dando ordens de venda ou apropriando-se da garantia, enquanto nos casos em que estejamos perante activos depositados em contas bancárias, o credor poderá proceder à compensação dos créditos ou à transferência dos montantes em dívida para a sua conta[910].

Finalmente, não podemos deixar de salientar que não existe um dever incondicionado por parte do credor pignoratício de reproduzir a situação antecedente ao exercício do direito de utilização na conta do empenhador.

---

[908] ZUNZUNEGUI, *Una aproximación a las garantías financieras*, cit., p. 428.

[909] LOIACONO/CALVI/BERTANI, *Il trasferimento in funzione di garanzia tra pegno irregolare, riporto e diritto di utilizzazione*, cit., pp 54-55 entendem que esta faculdade não briga com a configuração real do penhor regular. Pronunciando-se à luz do Decreto 170/2004, que operou a transposição em Itália da Directriz Comunitária n.º 2002/47/CE, os Autores, IDEM, *Ibidem*, cit., p. 60 consideram que o legislador italiano previu uma subespécie do penhor regular do CCIt, que constitui o conjunto de normas primárias e, consequentemente, aplicáveis ao penhor financeiro. A propósito da execução do penhor financeiro, haverá que considerar que, na ausência de previsão contratual, a execução do penhor financeiro não poderá prever: (i) que a intenção de proceder à realização da garantia seja comunicada preliminarmente à contraparte, (ii) que as condições de realização seja aprovadas por um tribunal, um oficial público ou outra pessoa, (iii) que a realização da garantia seja feita por hasta pública ou por outra qualquer forma e (iv) que decorra um período suplementar para que a execução ocorra.

[910] ZUNZUNEGUI, *Una aproximación a las garantías financieras*, cit., p. 427. O autor salienta ainda que, uma vez verificado o incumprimento, a ordem de alienação dada pelo credor pignoratício deve adoptar a forma de requerimento dirigido à entidade encarregada da conta, devendo o referido requerimento conter declaração do credor relativa à verificação do incumprimento. Já a entidade encarregada da conta, uma vez recebido o requerimento, deverá proceder à comprovação da identidade do requerente e à verificação da sua capacidade para efectuar o mesmo, de modo a efectivar a liquidação da garantia, caso entenda que o requerimento está em conformidade com o acordo das partes.

Efectivamente, sobre o credor pignoratício impenderá apenas o dever de criar a disponibilidade de instrumentos financeiros equivalente na conta a seu cargo com o objectivo de proceder à restituição ao empenhador aquando da realização da garantia, não existindo qualquer obrigação de proceder à sua reconstituição antes do vencimento da obrigação garantida[911].

6. Penhor financeiro como penhor irregular

Tendo em consideração o facto de, no âmbito dos acordos de garantia financeira, o credor pignoratício poder fazer seus os instrumentos financeiros dados em garantia – desde que, reiteramos, haja acordo das partes nesse sentido – estamos perante um penhor irregular[912].

Com efeito, atendendo ao facto de com a constituição da garantia o empenhador adquirir um crédito à restituição do equivalente, com as mesmas características da garantia financeira original, podemos concluir que tal crédito substitui no seu património os bens dados em garantia[913]. Efectivamente, basta ter em consideração que os objectos possíveis da garantia são o numerário[914] e os instrumentos financeiros[915], i.e., objectos

---

[911] TAROLLI, *Le Garanzie Finanziarie: il diritto di utilizzazione dell'oggetto della garanzia*, cit., p. 882.

[912] Não obstante, entende TAROLLI, *Le Garanzie Finanziarie: il diritto di utilizzazione dell'oggetto della garanzia*, cit., pp. 874-875, salientando que a execução do penhor financeiro pode dar-se através de duas situações distintas: (i) previsão no contrato de garantia de um poder de disposição sob a forma de constituição de penhor regular por parte de Y em favor do credor Z; e (ii) previsão no contrato de garantia de um poder de disposição sob a forma de alienação do objecto da garantia por parte de Y a favor de um terceiro, Z.

[913] MASTROPAOLO, *La nuova normativa europea sui contratti di garanzia finanziaria (direttiva 2002/47/CE del 6 Giugno 2002)*, cit., pp. 534-535.

[914] Entendido como saldo disponível em conta bancária, em qualquer moeda, ou créditos que confiram direito à restituição de dinheiro, tais como os depósitos do mercado monetário (art. 5.º alínea a) do Decreto-Lei n.º105/004, de 8 de Maio). Salienta ANNUNZIATA, *Verso una disciplina commune delle garanzie finanziarie*, cit., p. 200, que estamos perante uma definição alargada que tem por referência dinheiro em forma escritural, motivo pelo qual considera que as notas de banco não são regidas por este diploma.

[915] Expressão que compreende valores mobiliários elencados no art. 1.º do CVM, instrumentos do mercado monetário e créditos ou direitos relativos a quaisquer dos instrumentos financeiros referidos (art. 5.º alínea b) do Decreto-Lei n.º105/004, de 8 de Maio).

naturalmente fungíveis, facto que, aliado à possibilidade de apropriação do bem dado em garantia, leva a qualificar o penhor financeiro como penhor irregular[916].

Deste modo, permitimo-nos remeter para o que dissemos *supra* no § 1 do presente capítulo[917].

§ 4. O PENHOR DE CONTEÚDO INDETERMINADO

1. Considerações gerais

À imagem do que sucede na fiança de conteúdo indeterminado[918], o

---

[916] Neste sentido MENEZES CORDEIRO, *Manual de Direito Bancário*, 3.ª ed., *cit.*, pp. 628-629, salientando que, em virtude de haver direito de disposição, o titular da garantia pode alienar ou onerar o objecto da garantia, independentemente de qualquer cumprimento, devendo entregar o equivalente. Note-se, porém, que IDEM, *Ibidem*, *cit.*, p. 625, acaba por considerar que o penhor financeiro é, em rigor, um penhor de direitos, traduzindo a afectação de coisas incorpóreas a fins de garantia, salientando que o regime do penhor civil serve sempre de referência. Já CALVÃO DA SILVA, *Banca, Bolsa e Seguros – Direito Europeu e Português,* tomo I *Parte Geral*, 2.ª ed., *cit.*, p. 226, salienta que a nova legislação considerou regular o penhor irregular.

[917] SANTOS JUSTO, *Direitos Reais, cit.*, p. 486, salienta que estamos perante uma figura jurídica específica de penhor a que podem recorrer determinadas pessoas jurídicas. Já PESTANA DE VASCONCELOS, *O Contrato de garantia financeira. O dealbar do Direito Europeu das Garantias, cit.*, p. 1285, considera que estamos diante de um penhor de créditos. Por seu turno, JOANA PEREIRA DIAS, *Mecanismos convencionais da Garantia do Crédito: Contributo para o Estudo da Garantia "Rotativa" Mobiliária no Ordenamento Jurídico Português, cit.*, pp. 173-174, considera estarmos perante um caso especial de penhor de créditos, concluindo que o penhor financeiro não é uma figura garantística inovadora e estranha ao Direito pátrio, limitando-se a consagrar uma prática bancária corrente. Salvo o devido respeito, o simples facto de ser consagrada uma prática bancária não pode prejudiicar *per se* a novidade diminuta do instituto. Sobretudo porque, conforme decorre do texto, o direito de disposição briga com a configuração clássica do penhor de créditos previsto e regulado no CC. Similarmente, GROSSI, *La Direttiva 2002/47/CE sui contratti di garanzia finanziaria, cit.*, p. 260, salientando que, à luz do Direito italiano, apenas o penhor, designadamente o penhor de créditos correspondem ao figurino da garantia prevista pela Directriz comunitária. Não obstante, IDEM, *Ibidem,* cit., p. 261-262 acaba por concluir que o penhor irregular se adaptae na íntegra aos ditames da Directriz.

[918] Sobre esta veja-se, entre nós, EVARISTO MENDES, *Fiança Geral*, in RDES XXXVII, 1995, pp. 97-158, JANUÁRIO DA COSTA GOMES, *Assunção Fidejussória de*

comummente designado penhor *omnibus*[919], para ser válido, terá de estar sujeito, conforme teremos oportunidade de verificar *infra*, aos mesmos parâmetros objectivos de determinabilidade do objecto[920].

Antes do mais, convém sublinhar que o penhor *omnibus* não se identifica com o penhor geral – no mesmo sentido da hipoteca geral do art. 716.º – i.e., o penhor incidente sobre todos os bens móveis do devedor ou do terceiro sem os especificar[921]. Com efeito, no que ao penhor de conteúdo indeterminado – ou penhor *omnibus* – diz respeito, podemos referir que se trata de um prática corrente, mormente ao nível bancário, onde é assaz frequente a introdução de cláusulas estruturadas e elaboradas com o objectivo de o penhor garantir todos os créditos futuros e eventuais, mesmo que não sejam líquidos e exigíveis. Ademais, é igualmente frequente lidarmos com cláusulas que determinam que o penhor abrange toda e qualquer obrigação, contanto que seja integrável num dos

---

dívida, cit., p. 681 e segs., IDEM, *O mandamento de determinabilidade na fiança* omnibus *e o AUJ n.º 4/2001* in IDEM, *Estudos de Direito das Garantias,* Vol. I, Coimbra: Livraria Almedina, 2004, pp. 109-137, e, mais recentemente, KASTRUP DE FARO, *Da validade da fiança* omnibus in AAVV, *Garantias das Obrigações,* Coimbra: Livraria Almedina, 2007, pp. 249-303.

[919] Conforme salienta ROSANNA DE NICTOLIS, *Nuove garanzie personali e reali,* Milão: Cedam, 1998, p. 209, esta cláusula adoptou o nome da cláusula mais característica e mais famosa, a cláusula *omnibus* ou cláusula de extensão, inicialmente divulgada no seio do contrato de fiança, estendendo o conteúdo das obrigações a cargo do fiador às obrigações presentes e futuras do devedor principal perante a banca, não se indicando o valor máximo e não existindo qualquer limite temporal.

[920] Neste particular, entende EVARISTO MENDES, *Fiança Geral*, cit., p. 135, que o penhor genérico não se coloca em termos análogos aos da fiança, pois recaindo sobre direito ou coisa certa e determinada, o penhor constitui, por definição, uma garantia limitada ao valor dessa coisa ou direito. Em qualquer caso, não deixa de salientar que poderão surgir questões em sede de tipicidade dos direitos reais e da necessária tutela dos interesses de terceiros. Salienta FIORENTINI, *Garanzie reali atipiche* in RDC XLVI (2000), p. 256, que os desenvolvimentos legislativos em sede de penhor estão relacionados, por um lado, com o princípio da determinabilidade do crédito, a propósito da cláusula *omnibus*, bem como as questões relacionadas com a cláusula de rotatividade, que tende a ser incluída no objecto do penhor de bens futuros ou diversos, em relação aos bens inicialmente dados a título de penhor.

[921] JANUÁRIO DA COSTA GOMES, *Assunção Fidejussória de dívida*, cit., p. 681, nota 394.

critérios convencionados pelas partes e desde que esteja compreendida na quantia máxima acordada, *rectius,* no crédito garantido[922-923].

---

[922] Por via de regra, estas cláusulas são condições ou cláusulas negociais gerais, previamente elaboradas, estando, consequentemente regidas pelo disposto no Decreto-Lei n.º 446/85 de 25 de Outubro. Estes contratos colocam problemas de três ordens: no plano da formação do contrato, aumentam consideravelmente o risco de o aderente desconhecer cláusulas que vão fazer parte do contrato; no plano do conteúdo, favorecem a inserção de cláusulas abusivas e no plano processual mostram a inadequação e insuficiência do normal controlo judiciário, que actua *a posteriori*, depende da iniciativa processual do lesado e tem os seus efeitos circunscritos ao caso concreto. Assim, PINTO MONTEIRO, *Contratos de adesão – O regime jurídico das cláusulas contratuais gerais,* instituído pelo D.L. n.º 446/85, de 25 de Outubro in ROA 46 (Dezembro 1986), pp. 735-769 (pp. 742--745). Similarmente, ALMENO DE SÁ, *Cláusulas Contratuais Gerais e Directiva sobre Cláusulas Abusivas,* 2.ª ed., Coimbra: Livraria Almedina, 2005, p. 59, salienta que a lei portuguesa submete as condições gerais do contrato a um apertado sistema de controlo, que funciona a vários níveis, em primeiro lugar, ao nível da inclusão das cláusulas no contrato singular; depois, ao nível da interpretação e, finalmente, ao nível do próprio conteúdo das condições gerais.

Não sendo esta a sede adequada para abordar a problemática inerente às condições contratuais gerais, convém ter em conta – como é consabido – que o legislador adoptou uma série de cláusulas que proíbe em termos absolutos (arts. 18.º e 21.º) e de cláusulas que proíbe em termos relativos (arts. 19.º e 22.º), sendo que, de igual modo, operou a destrinça entre as relações entre empresários ou entidades equiparadas e as relações com consumidores finais. Assim, enquanto nas relações entre empresários, as cláusulas absoluta ou relativamente proibidas são apenas as que constam dos arts. 18.º e 19.º, tratando-se de relações com consumidores, também serão proibidas, de modo absoluto ou relativo as que constam dos arts. 21.º e 22.º, conforme decorre do disposto no art. 20.º do Decreto--Lei n.º 446/85.

Ademais, convém ter presente que o regime das cláusulas contratuais gerais é informado pelo princípio da boa fé (art. 16.º do Decreto-Lei, n.º 446/85), o que implica que, em face de um situação concreta, devem ponderar-se valores fundamentais do direito, designadamente a confiança suscitada pelas partes, pelo sentido global das cláusulas contratuais em causa, pelo processo de formação do contrato singular celebrado, pelo teor deste e ainda por quaisquer outros elementos atendíveis, bem como o objectivo que as partes visam atingir negocialmente, procurando-se a sua efectivação à luz do tipo de contrato utilizado (art. 17.º do Decreto-Lei n.º 446/85). Neste sentido, ALMEIDA COSTA//MENEZES CORDEIRO, *Cláusulas Contratuais Gerais – Anotação ao Decreto-Lei n.º 446//85, de 25 de Outubro*, Coimbra: Livraria Almedina, 1987, p. 39, salientam que o art. 16.º reporta-se à boa fé objectiva, não se fornecendo ao julgador uma regra apta a aplicação imediata, mas apenas uma proposta ou plano de disciplina, exigindo a sua mediação concretizadora. ALMENO DE SÁ, *Cláusulas Contratuais Gerais e Directiva sobre Cláusulas Abusivas,* cit., pp. 70-71, sublinha que não há uma total sintonia entre a lei portuguesa e a Directriz comunitária sobre cláusulas abusivas, uma vez que a Directriz exige

Antes do mais, cumpre salientar que é mister operar a destrinça entre a comummente designada cláusula autónoma e a cláusula genérica. Assim, a primeira procura garantir o conjunto de relações existentes entre o cliente e a instituição de crédito, enquanto, por via de regra, a cláusula genérica ou *omnibus* é acordada no momento da constituição do penhor em garantia de uma operação de financiamento determinada, com o fito de estender o penhor constituído nesse contrato a todas as outras relações

---

que uma cláusula abusiva cause, contra as regras da boa fé, um desequilíbrio dos direitos e obrigações das partes, que surgirá em consequência de uma perturbação do processo formativo do contrato, sendo que essa perturbação será exposta pela ausência de negociação individual. Ou seja, enquanto a Directriz se apoia no binómio boa fé e significativo desequilíbrio de direitos e obrigações, a lei portuguesa convoca, em exclusivo, o princípio da boa fé. No que concerne à destrinça entre cláusulas absoluta e relativamente proibidas, esta terá como principal efeito o facto de as cláusulas sujeitas a uma proibição relativa permitirem ao tribunal a sua apreciação em cada caso concreto, ainda que segundo um modelo objectivo, enquanto as cláusulas absolutamente proibidas são proibidas em qualquer caso. Ou seja, umas só são proibidas após valoração judicial, enquanto outras são-no imediatamente, desde que constem do elenco de cláusulas proibidas. Assim, PINTO MONTEIRO, *Contratos de adesão,* cit., pp. 754-755, ALMEIDA COSTA/MENEZES CORDEIRO, *Cláusulas Contratuais Gerais,* cit., p. 50 e 52, ALMENO DE SÁ, *Cláusulas Contratuais Gerais e Directiva sobre Cláusulas Abusivas*[2], cit., pp. 256-257. À guisa de conclusão, julgamos ser lícito afirmar que a listagem de cláusulas absoluta e relativamente proibidas é alvo de valoração negativa, já que, num plano abstracto, colide com o princípio da boa fé. Neste sentido, à luz do Direito Alemão, pronunciam-se LARENZ/WOLF, *Allgemeiner Teil des Bürgerlichen Rechts,* 9.ª ed., Munique: Verlag C.H. Beck, 2004, § 43 Nm. 54, considerando que a listagem de cláusulas proibidas constantes dos § 308 e 309 BGB mais não é do que uma concretização da cláusula geral contida no § 307 BGB. Conforme refere SOUSA RIBEIRO, *O problema do contrato – as cláusulas contratuais gerais e o princípio da liberdade contratual,* Coimbra: Livraria Almedina, 1999, p. 550, o facto de se ter adoptado o critério da boa fé como critério de controlo de validade das cláusulas contratuais gerais, envolve uma alteração de paradigma, já que a boa fé, de norma comportamental que, a partir da posição originariamente assumida pelas partes, e tendo em conta o evoluir do contexto negocial, orienta a sua conduta com vista à realização dos fins relacionais, transforma-se, neste contexto, numa norma valorativa daquela posição, fixando os seus limites de validade.

[923] Conforme refere AVILÉS GARCÍA, *Contratos de Garantía y Ampliación del Ámbito de aplicación de las prendas de créditos,* cit., p. 1440, estas cláusulas não colidem com o princípio *par condictio creditorum,* já que esta não impede os credores – mormente instituições de crédito – procurar obter a preferência dos seus créditos através de contratos tipificados legalmente, alcançando assim, de modo oblíquo, tal fim através da introdução destas cláusulas flutuantes.

– anteriores ou posteriores – que o cliente possa ter ou vir a ter com a instituição de crédito[924].

Acresce ainda que, de um ponto de vista meramente prático, *rectius*, estatístico, os problemas relacionados com a constituição de garantias genéricas apenas surgem na fase da execução das obrigações nascidas de um contrato, dado que, graças ao seu protelamento no tempo, as partes – por via de regra, o dador da garantia – tendem a ser confrontadas com circunstâncias relativamente às quais não tinham dado a devida atenção[925] aquando da celebração do contrato e, por conseguinte, será necessário decidir relativamente à efectividade das mesmas[926].

Deste modo, nas páginas que seguem procuraremos delinear os requisitos de objectividade que devem presidir à constituição do penhor genérico, sendo que, neste particular, revelar-se-ão de grande utilidade as reflexões já avançadas quer ao nível doutrinário, quer ao nível jurisprudencial, designadamente no que diz respeito à fiança genérica[927].

---

[924] CARLOS SALINAS, *Il pegno omnibus* in BBTC LX (1997), Parte Prima, pp. 603--622 (pp. 604-606). Assim, facilmente se verifica que a situação é sensivelmente diversa da que resulta da cláusula autónoma já que o penhor – que em princípio é concebido para a segurança de um crédito específico e concreto – por efeito da cláusula *omnibus* acaba por garantir outros créditos. Em qualquer caso, fica demonstrada a principal finalidade de cláusulas deste teor: satisfazer o desejo da banca, que visa assegurar um penhor suficientemente amplo. Neste sentido, GABRIELLI, *Il pegno "anomalo"*, cit., p. 141.

[925] Precisamente por este motivo, os deveres de informação impostos pelo princípio da boa fé têm de se fazer sentir com intensidade, não podendo o credor eximir-se a esclarecer eventuais dúvidas com que o dador da garantia seja confrontado.

[926] ARIJA SOUTULLO, *Notas sobre la eficácia de la clausula de globalizacion en los contratos de fianza*, in AAVV, *Estudios jurídicos en homenaje al Profesor Luis Díez--Picaso*, Tomo II – *Derecho Civil. Derecho de Obligaciones*, Madrid: Thomson-Civitas, 2003, pp. 1397-1413 (p. 1400)

[927] Neste particular, salienta CALVÃO DA SILVA, *Garantias acessórias e garantias autónomas* in *Estudos de Direito Comercial (Pareceres)*, Coimbra: Livraria Almedina, 1996, pp. 331-361 (p. 332), que questão diversa, mas com esta contígua, é a do penhor prestado para garantia de todas obrigações do devedor principal resultantes de um qualquer título ou causa, de operações económicas de qualquer género ou espécie, inclusive de facto ilícito. Já JOANA PEREIRA DIAS, *Mecanismos convencionais da Garantia do Crédito: Contributo para o Estudo da Garantia "Rotativa" Mobiliária no Ordenamento Jurídico Português*, cit., p. 136 salienta o facto de no penhor *omnibus* as reservas suscitadas a propósito da fiança genérica não terem o mesmo impacto, já que ao limitar expressamente o montante máximo que o penhor garante ou empenhar uma "coisa", o dador do penhor sabe exactamente qual é a dimensão possível das suas perdas na relação

2. Da necessidade de determinação do objecto da garantia

A cláusula *omnibus* que, indubitavelmente, constitui a manifestação de uma posição de disparidade do poder contratual das partes, produz um duplo efeito: (i) caracteriza o esquema do penhor e (ii) incide sobre uma relação diversa – um mútuo ou uma abertura de crédito[928], p. ex. – reforçando, através da actuação dos mecanismos de garantia, a segurança do cumprimento do devedor[929].

Com efeito, a cláusula *omnibus* não altera a função típica do contrato de penhor, que se mantém a de garantia, mas caracteriza-o *in concreto*,

---

com o credor. Indo um pouco mais longe, sempre poderíamos dizer que esse conhecimento mais não é do que o resultado inerente à afectação da coisa ou do crédito dados em garantia.

[928] A abertura de crédito é um contrato nominado, já que é expressamente referido no art. 362.º do CCom a propósito das operações bancárias, mas atípico porquanto a lei não a regula de forma expressa. No essencial, pode ser definida como um contrato através do qual um banco (creditante) constitui a favor do seu cliente (creditado), por um período de tempo, determinado ou não, uma disponibilidade de fundos que este poderá utilizar se, quando e como entender conveniente. Sobre este contrato, entre nós, veja-se por todos, GOUVEIA PEREIRA, *O contrato de abertura de crédito bancário*, Cascais: Principia, 2000.

À guisa de curiosidade, saliente-se igualmente que no Direito italiano é assaz comum agrupar a antecipação bancária – onde, como vimos, está previsto expressamente o penhor irregular – no âmbito da abertura de crédito. Com efeito, atendendo à noção utilizada pelo art. 1842 do CCIt, i.e. a abertura de crédito bancário é o contrato através do qual o banco se obriga a colocar à disposição da outra parte uma soma de dinheiro por um dado período de tempo ou por tempo indeterminado (no original: *"L'apertura di credito bancario è il contratto col quale la banca si obbliga a tenere a disposizione dell'altra parte una somma di danaro per un dato periodo di tempo o a tempo indeterminato."*). Trata-se uma definição marcada de forma indesmentível pela teorização de MESSINEO, *Contenuto e caratteri dell'apertura di credito*, in RDCo XXIII (1925), pp. 118-140 (pp. 129-131), autor para quem esta tipo contratual é caracterizado pela constituição de uma disponibilidade (*"accreditamento"*), sendo que a obrigação assumida pelo creditante no contrato de abertura de crédito é uma obrigação em branco a ser concretizada à medida que o acreditado der instruções ao banco relativamente a cada prestação a efectuar. Aliás, o mesmo autor, no estudo *Anticipazione sopra valori mobiliari e merci* in *Operazione di Borsa e di Banca*, Roma: Anonima Romana Editoriale, 1926, pp. 176–213 (pp. 178-179), defenderia que a antecipação bancária é uma forma de abertura de crédito, simples ou corrente. Para uma defesa do carácter autónomo da antecipação, i.e., a sua concepção como tipo contratual *a se* cfr. SPINELLI, *Contributo allo studio dell'anticipazione bancaria*. cit., pp. 225 e segs.

[929] Similarmente, GABRIELLI, *Il pegno "anomalo"*, cit., p. 142.

já que a sua inserção no esquema típico do penhor é a expressão de um entendimento negocial em função puramente determinativa da causa concreta (*hoc sensu,* objectiva) perseguida pelas partes, bem como da sequência procedimental e comportamental necessária para produzir o efeito substancial almejado[930].

Não obstante, é mister procurar determinar quais os requisitos necessários para afirmar a licitude desta cláusula. Efectivamente, sob pena de deixar o empenhador à mercê do credor pignoratício, convém determinar qual a responsabilidade adveniente da constituição do penhor genérico[931]. Assim, tudo passará pelo confronto entre o dispositivo genérico do art. 280.º, n.º 1 e os critérios que as partes eventualmente se venham a socorrer para delimitar o alcance do penhor constituído.

Deste modo, nos casos em que tais requisitos não venham a ser respeitados, o penhor será nulo, já que a afirmação de inidoneidade ou ineficácia poderia, em última análise, atribuir ao seu titular o direito a ver o seu crédito satisfeito preferencialmente, i. e., transformar créditos quirografários em créditos privilegiados, sendo que tal efeito reportar-se-ia ao momento da constituição do penhor[932]. Efectivamente, cumpre salientar que a necessidade de determinação do crédito garantido visa igualmente a protecção dos credores quirografários, dado que a necessidade de determinação visa evitar abusos ou o desvio de créditos em detrimento dos restantes credores do empenhador[933].

3. Da admissibilidade do penhor de conteúdo indeterminado

Como é consabido, a determinação do objecto do contrato é uma questão de interpretação[934]. Todavia, e uma vez que a imposição da determinabilidade formulada no art. 280.º, n.º 1 CC não é estática, não poderemos fazer uso de uma visão abstracta, que se limite a aplicar de

---

[930] GABRIELLI, *Il pegno "anomalo",* cit., p. 142-143
[931] Similarmente, a propósito da fiança *omnibus,* JANUÁRIO DA COSTA GOMES, *Assunção Fidejussória de dívida,* cit., p. 679.
[932] COLOMBO, *Pegno Bancario: le clausole di estenzione, la prova della data,* in BBTC XLV (1982), Parte Prima, pp. 193-214 (p. 196)
[933] PERASSI, *In tema di" pegno omnibus",* in GI 140 (1988), I, pp. 487-494 (p. 490).
[934] GABRIELLI, *Il pegno "anomalo",* cit., p. 154.

forma rígida tal mandamento, sob pena de se negar o desenvolvimento de figuras negociais merecedoras de tutela, em virtude de corresponderem a legítimas regulamentações de interesses[935]. Assim, nos números que se seguem, curaremos apenas de indicar directrizes de ordem geral que procurem respeitar o mandamento da determinabilidade do objecto do penhor. Temos perfeita noção que esta tomada de posição implica o risco de um grande casuísmo. Contudo, atendendo à grande amplitude de situações que as partes podem regular e/ou prever, entendemos que esta é a posição mais avisada.

Não obstante, julgamos ser imperioso salientar o facto de a exigência de determinabilidade do crédito ser, antes do mais, uma decorrência directa do princípio da especialidade, o que implica, entre outros aspectos, a necessidade de, aquando da constituição do penhor, estarem determinados os elementos essenciais da garantia, i.e., o objecto e o crédito garantido[936], sendo que nada impede, *a priori,* que seja empenhado um bem a favor de um sujeito ainda indeterminado.

Em qualquer caso, e como directriz genérica, podemos socorrer-nos do art. 280.º, n.º 1 e da *ratio* que o guia, que implica a impossibilidade de admitir variações qualitativas da determinação do objecto, no sentido de, designadamente, exigir uma determinação forte ou média, postergando uma fraca. O que equivale a dizer que a determinação terá de ser suficiente, não num quadro negocial puramente abstracto, mas sim, pelo contrário, na situação jurídica concreta, de modo a que os sujeitos do

---

[935] JANUÁRIO DA COSTA GOMES, *Assunção Fidejussória de dívida,* cit., p. 679.

[936] Similarmente, CARLOS SALINAS, *Il pegno omnibus,* cit., p. 606. Ademais, lembra COLOMBO, *Pegno Bancario: le clausole di estenzione, la prova della data,* cit., p. 197, que a referência a um crédito é um pressuposto necessário à válida constituição do penhor, porquanto no campo dos direitos reais de garantia a acessoriedade do direito não é eliminável nem redutível relativamente aos ditames legais, pelo que é mister encontrar na referência ao crédito garantido a causa de um contrato com eficácia obrigacional, à imagem da fiança, ao invés de procurar justificar uma eventual limitação do direito de propriedade. Neste particular, PERASSI, *In tema di" pegno omnibus",* cit., p. 492, salienta que se na fiança *omnibus* é suficiente a indicação das obrigações abrangias pela garantia fidejussória, circunscrevendo-a a uma área definida da obrigação, tal não pode suceder no penhor *omnibus,* já que a sua função particular e os efeitos ligados à preferência na satisfação do crédito impedem-no, pelo que se sente com maior intensidade a necessidade de definir, em concreto, qual o alcance desta garantia de conteúdo indeterminado.

negócio saibam, com certeza, qual o seu objecto[937]. Dito de outro modo, estamos no campo da determinação do objecto do contrato. *Rectius*, trata--se, sobretudo, conforme avançámos desde logo, de uma questão de interpretação do contrato, sendo que, à partida, a mera identificação dos sujeitos intervenientes no contrato ou mesmo uma referência pura e simples ao crédito garantido, não serão suficientes para poder afirmar a validade da cláusula *omnibus*[938]. Por conseguinte, será imperioso que, no mínimo, haja lugar à identificação da coisa empenhada, de modo a considerar o penhor validamente constituído.

4. Determinabilidade

O principal critério reitor que guiará a necessidade de determinação ou determinabilidade do objecto da garantia será, em primeiro lugar, obviamente, a coisa ou o crédito empenhados, já que a afectação existente entre o bem dado em garantia e as responsabilidades a que visa acorrer serão o elemento essencial do objecto do contrato de penhor. A estas, no caso do penhor *omnibus*, acresce a necessidade de o empenhador, para além de poder calcular o limite da sua responsabilidade, poder determinar quais os créditos abrangidos pela garantia. Tudo se resume, pois, à exigência de um juízo de prognose que permita ao empenhador saber até onde pode vir a ter de responder[939].

A necessidade de proceder à determinação do objecto da garantia implica que, aquando da constituição do penhor, existam elementos contratuais suficientes, de molde a que a questão do limite da garantia e dos créditos por ele assegurados se resolva, sem que seja necessário novo

---

[937] JANUÁRIO DA COSTA GOMES, *Assunção Fidejussória de dívida*, cit., p. 672.

[938] Similarmente, COLOMBO, *Pegno Bancario: le clausole di estenzione, la prova della data*, cit., p. 198.

[939] Trata-se do critério adoptado por ROPPO, *Fideiussione "omnibus": valutazzioni critiche e spunti propositivi* in BBTC L (1987), Parte Prima, pp. 135-151 (p. 141), para os casos da fiança *omnibus* que julgamos adaptáveis *mutatis mutandis*, ao penhor de conteúdo indeterminado. Adaptando a máxima de JANUÁRIO DA COSTA GOMES, *Assunção Fidejussória de dívida*, cit., p. 679, a propósito da fiança de conteúdo indeterminado, diremos que é mister que o empenhador possa ter já uma imagem – virtual – do alcance da sua responsabilidade.

acordo das partes ou sem que seja necessário que se conceda a uma delas a faculdade determinar potestativamente o alcance do contrato. O que equivale a dizer que o problema da determinação apenas se colocará nas situações em que os termos ou o tipo de crédito assegurado pelo penhor estejam descritos de forma confusa ou incompleta[940]. Daí que a determinação do objecto e a identificação da coisa/crédito dados em garantia sejam essenciais[941].

Deste modo, apenas se poderá considerar como válido o penhor de conteúdo indeterminado a partir do momento em que as obrigações garantias bem como o limite máximo a que o penhor visa acorrer estejam devidamente indicados ou, em alternativa, sejam inferíveis a partir dos termos acordados pelas partes. Daí que julguemos ser nulo, por indeterminabilidade do objecto, o contrato que, pura e simplesmente, não contenha quaisquer critérios para circunscrever o âmbito da garantia prestada[942].

Destarte, e conforme teremos oportunidade de ver de seguida a propósito do penhor de créditos futuros[943], somos do entendimento de que os

---

[940] AVILÉS GARCÍA, *Contratos de Garantía y Ampliación del Ámbito de aplicación de las prendas de créditos*, cit., pp. 1440-1441. O autor chama ainda a atenção para o facto de também poderem ocorrer casos em que sejam postergados os limites que impõe a boa fé neste tipo de contratos, o que levaria a impedir, p. ex., que se dessem situações nas quais os credores se prevalecessem dessa circunstância para continuar a outorgar crédito a um devedor em situação de insolvência, prevalecendo-se, para o efeito, da garantia previamente constituída.

[941] Informa GARCIA VICENTE, *La prenda de créditos*, cit., p. 169 que, no âmbito do financiamento de projectos é comum acordar-se o empenhamento integral de todos os fluxos de caixa da sociedade comercial devedora. Trata-se, no nosso entendimento, de uma situação que, em princípio, pode estar a encobrir uma situação de nulidade já que, salvo se as partes dispuserem de estudos contendo as previsões dos fluxos de caixa e juntarem tais estudos ao contrato de penhor como forma de procurar ilustrar os montantes que este procura garantir, o contrato será nulo por indeterminabilidade do objecto. Aliás, acompanhando COLOMBO, *Pegno Bancario: le clausole di estenzione, la prova della data*, cit., pp. 200-201, julgamos ser insuficiente a simples remissão genérica para a fonte do débito, pelo que a simples referência, p. ex., a uma conta-corrente é insuficiente. O que equivale a dizer que o penhor apenas estará validamente constituído nos casos em que seja indicado o negócio de crédito do qual emerge o débito.

[942] Daí que tenhamos grande dificuldade em acompanhar GABRIELLI, *Il pegno "anomalo"*, cit., p. 161, quando afirma aceitar que a possibilidade de ser conferida a uma das partes o poder de circunscrever, unilateralmente, o conteúdo da garantia, já que, nestas situações, o empenhador fica completamente à mercê da discricionariedade do credor pignoratício.

principais meios pelos quais se determinará, em concreto, o âmbito do penhor são os seguintes: (i) através da fixação de uma quantia pecuniária determinada que funcionará como limite máximo da responsabilidade coberta pela garantia, e (ii) mediante a determinação dos créditos concretamente garantidos, situação que poderá ser feita através da indicação, p. ex., dos créditos que o empenhador tenha ao abrigo de contratos que tenha celebrado em momento prévio. Dito de outro modo, é mister que o contrato de penhor contenha um índice de relacionamento (*"indice di collegamento"*) a partir do qual possa lograr-se obter a individualização dos vários elementos a que o contrato faz apelo[944].

Assim, para que o penhor seja válido, terão de ser, forçosamente, indicados os contratos ao abrigo dos quais o empenhador é titular dos créditos empenhados, já que a simples referência às "relações entre as partes", mesmo que limitada a operações bancárias, deve ter-se por demasiado vaga, em virtude de tais operações poderem ser as mais variadas e revestir contornos distintos em circunstâncias similares[945-946].

---

[943] Neste particular, afiguram-se-nos assaz avisadas as palavras de CARLOS SALINAS, *Il pegno omnibus,* cit., p. 608-609, quando refere que, de um ponto de vista conceptual, não é necessário proceder à destrinça entre créditos já existentes e créditos futuros. Todavia, de um ponto de vista puramente prático, não é irrelevante o facto de o crédito garantido ser já existente, porquanto, por via de regra, os créditos mais dificilmente determináveis são os futuros.

[944] Acrescenta LOBUONO, *I contratti di Garanzia,* cit., p. 227, que a satisfação preferencial do credor garantido poderá não actuar automaticamente em virtude de, por força da grande genericidade das expressões utilizadas, o crédito não poder ser individualizado, excepto mediante o auxílio de elementos exteriores uteriores.

[945] Similarmente, PERASSI, *In tema di" pegno omnibus",* cit., p. 494. Aliás, o autor, pronunciando-se a propósito de um penhor de conta corrente salienta o facto de, apesar de esta conta, por via de regra, compreender os débitos e créditos surgidos entre dois sujeitos, ser inválido um penhor em que esta surja como objecto, já que os únicos elementos determinados no contrato são os sujeitos e a própria conta, dado que o conteúdo do vínculo existente entre as partes é, em abstracto, indeterminado.

[946] Informa LOBUONO, *I contratti di Garanzia,* cit., pp. 229-230, que a jurisprudência italiana tende a, nos casos em que existe um único penhor para garantia de vários créditos, afirmar que existe uma situação de indeterminação complexiva, excluindo, assim, a possibilidade de operar a satisfação preferencial do credor garantido (*"prelazione"*). No entanto, em nome do princípio da conservação do negócio jurídico, considera-se que a nulidade da cláusula de extensão apenas afectará a parte "menos clara" do contrato de penhor.

5. O penhor de créditos futuros

Por via de regra, a maioria dos casos de penhor *omnibus* incide sobre créditos futuros, pelo que não julgamos despiciendo, nesta sede, abordar – se bem que de modo, passe a expressão, genérico – o problema do penhor de créditos futuros[947].

Importa salientar que o ordenamento jurídico português aborda directamente o penhor de créditos futuros no CIRE. Com efeito, o art. 115.º, n.º 1 do CIRE prevê que sendo o devedor uma pessoa singular e tendo dado em penhor, anteriormente à declaração de insolvência, créditos futuros emergente de contrato de trabalho ou de prestação de serviços, ou o direito a prestações sucedâneas futuras, designadamente subsídios de desemprego e pensões de reforma, a eficácia do negócio ficará limitada aos rendimentos respeitantes ao período anterior à data de celebração de insolvência, ao resto do mês em curso nesta data e aos 24 meses subsequentes.

Adicionalmente, no tocante aos contrato de locação, a eficácia do penhor constituído anteriormente à declaração de insolvência que tenha por objecto rendas e alugueres devidos por contrato de locação que o administrador de insolvência não possa resolver, nos termos, respectivamente, do n.º 2 do art. 104 do CIRE e do n.º 1 do art. 109.º do CIRE, fica limitada, seja ou não o devedor uma pessoa singular, às que respeitem ao período de insolvência, ao resto do mês em curso nesta data e ao mês subsequente.

---

[947] Existe algum paralelismo entre esta situação e aquela em que as partes, aquando da celebração do contrato de penhor, determinam que a quantia que responderá pela garantia será fixada em momento posterior. A propósito do penhor de conta corrente, MARANO, *Sul pegno (irregolare) del saldo di conto corrente,* cit., p. 613, considera que, em abstracto, são configuráveis duas situações distintas: não haveria qualquer problema se, no momento da determinação do débito garantido, a conta apresenta um saldo positivo, sendo que, nos casos em que a conta apresentasse um saldo nulo ou praticamente nulo, não estaríamos perante a nulidade do penhor, mas sim perante a sua ineficácia, dado que, em momento posterior a conta bancária poderia vir a apresentar um saldo positivo. Salvo o devido respeito, não podemos concordar com o autor. Se, no momento em que se vai determinar o montante garantido, o saldo da conta é insuficiente para constituir a garantia, o penhor será ineficaz e, quando muito, deverá ser reduzido até ao montante do saldo que a conta apresentar como positivo.

Bem vistas as coisas, o legislador limitou-se a prever uma solução pontual, porquanto está limitada apenas a créditos resultantes de contrato de trabalho, prestação de serviço e prestações sucedâneas futuras, bem como de contratos de locação, motivo pelo qual resulta imperioso procurar delimitar, em sede geral, a admissibilidade do penhor de créditos futuros.

Em qualquer caso, é mister salientar que o CIRE, no art. 115.º, n.º 3 prevê que o devedor dos créditos empenhados pode compensá-los com dívidas à massa, sem prejuízo do disposto no art. 99.º, n.º 1, alínea b) e do disposto nas alíneas b) a d) do n.º 4 do mesmo artigo. Ou seja, o crédito sobre a insolvência terá de ter preenchido os requisitos do art. 847.º antes do contra-crédito, sendo que a compensação não será admissível se: (i) o credor da insolvência tiver adquirido o seu crédito de outrem, após a declaração de insolvência, (ii) com dívidas do insolvente pelas quais a massa não seja responsável e (iii) entre dívidas à massa e créditos subordinados sobre a insolvência[948].

Importa salientar, antes do mais, que nos casos de penhor de créditos futuros estamos perante uma situação de determinabilidade vertical do crédito, dado que o penhor se destina a cobrir uma série de créditos futuros, com ou sem limitação temporal[949].

Note-se que, idealmente, a determinabilidade dos créditos abrangidos pelo penhor deveria ser efectuada pela prática da enumeração dos títulos capazes de fazer nascer as obrigações garantidas. Todavia, por via de regra, tal prática está votada ao fracasso em virtude de, previamente à enumeração das fontes obrigacionais que estariam abrangidas pelas garantias, ser aposto o advérbio de modo "designadamente", com a finalidade de fazer com que tal rol passe a ter um carácter meramente exem-

---

[948] A propósito deste preceito legal, e dado que o mesmo também é aplicável à cessão de créditos futuros, é discutido se o CIRE terá, a propósito destes créditos, adoptado a teoria da transmissão, conforme defende LUÍS MENEZES LEITÃO, *Direito da Insolvência*, Coimbra: Livraria Almedina, 2009, pp. 209-209 ou a teoria da imediação, conforme defende PESTANA DE VASCONCELOS, *A cessão de créditos em garantia e a insolvência – Em particular da posição do cessionário na Insolvência do Cedente*, cit., 472-482.

[949] Fazemos uso da terminologia cunhada, entre nós, por JANUÁRIO DA COSTA GOMES, *Assunção fidejussória de dívida*, cit., p. 598.

plificativo e, por conseguinte, renasça a problemática da determinabilidade dos créditos abrangidos pela garantia[950].

Em termos puramente conceptuais, tendo na nossa linha de horizonte o princípio da acessoriedade, seria dificilmente admissível que um penhor pudesse ser validamente constituído num momento em que o crédito garantido ainda não existe[951], dado que, aquando da celebração do contrato, as partes não saberiam ou dificilmente poderiam prever os créditos abrangidos pelo penhor[952]. Não obstante, o legislador admitiu expressamente, no art. 666.º, n.º 3, a possibilidade de a obrigação garantida ser futura[953], pelo que se nos afigura aconselhável procurar delimitar os

---

[950] KASTRUP DE FARO, *Da validade da fiança* omnibus, cit., p. 291. Em qualquer caso, não podemos deixar de salientar que, *summo rigore,* tal enumeração não faz renascer na íntegra a problemática da determinabilidade dos créditos abrangidos pela garantia, porquanto a enumeração exemplificativa terá, por via de regra, a virtualidade de delimitar o tipo de créditos abrangidos pela garantia genérica.

[951] Procedendo a uma análise do estado jurisprudencial e doutrinal da questão em Itália, entende BARBIERA, *Le garanzie nel sistema del 1942,* cit., p. 730, que o problema do penhor de créditos futuros tende a ser reduzido nas suas implicações, dado que a ligação entre um crédito futuro a ser garantido e uma relação já existente costumam ser encarados em termos amplos, considerando-se que estão cobertos pelo penhor todas as operações de crédito, de qualquer natureza e mesmo que futuras, incluindo numa relação de conta corrente bancária, mau grado ser objectável que esta não constitui uma relação unitária mas sim um regulamento de relações múltiplas.

[952] STOLFI, *In tema di pegno per crediti indeterminati* in RDCo LXXIII (1975), Parte Seconda, pp. 224-231 (p. 227).

[953] Não se trata de solução original. Veja-se, p. ex., o § 1204 (2) BGB: *Das Pfandrecht kann auch für eine künftigte oder eine bedingte Forderung bestellt werden.* A propósito do penhor de direitos, refere DAMRAU, *Anotação ao §1273 BGB,* Nm. 3 in MÜNCHENER, cit., que, apesar de, em princípio ser impossível o penhor de direitos futuros, este será admissível nos casos em que, aquando da celebração do contrato de penhor, o nascimento dos créditos futuros empenhandos fosse possível. Já MÜHL, *Anotação ao § 1273 BGB,* Nm. 3 in SOERGEL, cit., salienta que o penhor de créditos futuros é admissível do mesmo modo que o é a cessão de créditos futuros, sendo que para ser válido, o crédito terá de ser minimamente identificável e nascer, exigindo ainda que o seu nascimento seja previsível aquando da celebração do contrato de penhor.

O Direito pátrio não coloca, *a priori,* obstáculos ao penhor de créditos futuros. Efectivamente, o art. 499.º admite a prestação de coisa futura – sendo que esta, de acordo com o disposto – no art. 211.º, é aquela que não está no poder do disponente ou ao que este não tem direito ao tempo da declaração negocial – desde que estejam preenchidos os requisitos do objecto negocial. *In casu,* a determinabilidade do objecto. Em qualquer caso, saliente-se que, também aqui, é difícil fornecer um elenco de créditos futuros.

requisitos para que tal penhor possa ser validamente constituído[954]. Neste particular, uma vez mais, temos de lidar com o critério geral da determinabilidade.

Antes do mais, é necessário ter em consideração que é necessário proceder à distinção entre o crédito como pressuposto de eficácia do acto de garantia e a existência do crédito como pressuposto para o nascimento do direito de garantia, o que implicaria, necessariamente, a distinção entre acessoriedade na eficácia (*"Akzessorietät in der Wirksamkeit"*) do acto de garantia e a acessoriedade no nascimento (*"Entstehungsakzessorietät"*). Ora, seguindo, neste particular, BECKER-EBERHARD, diremos que tal situação de simultaneidade apenas ocorre nos créditos actuais, porquanto no caso de penhor de créditos futuros ou condicionais é forçoso que o negócio de garantia seja imediatamente eficaz, apesar de o crédito garantido ainda não existir[955].

Avançando um pouco mais, podemos afirmar que um dos motivos que preside a esta aparente negação do princípio da acessoriedade tem um fundamento telcológico, *rectius,* funcional, dado que o ordenamento procura oferecer meios seguros ao credor pignoratício para que este possa procurar obter a certeza, *rectius* o aumento da segurança do seu crédito, através de um meio de garantia ao qual o crédito está ligado: o penhor de créditos futuros (ou condicionais)[956].

Seguindo, GARCIA VICENTE, *La prenda de créditos,* cit., pp. 161-162, podemos falar de (i) créditos existentes, mas de exigibilidade diferida (a termo, sujeitos a condição suspensiva) e de (ii) que nascem sucessivamente de relações obrigacionais de trato sucessivo ou de duração prolongada.

[954] Saliente-se que, aquando da elaboração dos estudos preparatórios do CC, era doutrina corrente entre nós a possibilidade de ser constituído penhor sobre coisas futuras, vide VAZ SERRA, *Penhor* in BMJ 58, cit., pp. 71-72.

[955] *Die Forderungsgebundenheit der Sicherungsrechte,* cit., p. 265-266 e p. 284. Conforme refere JANUÁRIO DA COSTA GOMES, *Assunção fidejussória de dívida,* cit., pp. 303-304, a distinção operada entre a acessoriedade na eficácia e a acessoriedade no nascimento destina-se a "salvar" a subsistência da acessoriedade do direito de garantia relativamente ao crédito garantido, revelando a incoincidência entre e a eficácia do acto gerador da garantia e a plena eficácia do direito de garantia, sendo que acaba por não explicar satisfatoriamente o direito actual do futuro credor e o débito actual do garante (o autor refere-se expressamente ao caso da fiança).

[956] *Die Forderungsgebundenheit der Sicherungsrechte,* cit., p. 300. Note-se que o autor conclui, por este motivo, que se deve considerar, no máximo, que a ligação do crédito à garantia nasce com o surgimento do crédito garantido.

Antes de prosseguirmos na nossa análise, cumpre assentar numa noção de crédito futuro. Este será o crédito ainda não nascido no momento da celebração do contrato de penhor, sendo que, em algumas hipóteses, ainda não terá, sequer, sido celebrado o contrato que ditará o seu nascimento e, em outros casos, já estarão estabelecidas as regras gerais em que se desenvolverá o contrato. De igual modo, também serão considerados créditos futuros os que nasçam sucessivamente de relações obrigacionais pré-existentes, como acontece, tendencialmente, nos contratos duradouros[957].

Efectivamente, apenas podemos considerar determinável o penhor de créditos futuros se estes forem determináveis de forma indubitável no momento do seu nascimento[958], i.e., se existir uma possibilidade real de descortinar, com segurança, os créditos abrangidos pela garantia. Assim, se é certo que o penhor de créditos futuros é lícito, é mister considerar que os créditos terão não só de ser transferíveis, mas também que sejam determináveis aquando da celebração do contrato, de modo a que se logre, com alguma segurança, calcular o montante da garantia constituída[959]. Ora, é este, precisamente, o cerne da questão, já que é mister determinar em que momento nasce, efectivamente, o penhor. À partida, surgem como soluções possíveis ou o momento da celebração do contrato de penhor ou, em alternativa, o momento do nascimento do direito empenhado[960].

Conforme referimos, o princípio da acessoriedade, entendido em termos rígidos, coloca sérios entraves, *rectius*, obsta à possibilidade de ser constituído um penhor para garantia de créditos futuros[961]. Não obstante,

---

[957] GARCIA VICENTE, *La prenda de créditos*, cit., pp. 177-178. Outro exemplo de créditos futuros susceptíveis de serem dados em penhor será, por exemplo, os créditos cedidos no âmbito de um contrato de cessão financeira. Sobre esta, veja-se, entre nós, por todos, PESTANA DE VASCONCELOS, *Dos contratos de cessão financeira (factoring)*, Coimbra: Coimbra Editora, 1999.
[958] WIEGAND, *Anotação prévia ao § 1204 BGB*, Nm. 24 in STAUNDINGER, cit.
[959] STEINBACH, *Das Pfandrecht and Forderungen*, cit., p. 23.
[960] Confrontando esta questão, o BGH, Urt. V. 26.1.1983 – VIII ZR 275/81 (Munique) in NJW 1983, pp. 1619-1621, considerou que o penhor de créditos futuros nasce apenas com a aceitação do credor pignoratício e com a entrega do objecto do penhor.
[961] Tomemos como exemplo RUBINO, *L'ipoteca mobiliare e imobiliaria*, cit. p. 30--33, autor para quem o princípio da acessoriedade não determina que o crédito tem de existir no momento da constituição da garantia. Assim, haveria que proceder à destrinça

a doutrina foi, paulatinamente, admitindo que o momento relevante para determinar a existência do crédito garantido – e, consequentemente, da validade do penhor – seria o momento da execução da garantia e não o da sua constituição. Efectivamente, foi sendo avançada a hipótese de, nestas situações, estarmos perante um contrato preliminar de penhor[962] que se transmutaria em contrato definitivo aquando da especificação da coisa ou do direito empenhado[963]. Em alternativa, ensaia-se igualmente

---

relativamente à natureza dos créditos a garantir. Tratando-se de créditos condicionais, i.e. aqueles que podem nascer de um negócio sob condição suspensiva ainda pendente, deverá considerar-se que os créditos já existem no momento da constituição, designadamente por efeito da técnica da retroacção de efeitos. No tocante a créditos eventuais, i.e. aqueles que podem surgir apenas *ex nunc*, mas tendo por base uma relação já existente, também se considerará estarmos perante créditos determináveis, dado que o seu futuro nascimento tem um grau de seriedade e de probabilidade suficiente, o que permite justificar a constituição do vínculo de garantia (*in casu,* o vínculo hipotecário), dado que não depende do puro arbítrio das partes. Neste caso entrariam ainda as hipóteses de negócios sujeitos a *condictio iuris,* bem como os casos de proposta irrecusável, como sucede, p. ex., na opção. Relativamente a créditos futuros, mormente nos casos em que não exista sequer uma relação de base, a sua constituição terá de ser considerada nula. Não obstante, o negócio de constituição poderia ser, apenas, momentaneamente ineficaz, caso o crédito a garantir seja suficientemente determinado, pelo que a constituição poderá operar nessa circunstância. Neste particular, LWOWSKI/MERKEL, *Kreditsicherheiten – Grundzüge für die praxis,* 8.ª ed., cit., p. 76 limitam-se a referir a necessidade de determinação dos créditos futuros dados em garantia, salientado que as cláusulas contratuais gerais bancárias tendem a considerar garantidos pelo penhor os créditos futuros e condicionais que o Banco venha a ter sobre o cliente no decurso das relações negociais inerentes ao tráfego bancário.

[962] E não contrato-promessa, porquanto não haveria lugar à celebração do contrato prometido. *Summo rigore,* esta teorização, na prática, considera que estamos perante um negócio condicional, dado que o penhor apenas se constitui, efectivamente, com o surgimento do objecto da garantia. Note-se que, relativamente ao contrato-promessa de penhor, o Ac. da Relação de Lisboa, de 8 de Março de 1994, Proc. N.º 0075841 (*apud* http://www.dgsi.pt/), decidiu que não é admissível a execução específica do contrato promessa de penhor, por se opor a essa execução a natureza da obrigação assumida.

[963] RUBINO, *La responsabilità patrimoniale: Il pegno,* cit., 2.ª ed., pp. 205-208. O autor não deixava de salientar que, nos casos em que a interpretação da vontade das partes não permitisse concluir pela existência de um contrato preliminar, seria preferível concluir que estaríamos, desde logo, perante um contrato definitivo de penhor, o qual seria válido, mas, momentaneamente, incompleto, perfeccionando-se apenas quando a bem empenhado existir juridicamente. Já MAIORCA, *Il pegno di cosa futura e il pegno di cosa altrui,* Milão: Società Editrice Libraria, 1938, p. 79 e ss parece propender que estamos sempre perante um contrato definitivo. GORLA, *Del pegno, delle ipoteche,* cit.,

uma hipótese reconstrutiva, a qual admitiria a possibilidade de formar validamente um título com um objecto determinável genericamente, fazendo surgir o direito de penhor com o desapossamento efectivo do penhor[964].

Trata-se, cremos, de um entendimento que pode ser perfilhado, já que, de molde a evitar tutelar uma situação de pura aparência de penhor em sede de concurso de credores, apenas deve ser dada preferência a um penhor efectivamente constituído[965]. O que, no caso *sub judice,* equivale a dizer que só gozará de preferência o credor pignoratício que seja titular de uma situação existente, ou seja, quando estivermos perante uma situação onde os créditos futuros já existam[966].

Assim, em termos meramente perfunctórios, podemos procurar elaborar uma tipologia dos créditos que possam eventualmente surgir na dependência de uma relação jurídica pré-existente. Pese embora tal tarefa estar votada ao insucesso, em virtude de a *praxis*, o mais das vezes, ser mais fértil do que as elucubrações teóricas, podemos avançar com alguns critérios indiciários. Deste modo, serão considerados créditos futuros os créditos que tenham a sua fonte numa relação de duração continuada, já acordados, mas ainda em curso de execução. É o que acontecerá, p. ex., nos casos de créditos derivados da retribuição de um contrato de trabalho ainda em curso ou da remuneração por uma empreitada ainda em fase de execução[967].

---

p. 19-20, por seu turno, entende que o contrato de penhor que incida sobre bens futuros é válido e irrevogável mesmo antes da existência do bem, sendo que, nos casos em que, tratando-se de coisas móveis, para as quais seja necessário empossamento o penhor não se poderá constituir antes do momento em que as coisas, efectivamente, existam.

[964] REALMONTE, *Il pegno,* cit., p. 832; LOBUONO, *I contratti di Garanzia,* cit., p. 231.

[965] Neste particular, seguimos, no essencial, o entendimento sufragado por ISABEL MENÉRES CAMPOS, *Da hipoteca – caracterização, constituição e efeitos,* cit., p. 105 a propósito da hipoteca.

[966] WEBER, *Kreditsicherungsrecht,* cit., p. 147, ancorado no § 1209 BGB, opta por salientar que o penhor de créditos futuros surge no momento em que é celebrado o contrato de penhor.

[967] STELLA, *Il pegno a garanzia di crediti futuri,* cit., pp. 96-97.

6. *Cont.* A cláusula de extensão

Da nossa parte, se é certo que somos do entendimento de que não existe, à partida, qualquer razão ponderosa para limitar a circulação de créditos futuros[968], seja através da sua cessão plena seja através do seu empenhamento[969], julgamos que, em qualquer caso, afigura-se conveniente procurar estabelecer, *rectius,* circunscrever os limites que irão presidir a tal circulação[970]. Dito de outro modo, há que esclarecer, com a maior precisão possível, o que entender por determinabilidade na hipótese em que sejam empenhados créditos futuros, para que, desse modo, possa ser traçada, com o maior rigor possível, os termos da admissibilidade do seu empenhamento.

Como é consabido, a determinação do objecto é uma pedra basilar da teoria do negócio jurídico, conforme resulta do plasmado nos arts. 280.°, n.° 1 e 400.°. Ora, no caso do penhor, esta matéria terá de, ainda, ter sempre em linha de conta o âmbito objectivo do penhor, resultante do disposto no art. 666.°, n.° 1. Aliás, neste particular, cumpre salientar que o referido preceito legal indica como elemento do penhor a pertença da coisa ou do direito ao devedor ou a terceiro, o que, manifestamente, não sucede no caso do empenhamento de créditos futuros, dado que nessa

---

[968] A este propósito, nota ironicamente BARBIERA, *Le garanzie nel sistema del 1942,* cit., p. 731, que o facto de não existir no CCIt. uma norma similar à do art. 1938.° do mesmo diploma a par do obséquio ao dogma da tipicidade e da rigidez dos direitos reais terão estado, provavelmente, na base da existência de soluções diversas relativamente à extensão do objecto da garantia nos casos da fiança *omnibus* e do penhor *omnibus*. Isto porque, no entender do autor, a doutrina italiana não se tem cansado de salientar que, no penhor, o problema da determinabilidade dos créditos garantidos vem considerada na perspectiva das relações entre o credor pignoratício e outros credores, que são terceiros relativamente ao contrato de penhor, enquanto na fiança o mesmo problema apenas diz respeito à relação existente entre o credor garantido e o garante.

[969] GARCIA VICENTE, *La prenda de créditos,* cit., pp. 160-161.

[970] Neste particular, salientava BARBERO, *Sistema del Diritto Privato Italiano,* Vol. II – *Obbligazionie e contratti, Succezioni per causa di morte,* cit., p. 162, a propósito do penhor de coisas, que não existiam dúvidas que não se colocam obstáculos à negociação de um penhor que incide sobre bens futuros. Problema diverso seria o da sua constituição, que seria puramente ilusória, já que a coisa poderia vir a faltar e, ademais, não se vislumbraria o modo pelo qual ocorreria o desapossamento do devedor empenhador.

situação o direito de crédito ainda não integra o património do empenhador[971].

Por forma a balizarmos o nosso raciocínio, partiremos de uma cláusula típica cuja frequência, se bem que com algumas variantes, é assaz comum na prática bancária e que, por comodidade passamos a transcrever[972]:

1. Para garantia da presente operação, é constituído penhor sobre o saldo de (...), derivado da conta número (...), da qual o ora empenhador é titular.
2. Para os efeitos do disposto no número anterior, considera-se que o penhor é constituído igualmente para garantia de qualquer outro crédito, se bem que ainda não seja líquido ou exigível e se encontre garantido por qualquer outra garantia, pessoal ou real, já existente ou prestes a existir a favor do Banco, representado por: (i) saldo passivo de conta corrente e/ou dependente de qualquer operação bancária, designadamente financiamentos concedidos, independentemente da forma, abertura de crédito, abertura de crédito documentário; (ii) antecipação sobre títulos ou mercadorias, liberação de garantias a favor de terceiros, depósitos caucionais, reportes, compra e venda de títulos, operações de intermediação financeira ou prestação de serviços"

À partida, poderíamos recusar liminarmente a validade de cláusulas deste teor, dado que a regra de eficácia de qualquer contrato é limitada, porque as normas relativas ao concurso de credores procuram disciplinar o contraste entre todos os interessados e, nos casos abarcados pela cláusula de extensão, tal circunstância está vedada, em virtude de nem todos

---

[971] RUI OLIVEIRA NEVES, *O penhor de créditos – Contributo para a compreensão da figura no contexto das garantias especiais das obrigações,* cit., p. 16.

[972] Adoptada, com algumas adaptações, a partir do modelo referido por STELLA, *Il pegno a garanzia di crediti futuri,* cit., pp. 54-55. Trata-se, no essencial, da minuta de condições gerais aprovada pela Associação Bancária Italiana. Conforme salienta a autora, IDEM, *Ibidem,* cit., pp. 56-57, é possível distinguir, *summo rigore,* o penhor *omnibus,* que incide directamente, e de modo genérico, sobre todos os créditos presentes e futuros do empenhador em relação ao credor pignoratício e, de outro lado, a cláusula de extensão, na qual se constitui um penhor para garantia de um crédito especificamente indicado, visando a cláusula em questão estender o penhor a todos e quaisquer créditos presentes e futuros a favor do referido sujeito.

os interessados poderem operar a modificação das regras da preferência na satisfação do crédito[973].

Atendendo à necessidade de o empenhador poder calcular o limite da sua responsabilidade, somos do entendimento de que, através do operar do princípio da especialidade, a determinabilidade poderá actuar de duas formas distintas, a saber: (i) através da fixação de uma quantia pecuniária determinada, que funcionará como limite máximo da responsabilidade coberta pela garantia, e (ii) mediante a determinação dos créditos concretamente garantidos[974]. Sendo que, neste último caso, a determinação dos créditos garantidos implica que as partes, aquando da celebração do contrato de penhor, descrevam quais os créditos abrangidos pela garantia.

O que equivale a dizer, à guisa de conclusão, que cláusulas de estilo – comuns no tráfego jurídico-bancário – como *"as operações de crédito mantidas com o cliente"* ou *"todos e quaisquer negócios que existam ou venham a ser celebrados com o cliente"* terão de ser consideradas nulas por indeterminabilidade do objecto, porquanto têm um carácter, *rectius* um objecto vago e indeterminado, o qual obsta à efectiva determinação dos créditos garantidos[975].

Na verdade, tais cláusulas só poderão ser consideradas válidas a partir do momento em que estejam limitadas a um máximo de responsabilidade, já que, nesse momento, o empenhador encontra-se numa posição que lhe possibilita determinar, desde logo, qual o limite da sua responsabilidade, podendo, por isso, efectuar o juízo de prognose necessário para aquilatar as vantagens e os inconvenientes da assunção da responsabilidade derivada da constituição do penhor[976]. Ou, quando muito, apenas poderão ser consideradas válidas nas situações em que sejam identificados quais os negócios a celebrar ou a serem celebrados com o credor pignoratício.

---

[973] STOLFI, *In tema di pegno per crediti indeterminati*, cit., p. 225.

[974] CARLOS SALINAS, *Il pegno omnibus*, cit., p. 610.

[975] Acrescenta, em termos que acompanhamos, STOLFI, *In tema di pegno per crediti indeterminati*, cit., p. 228 que devem ser excluídas as cláusulas que contenham referências aos créditos detidos directa ou indirectamente sobre o empenhador, bem como cláusulas que se refiram a todos os créditos existentes ou já constituídos a favor de um banco (credor pignoratício).

[976] CARLOS SALINAS, *Il pegno omnibus*, cit., p. 615-616. Por este motivo, julgamos que é igualmente de sufragar a opinião expressa por TAMPONI, *Sulla clausola estensiva della garanzia pignoratizia ai crediti presenti e ai crediti futuri*, in RDC XX (1974), Parte Seconda, pp. 212-231 (p. 225), quando refere que não existem razões que proíbam a validade e a plena eficácia da extensão da garantia pignoratícia concedida para um credito aos créditos em conexão com tal garantia.

Contudo, mesmo na hipótese acabada de referir, somos do entendimento de que sem a previsão expressa do limite máximo de responsabilidade do empenhador, tais cláusulas terão de ser consideradas, forçosamente, nulas, já que não determinam de forma rigorosa quais as obrigações garantidas pelo penhor constituído[977].

Note-se, no entanto, que nos casos em que o penhor seja validamente constituído para garantia de um crédito existente e determinado, mas seja acompanhado de uma cláusula de extensão para créditos futuros, apenas teremos uma nulidade parcial do penhor, dado que apenas a cláusula de extensão não produzirá efeitos, podendo, no entanto, o credor pignoratício fazer-se valer do penhor não afectado pela nulidade de tal cláusula[978]. Deste modo, na eventualidade de o penhor garantir vários créditos, é mister apurar a validade do penhor relativamente a cada crédito – ou grupo de créditos – já que o penhor, em teoria, pode não ser afectado *in toto* pela nulidade resultante da indeterminação parcial do objecto.

Dito de outro modo, nestes casos haverá lugar a redução do negócio jurídico, nos termos do art. 292.º, pelo que o contraente quepretender a invalidade total tem o ónus de provar que a vontade hipotética das partes ou de uma delas, no momento do negócio, era nesse sentido. Assim, caso não se tenha provado que a vontade hipotética não era no sentido da redução, operará o art. 292.º, sendo que, neste particular, haverá que ter em consideração que, uma vez verificada a invalidade parcial, se for conforme à boa fé, numa apreciação actual, que o restante conteúdo do negócio se mantenha, será dada prevalência ao princípio da boa fé, independentemente do facto de a vontade hipotética, reportada ao momento da conclusão do negócio, ser diversa[979].

---

[977] Por este motivo, tendemos a discordar com o Ac. da Relação do Porto, de 26 de Setembro de 1989 Proc.N.º 0022815 (*apud* http://www.dgsi.pt/) quando, de forma assaz lata, entende que o penhor pode abranger obrigações futuras, ainda que não projectadas ou negociadas no montante da constituição dessa garantia. Entendimento mais estrito é o de STOLFI, *In tema di pegno per crediti indeterminati*, cit., p. 231, quando afirma que as normas do CCIt são inderrogáveis, motivo pelo qual exclui liminarmente a validade e a eficácia do penhor para garantia de créditos não determinados.

[978] No mesmo sentido, STELLA, *Il pegno a garanzia di crediti futuri,* cit., p. 132.

[979] Assim, por exemplo, MOTA PINTO, *Teoria Geral do Direito Civil*, 4.ª ed., cit, pp. 636-637, CARVALHO FERNANDES, *Teoria Geral do Direito Civil*, Tomo II, *Fontes, Conteúdo e Garantia da RelaçãoJurídica,* , 4.ª ed., Lisboa: UCP Editora, 2007, pp. 520--521. Em sentido contrário, OLIVEIRA ASCENSÃO, *Direito Civil – Teoria Geral,* Vol II, *Acções e Factos Jurídicos,* 2.ª ed., Coimbra: Coimbra Editora, 2003, p. 424.

CAPÍTULO IV

Penhor e Negócio Fiduciário

§ 1. O NEGÓCIO FIDUCIÁRIO

1. Preliminares

Uma vez delimitado, nos seus traços gerais, o regime que rege o contrato de penhor e, sobretudo, uma vez apurado que no penhor irregular opera a transmissão da propriedade das coisas empenhadas, somos do entendimento que afigura-se conveniente efectuar um breve excurso sobre os negócios fiduciários, para procurar aferir da sua interpenetração com o contrato de penhor.

De um ponto de vista tradicional, a fidúcia pode ter por finalidade a garantia – *fiducia cum creditore* – ou a administração – *fiducia cum amico* –, distinguindo-se da simulação relativa porque a vontade das partes na realização do negócio é séria e não fictícia. Ademais, o negócio fiduciário traduzir-se-ia num excesso ou numa homogeneidade do meio utilizado em relação ao fim pretendido, ficando o fiduciário vinculado em termos puramente obrigacionais a cumprir a finalidade pretendida[980].

Ao operar a distinção entre os vários tipos de fidúcia, a doutrina sói distinguir a fidúcia romana e a fidúcia germânica[981]. A fidúcia romana, conforme vimos[982], era construída através da atribuição da propriedade sobre uma coisa, ficando limitada por um pacto obrigacional de adaptação: o pacto fiduciário. Nas suas principais manifestações, a fidúcia

---

[980] PAIS DE VASCONCELOS, *Contratos atípicos,* cit., p. 285.
[981] Sobre esta distinção, cfr. LIPARI, *Il negozio fiduziario (ristampa inalterata),* Milão: Giuffrè, 1971, pp. 75-82 e MARTORELL, *La propriedad fiduciaria,* Barcelona: Bosch, 1950, p. 27-44.
[982] Capítulo I, número 1.1.

separava-se em dois grupos: de um lado tínhamos a *fiducia cum amico*, dotada de finalidades muito amplas, desde a administração geral, passando pelo depósito, comodato, locação ou mesmo doações *mortis causa* ou por interposta pessoa, enquanto a *fiducia cum creditore* era dotada de funções de garantia[983]. Em função da decadência da *fiducia* romana, acabou por surgir, no Direito lombardo, a fidúcia germânica, sendo que a principal distinção com a sua congénere romana prende-se com a posição do fiduciário, já que a titularidade pelo fiduciário da coisa fiduciada não é plena, passando a ser modelada funcionalmente pelo fim da fidúcia.

Saliente-se, não obstante, que é discutível se os negócios fiduciários de tipo germânico constituem verdadeiros negócios fiduciários, uma vez que lhes falta a possibilidade de abuso, risco limitado pela *fides,* existindo antes uma correspondência exacta entre os poderes do fiduciário e os fins do negócio[984].

Dando um passo mais, podemos assentar no seguinte dado apriorístico: o negócio fiduciário traduz-se na alienação de um direito que tanto pode ser real como de crédito, pelo que o fiduciário adquire, *ipso iure,* o direito alienado e os poderes que constituem o seu conteúdo[985]. Ora,

---

[983] Note-se que a *fiducia* na sua configuração clássica foi desaparecendo paulatinamente. Assim, a *fiducia cum amico* deu origem ao depósito e ao comodato, enquanto a *fiducia cum creditore*, apesar de já não existir na época de Justiniano, acabou por ser transformada, dado que é comum encontrar referências onde é ligada ao *pignus* e às acções *pigneraticiae*.

[984] Similarmente, NITTI, *Negozio Fiduciario* in NssDI, tomo XI, Turim: Unione Tipografico-Editrice Torinese, 1965, pp. 202-208 (p. 203, 1.ª e 2.ª colunas) salienta que na fidúcia de tipo germânico a determinação do escopo exerce a sua influência directamente na esfera do poder jurídico do fiduciário, ao qual era transmitida sob condição resolutiva ao proprietário, motivo pelo qual entende que o reconhecimento da admissibilidade da fidúcia germânica implicaria a admissibilidade de uma propriedade temporária e resolúvel, facto que considera inaceitável. ALMEIDA COSTA, *Alienação fiduciária em garantia e aquisição de casa própria,* cit., p 45.

[985] Efectuando uma classificação dos negócios fiduciários, entende HANS-JOACHIM BÜLOW, *Der Treuhandvertrag,* 3.ª ed., Heidelberga: Verlag Recht und Wirtschaft GmbH, 2000, pp. 2-3, que eles podem ser de três tipos: (i) a fidúcia de administração (*"Verwaltungstreuhand"*), na qual o fiduciário administra um bem propriedade do fiduciante, (ii) a alienação fiduciária em garantia (*"Sicherungstreuhand"*), na qual é alienado um bem do fiduciante ao fiduciário como garantia de cumprimento de uma dada prestação, sendo que entre ambas estas figuras existe o (iii) depósito em garantia (*"doppelseitige Treuhand"*), na qual é depositado junto de um terceiro o bem fiduciário,

sucede que o traço distintivo que permite identificar o negócio fiduciário, o seu, passe a imagem, bilhete de identidade, prende-se com o facto de, prototipicamente, a atribuição destes poderes ser feita não em toda a sua extensão, mas apenas tendo em vista a realização de certo fim que o autor do negócio tem em vista. Trata-se do *pactum fiduciae*[986], ao qual compete a tarefa de coordenar e regular os termos em que operará o negócio fiduciário[987].

Tendo por base este elemento, a doutrina, tradicionalmente, tende a considerar que esta modalidade de negócio jurídico tem uma eficácia que excede o fim visado com a sua celebração, já que o fiduciante procurará afastar as consequências que o excesso dos meios concedidos sobre o fim visado pode conduzir, nomeadamente o risco de infidelidade[988]. Deste modo, recorrer-se-ia, p. ex., a uma cessão de créditos em garantia quando um penhor de créditos seria o meio mais apropriado, ou a uma transmis-

---

sendo que entre o fiduciante e o terceiro deparamos com uma fidúcia de administração e entre o fiduciante e o fiduciário deparamos com uma alienação fiduciária em garantia. Já GERNHUBER, *Die fiduziarische Treuhand*, in JuS 28 (1988), pp. 355-363 (p. 356) refere como terceira modalidade de negócio fiduciário a fidúcia para cumprimento (*"Erfüllungstreuhand"*), que ocorre quando o fiduciante transmite sem restrições para o fiduciário um bem para que este cumpra a dívida do fiduciante. Para uma análise da estrutura das garantias fiduciárias e do respectivo conteúdo, cfr., SCHERBER, *Probleme der fiduziarischen Kreditsicherung durch Dritte*, Düsseldorf, 1971, pp. 2-8 e pp. 8-26, respectivamente.

[986] Acrescenta CARVALHO FERNANDES, *A admissibilidade do negócio fiduciário no Direito Português* in *Estudos sobre a simulação*, Lisboa: Quid Iuris?, 2004, pp. 243-274 (pp. 246-247), que, de um ponto de vista meramente estatístico, se o negócio tiver natureza real, a posição daquele que confia é reforçada, já que no caso de infidelidade do fiduciário, o fiduciante poderá fazer operar a cláusula fiduciária contra o fiduciário infiel, bem como contra o terceiro adquirente do correspondente direito. Tratando-se de pacto fiduciário obrigacional, o fiduciante apenas terá direito a ser indemnizado dos danos que a infidelidade causou, sem prejuízo da eventual sanção penal a que haja lugar. *In casu*, crime de burla (art. 217.º do Código Penal).

[987] GERNHUBER, *Die fiduziarische Treuhand*, cit., p. 357. Na síntese de MENEZES CORDEIRO, *Tratado de Direito Civil Português*, Vol. II – *Direito das Obrigações*, tomo II, cit., p. 269, a especificidade da fidúcia reside no facto de a correspondente cláusula se limitar, em termos de maior ou menor generalidade, a apontar um escopo diverso do do tipo em causa, sendo a concretização dirigida à prossecução desse escopo deixada ao livre juízo do fiduciário.

[988] Assim, p. ex., CARVALHO FERNANDES, *A admissibilidade do negócio fiduciário no Direito Português*, cit., p. 247.

são da propriedade de uma coisa para administração, sendo que o mandato dispensaria a transferência do direito para atingir o mesmo escopo[989].

Não sendo esta a sede adequada para explanarmos desenvolvidamente esta questão, sempre diremos que, por vezes, não deparamos com uma desproporção entre o meio e o fim, já que a transmissão do direito apresenta-se como algo essencial e querido pelas partes[990]. O que equivale a dizer que não lidamos com uma verdadeira homogeneidade entre a atribuição patrimonial e o escopo visado apenas na medida em que o poder do fiduciário caracteriza-se pela possibilidade de abuso, algo que resulta igualmente da própria estrutura dos direitos reais, já que é difícil distinguir de forma líquida a titularidade formal e a titularidade económica, dado que quem fica investido na titularidade do direito fica investido igualmente com a possibilidade de poder dispor da coisa[991].

Efectivamente, por via de regra, as partes recorrem ao negócio fiduciário, dado que, no seu entendimento, a solução obtida é a que melhor se adequa aos fins visados. Dito de outro modo, não há uma divergência entre meio e fim, porquanto o fim utilizado pelas partes é constituído pela investidura do fiduciário numa situação jurídica, de molde a que exerça os poderes e cumpra os deveres integrantes dessa situação de modo adequado à prossecução do fim tido em vista[992]. Na verdade, de um ponto de vista meramente prático, domina um fenómeno que consiste numa

---

[989] Exemplos colhidos junto de PESTANA DE VASCONCELOS, *A cessão de créditos em garantia e a insolvência – Em particular da posição do cessionário na Insolvência do Cedente*, cit., p. 55.

[990] Não obstante, ainda encontramos a adesão à concepção da desproporção como manifestação do negócio fiduciário em obras recentes. Veja-se, p. ex., JOAQUÍN ARESPACOCHAGA, *El trust, la fiducia y figuras afines*, Madrid-Barcelona: Martial Pons, 2000, p. 18, que considera que o negócio fiduciário como um negócio complexo, integrado por um negócio real de transmissão plena da propriedade e por outro de carácter obrigacional, ao qual compete moderar a desproporção entre o meio e o fim utilizados, compelindo o fiduciário a limitar o uso do direito adquirido, restituindo-o formalmente ao transmitente ou a um terceiro.

[991] GRASSETTI, *Il negozio fiduciário e della sua ammissibilità nel nostro ordinamento giuridico,* in RDCo XXXIV (1936), Parte Prima, pp. 345-378 (p. 364)

[992] PAIS DE VASCONCELOS, *Em tema de negócio fiduciário,* (polic.), Lisboa, 1987, p. 16. Comparando as posições de GRASSETTI, *Il negozio fiduziario,* cit. e PAIS DE VASCONCELOS, *Em tema de negócio fiduciário,* considera JANUÁRIO DA COSTA GOMES, *Assunção fidejussória de dívida,* cit., p. 88 (nota 347) que estamos perante um desentendimento mais formal do que substancial, já que tudo se reduz a uma diferença de perspectivas: o meio é excessivo para o fim convencionado considerado em abstracto, mas é o adequado a tal fim, na construção das partes, no caso concreto.

realidade do ordenamento privado, não curando os intervenientes de se preocupar com as controvérsias doutrinárias relativas ao negócio celebrando[993].

Não obstante, é mister ter em consideração o facto de o negócio fiduciário, para além de representar um investimento de confiança na pessoa do fiduciário[994], representar igualmente o enfraquecimento da posição do fiduciante, já que este fica exposto a quatro riscos distintos, a saber: (i) a recusa de transmissão, (ii) a transferência a terceiro, (iii) a penhora e (iv) a declaração de insolvência do fiduciário[995]. Dito de outro modo, a estrutura fiduciária deste negócio, tal como o nome desde logo indica, assenta primacialmente numa relação de confiança e, concomitantemente, radica na transmissão de um direito cujo exercício está limitado obrigacionalmente, estando o fiduciário obrigado a retransmitir ao fiduciante o bem objecto do negócio, logo que verificado um determinado condicionalismo[996].

---

[993] ROMANO, *L'accordo fiduciario ed il problema della sua rilevanza* in AAVV, *Studi in onore di Gioacchino Scaduto*, tomo III *Diritto Civile e Diritto Romano*, Milão: Giuffrè, 1970, pp. 35-88 (p. 39). O autor salienta ainda, acertadamente, que os autores continuam a centrar o seu estudo do negócio fiduciário a propósito da causa, das derivações da *fiducia cum amico*, da *fiducia cum creditore*, bem como da conservação do tipo romanístico ou o acolhimento do tipo germânico.

[994] PAIS DE VASCONCELOS, *Contratos atípicos*, cit., p. 288. Neste particular, NITTI, *Negozio Fiduciario*, cit., p. 205 (2.ª coluna), chama a atenção para o facto de ser necessário distinguir o negócio fiduciário dos negócios de fidúcia, i.e., aqueles que se fundam directamente no *intuitu personae* e que determinam que as relações jurídicas deles derivadas tenham como fundamento uma fidúcia substancialmente diversa da fidúcia em sentido técnico. Já CRISCUOLI, *Fiducia e fiducie in diritto privatto: dai negozi fiduziari ai contratti* uberrimae fidei, in RDC XXIX (1983), Parte Prima, p. 136-167 (p. 149), salienta que, a propósito do negócio fiduciário, a doutrina tende a centrar a sua atenção apenas nos negócios *intuitu personae*, entendendo que o âmbito dos negócios fiduciários deve ser estendidos aos casos de correcção máxima (*"uberrimae fidei"*).

[995] PESTANA DE VASCONCELOS, *A cessão de créditos em garantia e a insolvência – Em particular da posição do cessionário na Insolvência do Cedente*, p. 63. Para uma análise desenvolvida do risco fiduciário, IDEM, *Ibibem,* cit. 165-244.

[996] Na lição de GALVÃO TELLES, *Manual dos Contratos,* 4.ª ed., cit., pp. 189-190, fala-se fidúcia precisamente para denotar a confiança pressuposta do fiduciante no fiduciário, dado que aquele confia em que este não trairá as suas intenções e se servirá do meio unicamente para o escopo pretendido. Neste âmbito, salienta CRISCUOLI, *Fiducia e fiducie in diritto privatto: dai negozi fiduziari ai contratti* uberrimae fidei, cit., p. 140, que a *fides*, nos contratos fiduciários, concretiza-se num investimento de confiança (*"affidamento"*) tipicamente finalizado, não se tratando, por conseguinte, de um investimento de contornos vagos, mas sim de um investimento que permite o operar do meca-

Trata-se, pois, de riscos derivados da própria estrutura contratual adoptada, já que é o facto de o direito transmitido estar na esfera do fiduciário e, simultaneamente, as limitações ao exercício do direito deste serem de cariz meramente obrigacional, permitirem que este possa, obviamente, recusar-se retransmitir o direito no momento devido, bem como transmiti-lo a terceiro, quando tal conduta estava vedada, risco esse que será maior ou menor em função do direito transmitido em garantia e do próprio negócio que está na origem da transmissão[997]. Ademais, tais riscos são agravados já que o negócio fiduciário, na modalidade de alienação fiduciária, caracteriza-se por ser uma garantia não acessória da obrigação principal, uma vez que o beneficiário adquire e conserva a propriedade, mesmo que a obrigação principal não se venha a constituir ou se extinga[998]. Com efeito, a garantia fiduciária distingue-se das garantias reais típicas – as quais são, como vimos a propósito do penhor, acessórias – pelo facto de estas não atribuírem um direito de disposição sobre a o bem dado em garantia, mas sim o próprio bem, sendo que a transmissão está limitada do ponto de vista obrigacional[999].

À guisa de conclusão preliminar, podemos afirmar que o negócio fiduciário é uma situação de relação entre hipóteses típicas previstas pelo ordenamento jurídico e os critérios de valoração que incidirão sobre tais hipóteses, sendo que, em função do objectivo perseguido pelas partes, haverá que curar de individualizar com exactidão quais as hipóteses em que este negócio poderá ser admitido[1000].

---

nismo particular da operação fiduciária, i.e., que haja um empenho leal nos actos de cooperação necessária, de molde a realizar o concerto de interesses acordado de forma "lateral" ao esquema formal utilizado para investir o fiduciário na propriedade.

[997] PESTANA DE VASCONCELOS, *A cessão de créditos em garantia e a insolvência – Em particular da posição do cessionário na Insolvência do Cedente*, p. 67.

[998] LUÍS MENEZES LEITÃO, *Garantias das obrigações*, 2.ª ed., cit., pp. 272-273. O autor, no entanto, chama a atenção para a circunstância de as partes poderem estabelecer a acessoriedade através da estipulação de uma condição suspensiva ou resolutiva, associando a subsistência do crédito à existência e manutenção da obrigação principal.

[999] Motivo pelo qual é imperioso centrar a atenção no facto de, nas garantias fiduciárias, estas surgirem com a transmissão do bem objecto da garantia. Sobre este aspecto, cfr., SCHERBER, *Probleme der fiduziarischen Kreditsicherung durch Dritte*, cit., pp. 1-2.

[1000] FURGIUELE, *La fiducia e il problema dei limiti del sistema* in *Mandato, Fiducia e trust*, Milão: Giuffrè: 2003, pp. 7-18 (p. 9). Na síntese de MALTONI, *Teoria del negozio fiduziario e questioni applicative: spunti di riflessione* in *Mandato, Fiducia e trust*, Milão: Giuffrè: 2003, pp. 105-116 (p. 106), em termos meramente estatísticos, o

2. A admissibilidade do negócio fiduciário no direito português

BELEZA DOS SANTOS, na sua dissertação de doutoramento, defendeu a inadmissibilidade dos negócios fiduciários no Direito português[1001]. No seu entender, os actos fiduciários implicavam um contrato positivo de transmissão cuja configuração jurídica pressuporia uma determinada causa. Ora, como o pacto fiduciário que limitaria essa convenção acabaria por revelar que a causa do contrato, i.e., a sua razão de ser, do ponto de vista estritamente económico-jurídico, não era aquela que a lei pressupunha para lhe atribuir os seus efeitos típicos.

Por este motivo, os actos jurídicos com esta natureza teriam um carácter contraditório e, como tal, os efeitos atribuídos por lei estariam em contradição com a sua causa real, motivo pelo qual ocorreria uma divergência que demonstra a incompatibilidade estrutural do contrato positivo de transmissão com o pacto fiduciário que desfigura a sua configuração típica[1002]. Ademais, acrescentava o autor que o pacto fiduciário seria legalmente impossível, dada a incompatibilidade com a estrutura da convenção pela qual se transmitiu o direito real ou de crédito[1003], o que implicaria a conclusão de que o pacto fiduciário seria uma cláusula primacial na determinação do acto jurídico sem a qual nunca teria ocorrido o acto de transmissão. Assim, se tal acto fosse cominado com o desvalor da nulidade, seria forçoso concluir que tal desvalor se faria sentir sobre todo o acto jurídico realizado pelas partes[1004].

Aderindo, no essencial, a esta linha de pensamento veio igualmente ORLANDO DE CARVALHO defender a inadmissibilidade do negócio fidu-

---

negócio fiduciário redunda em: (i) aquisição da plena propriedade do direito por parte do fiduciário, sendo que este é um interesse perseguido pelo fiduciante, em virtude de estar funcionalizado perante o escopo perseguido; (ii) o problema do fiduciante consiste na possibilidade de abuso no plano real conferida pelo fiduciário, em virtude da posição jurídica em que é investido perante o bem, (iii) a necessidade de o intérprete ter de individualizar uma causa lícita para justificar a transferência da titularidade do direito entre o fiduciante e o fiduciário.

[1001] *A Simulação em Direito Civil*, Vol. I, Coimbra: Coimbra Editora, 1921, pp. 120-143. Esta posição veio a ter adesão expressa por parte de MANUEL DE ANDRADE, *Teoria Geral da Relação Jurídica*, Vol. II, 1972, pp. 177-178.
[1002] BELEZA DOS SANTOS, *A Simulação em Direito Civil*, Vol. I, cit., p 122.
[1003] BELEZA DOS SANTOS, *A Simulação em Direito Civil*, Vol. I, cit., p 123.
[1004] BELEZA DOS SANTOS, *A Simulação em Direito Civil*, Vol. I, cit., p 124.

ciário no ordenamento jurídico pátrio, sustentando a incompatibilidade deste negócio que, por ser dotado da abstracção, seria incompatível com sistemas latinos, salientando igualmente que a sua suposição só se afiguraria possível se fosse admitida a atipicidade do contrato translativo, sendo que, em caso contrário, apenas poderia ser obtido um negócio aparente de transmissão e nunca uma venda verdadeira[1005].

Adicionalmente, foi igualmente sustentado que o fim de administrar ou de realizar um acto jurídico, a que corresponde a *fiducia cum amico* poderia ser alcançado através do recurso ao mandato sem representação, enquanto no caso da *fiducia cum creditore* a proibição da venda a retro e do pacto comissório seriam indícios fortes do facto de o legislador não consagrar a validade dos negócios fiduciários[1006].

Uma vez delimitados os termos em que o negócio fiduciário tem sido enquadrado pela doutrina nacional, passe a expressão, clássica, nas páginas que se seguem procuraremos dilucidar alguns dos aspectos que consideramos serem essenciais para aferir da eventual admissibilidade do negócio jurídico fiduciário no nosso ordenamento jurídico[1007-1008].

[1005] *Negócio jurídico indirecto (teoria geral)* in *Escritos – Páginas de Direito*, Vol. I, Coimbra: Livraria Almedina, 1998, pp. 31-164 (pp. 128-129). Similarmente, no Direito espanhol, salienta LERDO DE TEJADA, *Autonomia privada y garantías reales*, cit., p. 3767, que é comummente aceite o facto de o negócio fiduciário apenas ser admitido em sistemas que reconheçam o negócio abstracto e formalista, repugnando, por conseguinte, a ordenamentos jurídicos que sigam uma orientação realista e causalista em que prevalece sempre o negócio verdadeiramente querido, bem como a relação causal básica.

[1006] PESSOA JORGE, *O mandato sem representação,* Lisboa: Edições Ática, 1961, p. 328. BELEZA DOS SANTOS, *A Simulação em Direito Civil*, Vol. I, cit., p 115.

[1007] Saliente-se a visão, de certo modo negativista, de ANELLI, *L'alienazione in funzione di garanzia*, cit., p 183, autor que considera que a adjectivação negócio fiduciário conserva um significado descritivo, carecendo de valor efectivo no plano heurístico, dado que, no seu entender, não lhe corresponde um conjunto coerente de negócios e figuras negociais, encontrando-se conjugadas no plano dogmático por um dado estrutural constante e exclusivo de tal categoria, bem como por uma série de fenómenos cuja variedade é de tal ordem que retiram qualquer significado à expressão.

[1008] Note-se que as linhas que se seguem abordam apenas os aspectos que classicamente são apontados como obstáculo à admissibilidade do negócio fiduciário. Para uma apreciação das várias teorizações relativas ao negócio fiduciário, cfr., CATARINA PIRES CORDEIRO, *A alienação em garantia no Direito Civil português,* pp. 216-231, e para uma apreciação crítica das mesmas, IDEM, *Ibidem,* cit., pp. 238-252.

Em qualquer caso, uma vez que, na maioria dos casos, o negócio fiduciário operará a transmissão de uma coisa (alienação em garantia) ou de um crédito (cessão de créditos

3. Cont. O problema da simulação

No Direito pátrio, a simulação é caracterizada pela convergência de três elementos específicos: a divergência entre a vontade e a declaração, o intuito de enganar terceiros e o acordo simulatório ou *pactum simulationis*. O problema da delimitação entre estas duas figuras coloca-se na modalidade da simulação relativa, mas por referência ao negócio simulado[1009], dado que, tendencialmente, a eficácia obrigacional do negócio fiduciário identifica-se com a parte dissimulada no negócio relativamente simulado[1010].

---

em garantia) impõe-se ao intérprete a tarefa de determinar se a proibição do pacto comissório será aplicável fora do âmbito das garantias reais. Não sendo esta a sede adequada para efectuar tal estudo, somos do entendimento de que a proibição do pacto comissório se faz sentir no âmbito das alienações em garantia, dado que não nos podemos bastar com a incoincidência dos momentos de transferência para afastarmos a aplicação do art. 694. Neste sentido, JANUÁRIO DA COSTA GOMES, *Assunção fidejussória*, cit., p. 92. Assim far-se-á sentir com intensidade a necessidade de distinguir o pacto comissório do pacto marciano, pois só na eventualidade de toparmos com uma avaliação justa do bem alienado o negócio será válido. Assim, JANUÁRIO DA COSTA GOMES, *Assunção fidejussória*, cit., p. 96, CARVALHO FERNANDES, *A admissibilidade do negócio fiduciário no Direito Português*, cit. p. 271 e ANDRADE DE MATOS, *O pacto comissório – contributo para o estudo do âmbito da sua proibição*, cit., p. 193. Em qualquer caso, note-se igualmente que, no nosso entendimento, mesmo que a alienação em causa não brigue com o pacto comissório, poderá, ainda, brigar com institutos gerais, como é o caso, p. ex., do negócio usurário.

[1009] CARVALHO FERNANDES, *A admissibilidade do negócio fiduciário no Direito Português*, cit. p. 272. Conforme refere PESTANA DE VASCONCELOS, *A cessão de créditos em garantia e a insolvência – Em particular da posição do cessionário na Insolvência do Cedente*, p. 683 estamos perante um facto que é de reconhecimento quase unânime há largos anos, pelo que esta tendência de alguns sectores doutrinais apenas se parece justificar pela autoridade de alguns dos envolvidos na querela. Prova disso mesmo é o facto de, p. ex., FERRARA, *La simulación de los negocios jurídicos* (trad. para o castelhano de RAFAEL ATARD e JUAN A. DE LA PUENTE) 3.ª ed., Madrid: Editorial Revista de Derecho Privado, 1953, p. 94, afirmar expressamente que, no caso dos negócios fiduciários, se fala inexactamente de simulação, dado que os contratantes não fingem juridicamente o acto que realizam, limitando-se a recorrer a uma determinada fórmula jurídica para obter ulteriores consequências. Não obstante, ainda hoje deparamos com alguns entendimentos que consideram que o negócio fiduciário é um negócio simulado relativamente. Assim, CRISTINA FUENTESECA, *El negocio fiduciário en la jurisprudencia del Tribunal Supremo*, Barcelona: J. M. Bosch Editor, 1997, p. 195.

[1010] NITTI, *Negozio fiduziario*, cit., p. 206 (1.ª coluna).

A priori, a distinção entre ambas as figuras é líquida: o negócio fiduciário é um acto verdadeiro e efectivamente querido pelas partes, enquanto na simulação relativa o negócio aparente – o simulado – não é querido, embora o seja o negócio dissimulado, afirmando-se ainda que não existe no negócio fiduciário a divergência que caracteriza a simulação, já que o fiduciante deseja proceder à transmissão do direito de propriedade sobre a coisa para o fiduciário[1011].

A visão tradicional diz, no essencial, que a fidúcia, mesmo nos casos em que se distinga da simulação absoluta, produz os mesmos efeitos que a simulação relativa, em virtude de as regras gerais implicarem que o negócio dissimulado apenas se mantenha nos casos em que é efectivamente querido e tenha uma causa merecedora de tutela. Ora, nas alienações em garantia tal não se verificaria, já que estaríamos perante um fenómeno de dupla simulação, porquanto (i) não existiria vontade de operar a transmissão da propriedade e (ii) mesmo que houvesse vontade de efectivar a alienação, a transmissão da propriedade não se verificaria através de um contrato de compra e venda[1012].

Trata-se de um entendimento que não podemos acompanhar. Em primeiro lugar, o *pactum fiduciae*[1013] desempenha uma função assaz distinta do *pactum simulationis*, já que a sua função, no essencial, redunda no facto de ser um elemento do conteúdo de um negócio unitário que,

---

[1011] Assim, p. ex., BELEZA DOS SANTOS, *A Simulação em Direito Civil*, Vol. I, cit., p 144, MANUEL DE ANDRADE, *Teoria Geral da Relação Jurídica*, Vol. II, p. 175, GALVÃO TELLES, *Manual dos Contratos*, 4.ª ed., 193 e PAIS DE VASCONCELOS, *Contratos atípicos*, cit., pp. 299-301.

[1012] CRISTINA FUENTESECA, *El negocio fiduciário en la jurisprudencia del Tribunal Supremo*, cit., p. 197.

[1013] Não deixa de salientar MESSINEO, *Il contrato in genere*, tomo II, Milão: Giuffrè, 1972, refere que a fidúcia consiste no facto de o fiduciante procede ao envio para o fiduciário, relativamente à observância da obrigação de proceder à transferência da propriedade, não sendo o instrumento de exercício ágil para constringi-lo ao cumprimento ou impedir eficazmente um eventual abuso, que o poder adquirido, efectivamente permite. Já LIPARI, *Il negozio fiduziario*, cit., p. 317-326, prefere referir que a distinção entre negócio fiduciário e simulação deriva do grau de elasticidade do instrumento técnico que as partes utilizam, salientando igualmente que a recusa de tutela do intuito fiduciário encontra a sua razão justificadora num dado, o qual tem em consideração a fiduciaridade do comportamento, perante o intuito simulatório, sendo que o limite do sistema ligar-se-ia a esse intuito.

uma vez aposto ao negócio fundamento, é a fonte da atipicidade do negócio fiduciário, enquanto o *pactum simulationis* mais não é do que um negócio instrumental que, para além de explicitar a não correspondência entre o negócio simulado e a vontade das partes, funciona como elo de ligação entre ambos[1014].

Todavia, em algumas circunstâncias, a distinção entre ambos os pactos é assaz difícil. Basta pensar nas hipóteses de venda ou de doação em garantia, situações nas quais quer a venda, quer a doação não são queridas, seja porque não existe intenção de transmitir a propriedade da coisa onerosamente, seja porque não existe no fiduciante o espírito de liberalidade próprio da doação[1015]. Em qualquer caso, deparamos com uma situação em que as partes declaram o que efectivamente desejam, sendo que, para o efeito, ao referirem um determinado tipo contratual, fazem--no para aproveitar, com as devidas alterações, a regulação que já se encontra explicitada na lei e na doutrina[1016].

Adicionalmente, em acrescento à afirmação da verificação da existência do negócio simulado, é assaz comum toparmos com a afirmação de que o negócio fiduciário não opera a transmissão da propriedade em virtude de o negócio querido pelas partes carecer de causa. Trata-se de um aspecto geralmente mal colocado, já que é frequente obliterar o facto de, no negócio fiduciário, concorrerem dois aspectos distintos: a transmissão real unida à promessa obrigacional do fiduciário retransmitir a propriedade do bem ao fiduciante, pelo que a causa do negócio será, pois, a obrigação de retransmissão da propriedade a cargo do fiduciário[1017]. Destarte, *summo rigore*, parece ser lícito afirmar que não estamos perante casos de confusão conceptual, mas sim, pelo contrário, com problemas de

---

[1014] CARVALHO FERNANDES, *A admissibilidade do negócio fiduciário no Direito Português,* cit. p. 273. Similarmente, GRASSETTI, *Il negozio fiduciario e della sua ammissibilità nel nostro ordenamento giuridico,* cit., p. 359, referia que, uma vez admitido o nexo genético entre o negócio fiduciário e o negócio simulado, ambos deveriam distinguir-se pela circunstância de, através da simulação, relativa às partes perseguirem um escopo típico que, total ou parcialmente, é próprio de um negócio diferente daquele que aparentemente foi realizado, enquanto no negócio fiduciário é perseguido um escopo atípico, não reconhecido legislativamente em via específica.

[1015] PAIS DE VASCONCELOS, *Em tema de negócio fiduciário,* cit., p. 103.

[1016] PAIS DE VASCONCELOS, *Em tema de negócio fiduciário,* cit., p. 106.

[1017] RODRÍGUEZ-ROSADO, *Fiducia y pacto de retro garantia,* Madrid/Barcelona: Marcial Pons, 1998, p. 127.

imputação que devem ser resolvidos tendo em consideração os princípios informadores do ordenamento: por via de regra, as situações de interferência com a simulação deverão ser resolvidas através do desaparecimento – ou, digamos, do levantar do véu – do fenómeno de carácter negativo em face daqueloutro de conteúdo positivo, representado pela disposição fiduciária[1018].

Não obstante, afigura-se conveniente atentar na particularidade de o negócio fiduciário poder ser considerado como um negócio unitário, enquanto na simulação, pelo contrário, temos dois contratos: o simulado e o dissimulado, sendo que, adicionalmente, no negócio fiduciário o efeito obrigacional é reenviado para o futuro, não se produzindo nos casos em que exista um abuso fiduciário. Ora, no contrato relativamente simulado, a duplicidade dos efeitos radica no acto, na medida em que se encontra contemplada no contrato simulado e no dissimulado, pelo que, caso este último não se verifique, a simulação relativa estará apenas *in itinere*[1019]. Efectivamente, encarando a questão do prisma da simulação, haverá que procurar legitimar o negócio dissimulado em função da configuração negocial obtida, através de uma reconstrução do negócio por meio de um título conforme à intenção perseguida pelas partes[1020].

Em qualquer caso, o mais das vezes, a tarefa de apurar se estamos perante um negócio fiduciário ou perante um caso de simulação, dependerá da interpretação do contrato[1021] ou, se se preferir, dir-se-á que a distinção entre o negócio simulado e as realidades a ele afins é, no essencial, uma operação de qualificação jurídica do facto[1022]. Em qualquer

---

[1018] ROMANO, *L'accordo fiduziario ed il problema della sua rilevanza*, cit., p. 59.
[1019] MESSINEO, *Il contrato in genere,* tomo II, cit., p. 562.
[1020] Chama a atenção ROMANO, *L'accordo fiduziario ed il problema della sua rilevanza*, cit., pp. 60-61 para a circunstância de, num prisma meramente obrigacional, ser concebível a substituição de um efeito por outro, sempre obrigacional, pelo que nos contratos obrigacionais não vislumbra qualquer obstáculo à interposição simulatória.
[1021] Similarmente, LIPARI, *Il negozio fiduziario,* cit., pp. 323-324 salienta que o acolhimento ou a rejeição da disciplina da simulação não pode ser efectuado *a priori* relativamente à estrutura dos comportamentos, devendo atender-se ao acto querido pelas partes, salientando igualmente que a assimilação entre negócio fiduciário e simulação mais não é do que uma consequência da semelhança estrutural entre ambas, mas que não pode ser sinónimo de uma identificação absoluta no plano normativo.
[1022] AURICCHIO, *A simulação no negócio jurídico* (tradução de *La simulazione nei negozi giuridici* por FERNANDO DE MIRANDA), Coimbra: Coimbra Editora, 1964, pp. 253- -254. Não obstante, o autor, IDEM, *Ibidem,* cit. pp. 254-255 salienta que quer o negócio

caso, por via de regra, o negócio fiduciário é efectivamente querido, motivo pelo qual não poderá ser invocada de forma cega a simulação do negócio[1023].

4. Cont. A fraude à lei

De acordo com a definição clássica, o negócio em fraude à lei é aquele que procura contornar uma proibição legal, tentando chegar ao mesmo resultado por caminhos diversos dos que a lei previu e proibiu[1024].

Nesta sede, o principal efeito visado pelas partes será, *a priori*, o de contornar a proibição do pacto comissório, mormente nos casos de *fiducia cum creditore*[1025]. Sem prejuízo deste pormenor, há que atentar nou-

---

simulado quer o negócio fiduciário assentam na confiança e operam uma alteração da causa, sendo que tais factos são insuficientes *per se* para que se possa falar numa identidade de situação.

[1023] Na síntese lapidar de MENEZES CORDEIRO, *Tratado de Direito Civil Português*, Vol. II – *Direito das Obrigações*, tomo II, cit., p. 270, a admissibilidade dos contratos fiduciários não oferece hoje dúvidas à luz da autonomia privada, sendo que se o escopo pretendido for proibido, o negócio é nulo, assim como será nulo se pretender enganar terceiros, exprimindo uma vontade declarada diferente da real. Salienta FURGIUELE, *La fiducia e il problema dei limiti del sistema*, cit., p. 13 que a questão não será tão líquida em relação ao negócio indirecto, apoiando-se, para o efeito, na máxima que considera que o negócio fiduciário representa um excesso relativamente ao meio utilizado. Já PUGLIATTI, *Precisazioni in tema di vendita a scopo di garanzia*, in RTDPC IV (1950), pp. 298-341 (p. 309), salienta que não é possível discutir-se a legitimidade da venda real com escopo de garantia, dado que o fim que as partes se propuseram obter é realizado através de meios jurídicos legítimos.

[1024] A título de curiosidade, refira-se também uma obra clássica onde, de forma clarividente, se faz o apartar das águas. Afirmava lapidarmente FERRARA, *La simulación de los negócios jurídicos*, 3.ª ed., cit., p. 98, que os negócios fiduciários e os negócios fraudulentos eram uma só e única forma de negócio jurídico que toma atributos diversos segundo o que fim que se pretende obter. Tratando-se de um fim lícito, haverá um negócio fiduciário, sendo que se o fim visado for proibido, estaremos perante um negócio fraudulento.

[1025] Conforme refere CALVÃO DA SILVA, *Anotação ao Acórdão do Supremo Tribunal de Justiça de 16 de Maio de 2000 (Contratos coligados, venda em garantia e promessa de revenda)*, in RLJ 133, n.os 3911 e 3912, pp. 66-91 (p. 91), no caso de venda em garantia com promessa de revenda, verificar-se-á identidade bastante com o pacto comissório, pelo que se justifica a aplicação, no mínimo por analogia, da proibição do pacto comissório. No entanto, entende DE NICTOLIS, *Divietto del patto commissorio*,

tro que não é despiciendo: por via de regra, o negócio fiduciário assimilar-se-á, pelo menos nos efeitos, ao negócio indirecto, contrato que se caracteriza por ser um tipo modificado em função de a modificação do tipo incidir sobre o seu fim, pelo que o contrato celebrado pelas partes corresponde ao tipo de referência, salvo no fim, que é atípico[1026].

Trata-se de uma realidade similar à simulação, mas que se distingue desta em função de as partes não terem qualquer intuito de esconder o contrato celebrado, mas tão-somente utilizar um determinado modelo regulativo para obter um fim específico. Ademais, julgamos ser correcto afirmar que ambos os negócios – o fiduciário e o indirecto – apenas têm em comum a incidência de um motivo que transcende a causa do negócio, já que o negócio indirecto é utilizado para lograr obter fins ulteriores, *scilicet*, indirectos, os quais assumem as vestes de motivos e não de causa do negócio[1027]. Concretizando um pouco mais, quer o negócio fiduciário, quer o negócio indirecto apresentariam uma afinidade conceptual, distinguindo-se pelo facto de o negócio indirecto ser fictício enquanto o negócio fiduciário é efectivamente querido[1028].

Adicionalmente, e apesar do carácter subtil da distinção em função de em ambos os fenómenos estarmos perante uma divergência entre a finalidade visada pelas partes e o meio técnico utilizado, verifica-se que no

---

allienazioni in garanzia e sale-lease back, in RDC XXXVII (1991), pp. 535-569 (pp. 537- -540), que a teoria da fraude à lei não consegue aplicar analogicamente a proibição do pacto comissório, já que tal seria sinónimo de adoptar uma concepção superada de fraude, segundo a qual não se persegue um resultado idêntico, mas apenas análogo ao fim proibido. Adicionalmente, entende a autora que esta teorização peca pela sua incompletude, já que os mecanismos adoptados pelas partes podem ser *contra legem* ou *in fraudem legis*, devendo determinar-se casuisticamente se as partes utilizam um negócio ilícito em si ou uma pluralidade de negócios, lícitos *per se,* mas combinados de modo a perseguir um resultado proibido.

[1026] PAIS DE VASCONCELOS, *Contratos atípicos,* cit., p. 244. Apesar deste enquadramento, ainda se encontram ecos de tentativas de definição do negócio indirecto por referência ao conceito de causa. Assim, p. ex., DI PAOLO, *Negozio indiretto,* in DIGESTO – Sezione Civile, tomo XII, Turim: Unione Tipografico-Editrice Torinese, 1995, pp. 124- -129 (p. 124, 2.ª coluna), salientando que estamos perante um fenómeno típico da liberdade da autonomia privada, caracterizando-se pelo facto de as partes utilizarem um determinado esquema contratual que não corresponde à sua causa, mas sim à causa de um contrato de tipo diverso, não sendo realizável por qualquer outro contrato.

[1027] NITTI, *Negozio fiduziario,* cit., p. 206 (2.ª coluna).

[1028] MESSINEO, *Il contrato in genere,* tomo II, cit., p. 571.

negócio indirecto lidamos tão-somente com um fenómeno através do qual tal divergência dá lugar a um escopo análogo ao de um negócio translativo, mediante o recurso a efeitos meramente obrigacionais, enquanto que o negócio fiduciário, por via de regra, se limita a perseguir fins de custódia (*"fiducia cum amico"*) ou de garantia (*"fiducia cum creditore"*) através da transferência da propriedade. Ou seja, trata-se de um contrato real *quoad effectum*[1029], *rectius*, será um contrato real *quoad effectum* o contrato de compra e venda que, eventualmente, lhe esteja subjacente.

Como facilmente se compreende, nos casos de *fiducia cum creditore* o escopo de garantia visado pelas partes altera a configuração prototítpica do contrato de compra e venda, já que o fim de alienação é substituído por uma intenção de garantia[1030]. Deste modo, atendendo a uma aplicação pura do princípio da proibição do pacto comissório, nos casos de *fiducia cum creditore* deveria considerar-se nula a cláusula comissória, sem prejuízo das restantes disposições do contrato[1031]. Trata-se de um raciocínio lógico que, não obstante, deve ser mitigado, sobretudo se tivermos presente que não existe uma identidade absoluta entre ambas as figuras, dado que o pacto comissório é definido como a faculdade de o credor se apropriar da coisa em caso de incumprimento do empenhador, enquanto na alienação em garantia se verifica uma transmissão prévia da propriedade para o fiduciário, que deverá proceder à sua restituição caso se verifique o incumprimento da obrigação principal.

Efectivamente, somos do entendimento de que é necessário centrar a nossa atenção na concreta regulação ditada pelas partes[1032]. Assim, desde

---

[1029] DI PAOLO, *Negozio indiretto,* cit., p. 125 (2.ª coluna). Note-se que o autor tece esta conclusão partindo do pressuposto que o negócio fiduciário se caracteriza pelo excesso do meio sobre o fim.

[1030] ANELLI, *L'alienazione in funzione di garanzia,* cit., p. 163, por seu turno, sustenta que a substituição da função negocial da venda pelo escopo de garantia conduz a uma leitura diversa de todos os componentes do contrato.

[1031] RODRÍGUEZ-ROSADO, *Fiducia y pacto de retro garantia,* cit., p. 204. Similarmente, já PUGLIATTI, *Precisazioni in tema di vendita a scopo di garanzia,* cit., pp. 338--339, salientava que o elemento de fraude da venda com escopo de garantia resulta da circunstância de ser torneado o pacto comissório, dado que o negócio translativo utilizado com escopo de garantia incide (directa ou indirectamente) na proibição do pacto comissório, dando lugar a uma violação da Lei (ou a uma hipótese de fraude à lei).

[1032] Cumpre salientar que a alienação fiduciária em garantida foi expressamente regulada entre nós no Decreto-Lei n.º 105/2004, de 8 de Maio, cujo art. 14.º prevê que

que o devedor – e o prestador da garantia, caso não exista coincidência entre ambos – fique em condições de controlar ou dominar a eventual diferença do valor do bem alienado e o *quantum* do débito, a alienação em garantia será válida. *Rectius*, desde que exista, em concreto, uma justa avaliação do bem empenhado, o negócio será válido[1033]. Por este motivo, julgamos ser defensável aplicar à *fiducia cum creditore* o regime do penhor relativamente à avaliação e alienação do bem empenhado[1034].

Sucede que, também aqui, a resposta relativa à eventual fraude à lei só pode ser obtida mediante análise individualizada da justiça interna do concreto contrato celebrado pelas partes, pelo que, a problemática dos negócios fiduciários perante a fraude à lei não difere dos demais negócios jurídicos[1035], pois não será pelo facto de um negócio ser fiduciário que será realizado em fraude à lei, mas sim por violar uma proibição legal de modo indirecto[1036].

Em qualquer caso, sempre poderá aventar-se que, nos casos em que o crédito já existia antes da alienação, não há qualquer dúvida de que o

---

o beneficiário tem ao seu dispor as seguintes alternativas: a) restituir a garantia prestada ou objecto equivalente; b) entregar quantia em dinheiro correspondente ao valor que o objecto da garantia tem no momento do vencimento da obrigação; e c) livrar-se da obrigação por meio de compensação, avaliando-se o crédito do prestador nos mesmos termos. Note-se que, apesar desta previsão expressa do legislador, não acompanhamos a afirmação de TIAGO MATTA, *Da garantia fiduciária no âmbito do sistema financeiro*, cit., p. 546, quando, a propósito do questionamento da tipicidade dos direitos reais levantada pelo negócio fiduciário refere que a questão perde relevância em função da aprovação do referido Decreto-Lei. Salvo o devido respeito, tal não sucede por uma ordem de ideias muito simples: enquanto o Direito Civil está orientado pelo princípio do *favor debitoris*, o Direito Comercial (campo de actuação por excelência do Decreto-Lei n.º 105//2004) rege-se por um princípio diametralmente oposto: o princípio do *favor creditoris*, facto que, obviamente inspira soluções diferentes para o mesmo instituto, facto que se justifica pela tomada em consideração da realidade relevante. Acresce ainda que o diploma em questão tem um âmbito de aplicação muito reduzido, motivo que *per se* invalida *a priori* a possibilidade de efectuar generalizações com base no seu regime.

[1033] Em termos similares, JANUÁRIO DA COSTA GOMES, *Assunção fidejussória de dívida*, cit., p. 96 e ANDRADE DE MATOS, *O pacto comissório – contributo para o estudo do âmbito da sua proibição*, cit., p. 193.

[1034] Solução qualificada como possível por LUÍS MENEZES LEITÃO, *Garantias das obrigações*, 2.ª ed., cit., p. 274.

[1035] PAIS DE VASCONCELOS, *Em tema de negócio fiduciário*, cit., p. 106.

[1036] PESTANA DE VASCONCELOS, *A cessão de créditos em garantia e a insolvência – Em particular da posição do cessionário na Insolvência do Cedente*, cit., p. 87.

alienante não recebe qualquer atribuição patrimonial que possa ser qualificada como preço, sendo que nos casos em que o crédito a garantir tem por objecto a forma visada pelo alienante, a obrigação de restituição exclui que tenha havido lugar ao recebimento de qualquer quantia a título de correspectivo da alienação[1037]. Isto porque sendo a propriedade transferida em razão de um crédito *avente causa*, pode concluir-se que a função de troca é substituída pela causa de garantia do contrato e que, consequentemente, esta é digna de tutela pela ordem jurídica, não devendo ser fulminada com qualquer desvalor negativo[1038].

5. *Cont.* A tipicidade dos direitos reais

Atendendo ao preceituado no art. 1306.º, vigora entre nós o princípio do *numerus clausus* dos direitos reais, o que equivale a dizer que apenas são admitidos os direitos reais previstos na lei, estando absolutamente vedado à autonomia privada a criação de direitos dessa natureza, diferentes do previsto na lei. Trata-se, pois, de um limite intrínseco à autonomia privada[1039], sendo que, no caso dos direitos reais atípicos, estamos perante

---

[1037] DE NICTOLIS, *Divietto del patto commissorio, allienazioni in garanzia e sale-lease back*, cit., p. 544.

[1038] Com excepção, p. ex., da eventual aplicação das regras relativas ao negócio usurário.

[1039] A título de curiosidade, note-se que num ordenamento jurídico propenso à admissibilidade do princípio do *numerus apertus* dos direitos reais como é o caso do ordenamento jurídico espanhol, haverá, em princípio, que procurar limitar, *rectius*, determinar as situações em que podem ser criados direitos reais atípicos. Neste particular, analisando a jurisprudência espanhola em sede de Registo Predial, entendem DÍEZ-PICAZO e PONCE DE LEÓN, *Autonomia privada y derechos reales* in AAVV, *Libro-homenaje a Ramón M.ª Roca Sastre*, Vol. II, Madrid: Junta de Decanos de los colégios notariales, 1976, pp. 299-230 (p. 319), que (i) a vontade não pode configurar situações hipotecárias contrariando os preceitos civis, (ii) é forçoso respeitar os preceitos que impedem a amortização da propriedade, (iii) a manifestação ou declaração de vontade deve preencher os requisitos que conteúdo e de forma que impõe a especial natureza de tais direitos, tais como as características externas que relevarão para terceiros, (iv) as orientações limitativas afiguram-se vantajosas, dado que favorecem os cálculos dos terceiros e evitam a criação de direitos inominados e ambíguos; (v) é crucial que seja perseguido um interesse sério e legítimo para que opere a constituição de um direito real.

uma manifestação de um poder privado não previsto pelo legislador[1040], *rectius*, de exercício vedado pela proibição legal.

Sendo assim, *a priori*, poderia pensar-se que a criação de uma propriedade fiduciária poderia alterar radicalmente a natureza e a fisionomia do direito de propriedade, em consequência da concorrência dos efeitos reais e obrigacionais perseguidos pelo negócio fiduciário[1041].

Ora, tal atitude é de rejeitar, já que mesmo nos casos extremos em que as partes pretendessem dotar as limitações ao direito transmitido de eficácia real, criando, destarte, um novo direito real, valeria a conversão de tais direitos reais para congéneres obrigacionais, dado que o art. 1306.º estabelece uma conversão legal, o que implica que o negócio valha sempre como negócio constitutivo de um vínculo obrigacional, independentemente da verificação da vontade tendencial das partes, devendo ser observados os requisitos essenciais de substância e de forma para tal exigidos[1042]. Mais concretamente, apesar de o negócio ser nulo, terá eficácia meramente obrigacional, passando a vigorar a obrigação de adoptar certos comportamentos equivalentes à constituição da situação real que se pretende converter[1043], sendo que a inobservância da dimensão fiduciária dá, ao fiduciante, apenas o direito à competente indemnização[1044].

[1040] NATUCCI, *La tipicità dei Diritti Reali*, 2.ª ed., Pádua: CEDAM, 1988, pp. 168--169.

[1041] PUGLIATTI, *Precisazioni in tema di vendita a scopo di garanzia*, cit., p. 341, defendia que o negócio translativo com escopo de garantia dava lugar a uma atribuição de propriedade fiduciária, sendo que o negócio translativo poderia configurar um negócio translativo ou constitutivo de garantia real. No primeiro caso, a função de garantia produz efeitos sobre a transmissão, transformando a propriedade em propriedade fiduciária, enquanto no segundo caso opera a transformação de uma garantia real numa garantia mais intensa. Dito de outro modo, alternativa ou complementarmente, existe uma situação de propriedade atenuada ou de garantia reforçada.

[1042] OLIVEIRA ASCENSÃO, *A tipicidade dos Direitos Reais*, cit., p. 96. Conforme salienta o autor, IDEM, *Ibidem*, cit., p. 100, uma interpretação literal do preceito poderia levar a entender que a primeira parte do art. 1306, n.º 1 só se aplicaria a uma das figuras aí descritas, sendo que o preceito deve ser interpretado no sentido de entender que o legislador procurou algo que pudesse servir como máximo divisor comum das duas hipóteses previstas na primeira parte, tendo-o encontrado na referência a restrições.

[1043] CARVALHO FERNANDES, *A conversão dos negócios jurídicos civis*, Lisboa: Quid Juris, 1993, p. 607.

[1044] Assim, p. ex., MENEZES CORDEIRO, *Tratado de Direito Civil Português,* Vol. II – *Direito das Obrigações,* tomo II, cit., p. 271.

Ademais, a invocação cega do princípio da tipicidade dos direitos reais teria o óbice de abranger situações em que o negócio fiduciário tem por conteúdo a transmissão de um direito de outra natureza, já que, pela sua natureza, os direitos de crédito do fiduciante são meramente oponíveis à outra parte e não tocam os poderes que fazem o conteúdo do direito real do fiduciário[1045]. Efectivamente, do princípio da tipicidade dos direitos reais não resulta, forçosamente, a tipicidade dos negócios com efeitos reais, dado que são conceitos manifestamente distintos, tal como é distinta a sua fonte – o contrato – e o seu efeito: o direito real[1046].

No que tange ao negócio fiduciário propriamente dito, temos, quando muito, um negócio obrigacional atípico, sendo que esse fenómeno de atipicidade não pode, *a priori*, servir de fonte legitimadora para a negação da constituição de direitos reais limitados[1047]. Sendo assim, e uma vez admitida, em teoria, a validade da *causa fiduciae*, tudo se resumirá a proceder a um controlo do mérito do interesse perseguido pelas partes[1048], *rectius* da dignidade de tutela jurídica do contrato celebrado, já que, na sua perspectiva meramente externa, *scilicet*, o seu efeito real, com a transmissão fiduciária da propriedade transmite-se o direito real de propriedade pura e simples, não havendo qualquer transformação em propriedade fiduciária ou temporária[1049].

[1045] PESTANA DE VASCONCELOS, *A cessão de créditos em garantia e a insolvência – Em particular da posição do cessionário na Insolvência do Cedente*, cit., p. 94.

[1046] NITTI, *Negocio fiduciário*, cit., p. 207 (1.ª coluna)

[1047] Neste sentido já se pronunciava GRASSETTI, *Il negozio fiduciário e della sua ammissibilità nel nostro ordenamento giuridico*, cit., p. 367.

[1048] NATUCCI, *La tipicità dei Diritti Reali*, 2.ª ed., p. 209, ancorando-se na distinção ente o aspecto meramente interno da regulação contratual (vertente obrigacional) e o aspecto externo de tal regulamentação (vertente real).

[1049] FERRARA, *La simulación de los negócios jurídicos*, 3.ª ed., cit., p. 73. Por este motivo entende, em termos que acompanhamos genericamente, LERDO DE TEJADA, *Autonomia privada y garantías reales*, cit., pp. 3778-3779 que a alienação em garantia apenas pretende colocar a coisa à disposição do credor, pelo que topamos com um fenómeno de bloqueio externo da titularidade do fiduciante, o credor assegura que o devedor não pode alienar tais bens e evita que outros credores possam actuar sobre eles, ficando fiduciante e fiduciário obrigados a respeitar a situação criada, ou seja, o fiduciante (vendedor) deve respeitar o bloqueio externo da titularidade, enquanto o fiduciário (comprador) não poderá considerar-se um verdadeiro titular nem exercer as faculdades de disposição sobre a coisa, estando, por conseguinte, obrigado a apenas exercer as faculdades expressamente concedidas pelo negócio. Dito de outro modo, não estamos perante

Com efeito, julgamos ser impossível rejeitar a admissibilidade de uma *causa fiduciae* com a afirmação pura e simples do facto de os direitos reais investirem os seus titulares em situações de interesse público que, por conseguinte, estão subtraídas à disponibilidade dos privados[1050].

§ 2. A NATUREZA JURÍDICA DO PENHOR

1. Razão de ordem

Uma vez gizado, nos seus traços essenciais, o quadro do negócio fiduciário e os termos em que o mesmo deverá ser admitido no direito pátrio, é chegada a hora de procurarmos indagar acerca da natureza do penhor.

Para o efeito, partiremos do estudo já realizado para, sem grandes delongas, demonstrarmos o erro de uma concepção clássica do penhor: a teoria da alienação do valor, para, de seguida, expormos o nosso entendimento acerca da sua natureza jurídica, sem descurarmos o caso específico do penhor de créditos e, também, do penhor irregular. Todavia, procuraremos, também, tentar relacionar o contrato de penhor e o negócio fiduciário, facto que se justifica não só por motivos de ordem meramente histórica, mas, sobretudo, pelo facto de, da perspectiva de um terceiro, o contrato de penhor ter características assaz semelhantes ao negócio fiduciário.

---

uma situação jurídico-real, no sentido de não haver lugar à constituição de uma garantia real típica propriamente dita. Em qualquer caso, é mister salientar que no Direito espanhol a existência do princípio da tipicidade dos direitos reais é uma questão controvertida, pelo que, no que toca ao negócio fiduciário, as soluções alcançadas poderão variar consoante se parta (ou não) do pressuposto que existe um sistema de *numerus apertus* em sede de direitos reais. A propósito do negócio fiduciário encarado sobre o prisma da tipicidade dos direitos reais no Direito espanhol, cfr. RODRÍGUEZ-ROSADO, *Fiducia y pacto de retro garantia,* cit., pp. 174-179.

[1050] Similarmente, COSTANZA, *Il contratto atipico,* cit., p. 149. Note-se, porém, que a autora, IDEM, *Ibidem,* cit., p. 152 aponta como caminho a trilhar, para aferir da admissibilidade do negócio fiduciário, a verificação do facto de o princípio da tipicidade dos direitos reais ser, ou não, representativo de interesses superiores, *rectius*, de ordem pública, que tenham de prevalecer sobre a liberdade da autonomia privada.

2. A perspectiva externa do penhor

Antes do mais, cumpre salientar que quando nos referimos à perspectiva externa do contrato do penhor, fazemos uso de uma expressão cunhada por HERBERT HART, autor para quem as regras podem ser explicadas tendo em conta o seu aspecto externo e o seu aspecto interno. Assim, enquanto as primeiras explicam uma determinada situação do ponto de vista de um simples espectador, a perspectiva ou aspecto interno, própria do participante numa dada sociedade, as segundas procuram descortinar o seu sentido, aceitando-as e utilizando-as como guia de conduta[1051].

Com efeito, se nos colocarmos numa perspectiva externa face ao contrato de penhor, facilmente verificamos que estamos perante uma situação em tudo análoga àquela que encontrámos no negócio fiduciário, já que se verifica, por via de regra, a entrega do bem empenhado ao credor pignoratício, o qual, perante terceiros, terá uma posição similar à do proprietário do bem, já que não existe forma imediata de controlar a titularidade do bem, em virtude de não existir um sistema de publicidade

---

[1051] *O conceito de Direito*, (trad. de *The concept of law*, por ARMINDO RIBEIRO MENDES), 2.ª ed., Lisboa: Fundação Calouste Gulbenkian, 1996, pp. 98-99. Note-se, todavia, que HART parece repudiar em definitivo é a crítica de que a sua teoria se resume a um relato descritivo dos aspectos distintivos do Direito em geral. IDEM, *Ibidem*, cit., p. 308. De qualquer modo, e convém acentuar a ideia que se segue, HART nunca excluiu a possibilidade de recurso a valorações morais. Uma vez que, na maior parte dos casos, as normas jurídicas comportam matérias de cariz moral, ao intérprete não estará vedada a possibilidade de utilizar juízos morais no seu discurso. IDEM, *Ibidem*, cit., p. 309. Ou seja, o recurso a juízos morais só é lícito quando é a própria norma que está imbuída desse mesmo juízo. Conforme decorre do texto e, sobretudo, dos números seguintes, adoptamos aquilo que um dos principais contendores de HART, RONALD DWORKIN designa como atitude interpretativa (*"interpretive attitude"*), ou seja, que face a qualquer prática (ou texto) não nos bastemos com a mera descrição das regras e que procuremos melhorar o resultado. Só assim se evitará o ferrão semântico (*"semantic sting"*) de que padece o positivismo. Ou seja, visa evitar uma mera descrição dos aspectos distintivos do Direito em geral. DWORKIN, *Law's Empire*, cit., p. 46-48. Dito de outro modo, ao longo do texto, excepção feita a este particular parágrafo, não nos temos orientado por um ponto de vista externo (ou seja, das ciências auxiliares do Direito, como é o caso da Sociologia do Direito), mas sim por um ponto de vista interno (o ponto de vista do participante), conforme defende DWORKIN, *Law's Empire*, cit., p. 13. Note-se que DWORKIN acentua que a prática jurídica é argumentativa, o que, de resto, não é inovador. Sobre o papel da argumentação no raciocínio jurídico, numa primeira aproximação, cfr., p. ex., PERELMAN, *Éthique et Droit*, Bruxelas: Éditions de l'Université de Bruxelles, 1990, pp. 561- 667.

capaz de informar sobre a situação do bem[1052]. Tal situação fica igualmente facilitada pelo facto de o regime legal do penhor, por via de regra, dispensar a redução a escrito do contrato[1053], o que permite afirmar que, em algumas circunstâncias, o penhor surgirá como uma garantia oculta, em função de os restantes credores não poderem controlar as onerações a que o bem está sujeito.

Esta situação é exponenciada no caso do penhor irregular, já que aqui, em função do contrato celebrado pelas partes, o credor pignoratício, no caso de penhor de dinheiro, fica proprietário das quantias empenhadas, estando apenas obrigado à restituição do *tantundem*. Se é certo que, nesta situação, a coincidência entre a realidade material e a realidade formal permitiria, à primeira vista, afirmar que estamos perante uma verdadeira e própria alienação fiduciária, o esquema contratual gizado pelas partes desmente-a, já que a faculdade de apropriação – tendencialmente cristalizada e efectivada através da previsão de mecanismos de compensação – não passará de uma faculdade conferida ao credor, situação que, julgamos, impedirá a qualificação deste contrato como negócio fiduciário.

Trata-se, apenas, de uma, digamos, analogia material, já que em função das regras disciplinadoras das garantias reais e da especial afectação a que os bens empenhados estão sujeitos, do ponto de vista formal, *scilicet* jurídico, o penhor é uma verdadeira garantia real, conforme teremos oportunidade de confirmar nos números que se seguem. Ademais, acresce que, caso considerássemos que o penhor é, materialmente, uma alienação fiduciária[1054], tal raciocínio teria de valer *mutatis mutandis* para a hipoteca, motivo pelo qual cumpre averiguar previamente se as teorizações tradicionais são aptas a explicar a essência do penhor[1055].

[1052] Temos em mente o caso dos bens móveis, com excepção dos bens móveis sujeitos a registo.

[1053] Como excepções, temos, p. ex., certos casos de penhor de créditos ou o penhor de valores mobiliários.

[1054] Ou, p. ex., um negócio de administração fiduciária. Similarmente, veja-se, p. ex., BAUR, *Lehrbuch des Sachenrechts,* 10.ª ed., cit., p. 513, considerando que o penhor redunda na administração do objecto do penhor, através da venda e da satisfação do credor pignoratício através do lucro (*"Erloös"*) obtido com a mesma.

[1055] Facto que não invalida, obviamente, a existência de situações de fidúcia estática, ou seja, casos em que o titular de um direito se obriga a gozar e a gerir tal direito segundo as indicações fornecidas por um terceiro e, portanto, no interesse deste último, obrigando--se a transferir o direito mediante simples pedido do terceiro. Neste sentido, p. ex.,

3. Penhor enquanto direito real de garantia

Funcionalmente, os direitos visam delimitar o poder de cada um sobre as coisas. Mais concretamente, visam atribuir aos seus titulares a plena soberania – caso da propriedade – ou determinada soberania – caso dos direitos reais limitados – sobre uma coisa, sendo que tal relação desenrola-se através da relação jurídica estabelecida entre o sujeito do direito e o objecto sobre o qual este incide[1056]. Ou seja, estamos perante um direito que se caracteriza por ser não um direito contra as pessoas ou em relação a pessoas, sendo, pelo contrário, um direito de soberania sobre as coisas[1057]. Mais especificamente, assentaremos na noção de direito real avançada por OLIVEIRA ASCENSÃO, autor para quem o direito real é absoluto, inerente a uma coisa e funcionalmente dirigido à afectação desta aos interesses do sujeito[1058].

Atendendo à função que o direito é chamado a desempenhar, a doutrina sói distinguir (i) direitos reais de gozo, os quais permitem o desfrute de uma coisa, (ii) os direitos reais de garantia, que visam a garantia de um crédito e (iii) os direitos reais de aquisição, os quais visam a aquisição de um direito real de gozo ou de um crédito relativo ao gozo de uma coisa, nos ónus reais que forem direitos reais[1059]. Não obstante, apesar desta tripartição comummente aceite pela doutrina, têm surgido ao longo

---

MALTONI, *Teoria del negozio fiduziario e questioni applicative: spunti di riflessione*, cit., p. 109.

[1056] HENRIQUE MESQUITA, *Obrigações reais e ónus reais*, cit., p. 58.
[1057] HENRIQUE MESQUITA, *Obrigações reais e ónus reais*, cit., p. 71.
[1058] *Direito Civil – Reais*, 5.ª ed., cit., p. 44. Conforme facilmente se compreenderá, não é esta a sede para discutirmos o conceito de direito real, matéria que transcenderia o âmbito do presente trabalho. Neste particular, permitimo-nos salientar que a mesma, conforme ensinam, p. ex., OLIVEIRA ASCENSÃO e MENEZES CORDEIRO, assenta necessariamente na noção de direito subjectivo. Não obstante, temos alguma dificuldade em seguir o ensinamento de MENEZES CORDEIRO, *Direitos Reais*, cit., p. 351, autor para quem o direito real é o produto da permissão normativa centrada na coisa corpórea, no âmbito privado, a favor dos seus destinatários, sendo a afectação jurídico-privada de uma coisa corpórea aos fins de pessoas individualmente consideradas, em virtude de esta noção permitir afirmar o carácter absoluto de todos os direitos.
[1059] Trata-se, pois, de um critério implícito, que é o da função que o direito desempenha. Assim, OLIVEIRA ASCENSÃO, *Direito Civil – Reais*, 5.ª ed., p. 176. Similarmente, JOSÉ ALBERTO VIEIRA, *Direitos Reais*, cit., p. 318, salientando que a tripartição dos direitos reais assenta na função do conteúdo do aproveitamento da coisa.

dos tempos algumas teorizações que colocam alguns obstáculos à definição desta categoria dogmática.

Efectivamente, assentando na ideia de os direitos reais de garantia não consistirem no exercício de poderes de facto sobre a coisa, CARNEIRO PACHECO, defendeu, entre nós, que o direito real de garantia consistiria na alienação do valor da coisa, dado que caracterizar-se-ia pela alienação feita pelo credor preferencial do valor da coisa sobre que recai a preferência.[1060]. Trata-se um entendimento insusceptível de ser acompanhado, pela seguinte ordem de razões: (i) nos casos em que o devedor pagou voluntariamente a dívida não podemos afirmar estar perante uma alienação de valor, (ii) esta teorização visa definir a essência do direito real pelo fenómeno que se verifica numa fase patológica, e (iii) uma vez constituída preferência especial sobre certa coisa, pode posteriormente constituir-se preferência especial mais intensa, sendo que, nesse caso, a preferência especial prefere em relação à inicial[1061].

Apesar de esta tese não poder ser acolhida, é mister reconhecer-lhe o mérito de ter colocado em evidência o aspecto económico e a função do penhor, tendo igualmente colocado em relevo alguns pontos essenciais da sua disciplina, como sejam a possibilidade de garantir apenas uma parte do crédito ou o facto de o credor pignoratício, mau grado poder lançar mão da acção executiva, não poder apropriar-se, após a venda do bem empenhado, de uma quantia superior ao montante do crédito garantido[1062]. Acresce ainda que, a ser aceite, esta tese poderia trazer confusões desne-

---

[1060] *Dos privilégios creditórios*, 2.ª ed., Coimbra: França & Arménio, 1914, pp. 9 e segs. e 42 e segs. Note-se, todavia, que não estamos perante uma teorização original. Veja-se, p. ex., CHIRONI, *Tratatto dei privilegi, delle ipoteche e del Pegno*, cit., pp. 56 e segs. Conforme facilmente se percebe, esta noção visa incluir os privilégios creditórios no conceito de direito real de garantia. Neste particular, segundo OLIVEIRA ASCENSÃO, *Direito Civil – Reais*, 5.ª ed., p. 552, apenas os privilégios especiais poderão ser considerados direitos reais. No mesmo sentido, MIGUEL LUCAS PIRES, *Dos privilégios creditórios – Regime Jurídico e sua influência no concurso de credores*, Coimbra: Livraria Almedina, 2004, p. 431. Note-se que tal circunstância não invalida que se considere a *datio* da coisa ou a constituição negocial do título como facto atributivo de um valor à coisa entre as partes. Assim FRAGALI, *Garanzia*, cit., p. 460 (2.ª coluna).

[1061] PAULO CUNHA, *Da Garantia nas obrigações*, II, cit., pp. 127-130. No dizer de OLIVEIRA ASCENSÃO, *Direito Civil – Reais*, 5.ª ed., p. 187, estamos perante uma crítica irrespondível.

[1062] RUBINO, *La responsabilità patrimoniale: Il pegno*, 2.ª ed., cit., p. 183.

cessárias, já que o valor de uma coisa não pode constituir objecto de relações jurídicas e, muito menos, ser objecto de alienação, dado que deixaríamos de estar perante um bem, mas sim perante uma avaliação económica do mesmo[1063].

Destarte, a essência do direito real de garantia incide na afectação da coisa ao crédito privilegiado[1064], pelo que é mister procurar delimitar da forma mais completa possível este fenómeno. À partida, poderíamos ser tentados a afirmar que o simples facto de o credor pignoratício ter o poder de dar certa coisa à execução para, posteriormente, levantar preferencialmente a parte do crédito garantido sobre o produto da venda para podermos afirmar estar perante uma afectação real[1065]. Em qualquer caso, convém ter em consideração o facto de a alteração do regime da execução da garantia real – sobretudo se considerada a partir da sua raiz romana – permitir tornar discutível a sua configuração como direito real[1066].

Com efeito, tendo em consideração esta dificuldade, poderíamos ser tentados a abandonar uma tentativa de concatenação do aspecto do carácter absoluto inerente aos direitos reais e às dificuldades de reconstrução relativas às relações entre os poderes conferidos ao credor pignoratício e o bem empenhado, seria possível bastar-nos por salientar o aspecto funcional do penhor, afirmando que este, mais do que um reforço da acção executiva colocada à disposição do credor pignoratício, é uma sanção que

---

[1063] MISURALE, *Profili evolutivi della disciplina del pegno*, cit., p. 27.

[1064] A título de curiosidade, informa VON LÜBTOW, *Die struktur der Pfandrechte und Reallasten*, cit., pp. 335-336 que a crença que a essência do penhor assenta na garantia do crédito vai contra a unidade do conceito de penhor, já que os redactores do BGB não curaram da definição da construção jurídica da renda fundiária (*"Grundschuld"*) e consideravam a hipoteca como um penhor sobre imóveis (*"Pfandrecht an Grundstücken"*), facto que levou a doutrina a colmatar estas lacunas, criando um conceito abrangente de penhor: o "penhor imobiliário" (*"Grundpfandrecht"*). O "penhor imobiliário" consiste nos direitos de administração sobre um imóvel, sobre a base dos quais incide a venda ou o sequestro do imóvel. Sobre esta figura, cfr., p. ex. WOLF, *Sachenrecht*, 23.ª ed., pp. 364-380.

[1065] PAULO CUNHA, *Da Garantia nas obrigações*, II, cit., pp. 131. No mesmo sentido SANTOS JUSTO, *Direitos Reais*, cit., p. 466, salientando que na faculdade conferida ao credor pignoratício de poder ver a coisa podem ser vistas as características da sequela e da prevalência, típicas dos direitos reais.

[1066] PUGLIESI, *Diritti reali*, in ED, tomo XII, Milão: Giuffrè, 1964, pp. 755-776 (pp. 773 (2.ª coluna)-774 (1.ª coluna).

a execução judicial acciona. Ou seja, o penhor visaria reforçar a situação creditória, designadamente porque pairaria sempre sobre o empenhador como uma ameaça que, em caso de incumprimento, redundaria numa verdadeira e própria sanção[1067].

Não discordando na totalidade desta explicação funcionalista, somos do entendimento de que a natureza jurídica do penhor pode ser explicada no âmbito dos direitos reais, *maxime,* dos direitos reais de garantia, porquanto o conteúdo do direito real de garantia consiste na atribuição ao titular de uma posição de supremacia quanto aos demais credores, conferindo-lhe preferência na satisfação do seu crédito através do produto da venda da coisa[1068]. Ademais, a reserva *ad rem* existente em função da constituição do penhor, será, cremos, a pedra-de-toque que permite afirmar a realidade desta garantia de crédito, já que, num momento posterior ao da sua constituição, a utilidade derivada dessa reserva poderá ser exercida, de molde a satisfazer o interesse do credor. Dito de outro modo, uma vez conseguida tal utilidade, ela é o resultado dos poderes conferidos pela lei em consequência do exercício do direito subjectivo conferido ao credor pignoratício[1069]. Com efeito, a preferência na satisfação do crédito reforça a posição do credor pignoratício no confronto com terceiros, naquilo que podemos qualificar, no mínimo, como uma manifestação do carácter absoluto da garantia, mas, principalmente, pelo fenómeno da inerência e do direito de sequela[1070].

Finalmente, cumpre igualmente salientar o facto de a execução coactiva a que o credor pignoratício pode lançar mão funcionar igualmente como uma sanção, uma espécie de ameaça de um mal que, em último grau, visa compelir o empenhador a cumprir as obrigações a que está adstrito, sob pena de poder ver-se numa situação em que verá o seu

---

[1067] Assim, MISURALE, *Profili evolutivi della disciplina del pegno,* cit., pp. 41-42. Para uma apreciação das várias teorias acerca da natureza jurídico do penhor, cfr. IDEM, *Ibidem,* cit., pp. 10-38.

[1068] JOSÉ ALBERTO VIEIRA, *Direitos Reais,* cit., p. 324. Similarmente, MENEZES LEITÃO, *Direitos Reais,* cit., p. 178.

[1069] GABRIELLI, *Pegno,* cit., p. 332, (1.ª coluna).

[1070] Salienta GABRIELLI, *Pegno,* cit., p. 332 (1. e 2.ª colunas) que, no lado interno do penhor funciona a garantia, i.e., as relações entre as partes no contrato, e, de um ponto de vista externo, funciona a preferência, a qual incide sobre o regime da circulação do direito, a oponibilidade do título e a solução de conflitos de interesses ente empenhador, credor pignoratício e terceiros.

património diminuído, em função da satisfação do interesse do credor. O que equivale a dizer que o penhor não se limita a funcionar como um mero reforço dos patrimónios que o credor pignoratício pode "atacar", actuando igualmente como sanção do incumprimento, convergindo assim de forma harmónica com a função tipicamente assinalada aos direitos reais de garantia[1071]. Funciona, pois, passe a expressão, como uma fase prévia da responsabilidade do empenhador[1072], i.e., o momento em que o credor pignoratício pode lançar mão na fase executiva para satisfazer o seu crédito.

Concluímos, pois, que o penhor é um direito real de garantia cujo conteúdo consiste no poder que confere ao seu titular de, mediante um acto de disposição, realizar à custa da coisa determinado valor, com preferência face aos credores comuns do respectivo proprietário, bem como sobre os credores que disponham também sobre ela de uma garantia, mas de grau inferior, sem que se torne necessária a cooperação do seu proprietário ou mesmo contra a sua vontade[1073].

[1071] Neste particular, não nos afastamos em muito de MISURALE, *Profili evolutivi della disciplina del pegno,* cit., pp. 41-42. Entre nós, chama a atenção CARVALHO FERNANDES, *Lições de Direitos Reais,* 6.ª ed., cit., p. 157, que o perfil de direito de garantia do penhor manifesta-se plenamente na faculdade, concedida ao credor pignoratício, de fazer vender a coisa empenhada para se fazer pagar pelo produti da venda com preferência sobre os demais credores.

[1072] Neste sentido VON LÜBTOW, *Die Struktur der Pfandrechte und Reallasten,* cit., p. 351. Similarmente, HENRIQUE MESQUITA, *Obrigações reais e ónus reais,* cit., pp. 76-77, salientando a venda do objecto da garantia, com vista à satisfação do interesse do credor, tem de ser executada por intermédio do tribunal, pelo que o poder que o titular da garantia dispõe é, tão-somente, o de desencadear a venda judicial da coisa nos termos que a lei processual estabelece, bem como MOTA PINTO, *Direitos reais,* cit., p. 135.

[1073] MENEZES LEITÃO, *Direitos Reais,* Coimbra: Livraria Almedina, 2009, p. 460, SANTOS JUSTO, *Direitos Reais,* cit., p. 467, HENRIQUE MESQUITA, *Obrigações reais e ónus reais,* cit., p. 76, MENEZES CORDEIRO, *Direitos Reais,* cit., p. 748. Em sentido similar, WIEGAND, *Anotação prévia ao § 1204 BGB,* Nm. 16, cit. considerando que o penhor pode ser definido como um direito real sobre uma coisa utilizada para garantia do cumprimento, estando o credor pignoratício autorizado a proceder à utilização da coisa, sendo acessório da obrigação garantida. Para WIEGAND, *Anotação prévia ao § 1204 BGB,* Nm. 17, cit. o cerne do penhor reside no facto de a sua utilização permitir a satisfação do credor pignoratício com preferência sobre os restantes credores. Bem vistas as coisas, trata-se, apenas, de uma questão de prisma, já que se salienta a utilização do penhor para satisfação do crédito, obliterando, assim, indirectamente, a sua natureza real. Em termos funcionais, ambos os autores não se afastam em muito.

4. *Cont.* O caso do penhor de créditos

Uma vez afirmada a natureza do penhor enquanto direito real de garantia, é chegada a hora de procurar determinar se também o penhor de direitos pode ser considerado um direito real de garantia[1074].

À partida, poderia ser invocável como argumento favorável à realidade do penhor de direitos o usufruto de créditos[1075]. Trata-se, todavia, de uma argumentação que deve ser afastada liminarmente, em virtude de estarmos perante uma expressão que apenas pode ser aceite como mera imagem[1076], já que o usufruto recai apenas sobre o objecto do direito de crédito, i.e., a prestação, pelo que o usufruto de crédito não tem como objecto a propriedade ou a titularidade do direito, mas sim o próprio objecto sobre que esse direito de crédito recai: a prestação[1077]. Funcionalmente, esta figura denota particularidades idênticas às do funcionamento do penhor, já que o credor e o usufrutuário têm direitos concorrentes sobre a mesma prestação[1078]. Com efeito, estamos apenas perante uma identidade na técnica de afectação do bem ao titular que é em tudo similar aqueloutra utilizada pelos direitos reais[1079].

[1074] Sentindo esta dificuldade, DERNBURG, *Diritti Reali*, cit., p. 407 distinguia entre penhor em sentido amplo, o qual redundaria num direito invariável sobre um objecto patrimonial, do qual pode ser subsumida a satisfacção no caso de não pagamento atempado do crédito. Tratar-se-ia de uma situação em que a vinculação não ocorreria de uma forma unitária, mas sob diversos aspectos. Em sentido estrito, o penhor seria o direito de penhor sobre uma coisa corpórea alheia, servindo de garantia de cumprimento de um crédito e que procederia à autorização da venda da mesma, com o escopo de garantir a sua satisfação.

[1075] Vide arts. 1463.º a 1467.º e art. 23.º CSC.

[1076] MENEZES CORDEIRO, *Direitos Reais,* cit., p. 662.

[1077] OLIVEIRA ASCENSÃO, *Direito Civil – Reais,* cit., p. 478-479. Assim, sendo um direito a uma prestação, o usufruto de créditos nunca poderá ser considerado um direito real, porque o seu objecto não é uma coisa.

[1078] ROMANO MARTÍNEZ/ FUZETA DA PONTE, *Garantias de cumprimento,* 5.ª ed., cit., p. 188. A similitude é manifesta. Basta ver que esta figura funciona através da concessão do usufruto de uma prestação a um determinado credor. Apesar disso, a distinção das figuras é assaz simples: o usufruto dirige-se ao uso e fruição da prestação creditícia, enquanto modo de satisfação dos interesses do usufrutuário no aproveitamento das utilidades do direito usufruído, enquanto o penhor de créditos prossegue a afectação funcional do crédito como garantia para a eventual satisfação de um crédito pelo valor daquele. Neste sentido, RUI OLIVEIRA NEVES, *O penhor de créditos – Contributo para a compreensão da figura no contexto das garantias especiais das obrigações,* cit., p. 79.

[1079] FAZENDA MARTINS, *Direitos reais de gozo e garantia sobre valores mobiliários* in AAVV, *Direito dos Valores Mobiliários,* Lisboa: Lex, 1997, pp. 99-119 (p. 101).

Entrando na análise da possibilidade de encarar o penhor de créditos como direito real de garantia, resulta óbvio que os principais obstáculos colocados a tal qualificação prendem-se com o facto de os direitos reais apenas poderem ter por objecto coisas móveis ou imóveis. Ademais, o facto de apenas as coisas serem susceptíveis de posse, já que é esta que funciona como um indicador da relação real, coloca um sério entrave a tal qualificação[1080].

Neste particular, entendemos que será necessário abandonar técnicas argumentativas de carácter conceptual e, sobretudo, atender à função que o penhor de créditos visa desempenhar[1081]. Com efeito, a constituição em garantia de um crédito desempenha uma função em tudo análoga à do penhor de coisas, dado que o credor pignoratício adquire um poder directo e imediato sobre o direito de crédito, destinado a permitir a actuação da preferência e, posteriormente à do crédito, a satisfação sobre o objecto do mesmo em termos em tudo análogos ao penhor de coisas. O que equivale a dizer que o CC prevê um modelo de garantia mobiliária convencional unitário aplicável independentemente do objecto. Mais importante, o facto de o penhor de créditos conferir uma preferência na satisfação do crédito dificilmente permite explicar a figura fora da característica da realidade[1082]. Com efeito, o penhor de créditos é dotado de eficácia real, dado que é conferida ao credor pignoratício a faculdade de opor a terceiros o seu direito de penhor, mesmo nos casos em que tenha ocorrido a transmissão do crédito por parte do empenhador[1083].

[1080] Talvez por este motivo ORLANDO DE CARVALHO, *Direito das coisas (do direito das coisas em geral)*, Coimbra: Centelha, 1977, pp. 209-211 considera que o penhor de créditos é um exemplo clássico de direitos sobre direitos, já que o bem em causa é uma situação economicamente vantajosa que se liga à titularidade do direito sotoposto. Similarmente, SANTOS JUSTO, *Direitos Reais*, cit., pp. 467-468, ancorando-se em MENEZES CORDEIRO, considera que o penhor de créditos tem por objecto uma prestação, negando assim o carácter de direito real em obediência ao princípio da coisificação.

[1081] Em sentido idêntico JOANA PEREIRA DIAS, *Mecanismos convencionais da Garantia do Crédito: Contributo para o Estudo da Garantia "Rotativa" Mobiliária no Ordenamento Jurídico Português*, (polic.), Lisboa, 2005, p. 149.

[1082] MARINO Y BORREGÓ, *La prenda de derechos*, cit., p. 2029. O autor acrescenta ainda, com razão, que a teoria que vê no penhor uma sucessão apenas tem como mérito permitir mostrar o fenómeno através do qual se produz o direito.

[1083] RIEDEL/WIEGAND, *Anotação previa ao § 1273 BGB*, Nm. 6 in STAUNDINGER, cit.

Por este motivo, afigura-se conveniente ter presente o facto de o legislador, no âmbito do penhor de direitos, ter sentido as mesmas exigências práticas e os mesmos problemas suscitados pelo penhor de coisas, i.e., obviar o risco de alienação e subtracção do bem empenhado, bem como o concurso com outros credores, a par das questões relativas à publicidade, se bem que resolvidas em função da especificidade do objecto desta garantia[1084].

Aliás, as ligeiras diferenças de regime entre ambas as modalidades de penhor – e, neste momento, pensamos, sobretudo, na matéria relativa à constituição – visam apenas atender às particularidades específicas do objecto de cada uma das garantias em questão. Daí que o penhor de coisas tenha sido construído assentando sobre a necessidade de entrega, enquanto o penhor de créditos atende à necessidade de notificação ao respectivo devedor, já que esta é a forma mais célere de trazer ao seu conhecimento, *rectius* de dar publicidade à constituição do penhor e, desse modo, fazer com que o penhor de créditos seja eficaz *erga omnes*[1085].

Só assim, julgamos, fica perceptível a excepção ao princípio *par condictio creditorum* no caso do penhor de créditos. Destarte, concluímos que o penhor de créditos é, pois, uma forma de afectação de um bem de um direito de crédito *sui generis* funcionalizada para o cumprimento, em termos preferenciais, da obrigação garantida, de forma similar ao direito real de garantia pignoratícia sobre coisas, sendo que a sua natureza creditícia impede a sua qualificação como direito real[1086], mas não impede que seja considerado como realidade funcionalmente análoga em relação ao penhor de coisas.

[1084] GORLA, *Del pegno, delle ipoteche,* cit., p. 121.

[1085] Similarmente, RUSCELLO, *Il pegno sul credito. Costituzione e prelazione,* cit., p. 85 refere que a preferência, no caso do penhor de créditos, não é um efeito directo da constituição da garantia, mas sim um efeito indirecto da constituição do penhor, mormente da sua notificação.

[1086] RUI OLIVEIRA NEVES, *O penhor de créditos – Contributo para a compreensão da figura no contexto das garantias especiais das obrigações,* cit., p. 92. Indo um pouco mais longe, GIUSEPPE CLAPS, *Natura giuridica del pegno di crediti,* cit., p. 127-133 refere que o titular de um penhor de créditos encontra-se na mesma posição de um titular de penhor de coisa, pelo que considera desnecessário criar uma categoria de direitos absolutos não reais, facto que apenas sucede pela repugnância de chamar real a um direito que incide sobre uma coisa incorpórea.

Com efeito, basta atentar igualmente que, à imagem do que sucede no penhor de coisas, também nesta sede o empenhador se deve abster de praticar quaisquer actos que prejudiquem a cobrança do crédito empenhado em caso de incumprimento e, de igual modo, também verificámos que existe a possibilidade de opor o penhor a ulteriores adquirentes do crédito empenhado[1087].

Não obstante, cumpre dar um passo mais, e reintroduzir a remissão para o regime da cessão de créditos, de molde a abordar a questão da preferência na satisfação do crédito como elemento essencial do penhor de direitos. À partida, poder-se-ia dizer que a distinção pura e simples entre acto constitutivo – válido *inter partes* – e a preferência na satisfação do crédito é algo inaceitável, dado que o *ius praelationis* apenas nasce com o surgimento do penhor e, como tal, apenas nessa situação vale nas hipóteses de confronto com terceiros credores. Em caso contrário, será um direito vazio de conteúdo[1088]. Ora, há que salientar que a realidade se manifesta de outras formas, como é o caso da possibilidade de o penhor ser oponível aos subadquirentes, mesmo que não seja dotado de preferência na satisfação do crédito, em virtude de notificação deficiente[1089].

Acresce, finalmente, que centrar o problema da realidade do penhor de créditos na questão da preferência na satisfação do crédito implica, indirectamente, descurar certos conteúdos inerentes à própria estrutura do direito de penhor. Com efeito, o penhor é constituído por um acervo de direitos e deveres que impendem sobre as partes, em função das situações jurídicas de que são titulares, pelo que, nesta óptica, é correcto proceder à destrinça entre o período que medeia a constituição do penhor e o do incumprimento da obrigação garantida, sendo que a preferência na satisfação do crédito apenas se verifica neste último momento.

O que equivale a dizer que procurar acantonar o conteúdo do penhor, única e exclusivamente, na satisfação do crédito do credor pignoratício com preferência sobre os restantes credores é sinónimo de atribuir ao credor pignoratício a titularidade de uma situação jurídica não exercitá-

---

[1087] MARINO Y BORREGÓ, *La prenda de derechos*, cit., p. 2030. Note-se, porém, que o autor considerar que o penhor de direitos tem, efectivamente, natureza real.

[1088] TAMPONI, *Sulla clausola estensiva della garanzia pignoratizia ai crediti presenti e ai crediti futuri*, cit., p 220.

[1089] STELLA, *Il pegno a garanzia di crediti futuri*, cit., p. 66.

vel[1090]. Isto porque, conforme facilmente se percebe, a satisfação na preferência do crédito surge apenas num momento patológico da relação entre as partes[1091].

5. *Cont.* O penhor irregular

O penhor irregular é um contrato resultante da modelação do tipo contratual relativo ao penhor. Com efeito, à partida, este não se identificará com outros tipos contratuais, dado que a sua função sócio-económica. Assim, o penhor irregular não será um contrato de mútuo, apesar de com ele partilhar um fenómeno de transferência da propriedade, já que o fim visado por ambos os contratos é distinto[1092]. Na verdade, enquanto o mútuo visa conceder crédito ao mutuário, o penhor irregular persegue unicamente uma função de garantia[1093]. De igual modo, o penhor irregular também não será confundível com o depósito irregular, já que este visa apenas assegurar a custódia da coisa depositada, enquanto, como vimos, o fito perseguido pelo penhor irregular é de garantia apenas[1094].

[1090] RUSCELLO, *Il pegno sul credito,* cit., pp. 86-87.

[1091] Salienta MAIORCA, *Il pegno di cosa futura e il pegno di cosa altrui,* cit., p. 133 que os poderes do credor pignoratício têm em consideração, sobretudo, o direito de penhor na sua fase estática, contraposta à dinâmica e processual, caracterizada, principalmente, pelo operar da preferência na satisfação do crédito, a qual surge, eventualmente, em caso de incumprimento do devedor.

[1092] Em sentido contrário, WEBER, *Kreditsicherungsrecht,* 8.ªed., cit., p. 160.

[1093] WERNER MEYER, *Das irreguläre Pfandrecht,* cit., p. 4. Ademais, cumpre salientar, seguindo CRUZ MORENO, *La prenda irregular,* cit., p. 144, que este fim de garantia não pode, igualmente, servir para identificar ou aproximar o penhor irregular com os negócios fiduciários, dado que enquanto os negócios fiduciários versam sobre bens determinados que terão de ser restituídos na sua individualidade, os negócios irregulares referem-se a bens fungíveis considerados como tal, tendo de se operar a restituição do *tantundem.* Acresce ainda que a transmissão da propriedade nos negócios irregulares é plena, completa e irrevogável, comportando a faculdade de alienar ou consumir livremente os bens objecto do negócio, enquanto nos negócios fiduciários a transmissão é limitada, sendo que o fiduciário poderá cometer abusos prevalecendo-se da aparência de titularidade, risco absolutamente inexistente nos negócios irregulares. Já PESTANA DE VASCONCELOS, *A cessão de créditos em garantia e a insolvência,* cit., p. 663, pronunciando-se acerca da antecipação bancária, prefere salientar que é essencial a este contrato a existência de uma garantia fiduciária creditícia.

[1094] WERNER MEYER, *Das irreguläre Pfandrecht,* cit., p. 5.

Conforme tivemos oportunidade de referir previamente, é assaz frequente lidarmos com cláusulas que determinem a possibilidade de compensação por parte do credor – por via de regra, um Banco – nos casos em que o empenhador, por qualquer motivo, incumpre as suas obrigações. Perante este cenário, sem se negar a função de garantia ao penhor irregular, foi aventada a possibilidade de, em função da convenção de compensação acoplada a um contrato de depósito bancário[1095], estarmos perante a conversão de uma relação de depósito bancário num contrato de penhor irregular, o que permitiria afirmar que o título pelo qual o Banco retém as somas recebidas deixaria de ser o contrato inicial para passar a ser o contrato de penhor irregular[1096].

Trata-se de posição que não partilhamos por três ordens de razões: (i) a convenção de modificação não actua de modo automático, em virtude de depender de uma actuação do Banco que, por qualquer motivo, pode não ter interesse em exercer a faculdade que lhe é conferida, (ii) a faculdade conferida ao Banco apenas surgiria numa fase patológica da relação, pelo que, em caso de cumprimento, nunca passaria do estado de latência e (iii) a construção proposta peca pela artificiosidade, dado que as classificações tradicionais da teoria do negócio jurídico permitirão explicar o fenómeno, já que, cremos, estamos perante uma união de contratos[1097], pelo que curaremos de analisar detidamente este ponto de imediato[1098]. Adicionalmente, acrescente-se estoutro motivo: a faculdade de compensar, *rectius,* de imputar créditos é o método típico, *rectius,* é a forma pela

---

[1095] Por comodidade, e em virtude de não ser esta a sede adequada para o efeito, abstemo-nos de nos pronunciarmos sobre a natureza do contrato de depósito bancário. Entre nós, cfr., LACERDA BARATA, *Ensaio sobre a natureza jurídica do Contrato de Depósito Bancário*, cit., e PAULA CAMANHO, *Do contrato de depósito bancário,* cit.

[1096] CRUZ MORENO, *La prenda irregular,* cit., p. 275.

[1097] Conforme salienta GRAVATO DE MORAIS, *União de Contratos de crédito e de venda para consumo,* Coimbra: Livraria Almedina, 2004, p. 389, são vários os conjuntos contratuais que podem ser reconduzidos à figura em causa, salientando-se, p. ex., o contrato de locação financeira, o contrato de utilização de computadores, o contrato de emissão de cartões de crédito e o contrato de depósito bancário, facto que leva a que o autor considere que o ponto de partida para iniciar o debate acerca da união de contratos é a sua grande amplitude.

[1098] Infere-se, de imediato, que rejeitamos a possibilidade de estarmos perante um contrato misto, dado que entendemos não existir qualquer unidade contratual no caso vertente.

qual o mecanismo de satisfação de garantia do penhor irregular actua, pelo que, mais do que nos pronunciarmos, em concreto, apenas sobre a influência desta cláusula no complexo negocial gizado pelas partes, procuraremos definir em termos de natureza o penhor irregular encarado como um todo.

De acordo com a tripartição proposta por ENNECCERUS e adoptada por VAZ SERRA, a união de contratos pode ser (i) meramente externa, caso em que os contratos completos conservam a sua autonomia, (ii) união com dependência recíproca ou unilateral, em que dois contratos dependem um do outro, de modo que, se um for nulo, também o outro o será, e, se um for revogado, considerar-se-á igualmente o outro revogado, excepto se da interpretação da vontade das partes se concluir em sentido diverso, sendo que, em qualquer caso, cada um dos contratos é regido pelas suas próprias regras, (iii) uniões alternativas, em que há dois contratos, mas convenciona-se que, consoante se verifique ou não determinada condição, considera-se celebrado um destes contratos[1099].

[1099] *União de contratos*, cit. p. 29 e segs. ANTUNES VARELA, *Contratos Mistos*, pp. 166-167, por seu turno, opta por distinguir (i) a junção de contratos, na qual o vínculo que prende os contratos é puramente exterior ou acidental, (ii) a coligação de contratos, na qual existe entre os contratos um nexo funcional que influi na respectiva disciplina, criando entre ambos uma dependência bilateral ou unilateral em que um deles pode funcionar como condição, contraprestação, base negocial do outro ou outra forma de dependência criada por cláusulas acessórias ou pela relação de correspectividade ou de motivação que afectam um deles ou ambos. Já GALVÃO TELLES, *Manual dos Contratos*, 4.ª ed, cit., pp. 475-478, opera a distinção entre (i) união extrínseca, caso em que são celebrados dois ou mais contratos completos, que estão ligados pela circunstância de se celebrarem na mesma ocasião, sendo que, não obstante, a cada um deles corresponde uma contraprestação própria, (ii) união com dependência, caso em que são celebrados dois ou mais contratos completos, nos quais a associação é mais estreita, porquanto existe um laço de dependência, sendo que as partes querem o contrato como um todo, como um conjunto económico, podendo a união ser bilateral (se os contratos dependem, reciprocamente, uns dos outros) ou unilateral (se só algum ou alguns dependem dos demais), cabendo às regras de interpretação dos contratos apurar se as partes quiseram ou não o vínculo de dependência e (iii) união alternativa, situação em que são celebrados dois contratos em termos que, conforme se dê ou não certo evento, se considerará celebrado, desde o início, apenas um dos contratos. Finalmente, MENEZES CORDEIRO, *Tratado de Direito Civil Português*, Vol. II – *Direito das Obrigações,* tomo II, cit., p. 275-276, distingue, relativamente ao tipo de articulação, entre uniões processuais e uniões extra-processuais, sendo que as primeiras ocorrem quando vários negócios se encontrem conectados para a obtenção de um fim. No tocante ao conteúdo, as uniões podem ser

Ora, este é, precisamente, o fenómeno que se verifica no penhor irregular, já que, através do concurso do contrato de depósito irregular, que permite operar a passagem dos bens empenhados para a propriedade do credor pignoratício, não estamos perante a típica função de custódia que este contrato persegue. Ela é transcendida pela garantia visada pelas partes, sendo que, adicionalmente, o contrato de penhor concorre para assegurar a tutela do empenhador, já que, em função do depósito, nasce o penhor sobre o crédito referente à restituição do *tantundem*[1100].

Esta situação apenas é alterada pela presença do particular mecanismo de satisfação da garantia: a faculdade de compensar ou imputação de créditos, que é conferida ao credor pignoratício, de molde a que este possa, passe a expressão, abater o montante em dívida ao montante do penhor de créditos conferido ao empenhador[1101]. Ora, perante este mecanismo de satisfação, poderíamos, *a priori*, afirmar que estamos perante uma particular modalidade de penhor de créditos, dado que os efeitos que se pretendem obter com uma figura podem ser facilmente obtidos com a outra, já que o penhor irregular poderia ser configurado como um paga-

---

homogéneas ou heterogéneas, consoante os contratos sejam, ou não, do mesmo tipo. No tocante ao modo de relacionamento, as uniões podem ser (i) hierárquiccas (em que um contrato se encontra subordinado a um primeiro), (ii) prevalentes (em que um contrato especifica o objecto, o conteúdo e o regime de um certo espaço jurídico) e (iii) uniões paritárias (nas quais os contratos est°ao conectados em absoluta paridade). Finalmente, no tocante ao tipo de articulação, a união pode ser em cadeia, caso em que os contratos se conectam na horizontal, sendo celebrados em simultâneo ou sem que entre eles se estabeleçam espaços de tempo relevantes, ou uniões em cascata, casos em que os contratos se conectam na vertical, dependo um dos dos outros ou justificando-se de modo a dar corpo a uma ideia de sucessão.

[1100] Acrescentam LOIACONO/CALVI/BERTANI, *Il trasferimento in funzione di garanzia tra pegno irregolare, riporto e diritto di utilizzazione*, cit., p. 40 que no penhor irregular não é possível falar da existência de um vínculo, termo que está associado às garantias reais. Uma vez que no penhor irregular ocorre a transferência de propriedade plena, tal expressão não poderá ser utilizada, sendo preferível optar pelo termo "transmissão".

[1101] Similarmente, embora referindo-se a uma natureza híbrida à qual são aplicáveis as regras do mútuo e do penhor e sem qualificar o fenómeno como união de contratos ou, eventualmente, contrato misto, WERNER MEYER, *Das irreguläre Pfandrecht*, cit., p. 31. Em sentido não muito distante, SIMONETTO, *Sulla natura della cauzione*, cit., p. 294 refere que estamos perante um caso de coabitação entre as normas disciplinadoras do mútuo e as normas que regulam o penhor, cabendo a estas últimas disciplinar a função de garantia perseguida pelo penhor irregular. Já DAMRAU, *Anotação ao § 1204 BGB*, Nm. 8 in MÜNCHENER, cit. considera que estamos perante um mútuo.

mento antecipado da obrigação do credor pignoratício, sujeito à condição resolutória do incumprimento da obrigação garantida.

Não obstante, em alternativa, poder-se-ia entender que a transferência da propriedade sobre os bens empenhados operaria com o fito de adquirir um contracrédito, que permitiria ao credor pignoratício, tendo por base uma convenção cuja existência se presume no penhor irregular, ter a possibilidade de lançar mão da compensação em caso de incumprimento do empenhador[1102].

Salvo melhor opinião, estamos perante um entendimento que visa camuflar a natureza das coisas, porquanto a transferência da propriedade, no penhor irregular, é uma consequência directa e imediata da qualidade dos bens objecto do penhor, *maxime*, da sua fungibilidade. Adicionalmente, a faculdade de operar a dedução de créditos é ínsita a este mecanismo, já que lhe confere uma particularidade de regime que o diferencia do penhor de créditos comum[1103]. Tal faculdade é, pois, passe a expressão, o seu bilhete de identidade perante os demais tipos contratuais.

Cabe, agora, procurar qualificar o penhor irregular. Neste particular, somos do entendimento que há que distinguirentre os casos em que o beneficiário do penhor é o credor do empenhador (um Banco, nos casos de penhor de conta bancária) e os casos em que o beneficiário é um terceiro.

Conforme pudemos verificar supra, nos casos em que o credor do empenhador é o beneficiário do penhor irregular, estamos perante contratos justapostos, na medida em que sobre o contrato de depósito existe igualmente um contrato de penhor irregular. Assim, o mecanismo de

---

[1102] AVILÉS GARCÍA, *Contratos de Garantía y Ampliación del Ámbito de aplicación de las prendas de créditos*, cit., pp. 1449-1450.

[1103] Trata-se de um aspecto que acaba por ser reconhecido por CARRASCO PERERA/ /CORDERO LOBATO/ MARÍN LÓPEZ, *Tratado de los Derechos de Garantía*, cit., p. 860 quando salientam, a propósito do penhor de conta bancária, que no penhor de créditos será necessário prever uma situação de vencimento antecipado do crédito empenhado para que se possa verificar o pagamento através da compensação, enquanto no penhor irregular tal previsão é desnecessária. Em qualquer caso, não deixam de salientar que, nos casos de penhor irregular, será necessário prever uma espécie de novação do contrato de depósito, o qual se converterá num contrato de penhor irregular, dado que, em princípio, os contraentes não procurarão produzir tal novação, já que a sua finalidade se prende com a afectação em garantia do crédito do cliente.

satisfação da garantia ínsito ao penhor irregular funcionará como elemento de ligação entre ambos os contratos, na medida em que é o nexo causal que liga ambos os contratos, conferindo ao credor pignoratício a faculdade de, em caso de incumprimento da obrigação garantida, proceder à dedução do valor correspondente à garantia. Não obstante, esta ligação dos contratos fica obnubilada pela função de garantia perseguida pelo penhor irregular, na medida em a transferência da propriedade das coisas dadas em garantia ocorre para possibilitar a realização da garantia, que fica sobremaneira facilitada pela legitimação para operar a dedução das quantias devidas, não estando obrigado a recorrer ao processo executivo de cariz judicial.

Em qualquer caso, nos casos em que o beneficiário do penhor é um terceiro, o facto de termos dois contratos ligados entre si é, do ponto de vista do terceiro, uma mera coincidência na medida em que este apenas estará interessado ná válida constituição do penhor e na função de garantia perseguida com a celebração do contrato, a qual, como sabemos, manifesta-se na celeridade da execução da garantia ínsita no penhor irregular.

Conclusões

1. O contrato de penhor tem as suas raízes no Direito Romano, que concebia as garantias reais como um reforço do cumprimento de uma *obbligatio* que incidia directa e exclusivamente sobre certos bens pertencentes ao devedor ou a terceiro, cabendo tal função, num momento inicial, à *fiducia cum creditore*, e, seguidamente, ao *pignus* e à *hypotheca*.

2. A *fiducia cum creditore* outorgava ao credor uma garantia muito eficaz, constituindo, também, um risco considerável para o devedor, em virtude de ficar privado da propriedade sobre a *res*, tendo a desvantagem de apenas poder operar uma única vez sobre a *res,* porquanto um mesmo objecto não poder ser dado *fiduciae causae* a vários credores de forma sucessiva, facto que era mitigado pela aposição de algumas cláusulas específicas, como o *pactum de non vendendo* ou a própria *lex commissoria*.

3. Inicialmente, o penhor romano era considerado uma simples atribuição da posse, da parte do credor, sobre uma coisa que aquele sustém ou detém, de molde a assegurar o pagamento do débito. Ademais, o penhor conferia ao seu titular dois direitos essenciais: o *ius possidendi,* que permitia que o credor pudesse reclamar a posse da coisa onde quer que esta se encontrasse, e o *ius distrahendi,* que conferia o direito de satisfazer o seu crédito com preferência sobre qualquer credor, sobre o preço da coisa.

4. Com a desagregação do Império Romano, o penhor conheceu um regime marcado por uma manifesta fragmentaridade, dado que era regido por normas de Direito pré-Justinianeu, passando por normas justinianeias e normas franco-longobardas, as quais estavam ligadas a disposições de Direito Canónico, com uma sobreposição de normas que encontram a sua composição no plano consuetudinário, sendo que, em qualquer caso, surgiam dois aspectos devidamente evidenciados: de uma parte como

garantia convencional para o cumprimento da obrigação assumida e, de outra banda, sob o perfil processual, sobretudo no que diz respeito ao exercício da acção executiva a favor do credor que não visse o seu crédito satisfeito.

5. Sob a vigência do Código de Seabra foram sentidas dificuldades em definir com exactidão, o conceito de penhor, em virtude da legislação avulsa que foi sendo publicada após a entrada em vigor do diploma. Em qualquer caso, o penhor era considerado como a garantia real que consistia em o devedor ou um terceiro se desapossarem voluntariamente de uma certa coisa mobiliária, para que ficasse especialmente afecta à segurança de determinado crédito, e que por ele respondesse preferencialmente, no caso de não cumprimento da obrigação por parte do devedor.

6. De molde a procurar responder a esta situação, os estudos preparatórios do actual CC, da autoria de VAZ SERRA, procuraram respeitar as exigências que as várias modalidades de penhor faziam sentir, mormente o penhor de créditos, tendo, para o efeito, erigido o regime do penhor de coisas a regime fundamental do contrato de penhor, não descurando as especificidades do penhor de créditos.

7. O penhor, enquanto forma de garantia da obrigação, pressupõe a existência de um crédito, relativamente ao qual é acessório, o que implica que, para que o penhor seja validamente constituído, é mister que se reporte a um crédito válido e existente, com a consequência de ser nulo, na hipótese de o crédito garantido já se encontrar extinto à data da constituição ou se, posteriormente, o crédito vier a ser anulado, sendo que a ideia de acessoriedade – no que às garantias, em especial, diz respeito – parte do pressuposto da existência de uma relação creditícia, uma vez que a garantia real visa assegurar ou prevenir as consequências do incumprimento de uma obrigação.

8. O penhor é, salvo convenção em contrário, indivisível, subsistindo por inteiro sobre cada uma das coisas oneradas e sobre cada uma das partes que as constituam, ainda que a coisa ou o crédito seja dividido ou este se encontre parcialmente satisfeito, consubstanciando-se a indivisibilidade, fundamentalmente, no facto de se estender a toda a coisa onerada,

a cada uma das suas partes e, no caso de pluralidade de coisas, a todas elas indiscriminadamente.

9. O penhor é, também, caracterizado pela especialidade, que consiste no facto de apenas poderem ser dadas em garantia coisas (isoladas), porquanto o legislador não conhece a figura do penhor genérico, o qual incidiria sobre todo o património mobiliário do devedor.

10. Atendendo ao regime legal plasmado no CC para o penhor de coisas, a entrega da coisa é configurada, aparentemente, como elemento essencial do penhor, pelo que estaríamos perante um contrato real *quoad constitutionem,* sendo comum salientar-se a analogia entre a publicidade e a função da entrega. Não obstante, dado que a função de garantia, no penhor, se realiza, primacialmente, com a subtracção da disponibilidade do bem objecto da garantia da esfera jurídica do empenhador, a função de garantia pode ser conseguida através do recurso a técnicas contratuais diversas, contanto que estas impliquem a subtracção do poder de disposição do empenhador.

11. À partida, podem ser objecto de penhor quaisquer coisas móveis, contanto que não sejam susceptíveis de hipoteca. Todavia, há que entender que a expressão *"certa coisa móvel"* utilizada no CC não deve ser entendida como coisa certa, pelo que nada obsta à constituição de um penhor sobre universalidades, tais como o estabelecimento comercial.

12. Com efeito, o penhor de estabelecimento comercial é válido, já que a constituição de um penhor sobre o estabelecimento comercial é uma realidade inferior, do ponto de vista económico, à sua alienação definitiva ou temporária, sendo que, nada obsta a que o titular do estabelecimento continue a exercer a sua actividade após a constituição do penhor.

13. Será igualmene válido o penhor ao qual seja acoplada uma cláusula de rotatividade, desde seja subordinada a eficácia da rotatividade ao valor que o bem tinha no momento em que se verificou a substituição, uma vez que, desse modo, é tutelado adequadamente o interesse dos credores quirografários, já que não se verifica uma diminuição no património do empenhador.

14. No tocante ao valor da coisa empenhada, é mister ter em consideração a proibição do pacto comissório, sendo que será possível estipular um pacto marciano, de molde a que o credor pignoratício, uma vez verificado o incumprimento do empenhador, possa fazer seu o bem empenhado, mediante o pagamento de um preço justo pela coisa.

15. A reserva garantística própria do penhor é diferenciada no penhor de coisas e no penhor de direitos, dado que no primeiro caso o objecto afecto à satisfação do crédito garantido consiste numa coisa corpórea, cujo valor económico permite o cumprimento da obrigação, enquanto no penhor de direitos o reforço patrimonial é obtido através da afectação de uma prestação creditória. Trata-se, pois de uma variação no *quid* da reserva.

16. O objecto do penhor de créditos é um direito de crédito, sendo que se afigura essencial que o crédito empenhado seja transmissível, motivo pelo qual o penhor poderá incidir sobre uma prestação de *facere* nas hipóteses em que o *facere* possa ser executado, mesmo no confronto com um terceiro.

17. Relativamente à constituição do penhor de créditos, o art. 681.º, n.º 2 refere que se o penhor tiver por objecto um crédito, só produz os seus efeitos contanto que seja notificado ao respectivo devedor, ou desde que este o aceite, salvo tratando-se de penhor sujeito a registo, o que leva a concluir que estamos perante um regime dualista, dado que, para a generalidade dos direitos de crédito, o penhor apenas produz efeitos desde que seja notificado ao respectivo devedor ou por este aceite, enquanto para o penhor de direitos de crédito que estejam sujeitos a registo, os efeitos só se produzem com o registo.

18. É assaz comum na prática bancária a introdução de cláusulas estruturadas e elaboradas de molde a que o penhor garanta todos os créditos futuros e eventuais, mesmo que não sejam líquidos e exigíveis, sendo igualmente frequente toparmos com cláusulas que determinam que o penhor abrange toda e qualquer obrigação, contanto que seja integrável num dos critérios convencionados pelas partes e desde que caiba na quantia máxima acordada.

19. A cláusula *omnibus* produz um duplo efeito: (i) caracteriza, transplantando-se como variante de estrutura, o esquema do penhor e (ii) incide sobre uma relação diversa, reforçando a segurança do cumprimento do devedor, não alterando a função típica do contrato de penhor, que se mantém a de garantia, mas caracteriza-o *in concreto*, já que a sua inserção no esquema típico do penhor é a expressão de um entendimento negocial em função puramente determinativa da causa concreta perseguida pelas partes e da sequência procedimental e comportamental necessária para produzir o efeito almejado.

20. De modo a afirmar a validade destas cláusulas, será necessário que seja possível que o empenhador possa levar a cabo uma prognose que permita ao saber até onde pode vir a ter de responder, sem que se seja necessário novo acordo das partes ou sem que seja necessário que se conceda a uma delas a faculdade de determinar potestativamente o alcance do contrato.

21. Por via de regra, a maioria dos casos de penhor *omnibus* incide sobre créditos futuros, pelo que, idealmente, a determinabilidade dos créditos abrangidos pelo penhor deveria ser efectuada pela prática da enumeração dos títulos capazes de fazer nascer as obrigações garantidas.

22. Assim, a determinabilidade dos créditos empenhados poderá actuar de duas formas distintas, a saber: (i) através da fixação de uma quantia pecuniária determinada que funcionará como limite máximo da responsabilidade coberta pela garantia, e (ii) mediante a determinação dos créditos concretamente garantidos.

23. À luz do ordenamento jurídico pátrio, será igualmente possível constituir penhores irregulares, contratos através dos quais um sujeito entrega a um credor uma determinada quantidade de dinheiro, bens ou títulos não individualizados, sendo atribuída a faculdade de o *accipiens* poder dispor deles, prevendo-se que, em caso de adimplemento da obrigação garantida, o credor deverá restituir ao devedor o *tantundem eiusdem generis*, sendo que, nos casos de inadimplemento do devedor, o credor apenas deverá restituir o *tantundem* que exceda o valor das coisas recebidas aquando da constituição da garantia.

24. É a própria função de garantia visada pelas partes que fornece a justificação para a transferência de propriedade ocorrida no penhor irregular e, consequentemente, implica que, no período que se segue após a constituição da garantia e o cumprimento da obrigação assegurada, o credor possa dispor dos bens recebidos em garantia.

25. Esta modalidade de penhor é executada mediante dedução de créditos por parte do credor em caso de incumprimento do devedor·, pelo que o credor pignoratício ao fazer a dedução, a qual incidirá sobre o valor das coisas recebidas, salda o penhor, em função de extinguir o direito à restituição do *tantundem* por parte do emprenhador.

26. O penhor irregular, por seu turno, pode ser reconduzido à noção de caução em sentido restrito. Com efeito, apesar de a caução surgir como um conceito-quadro, nos casos em que a caução tem por objecto coisas individualizadas especificamente, aquele que recebe a caução vê-se investido com um direito de garantia e, consequentemente, terá a possibilidade de proceder à venda coactiva dos bens em caso de incumprimento por parte do devedor.

27. O penhor irregular é enquadrável na categoria dos negócios irregulares, os quais podem ser definidos como os negócios em que, excepcionalmente, ocorre a transferência da propriedade e a obrigação de restituir o *tantundem*. Ademais, o penhor irregular é um subtipo do contrato de penhor, já que os negócios irregulares satisfazem as mesmas necessidades sociais dos negócios respectivos negócios regulares, porquanto cumprem a mesma função prático-social que os caracteriza e distingue socialmente de qualquer outro tipo negocial.

28. O penhor de conta bancária é um penhor irregular, na medida em que o depositário é proprietário da quantia entregue, assumindo a obrigação de restituir quantidade igual do mesmo género, sendo nos casos em que é dado em penhor o saldo de uma conta bancária estamos perante uma união de contratos, na medida em que é justaposto um contrato de penhor ao contrato de depósito.

29. Pela mesma ordem de ideias, também o penhor financeiro é um penhor irregular, já que, com a constituição da garantia, o empenhador

adquire um crédito à restituição do equivalente, com as mesmas características da garantia financeira original, facto que sai reforçado pela circunstância de os objectos possíveis da garantia serem o numerário e instrumentos financeiros, i.e. objectos naturalmente fungíveis.

30. Numa perspectiva meramente externa face ao contrato de penhor, facilmente verificamos que estamos perante uma situação em tudo análoga ao negócio fiduciário, já que se verifica, por via de regra, a entrega do bem empenhado ao credor pignoratício, o qual, perante terceiros, terá uma posição similar à do proprietário do bem, porquanto não existe qualquer forma de controlar a titularidade do bem, em virtude de não existir um sistema de publicidade capaz de informar sobre a situação do bem.

31. O penhor é um direito real de garantia, pois o titular da garantia é investido num direito que incide sobre certas coisas em função da garantia do direito de crédito, de modo a lograr a realização do valor de troca e satisfazer o crédito na observância do disposto relativamente à preferência nessa satisfação. Adicionalmente, o penhor onera a coisa, seguindo-a em todas as suas vicissitudes, apresentando, assim, a característica da oponibilidade, seja sob o perfil da tutela do direito, seja sob o perfil do direito de sequela.

32. De um ponto de vista funcional, também o penhor de créditos é um direito real de garantia, pois é uma forma de afectação de um bem de um direito de crédito *sui generis* funcionalizada para o cumprimento, em termos preferenciais, da obrigação garantida, de forma similar ao direito real de garantia pignoratícia sobre coisas, sendo que a sua natureza creditícia impede a sua qualificação como direito real, mas não a sua consideração como realidade funcionalmente análoga relativamente ao penhor de coisas.

33. O penhor irregular configura uma união de contratos, na medida em que a um contrato de depósito é justaposto um contrato de penhor irregular. Não obstante, nos casos em que o beneficiário do penhor irregular é o próprio credor da obrigação garantida, avulta o escopo de garantia perseguido pelas partes, enquanto nos casos em que o beneficiário for um terceiro, a união será uma mera *occasio*.

Bibliografia

I – JURISPRUDÊNCIA

A) JURISPRUDÊNCIA NACIONAL

I) SUPREMO TRIBUNAL DE JUSTIÇA
Ac. do STJ, de 7 de Junho de 2005, Proc. N.º 05A1774 (*apud* http://www.dgsi.pt/).
Ac. do STJ, de 23 de Setembro de 1997, Proc. N.º 97B133 (*apud* http://www.dgsi.pt/).
Ac. do STJ de 8 de Julho de 1997 do STJ (*apud* http://www.dgsi.pt/)
Ac. do STJ, de 10 de Maio de 1995, Proc. N.º 97A417 (*apud* http://www.dgsi.pt/).
Ac. do STJ, de 6 de Maio de 1993, Proc. N.º 043114 (*apud* http://www.dgsi.pt).
Ac. do STJ, de 18 de Abril de 1991, Proc. N.º 078902 (*apud* http://www.dgsi.pt/).
Ac. do STJ, de 22 de Fevereiro de 1990, Proc. N.º 078334 (*apud* http://www.dgsi.pt/).
Ac. do STJ, de 3 de Março de 1969, Proc. N.º 062502 (*apud* http://www.dgsi.pt/).

II) RELAÇÕES

A) COIMBRA
Ac. da Relação de Coimbra, de 4 de Maio de 2004, Proc. N.º 0220779 (*apud* http://www.dgsi.pt/).
Ac. da Relação de Coimbra, de 30 de Janeiro de 2001, Proc. N.º 2832/2000 (*apud* http://www.dgsi.pt/).

B) ÉVORA
Ac. da Relação de Évora, *in* CJ, XVI, 1991, Tomo III, pp. 308 e segs.

C) LISBOA
Ac. da Relação de Lisboa, de 14 de Junho de 2007, Proc. N.º 2815/2007-8 (*apud* http://www.dgsi.pt/).
Ac. da Relação de Lisboa, de 25 de Fevereiro de 1997, Proc. N.º 0015421 (*apud* http://www.dgsi.pt/).
Ac. da Relação de Lisboa, de 8 de Março de 1994, Proc. N.º 0075841 (*apud* http://www.dgsi.pt/).

c) Porto

Ac. Do Tribunal da Relação do Porto de 28 de Junho de 2005, Proc. n.º 0426760 (*apud* http://www.dgsi.pt/).

Ac. da Relação do Porto, de 4 de Maio de 2004, Proc. N.º 0220779 (*apud* http:// www.dgsi.pt/).

Ac. da Relação do Porto, de 3 de Outubro de 1996, in CJ, 1996, tomo IV, pp. 213-216.

Ac. da Relação do Porto, de 26 de Setembro de 1996, Proc. N.º 9630278 (*apud* http:// www.dgsi.pt/).

Ac. da Relação do Porto, de 17 de Fevereiro de 1992, Proc. N.º 9110836 (*apud* http:// www.dgsi.pt/).

Ac. da Relação do Porto, de 26 de Setembro de 1989 Proc. N.º 0022815 (*apud* http:// www.dgsi.pt/).

B) Jurisprudência Estrangeira

I) Alemanha

BGH, Urt. V. 26.1.1983 – VIII ZR 275/81 (Munique) in NJW 1983, pp. 1619-1621 (penhor de bens futuros, § 1204 BGB).

II) Itália

Pegno-Pegno di crediti – *Condizione della prelazione – Notificazione al debitore o accetazione del medesimo – Requisito esenziale – Sostituzione com elementi equipolenti – Esclusione,* Acórdão do Tribunal de Milão de 19 de Julho de 1982 in BBTC XLVI (1983), Parte Seconda, pp. 216-218.

Pegno – *Costituzione della garanzia – anticipazione bancaria in pegno – Fattispecie,* Acórdão da Corte di Cassazione, de 25 de Janeiro de 1993 in BBTC LVIII (1995), Parte Seconda, pp. 30-34.

II – Artigos e Monografias

Abbadessa, Pietro – *Pegno irregolare a garanzia di debito scaduto* in BBTC LI (1998), Parte Seconda, pp. 212-219.

Abreu, Jorge Coutinho de – *Da Empresarialidade – As empresas e o Direito* (reimp.), Coimbra: Livraria Almedina, 1999.

Alexy, Robert – *Teoría de los Derechos Fundamentales* (tradução de *Theorie der Grundrechte*, 1986, por Ernesto Garzón Valdès) (reimp.), Madrid, Centro de Estudios Políticos e Constitucionales, 2002.

Allorio, Enrico – *Limitti d'efficacia del patto "solve et repete",* in RDCo XXXV (1937), Parte Seconda, pp. 321-224.

Alves, Hugo Ramos – *Dworkin e a interpretação jurídica – uma leitura crítica* in *O Direito,* ano 141, 2009 – III, pp. 637-664.

Alves, Hugo Ramos – *Do mandato de crédito,* Coimbra: Livraria Almedina, 2007.

Almeida, Carlos Ferreira de – *Contratos,* 2.ª ed., Coimbra: Livraria Almedina, 2003.

Almeida, Carlos Ferreira de – *Texto e enunciado na teoria do negócio jurídico,* Coimbra: Livraria Almedina, 1992.

ANELLI, FRANCO – *L'alienazione in funzione di garanzia*, Milão: Giuffrè, 1996.
ANGELICI, CARLO – *Consegna* in DIGESTO – *Sezione Civile*, tomo III, Turim: Tipografico-Editrice Torinese, 1988, pp. 468-474.
ANDRADE, MANUEL A. DOMINGUES DE – *Ensaio sobre a interpretação das leis*, 3.ª ed., Coimbra, Arménio Amado – Editor Sucessor, 1978.
ANDRADE, MANUEL A. DOMINGUES DE – *Teoria Geral da Relação Jurídica* (reimp.), Coimbra: Coimbra Editora, 1972.
ANNUNZIATA, FILIPPO – *Verso una disciplina commune delle garanzie finanziarie – Dalla Convenzione dell'Aja alla* Collateral Directive *(Dirrettiva 2002/47/CE)* in BBTC LVI (2003), Parte Prima, 177-223.
ANTUNES, ANA FILIPA MORAIS – *O contrato de locação financeira restitutiva*, Lisboa: Universidade Católica Portuguesa, 2008.
ANTUNES, JOSÉ A. ENGRÁCIA – *Manual dos Contratos Comerciais*, Coimbra: Livraria Almedina, 2009.
ANTUNES, JOÃO TIAGO MORAIS – *Do contrato de depósito escrow*, Coimbra: Livraria Almedina, 2007.
ARANDA RODRÍGUEZ, REMEDIOS – *La prenda de créditos*, Madrid: Marcial Pons, 1996.
ARESPACOCHAGA, JOAQUÍN DE – *El trust, la fiducia y figuras afines*, Madrid-Barcelona: Martial Pons, 2000.
ARIJA SOUTULLO, CARMEN – *Notas sobre la eficácia de la clausula de globalizacion en los contratos de fianza*, in AAVV, *Estudios jurídicos en homenaje al Profesor Luis Díez-Picaso*, Tomo II – *Derecho Civil. Derecho de Obligaciones*, Madrid: Thomson--Civitas, 2003, pp. 1397-1413.
ASCENSÃO, JOSÉ DE OLIVEIRA – *Direito Civil – Teoria Geral*, Vol. I *Introdução. As pessoas. Os Bens*, 2.ª ed., Coimbra: Coimbra Editora, 2000.
ASCENSÃO, JOSÉ DE OLIVEIRA – *Direito Civil – Teoria Geral*, Vol II *Acções e Factos Jurídicos*, 2.ª ed., Coimbra: Coimbra Editora, 2003.
ASCENSÃO, JOSÉ DE OLIVEIRA – *Direito Comercial*, Vol. I – *Institutos Gerais*, Lisboa, 1998/99.
ASCENSÃO, JOSÉ DE OLIVEIRA – *Direitos Reais*, 5.ª ed., Coimbra: Coimbra Editora, 1993.
ASCENSÃO, JOSÉ DE OLIVEIRA – *A tipicidade dos Direitos Reais*, Lisboa, 1968.
AURICCHIO, ALBERTO – *A simulação no negócio jurídico* (tradução de *La simulazione nei negozi giuridici* por FERNANDO DE MIRANDA), Coimbra: Coimbra Editora, 1964.
AVILÉS GARCÍA, JAVIER – *Contratos de Garantía y Ampliación del Ámbito de aplicación de las prendas de créditos*, in AAVV, *Estudios jurídicos en homenaje al Profesor Luis Díez-Picaso*, Tomo II – *Derecho Civil. Derechos de Obligaciones*, Madrid: Thomson-Civitas, 2003, pp. 1435-1455.

BAPTISTA, MÁRIO NEVES – *Penhor de créditos*, Recife, 1947.
BARATA, CARLOS LACERDA – *Ensaio sobre a natureza jurídica do Contrato de Depósito Bancário*, Lisboa, 1993.
BARATA, CARLOS LACERDA – *Da Obrigação de preferência – Contributo para o estudo do artigo 416.º do Código Civil*, (reimp.) Coimbra: Coimbra Editora, 2002.
BARATA, CARLOS LACERDA – *Contrato de depósito bancário* in AAVV, *Estudos em Homenagem ao Professor Doutor Inocêncio Galvão Telles*, Vol. II Coimbra: Livraria Almedina, 2002, pp. 7-64.

BARBERO, DOMENICO – *Sistema del Diritto Privato Italiano*, Vol. II – *Obbligazioni e contratti, Succezioni per causa di morte*, 6.ª ed., Turim: Unione Tipografico-Editrice Torinese, 1965.

BARBIERA, LELIO – *Le garanzie nel sistema del 1942*, in BBTC LV (1992), Parte Prima, pp. 727-748.

BAUR, FRITZ – *Lehrbuch des Sachenrechts*, 10.ª ed., Munique: C.H. Beck'sche Verlagsbuchhandlung, 1978.

BECCARIA, CESARE – *Dos delitos e das Penas* (trad. de *Dei delitti e delle Pene* por JOSÉ DE FARIA COSTA), Fundação Calouste Gulbenkian, 1998.

BECKER-EBERHARD, EKKEHARD – *Die Forderungsgebundenheit der Sicherungsrechte*, Bielefeld: Verlag Ernst und Werner Gieseking, 1993.

BELLANTE, MARCO – *La Caparra*, Milão: Giuffrè, 2008.

BETTI, EMILIO – *Su gli oneri e i limiti dell'autonomia privata in tema di garanzia e modificazione di obbligazioni* in RDCo XXIX (1939), Parte Seconda, pp. 689-715.

BIANCA, MASSIMO – *Patto Commissorio* in NssDI, tomo XII, Turim: Unione Tipografico-Editrice Torinese, 1957, PP. 712-721.

BIONDI, BIONDO – *I Beni*, Turim: Unione Tipografico-Editrice Torinese, 1953.

BIONDI, BIONDO – *Cosa fungibile e non fungibile*, in NssDI, tomo IV, Turim: Unione Tipografico-Editrice Torinese, 1954, pp. 1019-1021.

BISCARDI, ARNALDO – *La* lex commissoria *nel sistema delle garanzie reali* in AAVV, *Studi in onore di Emilio Betti*, tomo II, Milão: Giuffrè, 1962, pp. 575-589.

BORZI, UMBERTO – *Brevi note sull'ammissibilità del pegno bancario "rotativo"* in RDCo XCIV (1996), Parte Seconda, 155-162.

BOVE, LUCIO – *Pegno (Diritto Romano)* in NssDI, tomo XII, 1966, pp. 763-766.

BOLLA, PLINIO – *La costituzione del pegno sul crediti nel Codice Civile Svizzero*, Bellizona-Lugano: Grassi & Co. – Editori, 1921.

BOVE, ALFREDO – *In tema di pegno irregolare e di mandato irrevocabile all'incasso nel fallimento* in BBTC LXI (2008), Parte Seconda, pp. 473-485.

BRANCO, MANUEL CASTELO – *A Garantia bancária autónoma no âmbito das garantias especiais das obrigações*, in ROA 53 (1993), pp. 61-83.

BULOW, HANS-JOACHIM – *Der Treuhandvertrag*, 3.ª ed., Heidelberga: Verlag Recht und Wirtschaft GmbH, 2000.

BÜLOW, PETER – *Rech der Sicherheiten – Sachen und Rechte, Personen*, 6.ª ed., Heidelberga: C. F. Müller Verlag, 2003.

BURDESE, ALBERTO – *Pegno (Diritto Romano)* in ED, tomo XXXII, Milão: Giuffrè Editore, 1982.

CAMANHO, PAULA PONCES – *Do contrato de depósito bancário (reimp.)*, Coimbra: Livraria Almedina, 2005.

CAMPITELLI, ADRIANA, *Pegno (Diritto intermedio)* in ED, tomo XXXII, Milão: Giuffrè Editore, 1982, pp. 675-682.

CAMPOS, DIOGO LEITE DE – *A subsidiariedade da obrigação de restituir o enriquecimento*, Coimbra: Livraria Almedina, 1974.

CAMPOS, MARIA ISABEL HEBLING MENÉRES – *Da hipoteca – caracterização, constituição e efeitos*, Coimbra: Livraria Almedina, 2003.

CANÁRIO, ANTÓNIO COLAÇO – *O penhor de créditos e a eficácia externa das obrigações*, in RJ 1 (1982), pp. 57-86.

CANDIAN, ALBINA – *La directiva Núm. 2002/47 en matéria de Garantías Financieras: el futuro de las garantias reales mobiliarias en Europa?* in AAVV, *Garantias reales mobiliarias en Europa*, Madrid: Marcial Pons, 2006, pp. 231-236.

CANO MARTÍNEZ, J. IGNACIO – *La obligación natural*, Barcelona: Bosch, 1990.

CARIOTA-FERRARA, LUIGI – *Il negozio giuridico nel diritto privatto italiano*, A. Morano Editore, 1940.

CARNELUTTI, FRANCESCO – *Natura giuridica dell'ipoteca*, in RDPC XVI, Parte I (1939), pp. 3-21.

CARNELUTTI, FRANCESCO – *Processo di esecuzione*, Vol. I, Milão: CEDAM, 1929.

CARRASCO PERERA, ANGÉL/ CORDERO LOBATO, ENCARNA/ MARÍN LÓPEZ, MANUEL JESUS – *Tratado de los Derechos de Garantía*, Navarra: Editorial Aranzadi, 2002.

CARRELLI, EDOARDO – *Sulla accessorietà del pegno nel Diritto Romano*, Roma: Tipografia Agostiniana, 1934.

CARRESI, FRANCO – *Brevi notte sul contratto di mutuo* in RTDPC I (1947), pp. 331-351.

CARRIÈRE, PAOLO – *La normativa sui contratti di garanzia finanziaria. Analisi critica*, in BBTC LVIII (2005), pp. 184-196.

CAROPPO, ANTONIO – *Gratuitità ed onerosità dei negozi di garanzia* in RTDPC XV (1961), pp. 421-456.

CARVALHO, ORLANDO DE – *Negócio jurídico indirecto (teoria geral)* in Escritos – Páginas de Direito, Vol. I, Coimbra: Livraria Almedina, 1998, pp. 31-164.

CARVALHO, ORLANDO DE – *Direito das coisas (do direito das coisas em geral)*, Coimbra: Centelha, 1977

CARVALHO, ORLANDO DE – *Critério e estrutura do estabelecimento comercial*, Vol. I – O Problema da empresa como objecto de negócios, Coimbra: Atlântida, 1967.

CARVALHO, SÓNIA ALEXANDRA MOTA DE – *O Contrato de* factoring *na prática negocial e sua natureza jurídica*, Porto: UCP, 2007.

CEDRANGOLO, UGO – *Contributo alla dottrina delle cauzioni nel diritto privato italiano* in AAVV, *Studi in onore di Mariano d'Amelio*, Vol. I, Roma: Società Editrice del "Foro Italiano", 1933, pp. 268-290.

CHINÉ, GIUSEPPE – *Il pegno "rotativo" tra realtà e consensualità* in GI 148 (1996), pp. 569-576.

CHIRONI, G. P. – *Trattato dei privilegi, delle ipoteche e del Pegno*, Turim: Fratelli Boca Editori, Vol. I – Parte Generale, 1894.

CICARELLO, SEBASTIANO – *Pegno (diritto privato)* in ED, tomo XXXII, Milão: Giuffrè Editore, 1982, pp. 682-701.

CIPRIANI, NICOLA – *Patto Commissorio e Patto Marciano. Proporzionalitá e Legitimità delle garanzie*, Nápoles: Edizione Scientifiche Italiane, 2000.

CLAPS, GIUSEPPE – *Natura giuridica del pegno de crediti*, in Archivio LXVI, fascículo 3, pp. 441-446 e *Archivio* LXVI, fascículo 1, pp. 93-155.

CLAPS, TOMMASO – *Pegno Irregolare o cauzione in contanti*, in NDI, tomo XVII, Turim: Unione Tipografico-Editrice Torinese, 1939, pp. 677-683.

CLAPS, TOMMASO – *Del cosi detto pegno irregolare* in Archivio LVII (1896), pp. 454--516.

COELHO, FRANCISCO MANUEL DE BRITO PEREIRA – *A renúncia abdicativa no Direito Civil (algumas notas tendentes à definição do seu regime)*, Coimbra: Coimbra Editora, 1995.

COELHO, JOSÉ GABRIEL PINTO – *O "depósito" como caução na legislação portuguesa* in RLJ 62 (1929-1930), pp. 17-20 e pp. 37.

COELHO, JOSÉ GABRIEL PINTO – *Da Hipoteca (lições compiladas por C.F. Martins Souto e J. Agostinho de Oliveira)*, s.d.

COELHO, LUÍS PINTO – *Da compropriedade no Direito Civil português*, Vol. I, Lisboa, 1939.

COIMBRA, ANA – *O Sinal: contributo para o estudo do seu conceito e regime*, in *O Direito* 122 (1990), tomos III-IV, pp. 621-671.

COLOMBO, GIOVANNI E. – *Pegno Bancario: le clausole di estenzione, la prova della data*, in BBTC XLV (1982), Parte Prima, pp. 193-214.

CORDEIRO, ANTÓNIO MENEZES – *Tratado de Direito Civil Português*, Vol. II – *Direito das Obrigações*, tomo II, Coimbra: Livraria Almedina, 2010.

CORDEIRO, ANTÓNIO MENEZES – *Tratado de Direito Civil Português*, Vol, II – *Direito das Obrigações*, Tomo I, Coimbra: Livraria Almedina, 2009.

CORDEIRO, ANTÓNIO MENEZES – *Manual de Direito Comercial*, 2.ª ed., Vol. I, Coimbra: Livraria Almedina, 2007.

CORDEIRO, ANTÓNIO MENEZES – *Manual de Direito Bancário*, 3.ª ed., Coimbra: Livraria Almedina, 2006

CORDEIRO, ANTÓNIO MENEZES – *Da compensação no Direito Civil e no Direito Bancário*, Coimbra: Livraria Almedina, 2003.

CORDEIRO, ANTÓNIO MENEZES – *Tratado de Direito Civil Português*, Vol. I, Tomo II – *Coisas*, 2.ª ed., Coimbra: Livraria Almedina, 2002.

CORDEIRO, ANTÓNIO MENEZES – *Da boa fé no Direito Civil* (reimp.), Coimbra: Livraria Almedina, 2001.

CORDEIRO, ANTÓNIO MENEZES – *A Posse: perspectivas dogmáticas actuais*, 3.ª ed., Coimbra: Livraria Almedina, 2000, pp. 70-71.

CORDEIRO, ANTÓNIO MENEZES – *Tratado de Direito Civil*, Vol. I, tomo I, 2.ª ed., Coimbra: Livraria Almedina, 2000.

CORDEIRO, ANTÓNIO MENEZES – *Direitos Reais* (reimp.), Lisboa: Lex: 1993.

CORDEIRO, ANTÓNIO MENEZES – *Direito das Obrigações*, Vol. II, Lisboa: Associação Académica da Faculdade de Direito, 1980.

CORDEIRO, CATARINA PIRES – *A alienação em garantia no Direito Civil português*, (polic.), Lisboa: 2006.

CORDEIRO, CATARINA PIRES – *Do pacto comissório (ao pacto marciano): entre a eficiência e a Justiça comutativa nas relações creditícias*, (polic.), Lisboa, 2004.

CORTEZ, FRANCISCO – *A Garantia Bancária Autónoma – alguns problemas* in ROA 52 (1992), pp. 513-610.

COSTA, MÁRIO JÚLIO DE ALMEIDA / CORDEIRO, ANTÓNIO MENEZES – *Cláusulas Contratuais Gerais – Anotação ao Decreto-Lei n.º 446/85, de 25 de Outubro*, Coimbra: Livraria Almedina, 1987.

COSTA, MÁRIO JÚLIO DE ALMEIDA – *Direito das Obrigações*, 10.ª ed., Coimbra: Livraria Almedina, 2006.

COSTA, MÁRIO JÚLIO DE ALMEIDA – *Ilicitude na guarda da coisa penhorada; venda antecipada* in CJ 1985, tomo II, pp. 19-29.

COSTA, MÁRIO JÚLIO DE ALMEIDA – *Alienação fiduciária em garantia e aquisição de casa própria*, in DJ I (1980), pp. 41-57.

COSTANZA, MARIA – *Il contratto atipico*, Milão: Giuffrè, 1981.

CRISCUOLI, GIOVANNI – *Fiducia e fiducie in diritto privatto: dai negozi fiduziari ai contratti uberrimae fidei*, in RDC XXIX (1983), Parte Prima, p. 136-167.

CRISTAS, MARIA DE ASSUNÇÃO OLIVEIRA – *Transmissão contratual do direito de crédito*, Coimbra: Livraria Almedina, 2005.

CROCQ, PIERRE – *Propriété et Garantie*, Paris: Librarie Générale de Droit et Jurisprudence, 1995.

CRUZ, SEBASTIÃO – *Direito Romano ("Ius Romanum")*, Coimbra, 1984, Vol. I, *Introdução, Fontes,* 4.ª ed.

CRUZ MORENO, MARÍA – *La prenda irregular*, Madrid: Centro de Estudios Registrales, 1995.

CUNHA, PAULO – *Da Garantia nas Obrigações* – (pelo aluno EUDORO PAMPLONA CORTE-REAL), Lisboa, 1938-1939, tomos I e II.

CUNHA, PAULO – *Do Património – Estudo de Direito Privado*, Vol. I, Lisboa: Editorial Minerva, 1934.

CURA, ANTÓNIO ALBERTO VIEIRA – *Fiducia cum creditore – aspectos gerais*, Coimbra, 1988.

CUSATO, BARBARA – *Il Pegno*, Milão: Giuffrè, 2006.

D'AMELIO, MARIANO – *Di alcuni caratteri del pegno commerciale*, in RDCo X (1912), Parte Seconda, pp. 672-681.

D'AVANZO, WALTER – *Caparra*, in NssDI, tomo II, Turim: Unione Tipografico-Editrice Torinese, 1957, pp. 893-896.

DALMARTELLO, ARTURO – *Pegno Irregolare* in NssDI, tomo XII, 1966, pp. 798-807.

DALMARTELLO, ARTURO – *Il pegno irregolare (o cauzione in senso stretto)* in BBTC XIII (1950), Parte Prima, pp. 315-347.

DALMARTELLO, ARTURO/PORTALE, GIUSEPPE B. – *Deposito (diritto vigente)* in ED, tomo XII, Milão: Giufrè, 1964, pp. 236-274.

DAMRAU, JURGEN – *Anotações aos § do BGB*, in *Münchener*, 4.ª ed. Vol. VI *Sachenrecht §§ 854-1296*, Munique: C.H. Beck, 2004.

DERNBURG, ARRIGO – *Diritti Reali* (trad. do alemão de FRANCESCO BERNARDINO CICALA) Vol. I, Parte II, Roma-Turim-Milão: Fratelli-Bocca-Editori, 1907.

DIAS, GABRIELA FIGUEIREDO – *Project Finance (primeiras notas)* in AAVV, *Miscelâneas, n.º 3*, Coimbra: Livraria Almedina, 2004, pp. 115-160.

DIAS, JOANA PEREIRA – *Mecanismos convencionais da Garantia do Crédito: Contributo para o Estudo da Garantia "Rotativa" Mobiliária no Ordenamento Jurídico Português*, (polic.), Lisboa, 2005.

DÍEZ-PICAZO, LUIZ; PONCE DE LEÓN – *Autonomia privada y derechos reales* in AAVV, *Libro-homenaje a Ramón M.ª Roca Sastre*, Vol. II, Madrid: Junta de Decanos de los colégios notariales, 1976, pp. 299-230.

DIMOPOULOS-VOSIKIS, HARALAMBOS – *Zum Problem der dinglichen Pflicht* in AcP 167 (1967) pp. 515-534.

DIURNI, GIOVANNI – *Fiducia – Techniche e Principi negoziali nell'alto medioevo*, Turim: Giappichelli Editore, 1992.

DIURNI, GIOVANNI – *Fiducia e negozio fiduciário (storia)*, in DIGESTO – Sezione Civile, tomo VIII, Turim: Unione Tipografico-Editrice Torinese, 1992, p. 288-294.

DUARTE, RUI PINTO – *Curso de Direitos Reais*, 2.ª ed., Cascais: Principia, 2007.

DUARTE, RUI PINTO – *O penhor de estabelecimento comercial* in AAVV, *Comemorações dos 35 anos do Código Civil*, Vol. III, Coimbra: Coimbra Editora, 2007, pp. 59-73.

DUARTE, RUI PINTO – *Tipicidade e atipicidade dos contratos*, Coimbra: Livraria Almedina, 2000.

DUSI, B. – *Sulla costituzione del pegno*, in RDCo VII (1909), Parte Seconda, pp. 8-14.

DWORKIN, RONALD – *Law's Empire*, (reimp. da ed. de 1986), Londres, Hart Publishing, 1998.

DWORKIN, RONALD – *Taking rights seriously*, 2.ª ed., Londres, Duckworth Books, 1982.

ENGISH, KARL – *Introdução ao pensamento jurídico* (tradução de *Einführung in das Juristichen Denken* por JOÃO BAPTISTA MACHADO), 7.ª ed, Lisboa: Fundação Calouste Gulbenkian, 1996.

FARIA, JORGE LEITE RIBEIRO DE – *Direito das Obrigações*, Vol. II, Coimbra: Livraria Almedina, s.d.

FARO, FREDERICO DE SOUZA LEÃO KASTRUP DE – *Da validade da fiança omnibus* in AAVV, *Garantias das Obrigações*, Coimbra: Livraria Almedina, 2007, pp. 249-303.

FERNANDES, LUÍS CARVALHO – *Teoria Geral do Direito Civil*, Tomo I, *Introdução, Pressupostos da Relação Jurídica*, 5.ª ed., Lisboa: UCP Editora, 2009.

FERNANDES, LUÍS CARVALHO – *Teoria Geral do Direito Civil*, Tomo II, *Fontes, Conteúdo e Garantia da RelaçãoJurídica*, , 4.ª ed., Lisboa: UCP Editora, 2007.

FERNANDES, LUÍS CARVALHO – *Lições de Direitos Reais*, 6.ª ed., Lisboa: Quid Juris, 2009.

FERNANDES, LUÍS CARVALHO – *A admissibilidade do negócio fiduciário no Direito Português* in *Estudos sobre a simulação*, Lisboa: Quid Iuris?, 2004, pp. 243-274.

FERNANDES, LUÍS CARVALHO – *A conversão dos negócios jurídicos civis*, Lisboa: Quid Juris, 1993.

FERRARA, FRANCESCO – *La simulación de los negócios jurídicos* (trad. para o castelhano de RAFAEL ATARD e JUAN A. DE LA PUENTE) 3.ª ed., Madrid: Editorial Revista de Derecho Privado, 1953.

FERREIRA, BRUNO – *Mecanismos de garantia em project finance* in *Cadernos O Direito*, n.º 4, 2009.

FERREIRA, DURVAL DA FONSECA – *Do Mandato Civil e Comercial*, 2.ª ed., Porto, 1972.

FERREIRA, JOSÉ DIAS – *Código Civil Portuguez Anotado*, Vol. II, Lisboa: Imprensa Nacional, 1870.

FERRI, GIOVANNI B. – *Causa e tipo nella teoria del negozio giuridico*, Milão: Giuffrè, 1966.

FERRI, GIUSSEPPE – *Anticipazione bancaria*, in ED, tomo II, Milão: Giuffrè, 1958, pp. 523-529.

FERRI, GIUSSEPPE – *Deposito bancario* in ED, tomo XXI, Milão: Giuffrè, 1964, pp. 278--285.

FIGUEIREDO, ISABEL MOUSINHO DE – *A compensação como garantia de cumprimento das obrigações* in *O Direito* 139 (2007), pp. 380-437.

FIKENTSCHER, WOLFGANG/HEINEMANN, ANDREAS – *Schuldrecht*, 10.ª ed., Berlim: De Gruyter Recht, 2006.

FÍNEZ RATÓN, JOSÉ MANUEL – *Garantías reales: imperatividad de las normas de ejecución* versus *pacto comisorio*, in AAVV, *Estudios jurídicos en homenaje al Profesor Luis Díez-Picaso*, Tomo III – *Derecho Civil. Derechos Reales, Derecho de la Familia*, Madrid: Thomson-Civitas, 2003, pp. 3829-3839.

FÍNEZ RATÓN, JOSÉ MANUEL – *Garantías reales sobre cuentas y depósitos bancarios – La prenda de créditos*, Barcelona: José Maria Bosch Editor, 1994.

FINOCHIARO, GAETANO, *La teoria del "pegno irregolare"* in DCom XI (1919), pp. 14-24.

FIORENTINI, FRANCESCA – *Garanzie reali atipiche* in RDC XLVI (2000), pp. 253-292.

FIORENTINO, ADRIANO – *Del deposito* in *Commentario del Codice Civile (a cura di Antonio Scialoja e Giuseppe Branca)*, Bolonha: Nicola Zanichelli Editore, 1962, p. 54-136.

FIORENTINO, ADRIANO – *Contratti Bancari* in *Commentario del Codice Civile (a cura di Antonio Scialoja e Giuseppe Branca)*, Bolonha: Nicola Zanichelli Editore, 1962, p. 412-571.

FONSECA, PATRÍCIA AFONSO – *O Penhor financeiro – Contributo para o estudo do seu regime jurídico*, (polic.), Lisboa, 2005.

FONSECA, TIAGO SOARES DA – *O penhor de acções*, 2.ª ed., Coimbra: Livraria Almedina, 2007.

FORCHIELLI, PAOLO – *I Contratti reali*, Milão: Giuffrè, 1952.

FRAGALI, MICHELE – *Garanzia* in ED, tomo XVIII, Milão: Giuffrè Editore, 1969, pp. 446-466.

FREITAS, JOSÉ LEBRE DE – *A acção executiva – depois da reforma*, 4.ª ed., Coimbra: Coimbra Editora, 2004.

FREZZA, PAOLO – *Le garanzie delle obbligazionni – Corso di Diritto Romano*, Vol. II. *Le Garanzie Reali*, Pádua: CEDAM, 1963.

FUENTESECA, CRISTINA – *El negocio fiduciário en la jurisprudência del Tribunal Supremo*, Barcelona: J. M. Bosch Editor, 1997.

FULLER, LON – *The Morality of Law*, New Haven e Londres: Yale University Press, 1976 (reimp. da ed. de 1969).

FUNAIOLI, CARLO ALBERTO – *Consegna*, in ED, tomo IX, Milão: Giuffrè, 1961, pp. 131-140.

FURGIUELE, GIOVANNI – *La fiducia e il problema dei limiti del sistema* in *Mandato, Fiducia e trust*, Milão: Giuffrè: 2003, pp. 7-18.

GABRIELLI, ENRICO; DANESE, G. ANDREA – *Le garanzie sui beni dell'impresa: profili della* floating charge *nel diritto inglese* in BBTC LVIII (1995), Parte Prima, pp. 633--659.

GABRIELLI, ENRICO – *Sulle garanzie rotative*, Nápoles: Edizioni Scientifiche Italiane, 1997.

GABRIELLI, ENRICO – *I negozi costitutivi di garanzie reali*, in BBTC LIX (1996), Parte Prima, pp. 149-193.

GABRIELLI, ENRICO – *Il pegno"Anomalo"*, Pádua: Cedam, 1993.

GABRIELLI, ENRICO – *Pegno*, in DIGESTO – Sezione Civile, tomo XII, Turim: Unione Tipografico-Editrice Torinese, 1993, pp. 329-349.

GALASSO, ALFREDO; GALASSO, GIUSEPPE – *Deposito* in DIGESTO – Sezione Civile, tomo V, Turim: Unione Tipografico-Editrice Torinese, 1989, pp. 253-274.

GARCIA VICENTE, JOSÉ RAMÓN – *La prenda de créditos,* Madrid: Thomson-Civitas, 2006.

GARDELLA, ANNA – *La legge applicabile alle garanzie finanziarie tra localizzazione e autonomia privata: una prima ricognizione dopo l'attuazione della direttiva 2002//47/CE* in BBTC LVIII (2005), Parte Seconda, pp. 583-625.

GATTI, SERAFINO – *Il credito su pegno, 2.ª ed.,* Milão: Giuffrè, 2002.

GATTI, SERAFINO – *Pegno Irregolare e fallimento del debitore* in RDCo XCVIII (2000), pp. 111-132.

GAZZONI, FRANCESCO – *Atipicità del contratto, giuridicità del vincolo e funzionalizzazione degli interessi,* in RDC XXIV (1978), pp. 52-166.

GERHARDT, WALTER – *Mobiliarsachenrecht,* 5.ª ed., Munique: Verlag C. H. Beck, 2000.

GERNHUBER, JOACHIM – *Die fiduziarische Treuhand,* in JuS 28 (1988), pp. 355-363.

GERNHUBER, JOACHIM – *Die Erfüllung un ihre Surrogate sowie das Erlöschen der Schuldverhältnisse aus anderen Gründen,* Tubinga: J.C.B. Mohr (Paul Siebeck), 1983.

GETE-ALONSO Y CALERA, MARIA DEL CARMEN – *Función y estructura del tipo contratual,* Barcelona: Bosch, 1979.

GIGLIOTTI, FULVIO – *Patto comissorio autónomo e libertà dei contraenti,* Nápoles: Edizione Scientifiche Italiane, 1997.

GOMES, JÚLIO VIEIRA – *Sobre o âmbito da proibição do pacto comissório, o pacto autónomo e o pacto marciano – Ac. do STJ de 30.1.2003, Rec. 3896/02,* in CDP 8 (Outubro/Dezembro 2004), pp. 57-72.

GOMES, JÚLIO VIEIRA – *O conceito de enriquecimento, o enriquecimento forçado e os vários paradigmas do enriquecimento sem causa,* Porto: UCP, 1998.

GOMES, MANUEL JANUÁRIO DA COSTA – *O mandamento de determinabilidade na fiança omnibus e o AUJ n.º 4/2001* in GOMES, MANUEL JANUÁRIO DA COSTA, *Estudos de Direito das Garantias,* Vol. I, Coimbra: Livraria Almedina, 2004, pp. 109-137.

GOMES, MANUEL JANUÁRIO DA COSTA – *Assunção fidejussória de dívida – Sobre o sentido e âmbito da vinculação como fiador,* Coimbra: Livraria Almedina, 2000.

GOMES, MANUEL JANUÁRIO DA COSTA – *Contrato de Mandato* in MENEZES CORDEIRO (coordenação), *Direito das Obrigações,* 3.º vol. 3, Lisboa: AAFDL, 1991, pp. 265-408.

GOMES, MANUEL JANUÁRIO DA COSTA – *Em tema de revogação no mandato civil,* Coimbra: Livraria Almedina, 1989.

GONÇALVES, LUIZ DA CUNHA – *Tratado de Direito Civil,* Vol. V, Coimbra: Coimbra Editora, 1932.

GONÇALVES, LUIZ DA CUNHA – *Comentário ao Código Comercial Português,* Vol. II, Coimbra: Coimbra Editora, 1916.

GOODE, ROY – *The Modernisation of Personal Property Security Law* in LQR 100 (1984), pp. 234-251.

GORLA, GINO – *Le Garanzie Reali dell'Obbligazione – Parte Generale,* Milão: Giuffrè, 1935.

GORLA, GINO – *Del pegno, delle ipoteche,* 3.ª ed., Bolonha: Nichola Zanichelli Editore, 1966.

GRASSETTI, CESARE – *Deposito a scopo di garanzia e negozio fiduziario* in RDC XXXIII (1941), pp. 97-110.

GRASSETTI, CESARE – *Il negozio fiduciario e della sua ammissibilità nel nostro ordenamento giuridico,* in RDCo XXXIV (1936), Parte Prima, pp. 345-378.
GRISI, GIUSEPPE – *Il deposito in funzione di garanzia,* Milão: Giuffrè, 1999.
GROSSI, ALESSANDRA – *La Direttiva 2002/47/CE sui contratti di garanzia finanziaria* in *Europa e Diritto Privato,* 2004, pp. 249-271.
GROSSO, GIUSEPPE – *Fiducia (Diritto Romano)* in ED, tomo XVIII, Milão: Giuffrè Editore, 1969, pp. 384-388.
GUEDES, AGOSTINHO CARDOSO – *A natureza jurídica do direito de preferência,* Porto: UCP, 1999.
GULLÓN BALLESTEROS, ANTÓNIO – *Comentarios* in AAVV, *Comentario del Código Civil,* tomo 8, Barcelona: Bosch.

HARDER, MANFRED – *Die Leistung an Erfüllungs Statt (*datio in solutum*),* Berlim: Duncker & Humblot, 1976.
HART, HERBERT L. A. – *O conceito de Direito,* (trad. de *The concept of law,* por ARMINDO RIBEIRO MENDES), 2.ª ed., Lisboa: Fundação Calouste Gulbenkian, 1996.
HECK, PHILIPP – *Grundriß des Sachenrechts,* (reimp. da 2.ª ed. de 1930) Aalen: Scientia Verlag, 1970.
HÖRSTER, HEINRICH EWALD – *A parte geral do Código Civil Português – Teoria Geral do Direito Civil,* Coimbra: Livraria Almedina, 1992.

JORDANO, JUAN BAUTISTA – *Contratos mixtos y unión de contratos* in ADC 1951, pp. 321-339.
JORGE, FERNANDO SANDY PESSOA – *O mandato sem representação,* Lisboa: Edições Ática, 1961.
JÚNIOR, EDUARDO SANTOS – *A interpretação dos negócios jurídicos,* Lisboa: AAFDL, 1989.
JUSTO, A. SANTOS – *Direitos Reais,* Coimbra: Coimbra Editora, 2007.
JUSTO, A. SANTOS – *Direito Privado Romano II (Direito das Obrigações),* Coimbra: Coimbra Editora, 2003.
JUSTO, A. SANTOS – *Direito Privado Romano III (Direito Reais),* Coimbra: Coimbra Editora, 1997.

LA LUMIA, ISIDORO – *Pegno irregolare e sconto* in RDCo XII (1914), pp. 509-518.
LARENZ, KARL – *Metodologia da Ciência do Direito,* (tradução do alemão *Methodenlehre der Rechtswissenschaft* por JOSÉ LAMEGO), 3.ª ed., Lisboa: Fundação Calouste Gulbenkian, 1994.
LARENZ, KARL – *Lehrbuch des Schuldrechts,* Vol. I, 14.ª ed., Munique: C.H. Beck'sche Verlagsbuchhandlung, 1987.
LARENZ, KARL/WOLF, MANFRED – *Allgemeiner Teil des Bürgerlichen Rechts,* 9.ª ed., Munique: Verlag C.H. Beck, 2004.
LARENZ, KARL/CANARIS, CLAUS-WILHELM – *Lehrbuch des Schuldrechts,* 13.ª ed., tomo II/2, Munique: C.H. Beck'sche Verlagsbuchhandlung, 1994.
LEGEAIS, DOMINIQUE – *Sûretés et Garanties du Crédit,* 4.ª ed., Librairie Générale de Droit et de Jurisprudence, 2004.

LEICHT, P. S. – *Storia del diritto italiano. Il diritto privato.* Vol. II *Diritti reali e di succezione,* Milão: Giuffrè, 1960.
LEITÃO, LUÍS MENEZES – *Direito da Insolvência.,* Coimbra: Livraria Almedina, 2009.
LEITÃO, LUÍS MENEZES – *Direito das Obrigações,* Vol. I *Introdução. Constituição das Obrigações,* 8.ª e.,, Coimbra: Livraria Almedina, 2009.
LEITÃO, LUÍS MENEZES – *Direitos Reais,* Coimbra: Livraria Almedina, 2009.
LEITÃO, LUÍS MENEZES – *Garantias das Obrigações,* 2.ª ed., Coimbra: Livraria Almedina, 2008.
LEITÃO, LUÍS MENEZES – *Cessão de Créditos,* Coimbra: Livraria Almedina, 2005.
LEITÃO, LUÍS MENEZES – *Do Enriquecimento sem causa no Direito Civil,* Lisboa: Centro de Estudos Fiscais, 1996.
LENZI, RAFFAELLE – *Responsabilità patrimoniale e rilevanza della funzione nel deposito di beni fungibili,* Milão: Giuffrè, 2007.
LERDO DE TEJADA, MANUEL ESPEJO – *Autonomia privada y garantías reales* in AAVV, *Estudios jurídicos en homenaje al Profesor Luis Díez-Picaso,* Tomo III – *Derecho Civil. Derechos Reales, Derecho de la Familia,* Madrid: Thomson-Civitas, 2003, pp. 3747-3770.
LIMA, FERNANDO ANDRADE PIRES DE /VARELA, JOÃO DE MATOS ANTUNES – *Código Civil Anotado,* 4.ª ed., Vol. I., 1987, Coimbra: Coimbra Editora.
LIMA, FERNANDO ANDRADE PIRES DE /VARELA, JOÃO DE MATOS ANTUNES – *Código Civil Anotado,* 4.ª ed., Vol. II., 1997, Coimbra: Coimbra Editora.
LIPARI, NICOLÒ – *Il negozio fiduziario (ristampa inalterata),* Milão: Giuffrè, 1971.
LOBUONO, MICHELE – *I contratti di Garanzia,* Nápoles: Edizioni Scientifiche Italiane, 2007.
LOIACONO, DARIO; CALVI, ANDRE; BERTANI, ALESSANDRO – *Il trasferimento in funzione di garanzia tra pegno irregolare, riporto e diritto di utilizzazione,* Suplemento do n.º 6 de BBTC LVIII (2005).
LONGO, CARLO – *Corso di Diritto Romano – La Fiducia,* Milão: Giuffrè, 1946.
LORDI, LUIGI – *Pegno Civile* in NDI, tomo XVII, Turim: Unione Tipografico-Editrice Torinese, 1939, pp. 620-640.
LORDI, LUIGI – *Pegno Commerciale* in NDI, tomo XVII, Turim: Unione Tipografico--Editrice Torinese, 1939, pp. 640-677.
LORENZI, VALERIA DE – *Compensazione* in DIGESTO – Sezione Civile, tomo III, Turim: Unione Tipografico-Editrice Torinese, pp.65-77.
LOVISATTI, SILVIA – *Osservazioni in tema di limiti del pegno roatitvo, tra « valori originari » e « beni originari»* in BBTC LV (2002), Parte Seconda, pp. 695-705.
LÜBTOW, ULRICH VON – *Die Struktur der Pfandrechte und Reallasten – Zugleich ein Beitrag zum Problem der subjecktlosen Rechte,* in AAVV, *FS für Heinrich Lehmann zum 80. Beburtstag,* Vol. I, Berlim: Walter de Gruyter & Co., 1956, pp. 329-387.
LUMINOSO, ANGELO – *Alla ricerca degli arcani confini del patto commissorio* in RDC XXXVI (1990), pp. 219-242.
LUMINOSO, ANGELO – *Mandato, Commissione, spedizione,* Milão: Giuffrè, 1984.
LWOWSKI, HANS-JÜRGEN/MERKEL, HELMUT – *Kreditsicherheiten – Grundzüge für die praxis,* 8.ª ed., Berlin: Erich Schmidt Verlag, 2003.

MADALENO, CLÁUDIA – *A vulnerabilidade das garantias reais – a hipoteca voluntária face ao direito de retenção e ao direito de arrendamento*, Coimbra: Coimbra Editora, 2008.
MAGALHÃES, BARBOSA DE – *Do Estabelecimento Comercial – Estudo de Direito Privado*, Lisboa: Edições Ática, 1951.
MAGGIORE, LAURA – *Natura del pegno e volontà delle parti*, in BBTC LX (2007), Parte Seconda, pp. 167-188.
MAIMERI, FABRIZIO – *Le garanzie bancarie "improprie"*, Turim: G. Chiapichelli, 2004.
MAIORCA, CARLO – *Il pegno di cosa futura e il pegno di cosa altrui*, Milão: Società Editrice Libraria, 1938.
MAJELLO, UGO – *Il deposito nell'interesse del terzo* in BBTC XXIV (1961), Parte Prima, pp. 311-352.
MALTONI, MARCO – *Teoria del negozio fiduziario e questioni applicative: spunti di rifelessione* in *Mandato, Fiducia e trust*, Milão: Giuffrè: 2003, pp. 105-116.
MANIGK, ALFRED – *Pfandrecht*, in *Handwörterbuch der Rechtswissenschaft*, Vol. IV, Berlim e Leipzig: Walter de Gruyter, Co., 1927, pp. 455-467.
MANNINO VINCENZO – *Garanzie dell'obbligazione* in DIGESTO – Sezione Civile, , tomo VIII, Turim: Unione Tipografico-Editrice Torinese, 1992, pp. 614-621.
MARANO, PIERPAOLO – *Sul pegno (irregolare) del saldo di conto corrente*, in BBTC LIII (2000), Parte Seconda, pp. 610-616.
MARIANO, JOÃO CURA – *Impugnação pauliana*, Coimbra: Livraria Almedina, 2004.
MARINO Y BORREGÓ, RUBÉN – *La prenda de derechos* in AAVV, *Homenaje a Don Antonio Hernandez Gil*, Madrid: Editorial Centro de Estudios Ramón Areces, S.A., 2001, pp. 2022-2047.
MAROI, FULVIO – *Lineamenti storici della costituzione di pegno sulla stessa cosa a favore di creditori terzi* in RDCo XXV (1927), Parte Prima, pp. 397-446.
MARQUES, J. P. REMÉDIO – *Locação financeira restitutiva (sale and lease-back) e a proibição dos pactos comissórios – negócio fiduciário, mútuo e acção executiva*, in BFD, Vol. LXXVII (2001), pp. 575-632.
MARSAL GUILLAMET, JOAN – *Las prendas flotantes. Un término polisémico* in AAVV, *Garantías mobiliarias en Europa*, Madrid: Marcial Pons, 2006, pp. 355-366.
MARTÍNEZ, PEDRO ROMANO – *O subcontrato* (reimp. da ed. de 1989) Coimbra: Livraria Almedina, 2006.
MARTÍNEZ, PEDRO ROMANO; PONTE, PEDRO FUZETA DA – *Garantias de cumprimento*, 5.ª ed., Coimbra: Livraria Almedina, 2006.
MARTÍNEZ, PEDRO ROMANO – *Cumprimento defeituoso – em especial na compra e venda e na empreitada*, Coimbra: Livraria Almedina, 2001.
MARTINI, ANGELO DE – *Deposito (Diritto Civile)* in NssDI, tomo V, Turim: Unione Tipografico-Editrice Torinese, 1957, pp. 497-527.
MARTINS, JOSÉ PEDRO FAZENDA – *Direitos reais de gozo e garantia sobre valores mobiliários* in AAVV, *Direito dos Valores Mobiliários*, Lisboa: Lex, 1997, pp. 99-119.
MARTORANO, FEDERICO – *Cauzione (diritto civile)* in ED, tomo VI, Milão: Giuffrè Editore, 1960, pp. 652-654.
MARTORANO, FEDERICO – *Cauzione e pegno irregolare*, in RDCo LVIII (1960), pp. 94-130.
MARTORELL, MARIANO NAVARRO – *La propriedad fiduciaria*, Barcelona: Bosch, 1950.

MASSARI, EMILIA – *L'obbligazione di custodire nel pegno e nel deposito*, in RTDPC IV (1950), pp. 1091-1097.
MASTROPAOLO, EUGENIO M. – *La nuova normativa europea sui contratti di garanzia finanziaria (dirrettiva 2002/47/CE del 6 Giugno 2002)* in RDCo CI (2003), pp. 519-536.
MATOS, ISABEL ANDRADE DE – *O pacto comissório – contributo para o estudo do âmbito da sua proibição*, Coimbra: Livraria Almedina, 2006.
MATTA, TIAGO REIS DE ATHAYDE – *Da garantia fiduciária no âmbito do sistema financeiro*, in AAVV. *Garantia das Obrigações*, Coimbra: Livraria Almedina, 2007, pp.525-564.
MEDICUS, DIETER – *Schuldrecht I – Allgemeiner Teil*, 16.ª ed., Munique: Verlag C. H. Beck, 2005.
MEDICUS, DIETER – *Schuldrecht II – Besonderer Teil*, 13.ª ed., Munique: Verlag C. H. Beck, 2006.
MENDES, EVARISTO – *Fiança Geral*, in RDES XXXVII, 1995, pp. 97-158.
MESQUITA, MANUEL HENRIQUE – *Obrigações reais e ónus reais* (3.ª reimpressão), Coimbra: Livraria Almedina, 2003.
MESQUITA, MANUEL HENRIQUE – *Direitos Reais (lições)*, Coimbra, 1967.
MESSINA, GIUSEPPE – *Negozi fiduciari – Introduzione e Parte I*, Milão: Giuffrè, 1948.
MESSINEO, FRANCESCO – *Il Contratto in genere*, tomo I, Milão: Giuffrè, 1972.
MESSINEO, FRANCESCO – *Il contrato in genere*, tomo II, Milão: Giuffrè, 1972.
MESSINEO, FRANCESCO – *Contrato irregolare (di fatto) e ad effeto irregolare*, in ED, tomo X, Milão: Giuffrè, 1962, pp. 111-116.
MESSINEO, FRANCESCO – *Anticipazione bancaria*, in NssDI, tomo I, Turim: Unione Tipografico-Editrice Torinese, 1957, pp. 647-654.
MESSINEO, FRANCESCO – *Costituzione di pegno mediante compossesso, fra creditore pignoratizio e datore, suoi effeti* in *Studi in onore di Enrico Redenti nel XL Anno del suo insegnamento*, Vol. II, Milão: Giuffrè, 1951, pp. 21-30.
MESSINEO, FRANCESCO – *Anticipazione sopra valori mobiliari e merci* in *Operazione di Borsa e di Banca*, Roma: Anonima Romana Editoriale, 1926, pp. 176-213.
MESSINEO, FRANCESCO – *Contenuto e caratteri dell'apertura di credito*, in RDCo XXIII (1925), pp. 118-140.
MEYER, WERNER – *Das irreguläre Pfandrecht*, Vestefália: Heinrich & J, Lechte, 1931.
MINCKE, WOLFGANG – *Die Akzessorietät des Pfandrechts: eine Untersuchung zur Pfandrechtskonstruktion in Theorie und Gesetzgebung des 19. Jahrhunderts*, Munique: Duncker und Humblot, 1987.
MINITTI, GIUSEPPE – *Garanzia e alienazione*, Turim: Giapichelli Editore, 2007.
MISURALE, FRANCESCA DELL'ANNA – *Profili evolutivi della disciplina del pegno*, Nápoles: Edizioni Scientifiche Italiane, 2004.
MOLLE, GIACOMO – *I contratti bancari*, 3.ª ed, Milão: Giuffrè, 1978.
MONTEIRO, ANTÓNIO JOAQUIM DE MATOS PINTO – *Contratos de adesão – O regime jurídico das cláusulas contratuais gerais*, instituído pelo D.L. n.º 446/85, de 25 de Outubro in ROA 46 (Dezembro 1986), pp. 735-769.
MONTEIRO, ANTÓNIO JOAQUIM DE MATOS PINTO – *Cláusula Penal e indemnização*, Coimbra: Livraria Almedina, 1990.
MONTEL, ALBERTO – *Pegno (Diritto vigente)* in NssDI, tomo VII, Turim: Tipografico-Editrice Torinese, 1966, pp. 773- 798.

MONTEL, ALBERTO – *Garanzia (Diritti reali di)* in NssDI, tomo VII, Turim: Tipografico-
-Editrice Torinese, pp. 742-750.
MORAIS, FERNANDO DE GRAVATO DE – *União de Contratos de crédito e de venda para consumo*,Coimbra: Livraria Almedina, 2004.
MORAIS, FERNANDO DE GRAVATO DE – *Alienação e oneração de estabelecimento comercial*, Coimbra: Livraria Almedina: 2005.
MOREIRA, GUILHERME ALVES – *Instituições do Direito Civil Português*, Vol. II – *Das Obrigações*, Coimbra, 1911.
MÜHL, OTTO – *Anotações ao BGB* in SOERGEL, 12.ª ed., Vol. 6, *Sachenrecht*, Estugarda, Berlim, Colónia: Verlag W. Kolhammer, 1989.

NANNI, CARLO DI – *Collegamento negoziale e funzione complessa* in RDCo LXXV (1975), Parte Prima, pp. 279-343.
NAPOLETANO, VINCENZO; BARBIERI, EZIO MARIA, NOVITÀ, MARIO – *I Contrati Reali*, Turim: Unione-Tipografico Editrice Torinese, 1965.
NATOLI, UGO – *I contratti reali – Appunti delle lezioni*, Milão: Giuffrè, 1975.
NATUCCI, ALESSANDRO – *Astrazione causale e contratto autonomo di garanzia,,*Pádua: CEDAM, 1992.
NATUCCI, ALESSANDRO – *La tipicità dei Diritti Reali*, 2.ª ed., Pádua: CEDAM, 1988.
NAVARRINI, UMBERTO – *In tema di pegno irregolare* in RDCo XI (1913), pp. 523-527.
NEVES, ANTÓNIO CASTANHEIRA – *Dworkin e a Interpretação Jurídica – ou a Interpretação Jurídica, a Hermenêutica e a Narratividade* in *Estudos em Homenagem ao Professor Doutor Rogério Erhardt Soares*, Coimbra, Coimbra Editora, 2001, pp. 263-345
NEVES, ANTÓNIO CASTANHEIRA – *Metodologia Jurídica – Problemas Fundamentais*, Coimbra: Coimbra Editora, 1993.
NEVES, RUI OLIVEIRA – *O penhor de créditos – Contributo para a compreensão da figura no contexto das garantias especiais das obrigações* (polic.), Lisboa, 2004.
NEVES, VÍTOR PEREIRA – *A protecção do proprietário desapossado de dinheiro* in ASSUNÇÃO CRISTAS; MARIANA FRANÇA GOUVEIA/ VÍTOR PEREIRA NEVES – *Transmissão da propriedade e contrato*, Coimbra: Livraria Almedina, 2001, 141-250 (p. 156).
NICOLÒ, ROSARIO – *Deposito in funzione di garanzia e inadempimento del depositario* in *Raccolta di scritti*, Tomo I, Milão: Giuffrè, 1980, pp. 477-489.
NICOLÒ, ROSARIO – *Deposito cauzionale – Effeto traslativo* in RDC XXXI (1939), pp. 371-373.
NICTOLIS, ROSANNA DE – *Nuove garanzie personali e reali*, Milão: Cedam, 1998.
NICTOLIS, ROSANNA DE – *Divietto del patto commissorio, allienazioni in garanzia e salelease back*, in RDC XXXVII (1991), pp. 535-569.
NITTI, ROCANGELO – *Negozio Fiduciario* in NssDI, tomo XI , Turim: Unione Tipografico-Editrice Torinese, 1965, pp. 202-208.
NOVA, GIORGIO DE – *Il tipo conttratuale*, Pádua: Cedam, 1974.
NOVA, GIORGIO DE – *Caparra*, in DIGESTO – Sezione Civile, tomo II, Turim: Unione Tipografico-Editrice Torinese, 1988, pp. 240-242.
NUNES, FERNANDO CONCEIÇÃO – *Depósito e conta*, in AAVV, *Estudos em homenagem ao Professor Doutor Inocêncio Galvão Teles*, Vol. II, Coimbra: Livraria Almedina, 2002, pp. 67-88.

OLAVO, FERNANDO – *A Empresa e o Estabelecimento Comercial*, separata de *Ciência e Técnica Fiscal*, n.º 55 (1963).

OLIVEIRA, NUNO MANUEL PINTO – *Ensaio sobre o sinal*, Coimbra: Coimbra Editora, 2008.

OLIVEIRA, NUNO MANUEL PINTO – *Cláusulas Penais, Cláusulas Penitenciais e Sinal: crítica da concepção unitária de sinal do Código Civil Português* in *Cláusulas Acessórias ao Contrato – Cláusulas de exclusão e de limitação do dever de indemnizar; Cláusulas Penais*, 2.ª ed., Coimbra: Livraria Almedina, 2005, pp. 176-195.

OERTMANN, PAUL – *Introducción al Derecho Civil* (trad. da 3.ª ed. de *Recht des Bürgerlichen Gesetzbuches* por LUIS SANCHO SERAL), Barcelona-Buenos Aires: Editorial Labor, 1933.

OSCARIZ-MARCO, FLORENCIO – *El contrato de depósito*, Barcelona: José Maria Bosch, Editor, 1997.

PACE, PASQUALE DI – *Il Pegno dei crediti*, Pádua: Cedam, 1939.

PACHECO, ANTÓNIO FARIA CARNEIRO – *Dos privilégios creditórios*, 2.ª ed., Coimbra: França & Arménio, 1914,

PAGGE, ALBERTO – *Pegno (Diritto romano)* in NDI, tomo XVII, Turim: Unione Tipografico-Editrice Torinese, 1939, pp. 610-614.

PALMA, RUI CAMACHO – *Da obrigação natural*, Lisboa: AAFDL, 1999.

PAOLO, MASSIMO DI – *Patto Commissorio* in Digesto – Sezione Civile, tomo XIII, Turim: Unione Tipografico-Editrice Torinese, 1993, pp. 309-314.

PAOLO, MASSIMO DI – *Negozio indiretto*, in DIGESTO – Sezione Civile, tomo XII, Turim: Unione Tipografico-Editrice Torinese, 1995, pp. 124-129.

PARREIRA, ISABEL RIBEIRO – *Algumas reflexões sobre o tipo, a propósito dos tipos legais contratuais* in *Homenagem ao Prof. Doutor André Gonçalves Pereira*, Coimbra: Coimbra Editora, 2006, pp. 981-1007.

PATTI, MARIO COSENTINO – *La compensazione nei suoi aspetti giuridici*, Nápoles: Jovene Editore, 1983.

PERASSI MARIO – *In tema di" pegno omnibus"*, in GI 140 (1988), I, pp. 487-494.

PEREIRA, SOFIA GOUVEIA – *O contrato de abertura de crédito bancário*, Cascais: Principia, 2000.

PERELMAN, CHAÏM – *Éthique et Droit*, Bruxelas: Éditions de l'Université de Bruxelles, 1990.

PERLINGIERI, PIETRO – *Regolamento compensativo volontario e compensazione volontaria*, in *Scritti in onore di Salvatore Pugliatti*, vol. I. tomo II, Milão, Giuffrè, pp. 1729-1750.

PETERS, FRANK – *Das Pfandrecht als Recht zum Besitz* in JZ 1995, pp. 390-392.

PETRONE, MARIA – *La compensazione tra autotela e autonomia*, Milão: Giuffrè, 1997.

PINTO, CARLOS ALBERTO DA MOTA – *Teoria Geral Direito Civil*, 4.ª ed. por ANTÓNIO PINTO MONTEIRO e PAULO MOTA PINTO, Coimbra: Coimbra Editora, 2005.

PINTO, CARLOS ALBERTO DA MOTA – *Onerosidade e gratuitidade das garantias de dívidas de terceiro na doutrina da falência e da impugnação paulina*, in *Estudos em Homenagem ao Prof. Doutor J. J. Teixeira Ribeiro*, vol. III, Coimbra, 1983, pp. 93-117.

PINTO, CARLOS ALBERTO DA MOTA – *Direitos Reais* (por ÁLVARO MOREIRA e CASTRO FRAGA, segundo as prelecções do Prof. Doutor C. A. DA MOTA PINTO ao 4.º ano jurídico de 1970-71), Coimbra, Livraria Almedina, 1975.

PINTO, RUI – *A acção executiva depois da reforma*, Lisboa: JUS, 2004.
PIRES, MIGUEL LUCAS – *Dos privilégios creditórios – Regime Jurídico e sua influência no concurso de credores*, Coimbra: Livraria Almedina, 2004.
PISCITELLO, PAOLO – *Costituzione in pegno di beni dell'impresa e spossessamento*, in BBTC LIV (2001), Parte Prima, pp. 155-179.
POÇAS, LUÍS – *Antecipação Bancária e Empréstimo sobre penhor no Âmbito das Operações Bancárias*, Porto: Almeida & Leitão, Lda., 2007.
PORTALE, BENEDETTO GIUSEPPE – *Osservazioni sul contratto col terzo detentore del pegno*, in AAVV, *Studi in onore di Biondo Biondi*, Vol. IV, Milão: Giuffrè, 1965, pp. 375-399.
PRATA, ANA – *Cláusulas de exclusão e limitação da responsabilidade contratual* (reimp.), Coimbra: Livraria Almedina, 2005.
PROVINCIALI, RENZO – *Pegno mediante concustodia* in *Scritti Giuridici in onore di Antonio Scialoja per il suo XLV Anno d'insegnamento*, Vol. III – *Diritto Civile*, Bolonha: Nicola Zanichelli Editore, 1953, pp. 411-420.
PUGLIATTI, SALVATORE – *La trascrizione*, Vol. I, Tomo I, *La publicità in generale* in *Tratato di Diritto Civile e Commerciale diretto da A. CICU e F. MESSINEO*, Milão: Giuffrè, 1957.
PUGLIATTI, SALVATORE – *Precisazioni in tema di vendita a scopo di garanzia*, inRTDPC IV (1950), pp. 298-341.
PUGLIESI, GIOVANNI – *Diritti reali*, in ED, tomo XII, Milão: Giuffrè, 1964, pp. 755-776.
PUIG BRUTAU, JOSÉ – *Fundamentos de Derecho Civil*, 3.ª ed., Tomo III, Vol. III, Barcelona: Bosch, 1983.

REALMONTE, FRANCESCO – *L'oggetto del pegno: vecchi e nuovi problemi*, in BBTC LVII (1994), Parte Prima, 10-22.
REALMONTE, FRANCESCO – *Il pegno* in RESCIGNO (direcção), *Tratatto di diritto privato*, Turim: Unione Tipografico-Editrice Torinese, 1985, pp. 631-672.
REDENTI, ENRICO – *La compensazione dei debiti nei nuovi codici* in *Scritti e discorsi giuridici di un mezzo secolo*, Vol. II, Milão: Giuffrè, 1962, pp. 21-56.
REDENTI, ENRICO – *La causa del contratto secondo il nostro Codice* in RTDPC IV (1950), pp. 894-914
REINICKE, DIETRICH; TIEDTKE, KLAUS – *Kreditsicherung*, 5.ª ed., Neuwied und Kriftel: Luchterhand, 2006.
REIS, ALBERTO DOS – *Processos especiais* (reimp.), Vol. I, Coimbra: Coimbra Editora, 1982.
REIS, ALBERTO DOS – *Processo de execução*, Vol. II, Coimbra: Coimbra Editora, 1954.
RESCIGNO, MATTEO – *Il privilegio per i finanziamenti bancari a medio e lungo termine a favore delle imprese, con particolare riguardo alla rotatività del suo oggetto* in BBTC LII (1999), Parte Prima, pp. 583-607.
RIBEIRO, JOAQUIM DE SOUSA – *O problema do contrato – as cláusulas contratuais gerais e o princípio da liberdade contratual*, Coimbra: Livraria Almedina, 1999.
RIEDEL, HERMANN; WIEGAND, WOLFGANG – *Anotações ao BGB* in *STAUNDINGER*, 12.ª ed., Berlim, Walter de Gruyter & Co., 1981, Vol. III – *Sachenrecht* – *§§ 854-1296*.
ROCHA, M. A. COELHO DA – *Instituições do Direito Civil Português*, 2.ª ed., Vol. I, Coimbra: Imprensa da Universidade, 1848.

RODRIGUES, MANUEL – *A posse*, 4.ª ed., Coimbra: Livraria Almedina, 1996.
RODRIGUES, SANDRA – *A Interpretação jurídica no pensamento de Ronald Dworkin – uma abordagem*, Coimbra: Livraria Almedina, 2005.
RODRÍGUEZ-ROSADO BRUNO – *Fiducia y pacto de retro garantia*, Madrid/Barcelona: Marcial Pons, 1998.
ROJO AJÚRIA, LUÍS – *La compensación como garantia*, Madrid: Editorial Civitas, 1992.
ROMANO, ANDREA – *Garanzie dell'obbligazione nel diritto medievale e moderno* in DIGESTO –Sezione Civile, tomo VIII, Turim: Unione Tipografico-Editrice Torinese, 1992, pp. 621-632.
ROMANO, SALVATORE – *L'accordo fiduciario ed il problema della sua rilevanza* in AAVV, *Studi in onore di Gioacchino Scaduto*, tomo III *Diritto Civile e Diritto Romano*, Milão: Giuffrè, 1970, pp. 35-88.
ROPPO, ENZO – *Responsabilità patrimoniale* in ED, tomo XXXIX, Milão: Giuffrè, 1988, pp. 1041-1053.
ROPPO, ENZO – *Fideiussione "omnibus": valutazzioni critiche e spunti propositivi* in BBTC L (1987), Parte Prima, pp. 135-151.
ROSA, ANTONIO PAVONE LA – *L'anticipazione bancaria nella disciplina del nuovo codice civile* in RTDPC XIII (1959), pp. 81-130.
RÖVER, JAN-HENDRIK – *Vergleichender Prinzipien dinglicher Sicherheiten – Eine Stude zur Methode der Rechtsvergleichung*, Munique: C. H. Beck, 1999.
RUBINO, DOMENICO – *La responsabilità patrimoniale: Il pegno*, 2.ª ed., Turim: Unione Tipografico-Editrice Torinese, 1949.
RUBINO, DOMENICO – *L'ipoteca mobiliare e imobiliare*, Milão: Giufrè, 1956.
RUSCELLO, FRANCESCO – *Il pegno sul credito. Costituzione e prelazione*, Nápoles: Edizioni Scientifiche Italiane, 1984.

SÁ, ALMENO DE – *Cláusulas Contratuais Gerais e Directiva sobre Cláusulas Abusivas*, 2.ª ed., Coimbra: Livraria Almedina, 2005.
SABATTO, FRANCO DI – *Unità e pluralità di negozzi (Contrtibuto alla dottrina del collegamento negoziale)* in RDC V (1959), pp. 412-438.
SACCO, RODOLFO – *Autonomia contrattuale e tipo*, in RTDPC XX (1966), pp. 785-808.
SALINAS, CARLOS – *Il pegno omnibus* in BBTT LX (1997), Parte Prima, pp. 603-622.
SANCHEZ LORENZO, SIXTO – *Garantias Reales en el Comercio Internacional (reserva de domínio, venta en garantia y leasing)* Madrid: Editorial Civitas, 1993.
SANTARELLI, UMBERTO – *La categoria dei contratti irregolari. Lezioni di Storia del Diritto*, Turim: Giapichelli Editore, 1984.
SANTOS, FILIPE CASSIANO DOS – *Direito Comercial Português*, Vol. I, Coimbra: Coimbra Editora, 2007.
SANTOS, JOSÉ BELEZA DOS – *A Simulação em Direito Civil*, Vol. I, Coimbra: Coimbra Editora, 1921.
SANTOS, RUI LOPES DOS – *Penhor de estabelecimento comercial à luz do Direito português*, (polic.), Lisboa, 2002.
SCHERBER, HENNING – *Probleme der fiduziarischen Kreditsicherung durch Dritte*, Düsseldorf, 1971.
SCHULZ, FRITZ – *Derecho Romano Clásico* (tradução de *Classical Roman Law* por JOSÉ SANTA CRUZ TEIGEIRO), Barcelona: Bosch, 1960.

SCHLESINGER, PIERO – *Compensazione (Diritto Civile)* in NssDI, tomo III, Turim: Unione Tipografico-Editrice Torinese, 1954, pp. 722-731.
SCHWARZENBERG, CLAUDIO – *Pegno (Diritto intermedio)* in NssDI, tomo XII, Turim: Unione Tipografico-Editrice Torinese, 1966, pp. 766-772.
SENA, GIUSEPPE – *Contratti di credito, contratti di custodia, contratti di disponibilità*, in RTDPC X (1956), pp. 488-541.
SERICK, ROLF – *Eigentumsvorbehalt und Sicherüngsübertragung*, Vol. I – *Der einfache Eigentumsvorbehalt*, Heidelberga: Verlag Recht und Wirtschaft, GmBH, 1963.
SERICK, ROLF – *Le Garanzie Mobiliari nel Diritto Tedesco* (tradução de *Deutsche Mobiliarsicherheiten. Aufriß und Grundgednaken* por PAOLO M. VECHI), Milão: Giuffrè.
SERRA, ADRIANO PAES DA SILVA VAZ – *União de contratos*, in BMJ n.º 91 (Dezembro de 1959), pp. 11-145.
SERRA, ADRIANO PAES DA SILVA VAZ – *Fiança e Figuras Análogas* in BMJ, n.º 71 (Dezembro de 1957), pp. 19-330.
SERRA, ADRIANO PAES DA SILVA VAZ – *Hipoteca* in BMJ 63 (1957), pp. 193-396.
SERRA, ADRIANO PAES DA SILVA VAZ – *Hipoteca* in BMJ 62 (1957), pp. 5-356.
SERRA, ADRIANO PAES DA SILVA VAZ – *Penhor* in BMJ 59 (Outubro de 1956), pp. 13-269.
SERRA, ADRIANO PAES DA SILVA VAZ – *Penhor* in BMJ 58 (Julho de 1956), pp. 17-293.
SERRA, ADRIANO PAES DA SILVA VAZ – *Dação em função do cumprimento e dação em cumprimento*, in BMJ 39 (1953), pp. 25-57.
SERRA, ANTONIO – *Anticipazione bancaria* in DIGESTO – Sezione Commerciale, tomo I, Turim: Unione Tipografico-Editrice Torinese, 1987, pp. 123-135.
SCHLÜTTER – *Anotação ao § 387 BGB* in Münchener, 4.ª ed., Munique: C. H. Beck, 2003.
SILVA, JOÃO CALVÃO DA – *Banca, Bolsa e Seguros – Direito Europeu e Português*, tomo I *Parte Geral*, Coimbra: Livraria Almedina, 2005.
SILVA, JOÃO CALVÃO DA – *Cumprimento e Sanção Pecuniária Compulsória*, 4.ª ed., Coimbra: Livraria Almedina, 2002.
SILVA, JOÃO CALVÃO DA – *Mandato de Crédito e Carta de Conforto* in AAVV, *Estudos em Homenagem ao Professor Doutor Inocêncio Galvão Telles*, Vol. II Coimbra: Livraria Almedina, 2002, pp. 245-264.
SILVA, JOÃO CALVÃO DA – *Anotação ao Acórdão do Supremo Tribunal de Justiça de 16 de Maio de 2000 (Contratos coligados, venda em garantia e promessa de revenda)*, in RLJ 133, n.os 3911 e 3912, pp. 66-91.
SILVA, JOÃO CALVÃO DA – *Direito Bancário*, Coimbra: Livraria Almedina, 2001.
SILVA, JOÃO CALVÃO DA – *Garantias acessórias e garantias autónomas* in *Estudos de Direito Comercial (Pareceres)*, Coimbra: Livraria Almedina, 1996, pp. 331-361.
SILVA, MANUEL GOMES DA – *O dever de prestar e o dever de indemnizar*, Vol. I, Lisboa, 1944.
SILVA, PAULA COSTA E – *A reforma da acção executiva*, 3.ª ed., Coimbra: Coimbra Editora, 2003.
SIMITIS, KONSTANTIN – *Das besitzlose Pfandrecht – Eine rechtsvergleichende Untersuchung* in AcP 171 (1971), pp. 94-154.
SIMONE, MARIO DE – *I negozi irregolari*, Nápoles: Casa Editrice Dott. António Jovene, 1952.

SIMONETTO, ERNESTO – *Deposito Irregolare* in DIGESTO – Sezione Civile, tomo V, Turim: Unione Tipografico-Editrice Torinese, 1989, pp. 279-299.

SIMONETTO, ERNESTO – *Los contratos de credito* (trad. de MARTÍNEZ VALENCIA e notas de Direito espanhol por FUENTES LOJO), Barcelona: Bosch, 1958.

SIMONETTO, ERNESTO – *Sulla natura della cauzione*, in BBTC XVII (1954), Parte Seconda, pp. 292-300.

SOTGIA, S. – *Anotação ao art. 1851.º* in *Commentario al Codice Civile, diretto da D'AMELIO e FINZI* – Vol. II, Parte II – *Dei Contratti Speciali*, Florença, 1949.

SOUSA, MIGUEL TEIXEIRA DE – *Acção executiva singular*, Lisboa: Lex, 1998.

SPINELLI, MICHELE/GENTILE, GIULIO – *Diritto Bancario*, 2.ª ed., Pádua: CEDAM, 1991.

SPINELLI, MICHELE – *Contributo allo studio dell'anticipazione bancaria* in BBTC XII (1949), Parte Prima, pp. 205-242.

STEFINI, UMBERTO – *La cessione del credito con causa di garanzia*, Pádua: CEDAM, 2007.

STEINBACH, EBERHARD – *Das Pfandrecht an Forderungen*, Gütersloh i. Westf.: Buchdruckerei Thiele, 1934.

STEINMEYER, EBERHARD – *Die Akzessorischen Sculdverhältnisse des BGB*, Göttingen, 1933.

STELLA, GIOVANNI – *Il pegno a garanzia di crediti futuri*, Pádua: CEDAM, 2003.

STOLFI, GIUSEPPE – *Appunti sulla costituzione del pegno* in RDCo LXII (1964), Parte Seconda, pp. 1-6.

STOLFI, GIUSEPPE – *In tema di pegno per crediti indeterminati* in RDCo LXXIII (1975), Parte Seconda, pp. 224-231.

STOLFI, NICOLA – *I Diritti reali di Garanzia*, Turim: Unione Tipografico-Editrice Torinese, 1932.

TAMASSIA, NINO – *La "Wadiatio" longobarda* in AAVV, *Scritti giuridici dedicati ed oferti a Giampietro Chironi nel XXXIII anno del suo insegnamento*, tomo III, Milão-Turim-Roma: Fratelli Bocca, Editori, 1915, pp. 311-335.

TAMPONI, MICHELE – *Sulla clausola estensiva della garanzia pignoratizia ai crediti presenti e ai crediti futuri*, in RDC XX (1974), Parte Seconda, pp. 212-231.

TAPIA HERMIDA, ALBERTO JAVIER – *Pignoración de saldos de depósitos bancários*, in AAVV, *Tratado de Garantias en la Contratación Mercantil, Tomo II, Garantias Reales*, Vol. I – *Garantías Mobiliarias*, Madrid: Editorial Civitas, 1996, pp. 853-915.

TAROLLI, REMO – *Le Garanzie Finanziarie: il diritto di utilizzazzione dell'oggetto della garanzia* in GCo 32.6 (Novembro-Dezembro de 2005), I, pp. 872-882.

TAVARES, JOSÉ – *Os princípios fundamentais do Direito Civil*, Vol. I, Coimbra: Coimbra Editora, 1922.

TEIXEIRA, ANTÓNIO LIZ – *Curso de Direito Civil Portuguez para o anno lectivo de 1843--1844*, Parte Segunda, Divisão 2.ª, Coimbra: Imprensa da Universidade, 1845.

TELES, MIGUEL GALVÃO – *Fungibilidade de Valores Mobiliários e Situações Jurídicas Meramente Categoriais* in AAVV, Direito dos Valores Mobiliários, Vol. IV, Coimbra: Coimbra Editora, pp. 167-215.

TELLES, INOCÊNCIO GALVÃO – *Manual dos Contratos*, 4.ª ed., Coimbra: Coimbra Editora, 2002.

TELLES, INOCÊNCIO GALVÃO – *O penhor sem entrega no Direito Luso-Brasileiro*, separata de SI 4 (1955), n.º 15.
TORRES PARRA, MARIA JOSÉ – *El mandato de crédito como garantia personal*, Madrid: Editorial Dyckinson, 1998.
TRIMARCHI, MICHELE – *Caparra (Diritto Civile)*, in ED, tomo VI, Milão: Giuffrè, 1960, pp. 191-204.
TUCCI, GIUSEPPE – *Garanzia* in DIGESTO – Sezione Civile, tomo VIII, Turim: Unione Tipografico-Editrice Torinese, 1992, pp. 579-596.
TUCCI, GIUSEPPE – *Cauzione* in DIGESTO – Sezione Civile, tomo II, Turim: Unione Tipografico-Editrice Torinese, 1987, pp. 255-268.

VARELA, JOÃO DE MATOS ANTUNES – *Das obrigações em geral*, Vol. I, Coimbra: Livraria Almedina, 2000.
VARELA, JOÃO DE MATOS ANTUNES – *Das Obrigações em Geral*, 7.ª ed., Vol. II, Coimbra, Livraria Almedina, 1997.
VARELA, JOÃO DE MATOS ANTUNES – *Constituição de hipotecas a favor de bancos prediais – Parecer* in CJ, 1991, Tomo III, pp. 46-59.
VARELA, JOÃO DE MATOS ANTUNES – *Contratos Mistos*, in BFD XLIV (1968), pp. 143--168.
VARELA, JOÃO DE MATOS ANTUNES – *Ensaio sobre o conceito de modo*, Coimbra: Atlântida, 1955.
VASCONCELOS, LUÍS MIGUEL PESTANA DE – *O Contrato de garantia financeira. O dealbar do Direito Europeu das Garantias* in AAVV, *Estudos em Honra do Professor Doutor José de Oliveira Ascensão*, Vol. II, Coimbra: Livraria Almedina, pp. 1274--1305.
VASCONCELOS, LUÍS MIGUEL PESTANA DE – *A cessão de créditos em garantia e a insolvência – Em particular da posição do cessionário na Insolvência do Cedente*, Coimbra: Coimbra Editora, 2007.
VASCONCELOS, LUÍS MIGUEL PESTANA DE – *Dos contratos de cessão financeira (factoring)*, Coimbra: Coimbra Editora, 1999.
VASCONCELOS, PEDRO PAIS – Teoria *Geral do Direito Civil*, 5.ª ed., Coimbra: Livraria Almedina, 2008.
VASCONCELOS, PEDRO PAIS – *Contratos atípicos*, Coimbra: Livraria Almedina, 2003 (reimp. da ed. de 1995).
VASCONCELOS, PEDRO PAIS – *Em tema de negócio fiduciário*, (polic.), Lisboa, 1987
VENNEZIANO, ANNA – *Le garanzie moniliare non possessorie – profili di Diritto Comparatto e di Diritto del Commercio Internazionale*, Milão: Giuffrè, 2000.
VENTURA, RAÚL – *O Contrato de compra e venda no Código Civil* in ROA 43 (1983), pp. 587-643.
VEIRA, JOSÉ ALBERTO – *Direitos Reais*, Coimbra: Coimbra Editora, 2008.
VIGO, RUGGERO – *Anotação à sentença da* Corte di Appelo di Milano *de 2 de Fevereiro de 1993*, in BBTC LVII (1994), Parte Seconda, pp. 418-424.
VIÑAS MEY, JOSÉ – *La prenda irregular* in RDP XII (1925), pp. 342-350.
VINEY, GENEVIÈVE – *La Responsabilité* in APD 35 (1990), pp. 275-291.
VIVANTE, CESARE – *Il Codice di commercio commentato*, tomo VII, Turim: Unione Tipografico-Editrice Torinese, 5.ª ed., 1922.

VIVAS TESÓN, INMACULADA – *Una reflexión en torno a la categoria de los contratos reales* in AAVV, *Estudios jurídicos en homenaje al Profesor Luis Díez-Picaso*, Tomo III – *Derecho Civil. Derechos Reales, Derecho de la Familia*, Madrid: Thomson-Civitas, 2003, pp. 3307-3308.

WAHLENDORF, H. A. SWARZ-LIEBERMANN VON – *Le droit et les choses (les biens) Matière et matérialité, «objectivité» et «realité» dans la perspective du droit*, in APD 24 (1979), pp. 273-281.
WEBER, HANSJÖRG – *Kreditsicherungsrecht*, 8.ªed., Munique: C. H. Beck, 2006.
WEBER, HANSJÖRG – *Reform der Mobiliarsicherheiten* in NJW 1976, pp. 1601-1607.
WEIL, ALEX – *Les suretés – La publicite foncière*, Paris: Dalloz, 1979.
WIEGAND, WOLFGANG – *Anotações ao BGB* in *STAUNDINGER*, 12.ª ed., Berlim, Walter de Gruyter & Co., 1981, Vol. III – *Sachenrecht – §§ 854-1296.*
WOLF, MANFRED – *Sachencrecht*, 23.ª ed., Munique: Verlag C. H. Beck, 2007.

ZUNZUNEGUI, FERNANDO – *Una aproximación a las garantías financieras (Comentarios al capítulo segundo del Real Decreto-ley 5/2005)* in AAVV, AAVV, *Garantias reales mobiliarias en Europa*, Madrid: Marcial Pons, 2006, pp. 415-429.

Resumo

A presente dissertação procurar delimitar, em termos gerais, o objecto do penhor, mormente na vertente do penhor irregular. Para o efeito, propusemo-nos efectuar uma breve abordagem da evolução histórica sofrida pelo penhor, procurando descrever sumariamente a evolução que desembocou no actual Código Civil. Acto contínuo, e não obstante a dispersão legislativa vigente nesta matéria, efectuámos uma descrição das características do penhor no Direito vigente, sendo que, para tal efeito, descrevemos quer as características gerais do contrato de penhor, quer o seu regime legal nas suas modalidades fundamentais, i.e., o penhor de coisas e o penhor de direitos.

Nessa altura, procurámos proceder ao estudo mais pormenorizado de alguns aspectos relativos à temática do objecto do penhor. Assim, abordámos a figura do penhor irregular, bem como o penhor financeiro, aproveitando o ensejo para estudar igualmente o penhor genérico. A final, procurámos dilucidar a natureza jurídica quer do penhor quer do penhor irregular, sendo que, na medida do possível, analisámos as relações existentes com o negócio fiduciário, não descurando, no que ao penhor irregular diz respeito, tecer considerações acerca do negócio irregular e da atipicidade contratual, bem como da admissibilidade do mesmo à face do Direito vigente.

Conclui-se que o penhor de coisas é um direito real de garantia, caracterizado pela circunstância de ser um *quid* de reserva que confere satisfação preferencial em sede de concurso de credores. De igual modo, conclui-se igualmente que o penhor de direitos é um direito real de garantia, apesar da variação do *quid* de reserva, que não é uma coisa, mas sim um bem incorpóreo: o crédito. Já o penhor irregular é uma garantia real atípica, sendo que, em função de, por via de regra, ser conferida ao credor a faculdade de compensar créditos em caso de incumprimento, configurará uma união de contratos.

Palavras-chave: Garantia das Obrigações; Direitos Reais; Penhor; Penhor Irregular.

Résumé

Cette dissertation essaie délimiter, dans des termes généraux, l'objet du gage, principalement dans la source du gage irrégulier. À cet effet, il se propose d'effectuer un bref abordage à propos de l'évolution historique soufferte par le gage, en cherchant à décrire sommairement l'évolution qui a débouché dans l'actuel Code Civil. Dans le même temps, et nonobstant la dispersion législative à propos du gage, nous avons fait une description des caractéristiques du gage dans le Droit vigent, sachant que, pour tel effet, soient décrits soit les caractéristiques générales du contrat de gage soit leur régime légal, dans les modalités fondamentales, c'est-à-dire, le gage de choses et le gage de droits.

À cette occasion, on a essayé d'étudier l'institut du gage irrégulier, ainsi que du gage financier, profitant de l'occasion pour étudier également le gage générique. Pour finir, on a cherché d'analyser la nature juridique soit du gage soit du gage irrégulier, sachant que, pour cet effet, on a cherché, dans la mesure du possible, analyser les relations existantes avec la fiducie, en ne négligeant pas, notamment à propos du gage irrégulier, de faire des considérations concernant le contrat irrégulier et l'atipicité contractuelle, ainsi que son admissibilité dans le Droit vigent.

Ce parcours nous a permis de conclure que le gage est une sureté réelle caractérisée par la présence d'un *quid* de réservation qui attribue un droit de satisfaction préférentiel dans le concours de créditeurs. On conclue également que le gage de droits, malgré la variation du *quid* de réservation qui n'est pas une chose mais un bien incorporel – un droit – est aussi une sureté réelle. Finalement, on conclue que le gage irrégulier est une sureté atypique caractérisée par la possibilité du créditeur faire la compensation de crédits. Donc, on est devant une union de contrats.

Mots-clé: Garantie des Obligations; Droits Réels; Gage; Gage Irrégulier (*"pignus irregulare"*).

# Índice

INTRODUÇÃO 13
1. Da garantia especial das obrigações 13
2. A crise das garantias reais 21
3. Delimitação do tema e sequência 26

CAPÍTULO I
Parte Histórica

1. Direito Romano 29
   1.1. Preliminares 29
   1.2. A *fiducia cum creditore* 31
   1.3. O *pignus* 36
   1.4. A *hypotheca* 39
2. Direito intermédio 41
3. O penhor no Código de Seabra 45
4. O anteprojecto do CC 49

CAPÍTULO II
O Penhor no Direito vigente

§ 1. Características Gerais

1. Preliminares 53
2. Realidade 55
3. Acessoriedade 59
4. Indivisibilidade 65
5. Especialidade 68

§ 2. Penhor de Coisas

1. Razão de Ordem 70
2. Constituição do penhor 70

3. *Cont.* O recurso à composse 85
4. *Cont.* O recurso ao terceiro depositário 88
5. Constituição por acto unilateral 92
6. Legitimidade para constituir penhor 95
7. Constituição de penhor por terceiro 98
8. Forma do contrato de penhor 101
9. Objecto da garantia 105
10. *Cont.* A rotatividade do objecto da garantia 115
11. Direitos do credor pignoratício 119
12. Deveres do credor pignoratício 123
13. Proibição do pacto comissório 130
14. Extinção do penhor 136

§ 3. PENHOR DE DIREITOS

1. Razão de Ordem 139
2. Objecto do penhor de créditos 141
3. Constituição do penhor de créditos 146
4. Regime do penhor de créditos 156
5. A remissão para o regime da cessão de créditos 159
6. Transmissão do penhor de créditos 163
7. Extinção do penhor de créditos 167
8. *Cont.* A possibilidade de compensar créditos 168

§ 4. ALGUMAS NOTAS A PROPÓSITO DA EXECUÇÃO DO PENHOR

1. Razão de Ordem 175
2. Venda no processo 177
3. Venda extrajudicial 179
4. Adjudicação 181
5. *Ex professo*. Venda antecipada 182

CAPÍTULO III

Algumas questões em torno do objecto do penhor

§ 1. O PENHOR IRREGULAR

1. Considerações gerais 185
2. Constituição de penhor irregular 192
3. A transferência da propriedade dos bens empenhados 199
4. O mecanismo de satisfação da garantia 209
5. Penhor irregular e proibição do pacto comissório 214
6. Penhor irregular e tipicidade dos direitos reais 223
7. Penhor de conta bancária como penhor irregular 225

Índice

8. Extinção do penhor 229
9. A irregularidade contratual 231
10. Penhor irregular como negócio fiduciário 239

§ 2. PENHOR IRREGULAR E DEPÓSITO

1. Razão de Ordem 239
2. O contrato de depósito – considerações gerais 240
3. Da transferência de propriedade no contrato de depósito irregular ... 245
4. O depósito no interesse de terceiro 248
5. Depósito e caução 252
6. Confronto com o sinal e a cláusula penal 259
7. Depósito caucional como modalidade de depósito fiduciário 267

§ 3. O PENHOR FINANCEIRO

1. Considerações gerais 267
2. O contrato de garantia financeira. Crítica 270
3. Modalidades do contrato de garantia financeira 274
4. Utilização do penhor financeiro 276
5. Execução do penhor financeiro 279
6. Penhor financeiro como penhor irregular 283

§ 4. O PENHOR DE CONTEÚDO INDETERMINADO

1. Considerações gerais 284
2. Da necessidade de determinação do objecto da garantia 289
3. Da admissibilidade do penhor de conteúdo indeterminado 290
4. Determinabilidade 292
5. O penhor de créditos futuros 295
6. *Cont.* A cláusula de extensão 302

CAPÍTULO IV
Penhor e Negócio Fiduciário

§ 1. O NEGÓCIO FIDUCIÁRIO

1. Preliminares 307
2. A admissibilidade do negócio fiduciário no direito português 313
3. *Cont.* O problema da simulação 315
4. *Cont.* A fraude à lei 319
5. *Cont.* A tipicidade dos direitos reais 323

§ 2. A NATUREZA JURÍDICA DO PENHOR

1. Razão de ordem 326
2. A perspectiva externa do penhor 327
3. Penhor enquanto direito real de garantia 329
4. *Cont.* O caso do penhor de créditos 334
5. *Cont.* O penhor irregular 338

CONCLUSÕES 345

BIBLIOGRAFIA 353
I – Jurisprudência 353
II – Artigos e Monografias 354